Maria Célia Bastos Pereira

RH ESSENCIAL

Gestão estratégica de pessoas e competências

2ª edição

Avenida Paulista, n. 901, Edifício CYK, 3º andar –
Bela Vista – SP – CEP 01310-100

SAC Dúvidas referentes a conteúdo editorial, material de apoio e reclamações:
sac.sets@somoseducacao.com.br

Direção executiva	Flávia Alves Bravin
Direção editorial	Renata Pascual Müller
Gerência editorial	Rita de Cássia S. Puoço
Coordenação editorial	Fernando Alves
Edição	Ana Laura Valerio
	Neto Bach
	Thiago Fraga
Produção editorial	Daniela Nogueira Secondo
Preparação	Queni Winters
Revisão	Ana Maria Fiorini
Diagramação e capa	Negrito Produção Editorial
Adaptação da capa	Deborah Mattos
Impressão e acabamento	Corprint

ERP 382.535.002.001

DADOS INTERNACIONAIS DE CATALOGAÇÃO NA PUBLICAÇÃO (CIP)
ANGÉLICA ILACQUA CRB-8/7057

Pereira, Maria Celia Bastos
 RH essencial / Maria Celia Bastos Pereira. – 2. ed. – São Paulo: Saraiva Educação, 2020.
 400 p.

 Bibliografia
 ISBN 978-85-7144-092-0

 1. Recursos humanos 2. Administração de pessoal 3. Liderança 4. Desempenho - Avaliação 5. Empregados - Treinamento I. Título

CDD 658.3

Índices para catálogo sistemático:
1. Recursos humanos

Copyright © Maria Célia Bastos Pereira.
2020 Saraiva Educação.
Todos os direitos reservados.

2ª edição

Nenhuma parte desta publicação poderá ser reproduzida por qualquer meio ou forma sem a prévia autorização da Saraiva Educação. A violação dos direitos autorais é crime estabelecido na Lei n. 9.610/98 e punido pelo artigo 184 do Código Penal.

COD. OBRA 13668   CL 651884   CAE 723756

Agradecimentos

Agradeço a Deus pelas bênçãos recebidas nessa jornada, a todos que contribuíram para este livro, e a Rita de Cassia Paiva, pelo apoio profissional nesse projeto.

Sobre a autora

Maria Célia Bastos Pereira possui MBA em Administração de Negócios pelo Ibmec, mestrado em Engenharia de Produção pela Universidade Federal de Santa Catarina (UFSC), especialização em Administração pela Escola Brasileira de Administração Pública e de Empresas (Ebape-FGV), especialização em Psicologia do Trabalho pelo Conselho Regional de Psicologia (CRP) e Master Coach pelo Instituto Brasileiro de Coaching (IBC), com certificações internacionais do Behavioral Coaching Institute (BCI), European Coaching Association (ECA), Global Coaching Community (GCC) e pela International Association of Coaching (IAC).

Possui vasta experiência na área de gestão empresarial e de pessoas, tendo realizado trabalhos de consultoria, treinamento e *coaching* de dirigentes, gestores e profissionais para diversas empresas, entre elas: FGV Consulting–RJ/Secretaria do Tesouro Nacional (gestão de competências), Prime/Grupo MRV (*coaching* de dirigentes e gestores), Prefeitura de Belo Horizonte/Sudecap (treinamento e desenvolvimento na área de gestão do conhecimento), Procwork (desenvolvimento de líderes e *coaching*), Codemig (desenvolvimento de perfil profissional, cargos e salários), Cera Ingleza (consultoria na área de gestão de pessoas, desenvolvimento de gestores e *coaching* de dirigente), Escola de Administração Fazendária – ESAF – (treinamento em gestão de desempenho), Manoel Bernardes (desenvolvimento de lideres e *coaching* de gestores), Tribunal de Justiça (treinamento de comunicação), Cemig (treinamento de gerentes e líderes), Uptec (*coaching* de dirigentes e desenvolvimento de gestores) e Conselho Regional de Farmácia/ES (plano de capacitação, pesquisa de clima, cargos e salários).

É autora dos livros *Administração de recursos humanos* e *Comportamento organizacional*, adotados no Curso de Administração EAD/FEAD e também ministrou disciplinas na área de Gestão de Pessoas para cursos de graduação e pós-graduação da Pontifícia Universidade Católica (PUC), Funcec, Fead e Uni-BH. É diretora da SIGA Consultoria.

Prefácio

Desde os primórdios das pretensões mais científicas da administração, no século XVIII, entender e praticar uma boa gestão de pessoas passou a ser algo cada vez mais importante e notável.

Entretanto, no mundo contemporâneo, no qual a ênfase está na competitividade e projetada para dentro das empresas, as dimensões humanas da administração podem tornar-se subordinadas.

Grande parte do trabalho do gestor é saber inspirar, facilitar e motivar outros a um maior autodesenvolvimento e desempenho para a empresa e para a sociedade.

Pessoas são responsáveis por pessoas: pelo seu desempenho, pela produtividade e, sobretudo, pelo desenvolvimento de relações sociais e de trabalho mais saudáveis.

Aprender a enfrentar os temas da gestão de pessoas, além do bom senso e do lugar-comum, requer aprender novos conceitos e novas formas de pensar e de agir no ambiente de trabalho.

Não existem atalhos para o aprendizado da gestão: é um caminho de novos saberes a ser trilhado por todos que buscam seu próprio desenvolvimento na área.

Maria Célia oferece o caminho por meio de uma nova sistematização de conhecimentos, para que gestores empresariais não cheguem desavisados ou despreparados a funções de grande relevância.

A obra é apresentada de forma didática e enriquecida com exercícios, exemplos e relatos contemporâneos em todas as unidades. Assim, facilita o aprendizado e o desenvolvimento de novas habilidades e competências para os gestores, provocando novas reflexões sobre o tema.

Paulo Roberto Motta

Doutor (Ph.D.) e mestre pela University of North Carolina (Estados Unidos). Professor da Escola de Administração Pública e de empresas da Fundação Getúlio Vargas (EBAPE-FGV). Consultor de empresas, de instituições públicas e internacionais, conduziu centenas de trabalhos de ensino e consultoria no Brasil e em mais 40 países. É professor visitante em várias universidades estrangeiras e autor de dezenas de artigos e livros sobre administração.

Sumário

CAPÍTULO 1

Gestão de pessoas em uma organização e como essa prática afeta os resultados

Por que gerenciar pessoas é essencial para as organizações? 1

Desafios em gestão de pessoas 2
    Globalização 3
    Revolução da informação e do conhecimento 3
    Mudança nas relações de trabalho 4
    Excepcional demanda por talentos 5
    Tecnologia 6
    Inteligência artificial e o RH 7
    Negociação 7
    Empreendedorismo 8
Eficácia das práticas de RH na organização 8
    Quem é responsável pela gestão de RH nas organizações? .. 8
O RH como vantagem competitiva 9
ESTUDO DE CASO 1.1 10
QUESTÕES 11

CAPÍTULO 2

Gestão estratégica *versus* gestão tradicional de pessoas

Por que escolher entre a abordagem estratégica e a abordagem tradicional de pessoas? 13

RH estratégico e tradicional 16
    Como o RH estratégico pode ajudar a organização? 17
    Elemento 1: ligar as pessoas à estratégia e às operações ... 17
    Elemento 2: desenvolver o pool de liderança por meio de melhoria contínua, profundidade na sucessão e redução do risco de retenção 18
    Elemento 3: lidando com aqueles que têm mal desempenho. 18
COMENTÁRIO DE CONSULTORIA 20
A escolha entre RH estratégico e tradicional 22
QUESTÕES 23

CAPÍTULO 3

Papel dos gestores no gerenciamento de pessoas

Por que ter funcionários motivados, desenvolver e reter talentos se constitui em um diferencial competitivo para o negócio da empresa? 25

Transformação dos papéis e das funções gerenciais 26
Motivação e incentivo 29
Na prática, o que funciona 38
COMENTÁRIO DE CONSULTORIA 39
ESTUDO DE CASO 3.1 40
Capital intelectual 41
Desenvolvimento e retenção de talentos 43
ESTUDO DE CASO 3.2 44
QUESTÕES 46

CAPÍTULO 4

Recrutamento e seleção

O processo de recrutamento e seleção, para ser eficaz, requer muito mais que atrair e contratar pessoas? 49

Análise do perfil do cargo 51
    Como obter todos esses dados? 53
PRATICANDO 53
Recrutamento 55
    O que é recrutamento? 55
    Recrutamento interno 57
    Recrutamento externo 58
PRATICANDO 59
COMENTÁRIO DE CONSULTORIA 59
    Recrutamento pela internet e mídias sociais 59
Seleção 61
    Processo seletivo 62
LEMBRETE DE CONSULTORIA 63
    Entrevista de seleção 64
    O papel do entrevistador 66

Verificação de referências 68
Exame médico 68
ALERTA DE CONSULTORIA 68
Seleção de minorias. 68
UMA CHANCE PARA OS PÁRIAS 70
AJUSTE EMOCIONAL E CONTRATAÇÃO NEGLIGENTE 72
QUESTÕES 73

CAPÍTULO 5

Adaptação do novo funcionário à organização

Por que existe a necessidade de o funcionário participar de um treinamento de integração e fazer um contrato psicológico com seu gestor durante o processo de adaptação à empresa? 75

Treinamento de integração. 78
COMENTÁRIO DE CONSULTORIA. 79
TREINAMENTO NA WALT DISNEY WORLD 80
Integração dos participantes. 81
Apresentação do objetivo e do programa de treinamento. . . 81
Histórico da empresa 81
Negócio da empresa 81
Missão 81
Princípios e valores. 82
Clientes e parceiros. 82
Organograma da empresa 82
Políticas de recursos humanos 82
Setor de pessoal. 82
Saúde, segurança e medicina do trabalho 82
Visita às dependências da organização. 83
Avaliação final 83
Contrato psicológico 84
Por que fazer um contrato psicológico? 84
COMENTÁRIO DE CONSULTORIA 85
QUESTÕES 86

CAPÍTULO 6

Comunicação como fio condutor do comprometimento

Por que ter uma comunicação eficaz constitui um diferencial para uma empresa? 87

Comunicação 89
Comunicação e relações interpessoais 91
PRATICANDO 92

Área aberta 92
Área cega 93
Área oculta 94
Área desconhecida 94
Por que é difícil receber *feedback*? 95
Por que é difícil dar *feedback*? 96
Como superar as dificuldades de dar e receber *feedback*? . . . 97
Os cinco elementos críticos da comunicação 98
PRATICANDO 100
Barreiras de comunicação 100
O que fazer diante das barreiras de comunicação? 101
Comunicação organizacional 102
Comunicação interna. 104
Comunicação interna informal 107
Comunicação pela internet. 108
EXEMPLO 6.1: NÃO EXISTE PROBLEMA SEM SOLUÇÃO . . . 109
Algumas ações para tornar a comunicação mais eficaz . . 110
ESTUDO DE CASO 6.1 111
QUESTÕES 116

CAPÍTULO 7

Avaliação de desempenho

A avaliação de desempenho deve ser um instrumento que potencialize os resultados empresariais e sirva de oportunidade para o desenvolvimento do funcionário? . . 117

Avaliação de desempenho 119
OBSERVE NA PRÁTICA 121
ESTUDO DE CASO 7.1 124
PRATICANDO 129
O papel do avaliador e o processo de *feedback* 130
Ser descritivo em vez de avaliativo 131
Ser específico em vez de geral 131
Considerar as necessidades tanto do comunicador
   como do receptor 131
Enfocar algo que seja útil e viável. 131
TOME NOTA 132
Ser solicitado em vez de imposto 132
Ser oportuno 132
Ser exemplificado 132
Ser direto com a pessoa que participou do evento ocorrido . 132
Passos para a avaliação de desempenho 134
Efeito de halo 135
Erro de tendência central 135
Erro por condescendência ou rigidez 136
Erro de efeito de contraste (ou contrários) 136
Erros de tendência pessoal 136
Apego excessivo ao formulário 136
Falta de observação contínua e sistemática 136

Métodos de avaliação de desempenho 137
COMENTÁRIO DE CONSULTORIA 137
   Método da escala gráfica 138
   Método da escolha forçada 138
   Método de frases descritivas. 139
   Método de pesquisa de campo 139
   Método dos incidentes críticos 140
   Método de comparação aos pares 140
   Método da autoavaliação 140
   Método da avaliação por resultados 140
Implantação da avaliação de desempenho 141
COMENTÁRIO DE CONSULTORIA 141
   Primeiro passo: definir objetivos 142
   Segundo passo: escolher o método 142
   Terceiro passo: desenvolver o instrumento de avaliação. . . 142
COMENTÁRIO DE CONSULTORIA 143
   Quarto passo: capacitar os avaliadores para realizar
     a avaliação. 143
   Quinto passo: analisar os resultados 143
   Sexto passo: implementar plano de ação. 143
   Sétimo passo: gerenciar o desempenho 144
ESTUDO DE CASO 7.2 144
QUESTÕES 145

CAPÍTULO 8

Paradigmas atuais da gestão de desempenho

Como as abordagens feedback 360° e gestão por competências contribuem para a melhoria dos resultados das empresas? 147

Feedback 360° 149
ESTUDO DE CASO 8.1. 153
PRATICANDO 157
Gestão por competências. 157
PRATICANDO 158
   Sete motivos para ter competência 164
Gestão por competências: aplicações práticas 167
   Implantação de um programa de competências 168
ESTUDO DE CASO 8.2 171
COMENTÁRIO DE CONSULTORIA 176
QUESTÕES 176

CAPÍTULO 9

Remuneração tradicional: cargos, salários e benefícios

É importante ter um sistema de cargos, salários e benefícios que, na percepção do funcionário, seja um fator de recompensa pelo trabalho realizado? 177

Estruturação de cargos e salários 179
Termos a serem utilizados em cargos e salários. 180
   Política salarial. 180
   Coleta de dados 180
   Análise de cargos 180
   Descrição de cargos 180
   Avaliação de cargos. 181
   Pesquisa salarial. 181
   Estrutura salarial 181
   Critérios de enquadramento 181
Plano de cargos e salários 182
PRATICANDO 184
PRATICANDO 189
Métodos de avaliação de cargos 189
   Método de avaliação por escalonamento. 189
   Método de avaliação por pontos 192
   Fatores de avaliação 192
Pesquisa salarial 194
Política salarial e tabela salarial. 195
Benefícios. 196
   Benefícios obrigatórios no Brasil 198
ESTUDO DE CASO 9.1 200
QUESTÕES 200

CAPÍTULO 10

Participação em lucros e resultados

Por que ter uma parte da remuneração variável, como a participação em lucros e resultados, contribui para a vantagem competitiva da organização? 203

Remuneração variável 204
Participação em lucros e resultados 206
COMENTÁRIO DE CONSULTORIA 208
   Exemplos brasileiros 211
   Exemplo 10.1 211
   Exemplo 10.2 212
ESTUDO DE CASO 10.1 213
QUESTÕES 215

CAPÍTULO 11

Cultura organizacional

A cultura de uma empresa define sua visão do negócio, suas políticas internas e sua flexibilidade ou rigidez em relação às mudanças? 217

Cultura organizacional 218
PRATICANDO 219
Como as culturas das organizações são formadas 220
Cultura organizacional e seus estados compartilhados .. 220
Consequências e implicações da cultura organizacional .. 224
Cultura e clima organizacional 224
Gerenciamento da cultura 225
Cultura organizacional *versus* mudanças e inovações ... 226
ESTUDO DE CASO 11.1 230
QUESTÕES 231

CAPÍTULO 12

Qualidade de vida no trabalho

A qualidade de vida no trabalho dos funcionários de uma organização faz toda a diferença no atendimento aos clientes? 233

Qualidade de vida no trabalho 236
  Qualidade de vida e gestão de pessoas 237
COMENTÁRIO DE CONSULTORIA 238
COMENTÁRIO DE CONSULTORIA 239
COMENTÁRIO DE CONSULTORIA 241
Programas de qualidade de vida no trabalho 242
  Alguns modelos de QVT 244
  Como medir a qualidade de vida no trabalho 247
ALERTA DE CONSULTORIA 247
COMENTÁRIO DE CONSULTORIA 249
Implantação de um programa de QVT 249
ESTUDO DE CASO 12.1 250
QUESTÕES 253

CAPÍTULO 13

Aprendizagem organizacional

Qual é a importância do treinamento e desenvolvimento na retenção de talentos e transferência do conhecimento na organização? 255

Treinamento e desenvolvimento 257
Modalidades de treinamento e desenvolvimento 258

Etapas do treinamento 259
  Levantamento de necessidades 259
COMENTÁRIO DE CONSULTORIA 260
  Programação, seleção e organização de conteúdo ... 263
  Métodos e técnicas de treinamento 263
  Uso de exercícios estruturados 265
  Aprendizagem vivencial 265
ALERTA DE CONSULTORIA 266
  Relato 267
  Processamento 267
  Generalização 268
  Aplicação 268
PRATICANDO 270
  Execução do treinamento 271
  Avaliação 271
Educação corporativa 272
ESTUDO DE CASO 13.1 277
QUESTÕES 278

CAPÍTULO 14

Relações trabalhistas e empresariais

Por que as relações de trabalho são um diferencial para a consecução dos objetivos organizacionais e um diferencial competitivo para as empresas? 279

Relações trabalhistas 281
ESTUDO DE CASO 14.1 286
BRASILEIROS VALORIZAM AS BOAS RELAÇÕES
  DE TRABALHO 287
Relações empresariais, governança corporativa e
  compliance 287
O que é governança corporativa? 288
Governança e compliance são a mesma coisa? 288
Sindicalismo 289
PRATICANDO 289
ESTUDO DE CASO 14.2 294
QUESTÕES 295

CAPÍTULO 15

Planejamento de carreira

O planejamento de carreira é um instrumento que pode levá-lo mais longe em sua vida profissional? 297

Carreira 298
AS 5 FASES DA VIDA PARA CONSTRUIR A CARREIRA 301
  Etapas da carreira 304
PRATICANDO 305

SUMÁRIO   XI

ESTUDO DE CASO 15.1 309
QUESTÕES 313

CAPÍTULO 16

Saúde e segurança no trabalho

A construção de uma nova realidade de saúde e segurança no trabalho exige a parceria de todos 315

Segurança e saúde no trabalho 318
    Seguro de Acidente do Trabalho (SAT) 321
    Serviço Especializado em Engenharia de Segurança e Medicina do Trabalho (SESMT) 322
    Comissão Interna de Prevenção de Acidente do Trabalho (CIPA) 322
    Programa de Controle Médico de Saúde Ocupacional (PCMSO) 325
    Perfil Profissiográfico Previdenciário (PPP) 326
    Inspeções de segurança 327
Doenças ocupacionais 328
    Estresse 328
    Controle do estresse 330
    Adaptação da pessoa ao ambiente 330
    Estressores 331
    Como lidar com o estresse 331
BOM EXEMPLO 332
    Depressão 332
    Perda auditiva induzida por ruído 333
    LER/DORT 333
    Doenças pulmonares 335
    Silicose 335
    Sintomas e diagnóstico 336
    Prevenção 336
    Tratamento 337
BOA NOTÍCIA 337
ESTUDO DE CASO 16.1 338
QUESTÕES 339

CAPÍTULO 17

Liderança, gerência e poder

O líder pode transformar a sua realidade, a das pessoas que o cercam, mudar a organização, o mercado e até o país? 341

LÍDER OU SUPER-HERÓI? 343
Liderança organizacional 344
Teorias e abordagens de liderança 346
Liderança, gerência e poder 349
    Quais são as qualidades necessárias para que um dirigente se torne líder? 351
PRATICANDO 351
Novos modelos de liderança 356
APRENDA A SERVIR 360
COMENTÁRIO DE CONSULTORIA 366
ESTUDO DE CASO 17.1 368
QUESTÕES 372

CAPÍTULO 18

Coaching

Coaching: desenvolvendo pessoas e acelerando resultados 373
Coaching: o processo da excelência profissional 374
Coaching no desenvolvimento de *coaches* internos 374
Coaching executivo e seus benefícios na liderança 375
Gestão de pessoas com *coaching* e seus diferenciais 376
Benefícios do *coaching* na gestão de pessoas 376
    Para a organização 376
    Para o gestor de pessoas 377

Referências 379

CAPÍTULO 1

Gestão de pessoas em uma organização e como essa prática afeta os resultados

Nosso desafio com este capítulo é:

- Contextualizar a gestão de pessoas no cenário do mundo globalizado e repleto de inovações.
- Explicitar a importância da gestão de pessoas para as organizações.
- Analisar como a gestão de pessoas pode ser um fator decisivo para que a organização alcance os resultados esperados.
- Mostrar que a eficaz gestão de pessoas constitui um diferencial competitivo sustentável.

Por que gerenciar pessoas é essencial para as organizações?

Os estudiosos organizacionais e consultores da área de gestão de pessoas, na convivência com gerentes e executivos de diferentes estilos de administração, competências e habilidades, têm observado e constatado, no decorrer do processo de trabalho, a existência de traços comuns entre aqueles que tiveram êxito na missão de conduzir suas empresas a um lugar de destaque no mercado em que operam.

Esse diferencial se reflete na maneira de gerir pessoas, liderar um processo de educação corporativa, valorizar a aprendizagem e comprometer-se constantemente com o aprimoramento, transformando a equipe organizacional em um time de corrida de maratonas sem linha de chegada, com metas e resultados frequentemente reformulados, o que, naturalmente, conduz a organização a um maior efetivo de pesquisa e necessidade de capacitação.

Estamos vivendo na era do aprendizado, na qual a informação, o conhecimento e a percepção, associados, fornecem às organizações os caminhos poucos tangíveis, mas muitas vezes únicos, para a identificação e o aproveitamento das oportunidades de negócios, crescimento e prosperidade.

A capacidade de criar, desenvolver e gerir tecnologias cada vez mais sofisticadas torna-se, portanto, a maior aspiração de qualquer empresa.

O sucesso empresarial passa a pertencer, então, àquela empresa que conseguir capacitar e desenvolver, a custos menores e de maneira mais rápida, as competências e habilidades individuais necessárias ao lançamento de novos negócios e produtos inovadores, por meio de um processo de educação sem fim.

CONTEXTUALIZANDO

Gerir pessoas no trabalho se tornou crucial para os processos empresariais e para que as empresas alcancem um diferencial competitivo.

Esse fato pode ser observado na prática. As empresas muitas vezes colocam no mercado produtos similares em qualidade e preço. A escolha por um ou por outro, no caso de uma loja, acaba dependendo da maneira como o vendedor atende os clientes, independente dessa maneira ser física ou digital.

A gestão de recursos humanos (RH) administra o potencial criativo e produtivo e as relações de trabalho das pessoas. Por isso essa função é tão fundamental para a empresa.

Há muitos questionamentos sobre *como fazer* a gestão de pessoas (ou a gestão de recursos humanos, como alguns preferem). Afinal, pessoas não são máquinas, que são adquiridas para propósitos específicos e que podem ser substituídas por modelos mais novos. As pessoas se constituem no fator que faz com que as empresas se tornem mais aptas a enfrentar os desafios do mercado mundial, em processo de mudança sem precedentes nos últimos tempos.

Se olharmos para um passado não muito longínquo, os clientes eram pouco exigentes, porque os produtos e serviços eram escassos em quantidade e/ou variedade. Hoje, com mais oferta e concorrência em demasia, a demanda por qualidade nos produtos e serviços faz do cliente do mundo moderno o centro das atenções, aquele que dita as regras.

Desafios em gestão de pessoas

Se olharmos em volta, para o mercado e os ambientes organizacionais, poderemos observar alguns dos fatores responsáveis pelo cenário atual. Eles são apresentados a seguir.

Globalização

A revolução da informação e da comunicação tornou possível o fenômeno da globalização, o mundo sem fronteiras rígidas. Esse fenômeno interfere na vida de todos. Ninguém fica ileso, por exemplo, quando o preço do barril de petróleo no mercado internacional sobe.

A globalização requer das empresas o desafio de aumentar a capacidade de aprender, colaborar e gerenciar a diversidade, a complexidade e a ambiguidade. Já não basta olhar o que está acontecendo no próprio trabalho ou no Brasil. É importante olhar "para fora" da organização e saber como as coisas que estão acontecendo no mundo globalizado afetarão a vida profissional e pessoal.

O conhecimento e a observação das tendências auxiliam os profissionais e gestores a enxergar as oportunidades e a estar mais bem preparados para lidar com as dificuldades que porventura surgirem, sem perder o foco nos seus objetivos, sonhos e metas. Um planejamento estratégico pode auxiliar no direcionamento da "caminhada".

Outro impacto da globalização é que os talentos podem vir de qualquer lugar. Por exemplo, a Cisco, uma empresa líder no mercado em equipamentos para rede de computadores, que teve sua origem em San Jose (Estados Unidos), acredita que é essencial para a competitividade do seu negócio manter uma unidade de operação na Índia. Além de milhares de funcionários de tecnologia, existem vários executivos trabalhando em Bangalore.[1]

Revolução da informação e do conhecimento

A comunicação e a informação na época da sociedade agrária, até próximo ao final do século XVII, eram totalmente restritas ao espaço geográfico determinado.

Quando Abraham Lincoln, presidente dos Estados Unidos, foi assassinado, em 1865, demorou três meses para que o mundo tomasse conhecimento. Com a invenção do telégrafo continental em 1866, isso começou a mudar. Hoje, a comunicação e a informação acontecem em tempo real, e essa revolução transformou radicalmente a valoração das empresas.

Antes, o tamanho e a ostentação de prédios e instalações luxuosas davam a impressão de solidez e implicavam ações bem cotadas na bolsa. Atualmente, as ações da Microsoft, Apple e Google são valorizadas pelo que está "na mente" de seus profissionais, seu capital intelectual.

---

1. BATEMAN, T. S.; SNELL, S. A. *Administração*. Porto Alegre: AMGH, 2012.

Mudança nas relações de trabalho

As relações de trabalho no contexto do capital intelectual mudaram substancialmente.

Peter Drucker,[2] o grande guru da administração, em artigo intitulado "Eles não são empregados, são pessoas", apontou duas mudanças que ele considerava extremamente nocivas às relações de trabalho. Primeiro, a existência de um número espantoso de pessoas que trabalham para as empresas, mas não são mais empregadas dessas organizações. Em segundo lugar, um número enorme de empresas que estão terceirizando suas relações de trabalho. Essas empresas não administram mais seus funcionários, o que, segundo ele, representa um enorme perigo para os negócios, pois a força de trabalho baseada em conhecimento é muito diferente da que não o é. O contingente que a compõe é muito menor que a força total de trabalho, mas são esses trabalhadores que criam riquezas e empregos. Os trabalhadores do conhecimento são fontes de vantagem competitiva. A sobrevivência da empresa depende do desempenho e da produtividade dos trabalhadores do conhecimento.

A gestão de pessoas foi considerada tão importante por Drucker que ele afirmou que os líderes e executivos das empresas modernas têm muito a aprender com os chefes de departamentos de faculdades e maestros bem-sucedidos de orquestras sinfônicas. Em uma organização baseada em conhecimento como são as de hoje, é necessário dedicar-se ao desenvolvimento dos talentos e habilidades de seus profissionais, propiciando tempo para escutá-los, conhecê-los e orientá-los, pois essas pessoas são recursos imprescindíveis para o desempenho de uma organização no mercado em que opera. Para que os gerentes se dediquem mais a essa atividade, Drucker sugere que terceirizem toda a parte legal e burocrática da relação com os funcionários (com cuidado para não causar problema com os profissionais), liberando mais tempo para se dedicarem a esse objetivo.

FIGURA 1.1
Drucker afirmou que líderes e executivos de empresas modernas têm muito a aprender com chefes de departamentos de faculdades e maestros bem-sucedidos de orquestras sinfônicas

2. DRUCKER, P. F. Eles não são empregados, são pessoas. *Edição especial Exame: Harvard Business Review*, ed. 764, abr. 2002, p. 9-16.

> "Se, ao se desvencilhar das relações com os empregados, as organizações também perderem sua capacidade de desenvolver pessoas, elas terão feito, sem dúvida, um pacto com o diabo."
>
> PETER DRUCKER

Excepcional demanda por talentos

No Vale do Silício, nos Estados Unidos, as escolas não formavam a quantidade suficiente de profissionais necessários à manutenção das empresas de informática ali instaladas. Essas empresas recrutavam os profissionais de que precisavam em vários países do mundo, dentre os quais o Brasil e a Índia. Com o passar do tempo, foram surgindo faculdades e cursos nos Estados Unidos com ênfase em preparar profissionais para o Vale do Silício.

Em 2009, segundo a Wikipédia (enciclopédia livre), existiam no Vale do Silício 387 mil empregos de alta tecnologia. Os profissionais, à época, ganhavam altos salários, em média US$ 144.800 por ano.

> **Vale do Silício**
> Região dos Estados Unidos onde se concentram importantes empresas de informática, como Apple, Google e Facebook.

Hoje em dia as vagas não são tão abundantes, mas continuam existindo e ainda são muito bem remuneradas. Se o Vale do Silício fosse um país, seria o mais rico do mundo depois do Qatar e teria renda per capita anual de US$ 128 mil.[3]

A busca por talentos faz com que faltem vagas em determinadas áreas e haja excesso de vagas em outras. Contudo, uma coisa é certa: existe uma verdadeira disputa por profissionais que detenham o conhecimento requerido.

Ao fazer uma análise do que está acontecendo, conclui-se que as mudanças no mercado de trabalho estão provocando alterações também no poder e na educação. Empresas e escolas estão cada vez mais próximas.

Existem profissionais que podem escolher o país e a empresa em que querem trabalhar, porque são "bem cotados" no mercado de trabalho. Esses indivíduos têm "empregabilidade", ou seja, a facilidade de ser rapidamente empregados por boas empresas e de ter uma vantagem competitiva profissional.

O professor Paulo Roberto Motta, em seu livro *Transformação organizacional: a teoria e a prática de inovar*,[4] de 1998, já profetizava que o emprego temporário criaria vulnerabilidade para as empresas porque, em vez de promoção ou de segurança na carreira, os funcionários mais competentes poderiam ficar à espera de ofertas

---

3. BARRÍA, C. Três problemas que a extrema riqueza tem causado no Vale do Silício. *BBC News Brasil*. Disponível em: https://www.bbc.com/portuguese/internacional-48222437. Acesso em: ago. 2019.
4. MOTTA, P. R. *Transformação organizacional*: a teoria e a prática de inovar. Rio de Janeiro: Qualitymark, 1998.

dos concorrentes. A empregabilidade passaria a centralizar no indivíduo, e não na empresa, a responsabilidade pelo emprego. Como os empregos dependem dos conhecimentos e habilidades dos próprios profissionais, estes devem permanecer em educação e treinamento constantes.

Tecnologia

Outro fator que está afetando a vida das pessoas e das organizações é a tecnologia. As grandes transformações tecnológicas dos últimos tempos estão provocando uma verdadeira revolução na sociedade. Pela primeira vez na história, a mente humana é uma força direta da produção, não apenas um elemento do processo produtivo.

Os profissionais que detêm o conhecimento requerido para processar as tecnologias inovadoras têm valor extremamente alto no mercado. Podem, inclusive, galgar todas as camadas sociais com extrema rapidez. Exemplos disso são Steve Jobs e Bill Gates, que se transformaram em celebridades graças à capacidade de criação e inovação na área da informática.

As perspectivas da área tecnológica para o ano de 2010, que foram expostas na mensagem de fim de ano da IBM[5] aos seus profissionais, eram inquietantes na época e continuam sendo impressionantes hoje.

- Você sabia que 2,7 bilhões de perguntas são feitas ao Google a cada mês?
- Estamos vivendo tempos exponenciais.
- O número de mensagens de texto transmitidas todos os dias excede a população do planeta.
- Estima-se que a quantidade de novas informações geradas no mundo em 2010 é maior que a acumulada nos últimos 5 mil anos.
- Você sabia que fibras ópticas de terceira geração, recentemente testadas pela NEC e Alcatel, conduzem 10 trilhões de bits por segundo em um único fio? Isso equivale a 1,9 mil CDs ou 150 milhões de ligações telefônicas simultâneas a cada segundo. A cada seis meses, esse número triplica.

Os avanços são tamanhos que algumas dessas tecnologias, como é o caso da engenharia genética, colocam profissionais e sociedade diante de dilemas valorativos, porque as pessoas não sabem exatamente como lidar com elas. O caso da clonagem humana, por exemplo, desafia os paradigmas da ciência e traz à baila discussões a respeito da ética e de como utilizar tal descoberta.

---

5. Disponível em: http://www.youtube.com/watch?v=gI5nQ26Y35k. Acesso em: nov. 2019.

Inteligência artificial e o RH

A inteligência artificial (IA) está transformando substancialmente os processos de RH. As grandes empresas costumam receber por dia um grande volume de currículos, o que torna praticamente impossível um estudo apurado sobre cada um, fazendo com que os recrutadores possam perder talentos ou chamar para entrevistas um número enorme de candidatos que não preenchem os requisitos das vagas.[6]

Além disso, os gestores, na busca por novos talentos, podem gastar muito tempo nesse processo sem conseguir o resultado almejado. É aí que entra a inteligência artificial, "queimando etapas" com a utilização de softwares e logaritmos, filtrando informações para que passem para a seleção só os candidatos com perfil adequado às vagas, otimizando assim o tempo das equipes.

A inteligência artificial ultrapassa os limites do recrutamento e seleção, podendo levar para novos patamares atividades como: integração, treinamento, comunicação, feedback, retenção de talentos e outras informações importantes para o RH. O maior ganho, contudo, é liberar tempo para que as equipes de RH tomem as decisões estratégicas necessárias para potencializar os resultados.

Sobre o impacto da inteligência artificial em nossas vidas, Stephen Hawking disse: "Todos os aspectos das nossas vidas serão transformados [pela IA]", e isso pode ser "o maior evento na história da nossa civilização".

Negociação

Estamos na era da negociação: hoje tudo é negociado. Não existem mais padrões estáticos para se fazer negócios. Nossos filhos, por exemplo, já aprendem desde cedo a negociar, em casa, suas mesadas, os passeios, os horários e a divisão dos afazeres escolares e domésticos.

Nos últimos anos, a negociação assumiu um papel tão importante que até alianças com concorrentes são negociadas. Um bom exemplo desse processo foi a fusão de duas concorrentes ferrenhas: Antártica e Brahma, formando a maior cervejaria da América Latina, a Ambev. Criada em março de 2000, a Ambev apresentou um ganho de eficiência da ordem de R$ 177 milhões ao ano.[7]

Outro caso marcante no Brasil foi a fusão da Nestlé e da Garoto em fevereiro de 2002, que deu à Nestlé 61,2% do mercado. Apesar do entendimento entre os

....

6. Winetzki, A. Como a inteligência artificial (IA) pode transformar o seu RH. *IT Forum 365*. Disponível em: https://itforum365.com.br/como-a-inteligencia-artificial-ia-pode-transformar-o-seu-rh/. Acesso em: ago. 2019.
7. Higuthi, M. R.; Gracioso, A. *Antecedentes da fusão*. Disponível em: https://casesdesucesso.files.wordpress.com/2008/03/ambev.pdf. Acesso em: nov. 2019.

participantes e da efetivação do negócio, ainda existem no Conselho Administrativo de Defesa Econômica (CADE) pendências em relação ao processo de fusão.[8]

O papel do negociador exige habilidades para lidar com ambiguidades, riscos e contradições, o que significa a aquisição de novos conhecimentos e o enfrentamento de novos desafios sem direções claras. Isso pressupõe que a pessoa que vai negociar tem de ter a capacidade de aprender mais rápido que os concorrentes, parceiros e clientes, bem como de canalizar positivamente as emoções.

Empreendedorismo

Empreendedorismo é a busca de oportunidades lucrativas por pessoas empreendedoras.[9]

Os empreendedores são diferentes dos gestores. Empreendedores são gestores, mas dedicam-se a atividades que nem todos os gestores executam. Os gestores dedicam-se às atividades com responsabilidade e autoridade hierárquica bem definidas. Em contrapartida, o empreendedor usa mais redes de contato que a estrutura formal da empresa. Gestores geralmente preferem ser proprietários de ativos, mas os empreendedores frequentemente os "alugam" ou contratam temporariamente. Enquanto os gestores agem mais cautelosamente, evitando o risco, os empreendedores são mais rápidos e gerenciam o risco.

Muitos profissionais, por não conseguirem o emprego dos sonhos, se tornam empreendedores, empurrados pelas oportunidades de negócios e pela esperança de alcançar lucros, além da realização por meio de seu próprio negócio.

Eficácia das práticas de RH na organização

No mundo moderno, o estudo e a eficácia das práticas de gestão de RH tornaram-se essenciais para a sobrevivência das organizações. Mesmo as empresas tecnologicamente modernas e com recursos financeiros, se não tiverem uma gestão de RH eficaz, estarão fadadas à não obtenção dos objetivos e resultados propostos.

Quem é responsável pela gestão de RH nas organizações?

Supervisores, gerentes e outros cargos diretivos na empresa, se não mais, são tão responsáveis pela gestão de RH quanto os profissionais dos setores de RH. Quando

---

8. Estadão Conteúdo. Fusão de Nestlé e Garoto pode voltar ao Cade. *Exame Negócios*. Disponível em: https://exame.abril.com.br/negocios/fusao-de-nestle-e-garoto-pode-voltar-ao-cade/. Acesso em: ago.2019.
9. Bateman; Snell, 2012, p. 102.

não existe um setor específico (por exemplo, nas pequenas empresas), quem deve executar essa função é o próprio dirigente.

Vários autores, como Dave Ulrich,[10] autor do livro *Recursos humanos estratégicos: novas perspectivas para os profissionais de RH*, têm apontado a gestão de RH como fator preponderante para se alcançar excelência organizacional.

Essa maneira de ver os recursos humanos, porém, é bem recente, principalmente porque antes existia uma cultura de só se pensar na gestão de RH como processos e tarefas: recrutamento, seleção e treinamento.

A gestão de RH hoje tem de enfocar os *resultados empresariais* e desenvolver seus processos tendo em vista *os objetivos organizacionais*. Quando se enfatizam processos e/ou tarefas, o que se está buscando é uma melhoria de eficiência, ou seja, da maneira de fazer as atividades. Ao focalizar os resultados, a ênfase é *nos produtos e serviços ofertados ao mercado e no atendimento às necessidades do cliente*, ou seja, eficácia.

Os produtos ou serviços que uma empresa é capaz de produzir e/ou oferecer ao seu ambiente de atuação e, principalmente, a maneira como ela coloca esses produtos e serviços no mercado passam por sua gestão de RH. A gestão de RH, *quando eficaz, constitui uma vantagem competitiva empresarial*, porque o progresso tecnológico não representa mais um diferencial, uma vez que os concorrentes quase sempre conseguem copiar os produtos e serviços, apresentando nível de qualidade e preço semelhantes.

Criar um diferencial competitivo por meio da gestão de RH nesse contexto competitivo pode significar a vida ou a morte das organizações.

O RH como vantagem competitiva

A criação de vantagem competitiva por meio da gestão de RH só é possível se seu enfoque for em resultados. As empresas podem atingir vantagem competitiva por meio de seu pessoal se conseguirem atender aos seguintes critérios:[11]

- *Pessoas criam valor*: pessoas são fontes de vantagem competitiva quando ajudam a reduzir custos e/ou fornecem algo singular aos clientes.

- *Os talentos são raros*: pessoas são fontes de vantagem competitiva quando as competências, conhecimentos e habilidades são exclusivos, não estão igualmente disponíveis aos concorrentes.

---

10. ULRICH, D. *Recursos humanos estratégicos*: novas perspectivas para os profissionais de RH. São Paulo: Futura, 2000.
11. BATEMAN; SNELL, 2012, p. 156.

▶ *É difícil imitar um grupo de pessoas bem escolhidas e motivadas*: pessoas são fontes de vantagem competitiva quando criam uma cultura ímpar e suas capacidades e contribuições não podem ser imitadas pelos outros.

▶ *As pessoas podem ser treinadas para alcançar o sucesso*: pessoas são fontes de vantagem competitiva quando seus talentos são combinados e usados rapidamente para a realização de novos projetos e tarefas, com o uso de trabalho em equipe e cooperação.

Vantagem competitiva – o comportamento organizacional e o resultado financeiro[12]

Em termos do retorno sobre investimentos (ROI), a Southwest Airlines foi uma das empresas de melhor desempenho nos últimos 30 anos. De fato, entre 1972 e 1992, seu ROI foi de mais de 21.000! O que explica este sucesso? Não é a tecnologia da Southwest, porque os Boeings 737 que compõem sua frota são amplamente disponíveis e utilizados pelas linhas aéreas concorrentes. Nem se trata de uma questão de estar num setor atraente, porque o setor aeroviário enfrenta forte concorrência, poucas barreiras à entrada, fortes restrições governamentais e numerosas falências. Finalmente, o sucesso da empresa não pode ser atribuído a tamanho e economias de escala, porque a Southwest controla meros 2,6% do mercado americano.

Sem dúvida, a vantagem competitiva da Southwest sobre as outras linhas aéreas reside naquilo que ela realiza com seu pessoal. Comparada à concorrência, a força de trabalho da Southwest é mais motivada, mais produtiva e mais estável. Como isso se traduz em vantagem competitiva? Em termos de estatísticas objetivas, a Southwest tem menos funcionários por aeronave e voa mais quilômetros por funcionário que qualquer outra linha aérea. Além disso, enquanto outras linhas aéreas gastam uma média de 45 minutos para preparar a partida dos aviões que chegam, ela faz o transbordo de 80% de seus voos em menos de 15 minutos. Isso confere à empresa uma vantagem enorme na utilização de equipamentos, apesar de ter os mesmos equipamentos que todas as demais. Sobretudo em termos da qualidade do serviço, a Southwest ganhou nove vezes a "tríplice coroa" das linhas aéreas (a melhor em

----

12. WAGNER III, J. A.; HOLLENBECK, J. R. *Comportamento organizacional*: criando vantagem competitiva. 4. ed. São Paulo: Saraiva, 2020.

horários, menos extravios de bagagens e menos reclamações), ao passo que nenhuma outra concorrente chegou a realizar sequer uma vez o mesmo feito. Em consequência disso, seus clientes são extremamente fiéis.

Embora a Southwest possa ser um exemplo extremo de como o *know-how* de "administração de recursos humanos" traduz-se em um maior retorno sobre investimentos, a relação entre o modo como as empresas administram seu pessoal e seu desempenho financeiro já se encontra bem estabelecida em muitos estudos sobre o desempenho eficaz. Um estudo sobre cerca de 500 companhias descobriu que as que usaram as práticas gerenciais descritas por Wagner e Hollenbeck desfrutaram de uma vantagem de 19 mil dólares por funcionário em termos de valor de mercado sobre suas concorrentes. Outro estudo, envolvendo quase 100 pequenas empresas, constatou que as que se dedicaram a práticas gerenciais de ponta obtiveram índices de sobrevivência 20% mais elevados que os de suas concorrentes. Outro estudo ainda, sobre 34 varejistas, demonstrou que aquelas que usavam uma estrutura inovadora de pagamentos contingentes geraram cerca de um milhão de dólares em vendas a mais que as unidades com administração tradicional. Em termos de resultados financeiros, então, nada substitui a capacitação, motivação e retenção do melhor pessoal. De fato, até que a ciência invente meios efetivos de clonar seres humanos, a administração do comportamento organizacional talvez seja a única fonte de vantagem competitiva sustentável que os seus concorrentes não podem comprar, roubar ou copiar de você.

No que diz respeito ao valor de mercado, a Soutwesth Airlines se destaca como a maior companhia aérea do mundo, além de figurar entre as 10 melhores empresas para se trabalhar nos Estados Unidos. Os seus 56.000 funcionários aprovam a empresa.[13]

QUESTÕES

1. Observe na empresa em que você trabalha, ou em alguma empresa que você conheça bem, como é a gestão de RH, quem a faz e se os gestores estão mais preocupados com as atividades ou os resultados.

2. Explique quando a gestão de RH funciona como um fator competitivo importante para as empresas conquistarem e manterem seu lugar no mercado.

3. Descreva como o RH pode ajudar a empresa a enfrentar os desafios: globalização, tecnologia, demanda por capital intelectual, e mudanças no contexto do trabalho.

---

13. MORETTI, I. As 10 melhores empresas para trabalhar nos EUA. *Via Carreira*. Disponível em: https://viacarreira.com/as-10-melhores-empresas-para-trabalhar-nos-eua/. Acesso em: 27 ago. 2019.

CAPÍTULO 2

Gestão estratégica *versus* gestão tradicional de pessoas

> Nosso desafio com este capítulo é:
>
> - Perceber a importância de escolher uma abordagem para nortear a gestão de pessoas no contexto da organização.
> - Contextualizar as diferenças entre gestão estratégica de pessoas e gestão tradicional de pessoas.
> - Compreender as consequências da escolha de uma abordagem para os resultados empresariais.
> - Entender que a complexidade das atividades desempenhadas pelo gestor na consecução dos objetivos organizacionais requer constante aprendizado.

Por que escolher entre a abordagem estratégica e a abordagem tradicional de pessoas?

A gestão de pessoas tornou-se, no atual momento econômico, social e político, uma das funções primordiais dos gestores que têm sob sua responsabilidade a administração dos recursos de produção e serviços.

Na economia atual, baseada em conhecimento e informação, a sustentação principal da operação das empresas está no trabalho de pessoas que sejam detentoras de conhecimentos especializados.

Apesar da importância dada ao lado humano das organizações, várias corporações e gerentes experientes cometem o erro de concentrar seus esforços nos aspectos financeiros do negócio, não percebendo que, para conseguirem vantagem competitiva sustentável, as organizações necessitam de líderes, pessoas que acreditem na mudança e sejam capazes de imprimir energia às suas organizações.

Para a obtenção dos tão desejados resultados, as organizações passam a demandar, em sua maioria, profissionais de multicompetências, pessoas capazes de desenvolver projetos em equipe e atender de modo especial às necessidades dos clientes, tornando-se imprescindíveis ao desempenho efetivo de uma organização no mercado em que opera.

CONTEXTUALIZANDO

Na gestão tradicional de pessoas ou gestão de RH tradicional, o foco está nos processos e tarefas realizados para atrair pessoas no mercado: recrutar, selecionar ou treinar as pessoas que estão trabalhando para desenvolver melhor suas atividades, sem levar em consideração o impacto que esses processos têm sobre o negócio da empresa. Esses processos estão totalmente desvinculados dos resultados.

Dave Ulrich,[1] no início de seu livro *Recursos humanos estratégicos*, instiga o leitor com a seguinte pergunta:

> Devemos nos livrar do departamento de Recursos Humanos (RH)? [...] De fato, se a área de RH tivesse de permanecer configurada como atualmente está em muitas empresas, eu teria de responder à pergunta acima com um ressonante "Sim, devemos aboli-la". Mas a verdade é que nunca houve tanta necessidade de RH.

Existe um debate sobre se os recursos humanos podem oferecer uma vantagem competitiva para a empresa. A questão relacionada ao assunto é se as empresas devem primeiro estabelecer suas estratégias organizacionais e depois escolher as práticas de RH para desenvolver o "tipo certo" de recursos humanos ou, ao contrário, deve-se deixar que as qualidades dos recursos humanos definam as futuras estratégias da empresa.

Todas as empresas lutam para crescer e sobreviver e para criar um propósito que seja diferenciado. Esse propósito específico que se mantém com o passar do tempo é chamado de "vantagem competitiva".

Essa vantagem competitiva pode soar como uma expressão agressiva e militarista, mas é aplicável tanto às organizações filantrópicas e públicas como aos negócios e aos exércitos. As pessoas podem ser gerenciadas para criar uma vantagem competitiva. Os argumentos indicam que as pessoas são a fonte mais promissora de vantagem competitiva na organização de hoje.[2]

Quando Ulrich diz que a área como está configurada em muitas empresas deveria ser abolida, ele se refere ao RH tradicional, que é desvinculado dos objetivos, resultados

---

1. ULRICH, D. *Recursos humanos estratégicos*: novas perspectivas para os profissionais de RH. São Paulo: Futura, 2000. p. 35.
2. MILKOVICH, G. T.; BOUDREAU, J. W. *Administração de recursos humanos*. São Paulo: Atlas, 2000.

e estratégias da empresa. Esse tipo de gestão de RH contrata pessoas que fazem o trabalho sem envolver-se com questões próprias da organização.

Se o RH tradicional não leva a empresa a uma vantagem competitiva, porque é focado em tarefas e atividades, isso quer dizer que essas tarefas e atividades não são importantes?

A resposta é não. Os processos são importantes quando estão vinculados às estratégias e resultados. O problema é que, *no RH tradicional,* o processo de *recrutamento e seleção, por exemplo, tem como enfoque apenas captar candidatos que tenham as qualificações para o cargo.*

O RH estratégico, em contrapartida, procura captar pessoas que, além de preencher os requisitos do cargo, se tornem capital intelectual da empresa, se comprometam a alcançar os objetivos empresariais, saibam trabalhar em equipe e que compartilhem seus conhecimentos com a organização.

Se os objetivos organizacionais no processo seletivo estiverem em consonância com os objetivos individuais do candidato, essa será uma escolha perfeita.

O RH estratégico, portanto, *focaliza sua atenção nos resultados empresariais* e constitui uma vantagem competitiva.

FIGURA 2.1
O RH estratégico busca pessoas que se comprometam a alcançar os objetivos empresariais, que saibam trabalhar em equipe e que compartilhem seus conhecimentos com a organização

Com o RH estratégico, há maior sintonia na contratação, pois se espera que a pessoa contratada "vista a camisa da empresa" e se comprometa com seus objetivos e resultados. Desse modo, para quem faz a seleção, não basta conseguir um bom candidato para a vaga oferecida, pois, se ele não tiver *aspirações e valores compatíveis com os da empresa,* provavelmente não ocupará a vaga por muito tempo. O objetivo do RH estratégico na seleção é criar *capital intelectual,* ou seja, que a pessoa selecionada permaneça na empresa e comungue com seus valores.

RH estratégico e tradicional

As forças competitivas que os gestores enfrentam hoje, e que continuarão a enfrentar no futuro, exigem excelência organizacional. Alcançar a excelência organizacional deve ser tarefa de RH.

Uma pesquisa feita por Houselid e outra realizada pela Society of Human Resource Management (SHRW), ambas citadas por Ulrich, afirmam que, com o RH estratégico, *existe uma drástica melhoria no desempenho empresarial, pois ele leva a estratégia e o planejamento empresarial da "sala de reuniões" para a ação.*

A gestão estratégica de RH de uma empresa consiste no padrão ou plano que integra os principais objetivos, as políticas e os procedimentos, formando uma unidade coerente. Uma estratégica de gestão de RH bem formulada ajuda a agregar e alocar os recursos da empresa em uma entidade única, com base em pontos fortes e dificuldades, nas mudanças ambientais e nas ações antecipadas da concorrência.[3]

A interação entre a estratégia, objetivos, política e normas pode ser observada na Figura 2.2.

FIGURA 2.2
Interação entre estratégia, objetivos, políticas e normas

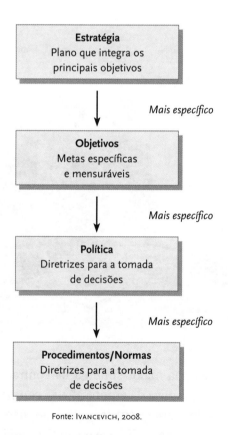

Fonte: IVANCEVICH, 2008.

....

3. IVANCEVICH, J. M. *Gestão de recursos humanos*. São Paulo: McGraw-Hill, 2008. p. 16-17.

Como o RH estratégico pode ajudar a organização?

Voltando a citar Dave Ulrich,[4] o RH pode ajudar a organização na obtenção da excelência de quatro maneiras. Segundo ele, o RH pode:

- formar uma parceria com os gerentes seniores e os de produção para a execução da estratégia, ajudando a levar o planejamento da sala de reunião para o mercado;
- tornar-se um especialista na organização e execução do trabalho, apresentando eficiência administrativa, para garantir a redução de custos e a manutenção da qualidade;
- tornar-se defensor dos funcionários, representando com vigor suas preocupações para a gerência sênior e, ao mesmo tempo, trabalhando para aumentar a colaboração desses funcionários; e
- tornar-se um agente da mudança contínua, moldando processos e uma cultura para que, junto com os outros profissionais, desenvolva a capacidade organizacional para a mudança.

Formar parceria com os gerentes seniores da organização tornou-se essencial para a obtenção dos resultados, já que gerenciar pessoas no mundo contemporâneo é um grande desafio.

Esse desafio deve-se ao fato de o gestor de hoje precisar gerenciar pessoas que desempenham atividades e ocupam cargos que apresentam vários aspectos desconhecidos por ele próprio. Mas esse gerenciamento faz parte dos principais papéis a serem desempenhados pelo administrador na atualidade: os papéis interpessoais, que incluem atividades como contratação, treinamento, motivação dos funcionários, liderança e gestão de pessoas.[5]

É o processo de gestão de pessoal que une a estratégia da empresa às suas operações. Esse processo consiste em três elementos fundamentais:[6]

Elemento 1: ligar as pessoas à estratégia e às operações.

O primeiro elemento da gestão de pessoal é ligá-lo aos marcos estratégicos de curto prazo (zero a dois anos), médio prazo (dois a cinco anos) e longo prazo (mais de cinco anos), bem como às metas do plano operacional, certificando-se de que há número suficiente de pessoas para executar a estratégia.

----

4. ULRICH, 2000, p. 36.
5. ROBBINS, S. P.; JUDGE, T A.; SOBRAL, F. *Comportamento organizacional*. São Paulo: Pearson Prentice Hall, 2010. p. 4.
6. BOSSIDY, L.; CHARAN, R. *Execução*: a disciplina para atingir resultados. Rio de Janeiro: Elsevier, 2005. p. 145, 147, 160.

Elemento 2: desenvolver o pool de liderança por meio de melhoria contínua, profundidade na sucessão e redução do risco de retenção.

Atingir marcos de médio e longo prazo depende, basicamente, de um *pool* de líderes promissores, capazes de serem promovidos. Você precisa avaliá-los hoje e decidir o que cada líder deve fazer para estar pronto para assumir maiores responsabilidades. O diálogo resultante dessa operação revelará a adequação do *pool* de liderança em termos de qualidade e quantidade. Nada é mais importante que a vantagem competitiva da organização.

Elemento 3: lidando com aqueles que têm mal desempenho.

Até mesmo o melhor processo de gestão de pessoal nem sempre consegue as pessoas certas para os cargos certos e não é capaz de fazer que todos tenham bom desempenho. Alguns gerentes foram promovidos além de suas capacidades e precisam ser colocados em cargos menos exigentes. Outros precisam, simplesmente, ser dispensados. O teste final do processo de gestão de pessoal se constitui na eficácia com que o profissional distingue esses dois tipos e como os líderes lidam com as difíceis mudanças que precisam promover.

David Ulrich afirma que os profissionais de RH devem desempenhar um novo papel e seguir uma nova pauta para que possam garantir os resultados de seu trabalho. Por meio de uma atuação estratégica, devem definir, em primeiro lugar, as metas a serem alcançadas, para só então serem estipulados os papéis e as atividades dos parceiros empresariais.[7]

Para a compreensão detalhada de cada um desses papéis, a Tabela 2.1 mostra a síntese elaborada pelo autor.

TABELA 2.1 Definição dos papéis de RH

Papel/Função	Resultado	Metáfora	Atividade
Administração de estratégias de RH	Execução de estratégias	Parceiro estratégico	Ajuste das estratégias de RH à estratégia empresarial: "diagnóstico organizacional"
Administração da infraestrutura da empresa	Construção de uma infraestrutura eficiente	Especialista administrativo	Reengenharia dos processos de organização: "serviços comuns"
Administração da contribuição dos funcionários	Aumento do envolvimento e capacidade dos funcionários	Defensor dos funcionários	Ouvir e responder aos funcionários: "prover recursos aos funcionários"
Administração da informação e mudança	Criação de uma organização renovada	Agente de mudança	Gerir a transformação e a mudança: "assegurar capacidade para a mudança"

Fonte: ULRICH, 1999.

....

7. ULRICH, D. *Os campeões de recursos humanos*: inovando para obter os melhores resultados. São Paulo: Futura, 1999. p. 40-41.

Mas, afinal, como ligar na prática os processos de RH ao planejamento estratégico da empresa?

Quando os dirigentes estabelecem os planejamentos do futuro das organizações, os gerentes de RH devem procurar aliar o planejamento de RH ao planejamento estratégico, pois uma vez que os objetivos estratégicos tiverem sido definidos, esses objetivos vão nortear todas as ações da empresa para que os alvos estabelecidos sejam efetivamente alcançados. O planejamento de RH relaciona-se de vários modos com o planejamento estratégico da empresa, mas é importante salientar que isso acontece tanto na formulação quanto na implementação da estratégia. Para que a vinculação do planejamento estratégico com o de recursos humanos fique mais clara, observe a Tabela 2.2.

TABELA 2.2 Vinculação do planejamento estratégico e de recursos humanos

	NEGÓCIOS/CORPORAÇÃO	RECURSOS HUMANOS
Missão, visão e valores	• Identificar propósitos e enfoque • Definir o caminho de longo prazo • Estabelecer crenças e princípios duradouros	• Captar a filosofia subjacente • Definir fundamentos • Orientar sobre códigos éticos de conduta
Análise externa	• Oportunidades e ameaças (OA) • Verificação ambiental (jurídica etc.) • Análise do concorrente/indústria	• Tendências demográficas • Fornecimento externo de pessoal • Concorrência referência
Análise interna	• Forças e fraquezas (FP) • Competências centrais • Recursos, pessoas, processos e sistemas	• Cultura, competências, composição • Previsão de demandas de funcionários • Previsão de recrutamento de funcionários
Formulação de estratégias	• Estratégias corporativas • Estratégias de negócios • Estratégia funcional: alinhamento	• Produtividade e eficiência • Qualidade, serviço, rapidez e inovação • Adequação externa, alinhamento e adequação interna
Implementação de estratégias	• Estrutura de projetos, sistemas etc. • Alocação de recursos • Liderança, comunicação e mudança	• Ajuste do fornecimento e demanda • Redução (*downsizing*), demissões etc. • Práticas de RH: seleção, treinamento, recompensa
Avaliação	• Avaliação e bases de comparação • Garantia do alinhamento • Agilidade e flexibilidade	• Medidas do capital humano • Pontuação equilibrada (*balanced scorecard*)

Fonte: BOHLANDER; SNELL, 2011, p. 45.

> **COMENTÁRIO DE CONSULTORIA**
>
> O RH estratégico acrescenta valor e vantagem competitiva para o negócio da empresa, mas, para que sua implantação se efetive, é imprescindível que a visão dos objetivos e resultados a serem alcançados seja compartilhada pelos dirigentes e demais gestores da empresa.
>
> Outro fator importante é a comunicação, que funcionará como um poderoso fio condutor do comprometimento e da motivação, para que todos se empenhem.

À medida que os dirigentes percebem que seus funcionários podem ser os parceiros mais valiosos da empresa, os gestores de RH passam a ocupar um papel cada vez mais relevante no planejamento estratégico da empresa.

Para visualizar melhor as principais diferenças entre as duas formas de gestão de RH, observe o Quadro 2.1.

QUADRO 2.1
Quadro comparativo entre o RH tradicional e o RH estratégico

RH TRADICIONAL	RH ESTRATÉGICO
Foco em processos e tarefas:	**Foco em resultados e estratégias:**
• Recrutamento e seleção voltados para o cargo	• Captação de capital intelectual no mercado para dinamização do negócio
• Treinamento na função	• Aprendizado e educação continuada
• Gestão de cargos	• Gestão de competências
• Salário	• Remuneração ligada a resultados
• Relações trabalhistas estagnadas	• Parcerias e negociações
• Manutenção de processos e tarefas	• Cultura de mudança e inovação

A gestão de RH administra, então, o potencial criativo e produtivo e as relações de trabalho das pessoas na organização para que elas conduzam a empresa aos resultados almejados e a uma vantagem competitiva sustentável.

> Especialistas em RH precisam entender as atividades de suas empresas, e os gestores de linha precisam ser excelentes na seleção e motivação das melhores pessoas. Como contribuintes para a estratégia da empresa, os gestores de RH também enfrentam desafios éticos maiores. Quando eram apenas uma função especializada de pessoal, podiam focar, por exemplo, os requisitos legais das decisões de contratação. Mas decisões estratégicas exigem que eles também sejam capazes de ligar as escolhas a respeito de quadros, benefícios e outros assuntos de RH ao sucesso da empresa.[8]

---
8. BATEMAN, T. S.; SNELL, S. A. *Administração*. Porto Alegre: AMGH, 2012. p. 156-157.

Uma pesquisa realizada pela consultoria Deloitte[9] em 2007, com o objetivo de analisar o novo papel de RH, concluiu que ele é essencial para o negócio.

Foram entrevistados 531 executivos seniores e líderes da área de RH de 468 empresas com faturamento entre US$ 125 milhões e US$ 10 bilhões na Europa, Ásia, América do Norte, África, Oriente Médio e América Latina.

Mais de 80% dos executivos entrevistados afirmaram que a área de recursos humanos é fundamental para a competitividade e lucratividade, pois é essa área que irá determinar desempenho, aumentar competitividade, desenvolver novos produtos e serviços e capitalizar sobre avanços tecnológicos.

A seguir apresentamos os principais resultados:

- 88% dos entrevistados afirmam que assuntos relacionados a pessoas se tornarão mais importantes;
- hoje, 60% dos pesquisados já consideram assuntos relacionados a pessoas como "altamente importantes" para a tomada de decisão. Esse número aumenta para 90% na avaliação para os próximos três a cinco anos;
- as principais preocupações dos líderes são: desenvolvimento de liderança (76%), gestão de talentos (72%), criação de uma cultura de alta *performance* (71%) e treinamento (66%);
- 52% dos pesquisados ainda não apresentam um Chief Human Resources Officer (CHRO) ou outro profissional na alta administração dedicado aos assuntos relacionados às pessoas – ao passo que mais de dois terços esperam ter um CHRO nos próximos três a cinco anos;
- 95% esperam que o RH se torne um setor estratégico e gerador de valor, não apenas um centro de custos;
- 60% dos executivos da alta administração participantes da pesquisa afirmam quase nunca consultar o RH para tomar decisões nas operações de fusões ou aquisições;
- 40% não consultam a equipe de RH quando o assunto é *outsourcing*.

Quando perguntados sobre as questões mais críticas para o sucesso da empresa, o resultado é ilustrado pela Figura 2.3.

---

9. DELOITTE. *Aligned at the top*: how business and HR executives view today's most significant people challenges – and what they're doing about it. Deloitte Touche Tohmatsu, 2007.

FIGURA 2.3

Pesquisa realizada pela consultoria Deloitte sobre as questões mais críticas para o sucesso da empresa

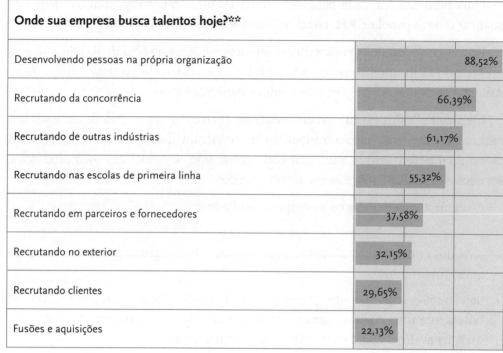

Fonte: DELOITTE, 2007, p. 11.

Ao observar o resultado dessa pesquisa, vemos que mais de 80% dos executivos entrevistados consideram a área de recursos humanos fundamental para a competitividade.

A escolha entre RH estratégico e tradicional

Para a administração de RH consistente, é preciso integrar o RH estratégico ao processo.[10] Existem dois tipos de perspectiva para essa integração: a *best fit* (melhor forma) e a *best practice* (melhor prática). A *best fit* afirma que as práticas de RH devem estar adaptadas a outros elementos da estratégia da empresa. A *best practice* prefere adotar práticas de RH que sejam as melhores para a organização, por meio de uma percepção universalista.

Para conseguir os resultados empresariais almejados, a gestão de RH não deve estar atrelada a nenhuma filosofia ou estilo do gestor, porque, se esse gestor sair, pode haver mudanças nocivas na gestão de RH.

----

10. BOXALL, P.; PURCELL, J. *Strategy and human resource management*. Londres: Palgrave Macmillan, 2011.

FIGURA 2.4
Para a administração de RH consistente, é preciso integrar o RH estratégico ao processo

Como a organização do trabalho varia desde os modelos de "comando e controle" até o gerenciamento de parceria "sindicato-empresa", as práticas de RH acabam por incorporar esses modelos e outros mais.

Qual a diferença em se aplicar o adjetivo "estratégico" ao RH? O entendimento dos autores está em que a gestão de RH é crítica para a sobrevivência e o relativo sucesso das empresas.

Ao escolher o RH estratégico como a abordagem a ser utilizada em uma empresa, essa decisão deverá ser balizada em dois níveis:

1. O papel desempenhado pelo RH estratégico é importantíssimo na viabilidade da empresa (escolhas do tipo faça ou quebre); e
2. O RH estratégico contribui para manter a sustentabilidade da empresa, ajudando a criar diferenças significativas no desempenho dos negócios.

QUESTÕES

1. Trace um paralelo entre o RH tradicional e o RH estratégico, mostrando as diferenças e vantagens do enfoque de cada abordagem.
2. A gestão de RH da empresa em que você trabalha ou tem sociedade, ou que você conhece ou administra, funciona como um diferencial competitivo? Comente.
3. David Ulrich afirma que o RH pode ajudar a empresa a alcançar a excelência. Descreva como.

CAPÍTULO 3

Papel dos gestores no gerenciamento de pessoas

> Nosso desafio com este capítulo é:
>
> - Desvendar quais são as atitudes dos gestores que levam os profissionais a se sentirem comprometidos no trabalho.
> - Compreender como as teorias de motivação podem contribuir para uma melhor gestão de pessoas.
> - Escolher, entre as diversas teorias de motivação, aquela que tem melhor aplicabilidade para a empresa.
> - Reconhecer como o papel de gerenciar pessoas, dentre outros desempenhados pelos gestores, é de suma importância para o desenvolvimento e manutenção do capital intelectual.

| Por que ter funcionários motivados, desenvolver e reter talentos se constitui em um diferencial competitivo para o negócio da empresa? | O gerente de hoje, diante das mudanças no mundo empresarial, tem o grande desafio de gerenciar pessoas que desempenham atividades e ocupam cargos que compreendem vários aspectos por ele desconhecidos. A visão, os objetivos e as metas parecem ser móveis, acarretando profundas transformações nos papéis e nas funções gerenciais. |

Fazer com que o "motor" do trabalho produtivo dos profissionais da equipe, "a motivação", venha a eclodir, passa a acalentar os sonhos de todo gerente, que mesmo com experiência se sente em um novo começo, como um "eterno aprendiz".

O primeiro grande desafio dos gestores é conseguir que as empresas e os colaboradores unam esforços: para alcançar os objetivos empresariais, a empresa necessita que os funcionários consigam os resultados definidos, e os colaboradores precisam executar um trabalho que lhes traga realização pessoal e profissional. Para que isso aconteça, a empresa precisa criar programas de incentivo e espaço de participação.

O segundo grande desafio dos gestores é criar um diferencial competitivo para que o negócio seja sustentável. A única maneira de conseguir isso é desenvolvendo e retendo os talentos da empresa: seu capital intelectual.

CONTEXTUALIZANDO

Em um passado recente, o papel do gerente era descrito como relativamente estático e claramente definido. Ao ingressar em uma organização, ele sabia todas as funções que seus funcionários deveriam desempenhar, tinha uma visão objetiva do que a empresa esperava dele, e sua escalada profissional era tão previsível que cada degrau conquistado correspondia a uma etapa na sua carreira. Na atualidade, ante as mudanças constantes dos tempos modernos, o gerente se vê sempre em um novo começo. Os objetivos, as metas e a visão parecem ser móveis, os papéis e funções gerenciais se alteram com muita velocidade. "Em lugar de ver a imagem de um veterano no espelho, um novato o contempla por trás do vidro. O *trabalho gerencial se amplia*."[1]

Uma das grandes mudanças aconteceu em relação aos gestores de linha de frente ou gestores operacionais. Eram gestores de hierarquia inferior que, com a função de supervisionar as operações organizacionais, estavam diretamente envolvidos com os funcionários não administrativos e implementavam os planos desenvolvidos pelos gestores intermediários. Os gestores de linha de frente eram controlados de cima para garantir o êxito do negócio, mas hoje, em empresas avançadas, eles tiveram o papel expandido.

Transformação dos papéis e das funções gerenciais

Apesar das grandes transformações nos papéis e funções gerenciais, a parte operacional continua vital. No entanto, cada vez mais se espera que os gestores sejam inovadores, empreendedores e façam uma gestão que leve ao crescimento da empresa e à expansão para novos negócios. Hoje existe uma tendência de menos hierarquia e mais trabalho de equipe.[2]

1. FREEDBERG, E. J. *Ativação*: a competência básica, convertendo o potencial individual e empresarial em desempenho excelente. São Paulo: Educador, 2000. p. 8.
2. BARTLETT, C.; GOSHAL, S. The myth of the generic manager: new personal competences for new management roles. *California Management Review*, v. 40. n. 1, 1997 *apud* BATEMAN, T. S.; SNELL, S. A. *Administração*. Porto Alegre: AMGH, 2012. p. 18.

A Tabela 3.1 apresenta as mudanças ocorridas nos diversos níveis de gestão.

TABELA 3.1 Transformação dos papéis e das atividades de gestão

	Gestores de linha de frente	**Gestores intermediários**	**Altos gestores**
Papéis em mutação	De controladores operacionais a empreendedores agressivos	De controladores administrativos a orientadores e fonte de apoio	De alocadores de recursos a líderes institucionais
Principais atividades	Criação e busca de novas oportunidades de crescimento para a empresa	Desenvolvimento de pessoas e respaldo às suas atividades	Estabelecimento de elevados padrões de desempenho
	Atração e desenvolvimento de recursos	União de conhecimento e competências dispersos entre unidades	Institucionalização de um conjunto de normas para sustentar a cooperação e a confiança
	Gestão de aprimoramento contínuo da unidade	Gestão de tensão entre os propósitos de curto prazo e as ambições de longo prazo	Criação de propósito e ambição corporativos abrangentes

Fonte: adaptada de Bartlett; Goshal, 1997, p. 92-116.

Como a competição é cada vez maior, deve-se mudar constantemente e fazer as coisas de modo diferente e cada vez melhor.

No passado, quando pensava em contratar um bom gerente, o empresário acreditava que bastava ter senso comum, conhecimento da empresa e experiência com a burocracia empresarial. Hoje, essa ideia não passa de um mito: ante a complexidade das atividades gerenciais, o gerente deve passar por um aprendizado constante para proceder a novas perspectivas de análise, compreensão e solução, como sintetizado na Tabela 3.2.

TABELA 3.2 Mitos sobre qualidades básicas e suficientes para o exercício de funções gerenciais

Qualidades	**Mitos sobre suficiência**	**Padrões de recrutamento decorrentes**	**Realidade sobre a insuficiência**
Bom senso	O bom senso é a qualidade central do gerente. A visão do senso comum e a experiência são suficientes para a administração eficiente de uma organização	Pessoas razoáveis, incapazes de riscos indevidos e com grande experiência do trabalho	Bom senso e experiência são requisitos para todas as funções importantes. A complexidade dos sistemas organizacionais modernos exige habilidades gerenciais que ultrapassam em muito as que podem ser aprendidas pelo bom senso e experiência
Autoridade do cargo	A autoridade do cargo é fonte de legitimidade e poder suficiente para influenciar pessoas e obter os comportamentos administrativos desejados	Pessoas hábeis no uso do poder e da autoridade e com visão de mundo	O comportamento administrativo de um indivíduo é produto de um número imenso de fatores internos e externos ao seu meio de trabalho; grande parte desses fatores não é passível de controle pela autoridade hierárquica

Capítulo 3 ■ Papel dos gestores no gerenciamento de pessoas

Qualidades	Mitos sobre suficiência	Padrões de recrutamento decorrentes	Realidade sobre a insuficiência
Qualidade da decisão	A qualidade técnica da decisão política é a base principal para a obtenção de consenso e para a resposta adequada do meio organizacional. Implementação eficiente é a decorrência técnica e natural da boa decisão política	Profissionais capacitados e de competência comprovada no exercício de funções técnicas típicas da organização que pretende dirigir	A implementação é um processo da mesma natureza e passível das mesmas influências técnicas e políticas que a formulação de diretrizes. A capacidade técnica do dirigente é importante, mas a qualidade da decisão não garante implementação eficiente
Conhecimentos de processos burocráticos	O conhecimento da "máquina administrativa", ou seja, o domínio dos procedimentos administrativos normalmente usados em uma organização, é suficiente para alcançar os resultados desejados	Pessoas experientes no exercício de funções burocráticas e conhecedoras de leis, normas e procedimentos administrativos pertinentes	O conhecimento de procedimentos burocráticos é uma ajuda para ação eficiente no *status quo* administrativo, mas pouco tem a ver com a capacidade de decisão e inovação que constituem as habilidades gerenciais modernas

Fonte: MOTTA, 2007, p. 33-34.

Após separar o mito e a realidade sobre a função gerencial, é importante saber que o gerente precisa ter *habilidade humana*, capacidade de trabalhar com pessoas, bem como discernimento para entendê-las, compreender suas atitudes e motivá-las.

Sobre a importância de os gerentes serem também bons gestores de pessoas, Leigh Branham[3] afirma: "Contrate e promova gerentes que tenham talento para gerenciar pessoas". O autor ilustra esse pressuposto com a citação a seguir, da Gallup Organization:

> O que fica claro nessa investigação é que, embora tendamos a celebrar as "grandes" empresas, na realidade existem apenas grandes gerentes. Na verdade, é na linha de frente que o árduo trabalho de construir um ambiente de trabalho mais sólido é realizado.

Um bom exemplo disso é a relação que um técnico de futebol tem com sua equipe, o que inclui a percepção do potencial e das limitações de cada jogador e uma posição de liderança para levar a equipe a conquistar vitórias. Essa habilidade é uma das mais requeridas pelos dirigentes na atualidade.

---

3. BRANHAM, L. *Motivando as pessoas que fazem a diferença*. Rio de Janeiro: Campus, 2002. p. 146.

Motivação e incentivo

Desde os primórdios da administração, os gestores vêm buscando encontrar uma maneira de mobilizar os esforços dos trabalhadores para o alcance dos resultados necessários ao negócio, ao mesmo tempo que tentam alinhar os objetivos individuais aos empresariais.

Muitos empresários pensam que motivação no mundo empresarial é sinônimo de aumento de despesas, maiores salários, premiações, bônus ou benefícios monetários. Na verdade, a motivação é o processo de induzir uma pessoa ou grupo a atingir não apenas os objetivos da organização, mas também seus objetivos pessoais.

Para estabelecer uma correlação válida entre motivação e trabalho, é necessário verificar três suposições básicas sobre a motivação:[4]

1. o comportamento humano é causado;
2. o comportamento humano é dirigido a uma meta; e
3. o comportamento humano não ocorre isoladamente.

As necessidades dos empregados (motivos) causam um desejo interior de sobrepujar algum desequilíbrio.

O comportamento é dirigido para uma meta. Observe a representação das suposições na Figura 3.1 e o exemplo a seguir.

FIGURA 3.1

A motivação é dirigida a uma meta

Jim Jackson entrou na escola com uma média regular. Seu desempenho no primeiro semestre resultou em quatro reprovações e uma nota muito baixa. Naquela ocasião ele largou a faculdade e passou dois anos na infantaria. Daí voltou à faculdade e no primeiro semestre seu desempenho foi excelente em todas as matérias.[5]

---

4. MEGGINSON L. C.; MOSLEY, D. C.; PIETRI JR., P. H. *Administração*: conceitos e aplicações. São Paulo: Harbra, 1998. p. 348-349.
5. MEGGINSON; MOSLEY; PIETRI, 1998.

Esse exemplo demonstra que, apesar de professores e administradores poderem criar um clima positivo de motivação, uma análise mais profunda deixa claro que a motivação vem de dentro de cada pessoa.

Motivação é uma janela interna que só a própria pessoa pode abrir.

Nas empresas, quando acontecem baixa de produtividade, rotatividade e dificuldades na equipe, é muito comum ouvir pessoas sugerindo: "Vamos desenvolver um programa motivacional para melhorar a motivação de nosso pessoal?". No entanto, o que pode ser feito pela empresa é um programa de *incentivo*, contendo ações que facilitem a criação de um ambiente favorável para que os próprios funcionários se motivem. Como já mencionado, a motivação é uma "janela interna" que só a própria pessoa pode abrir.

Ninguém consegue motivar ninguém. O que é possível é estabelecer incentivos que podem levar a motivação que está "adormecida" dentro de cada um a eclodir. É importante, então, diferenciar motivação de incentivo.

O *incentivo* é uma situação qualquer que se introduz no meio ambiente para valorizar e determinar a ação. O *incentivo* está sempre *fora da pessoa*.

A motivação é tão importante para o desempenho humano que já se tornou um *mito* para os gerentes. A pergunta que paira na cabeça dos gestores é: como fazer para que nossos profissionais tenham comportamentos mais eficazes no trabalho?

Sobre o mito da motivação, Ernest R. Archer,[6] professor de Administração e Comportamento Organizacional do Winthrop College, escreveu um artigo no qual afirma que, no centro desse "mito", encontram-se interpretações errôneas e comuns dos administradores. São elas:

1. a crença de que uma pessoa pode literalmente motivar a outra;
2. a crença de que a pessoa é motivada como resultado da satisfação;
3. a crença de que aquilo que determina o comportamento é também aquilo que determina sua direção, tanto positiva como negativamente;
4. a crença de que a motivação é o catalisador que induz comportamentos positivos; e
5. a crença de que fatores de motivação e fatores de satisfação são a mesma coisa.

Como pode ser observado, motivação e satisfação não são a mesma coisa, mas é comum as empresas colocarem esses fatores como sinônimos. O que se tem aqui é uma série de equívocos.

---

6. ARCHER, E. R. Mito da motivação. In: BERGAMINI, C. W. *Psicodinâmica da vida organizacional*. São Paulo: Atlas, 1998. p. 23-24.

Um exemplo que pode esclarecer essas abordagens, às vezes até contraditórias, é o do indivíduo que está com sede: "Eu necessito de água". A água não pode ser confundida com a necessidade; a sede é o motivador (necessidade) para que a pessoa se mova para conseguir água. A água é o fator de satisfação da necessidade (sede).

Então, fica claro que é a *sede* que atuará sobre a pessoa, fazendo-a mover-se em direção à água (motivo). Se uma pessoa não está com sede, não se moverá em direção à água mesmo que haja litros de água à sua frente.

O efeito de um *fator de satisfação* é *diminuir a tensão da necessidade*. A *administração pode oferecer fatores de satisfação*, como dinheiro, comida, reconhecimento e progresso, mas é importante deixarmos claro que isso é satisfação, e não motivação.

De acordo com o professor Archer, "a tarefa da administração" não é motivar seus empregados, mas sim induzi-los a *comportamentos positivos*. O *comportamento positivo* pode ser induzido não pela motivação, mas *pelo uso de fatores de satisfação*, como dinheiro, alimento e abrigo.

Se a motivação é interna ao indivíduo, o ambiente só poderá atender às suas necessidades. Mas no caso de haver mais de uma necessidade ao mesmo tempo, como escolher qual necessidade será atendida em primeiro lugar?

O psicólogo Abraham Maslow desenvolveu sua teoria da motivação, conhecida como *hierarquia de necessidades*, com base em estudos empíricos realizados ao longo dos seus 25 anos de experiência no tratamento de indivíduos com graus variados de sanidade mental.[7] Os autores são unânimes em apontar a teoria de Maslow como a mais conhecida mundialmente.

A *hierarquia de necessidades de Maslow* é mostrada na forma de uma pirâmide, com níveis de acordo com a importância e a influência. Na base da pirâmide estão as necessidades mais baixas (necessidades fisiológicas), e no topo as mais elevadas (necessidades de autorrealização).

De acordo com Maslow, as necessidades fisiológicas dizem respeito à sobrevivência do indivíduo e à preservação da espécie: alimentação, sono, repouso, alimentos e água em quantidades suficientes para sua sobrevivência etc. As necessidades de segurança constituem a busca por proteção contra ameaça, privação ou perigo. As necessidades sociais incluem a necessidade de associação, de participação, de aceitação pelos amigos, de afeto e amor. A necessidade de estima envolve o autoapreço, a autoconfiança, a necessidade de aprovação social e de respeito. As necessidades de

> **Abraham Maslow** foi um psicólogo norte-americano (1908-1970) que apresentou uma teoria da motivação segundo a qual as necessidades humanas estão organizadas e dispostas em níveis. Todos os indivíduos apresentam uma hierarquia de necessidades que precisam ser satisfeitas.

---

7. WAGNER III, J. A.; HOLLENBECK, J. R. *Comportamento organizacional*: criando vantagem competitiva. 4. ed. São Paulo: Saraiva, 2020.

autorrealização são as mais elevadas e dizem respeito à necessidade que cada pessoa tem de realizar o próprio potencial.

FIGURA 3.2
Hierarquia das necessidades de Maslow

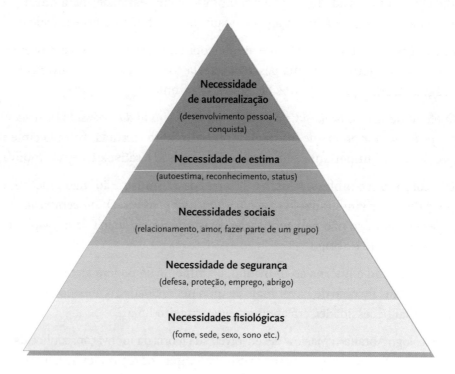

Quando Maslow desenvolveu essa teoria, seu foco de pesquisa eram as necessidades humanas. O psicólogo não fez qualquer alusão à relação homem/trabalho. Porém, desde que a teoria de Maslow se tornou conhecida, foram feitas inúmeras tentativas de relacioná-la com as situações de funcionários dentro do ambiente de trabalho.

As necessidades fisiológicas seriam ligadas a salário e benefícios. As necessidades de segurança estariam vinculadas a assuntos como segurança no trabalho, auxílio-doença e planos de previdência, períodos de folga suficientes, proteção contra injustiças e segurança física. As necessidades sociais estão associadas a um senso de participação, amizade e prestatividade a colegas de trabalho e superiores hierárquicos. As necessidades de autoestima seriam satisfeitas pelo reconhecimento e elogio por parte de supervisores e gerentes, juntamente com perspectivas de transferências de cargos e promoções. As necessidades de autorrealização seriam atingidas quando os gerentes proporcionassem trabalhos gratificantes e interessantes, nos quais as habilidades dos colaboradores fossem utilizadas de maneira ampla.

O sonho de poder motivar as pessoas para o trabalho é uma preocupação constante há muitos anos, desde o tempo em que dirigentes e supervisores passaram a associar motivação com eficiência. Segundo Motta,[8] o sonho de motivar parece mais

----
8. MOTTA, P. R. *Gestão contemporânea*: a ciência e a arte de ser dirigente. Rio de Janeiro: Record, 2007. p. 187.

concretizável quando os dirigentes veem a possibilidade de usar o poder e a influência de seus cargos para mobilizar energias e promover entusiasmo.

Na opinião de Motta, o sonho já se tornou realidade depois das teorias de motivação, mas o que despertou tanta curiosidade em relação ao tema "motivação" foi o fato de o homem ter ideias negativas sobre o trabalho. A literatura tem um número enorme de exemplos sobre a atitude humana no que se refere ao impulso do trabalho.

A primeira página do *Gênesis* aborda o trabalho como condenação humana dada a Adão e Eva após o pecado. Disse Deus a Adão: "Maldita seja a terra por sua causa. E dela só arrancarás alimento a custo de penoso trabalho".

O pensamento negativo sobre o trabalho pode ser observado na frase jocosa do escritor inglês William Faulkner:

> Você não pode comer oito horas por dia, nem beber oito horas, nem mesmo fazer amor oito horas por dia; a única coisa a fazer oito horas por dia é trabalhar. Essa é a razão pela qual o homem faz a sua própria vida e a de todos mais tão miserável e infeliz.

Outro exemplo de atitude negativa citada em relação ao trabalho foi revelado em centenas de entrevistas realizadas pelo pesquisador Studs Terkel com trabalhadores norte-americanos. Essas entrevistas estão reproduzidas no livro *Working*,[9] que tem em sua página inicial a seguinte colocação:

> Este livro sendo sobre trabalho é por sua natureza sobre violência, tanto ao espírito como ao corpo. É tanto sobre úlceras como sobre acidentes, sobre lutas barulhentas como silenciosas quedas de braços, sobre colapsos nervosos e pequenas reações nervosas. É sobretudo (ou abaixo de tudo) sobre humilhações diárias.

Para Motta, a doutrina cristã vem resgatar o trabalho como algo bom, além de ser um dever. O trabalho seria uma prática que leva ao desenvolvimento do indivíduo e à virtude.

Para resolver o conflito – indivíduo/organização –, começaram a surgir propostas para adaptar melhor o homem à organização e gerar maior satisfação com o trabalho. Alguns teóricos achavam que o conflito tinha origem na personalidade das pessoas, ou seja, tinha origem no próprio indivíduo. Já outros achavam que a origem estava na organização do trabalho.

As teorias de motivação seguiram a primeira corrente, a de que o conflito tem origem no próprio indivíduo. Sob essa perspectiva, o conflito se torna permanente, pois o indivíduo pode estar em desacordo com a estruturação da organização ou com parte dela.

---

9. TERKEL, S. *apud* MOTTA, 2007, p. 188.

> **Frederic Herzberg** também foi um psicólogo norte-americano (1923-2000). Enquanto Maslow fundamentou sua teoria nas necessidades humanas dos indivíduos, Herzberg formulou sua teoria com base no ambiente externo e no trabalho do indivíduo. Para ele, a motivação das pessoas depende de fatores de duas ordens: de higiene e motivacionais.

A teoria de motivação de Frederic Herzberg, denominada *teoria dos dois fatores*, foi desenvolvida tendo como foco principal o trabalho. Hoje considerada clássica, foi formulada na década de 1960.

Herzberg foi um dos primeiros investigadores a levar em consideração as opiniões dos trabalhadores acerca das condições de trabalho. Ele resume as conclusões de suas pesquisas no livro *The motivation to work*.[10] Escrito com seus colegas de pesquisa Bernard Mausner e Barbara Bloch Snyderman em 1959, o livro provou que a motivação dos trabalhadores não tem origem apenas em fatores monetários, mas também em desenvolvimento e satisfação pessoais e no reconhecimento do desempenho do indivíduo.

Herzberg sugeriu que existem dois grupos igualmente importantes de fatores relevantes para a motivação. O primeiro grupo ele chamou de *fatores de higiene* ou "não satisfatórios". Esses fatores, na verdade, não chegam a estimular; no entanto, se não satisfeitos, podem tornar-se a causa da desmotivação das pessoas.

O segundo grupo de fatores, denominados *fatores motivacionais* ou *fatores satisfacientes*, corresponde àqueles fatores relacionados com o próprio trabalho, ou seja, com o cargo e a natureza da tarefa executada pelo funcionário. Ao contrário dos fatores higiênicos (relacionados ao ambiente), os fatores motivacionais são intrínsecos ao indivíduo e estão sob seu controle.

Os fatores motivacionais, quando em níveis ótimos, levam à satisfação, mas, quando precários, bloqueiam a satisfação. Em outras palavras, a satisfação no cargo é função do conteúdo ou das atividades desafiadoras e estimulantes desse cargo, ou seja, dos chamados fatores motivacionais. Já a insatisfação no cargo é função do ambiente, da supervisão e do contexto geral do cargo.

QUADRO 3.1
Teoria dos dois fatores, de Herzberg

FATORES DE HIGIENE	FATORES MOTIVACIONAIS
Não satisfatórios	Satisfatórios
Condições de trabalho Pagamento Segurança no trabalho Relações no trabalho Práticas de supervisão e administração Política e administração da empresa	O trabalho em si Responsabilidade Senso de realização Reconhecimento Perspectivas de evolução

Fonte: HERZBERG; MAUSNER; SNYDERMAN, 1959.

....

10. HERZBERG, F.; MAUSNER, B.; SNYDERMAN B. B. *The motivation to work*. Hoboken: John Wiley & Sons, 1959.

Podemos pensar nessa teoria por meio de um exemplo. Uma empresa que não tem uma política de benefícios (fator higiênico) muito boa, mas é um lugar em que um funcionário pode viver uma experiência maravilhosa de crescimento e desenvolvimento (fator motivacional), é motivadora para um candidato a seleção.

Herzberg propõe que se faça o "enriquecimento" do cargo quando ele não é "motivador" para o funcionário. O gerente deve introduzir fatores motivadores para que o trabalhador possa vir a ficar satisfeito com seu trabalho.

Pensemos em um profissional que trabalha em uma empresa e faz um excelente trabalho, mas tem um gerente que não demonstra qualquer reconhecimento (fator motivacional) pela qualidade do trabalho e pelo esforço desse funcionário. Será que esse profissional ficaria satisfeito?

A teoria dos dois fatores de Herzberg serve como base para diversas ações empresariais, porque apresenta uma possibilidade real de atuar na relação do homem com o trabalho.

Tomando como referência a hierarquia das necessidades de Maslow e a teoria dos dois fatores de Herzberg, Victor Vroom formulou a *teoria da expectativa*.[11]

As teorias examinadas até o momento enfocam as *necessidades* e *incentivos* que induzem o comportamento. A *teoria da expectativa* analisa *o processo* pelo qual um comportamento é induzido e dirigido e como esse processo se relaciona com o desempenho e a satisfação. Dizendo de outra maneira, essa teoria parte do pressuposto de que se uma pessoa tem várias necessidades a serem atendidas o tempo todo, ela vai "escolher" aquele comportamento que tiver maior chance de atender à sua necessidade "prioritária".

Victor H. Vroom desenvolveu um modelo contingencial de motivação (1964) baseando-se na observação de que o processo motivacional não depende apenas dos objetivos individuais, mas também do contexto de trabalho em que o indivíduo está inserido.

Segundo esse pressuposto, o indivíduo possui um objetivo que deseja alcançar e age intencionalmente, escolhendo o comportamento que, em sua perspectiva, tem maior probabilidade de ser eficaz. Portanto, a ação do indivíduo é fruto da intenção, que, por sua vez, depende das crenças, dos valores e da maneira de a pessoa ver o mundo.

Victor Vroom, professor da Universidade de Yale, foi o pioneiro no estudo da influência da expectativa na motivação de uma pessoa. Escreveu os livros *Work and motivation*, *Leadership and decision making* e *The new leadership*. Também é um importante consultor. Entre as empresas para as quais já prestou consultoria estão a GE e a American Express.

---

11. MAITLAND, I. *Como motivar pessoas*. São Paulo: Nobel, 2001. p. 10.

Maitland, autor do livro *Como motivar pessoas*, afirma que, de acordo com Vroom, existem duas partes que compõem a motivação: *os desejos individuais* e *as expectativas de alcançá-los*. Vroom utilizou a palavra *valência* para descrever o nível de um desejo em particular: "um alto nível de valência indicava um desejo forte, enquanto um nível baixo sugeriria que o desejo tinha menor importância para a pessoa, a ponto de ser uma causa pouco provável de alguma motivação".[12]

Um alto nível de valência funcionaria como um potente motivador. A pessoa mobiliza energia e comportamentos que não teria normalmente, mas que surgem repentinamente para que consiga atingir seu objetivo, desde que sinta que seu desejo pode ser satisfeito. Um exemplo interessante pode ser observado quando uma pessoa quer comprar um carro. Se ela desejar um carro de luxo, mas crê que não poderá adquiri-lo por mais que se esforce no trabalho, essa pessoa não mobilizará energia alguma para comprá-lo porque não tem expectativa de que esse desejo se torne realidade. No entanto, se uma pessoa desejar um carro popular e pensar que, caso se empenhe bastante, conseguirá comprá-lo, ela colocará toda a sua energia nessa empreitada.

A Figura 3.3 mostra uma representação gráfica da teoria de Vroom.

FIGURA 3.3
Representação gráfica da teoria de Vroom, por Maitland

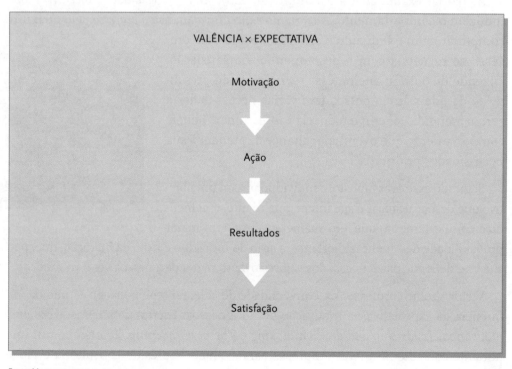

Fonte: MAITLAND, 2001, p. 11.

----

12. MAITLAND, 2001, p. 10.

Maitland propõe dar ênfase a alguns fatores para que o gestor possa motivar as pessoas em termos práticos (o autor usa a palavra motivação em vez de incentivo, porque seu livro tem como público-alvo empresários e gerentes que não são estudiosos da área). Eis os fatores:

- *Ser um bom líder.* Segundo Maitland, uma das maiores influências sobre a motivação é o relacionamento entre as pessoas, tanto para melhor quanto para pior. É quase certo que se pode ter um imenso impacto positivo simplesmente sendo um bom líder. Se você ainda não o é, isso pode ser corrigido mediante uma melhor compreensão das metas pessoais, de seu setor e da empresa. É fundamental liderar como alguém que serve de exemplo e, em seguida, motivar outros a seguirem sua liderança, mantendo-os envolvidos em tudo o que você fizer.

- *Trabalhar em equipe.* O trabalho em equipe tem papel fundamental na motivação das pessoas. O líder da equipe deve identificar as características que a levarão ao sucesso. Esse líder deve conhecer os membros de seu grupo como pessoas com desejos e necessidades diferentes para saber lidar com elas e potencializar seus resultados.

- *Aprimorar os trabalhos.* As pessoas são influenciadas pelos líderes com os quais trabalham. Consequentemente, você pode avaliar suas funções e contribuições e criar um ambiente propício para que façam suas tarefas cada vez melhor.

- *Desenvolver as pessoas.* O líder deve incentivar o aprimoramento de cada membro da equipe, ajudando-o a definir padrões e metas pessoais atuais e futuras. É importante comunicar-se frequentemente com os funcionários para verificar seu desenvolvimento.

- *Remunerar os funcionários.* É necessário fornecer benefícios e incentivos financeiros. Pense a respeito dos diferentes sistemas de pagamento, seus prós e contras, e veja o que pode ser feito para melhorar o sistema atual.

- *Promover um ambiente de trabalho seguro e saudável.* O ambiente de trabalho pode fazer as pessoas se sentirem bem ou se sentirem desmotivadas. Talvez você possa garantir condições de trabalho seguras e oferecer um ambiente saudável.

Sobre como escolher, entre as teorias de motivação conhecidas, a que melhor vai se adaptar a determinada empresa, Bowditch e Buono[13] consideram que não se deve fazer uma escolha entre essas teorias como modelos universais. Em outros termos, deve-se encará-las como teorias secundárias: nem tão abrangentes, nem tão

---

13. BOWDITCH, J; BUONO, A. *Elementos de comportamento organizacional.* São Paulo: Pioneira Thomson Learning, 2004. p. 56.

ambiciosas como os modelos universais, mas ainda assim úteis para se considerar como "motivar" pessoas de diversas maneiras.

Na prática, o que funciona

Megginson, Mosley e Pietri Jr.[14] citam os resultados de uma pesquisa sobre expectativa apresentada na *Harvard Business Review*:

- as expectativas dos gerentes e as maneiras como eles as comunicam influenciam o desempenho do funcionário;

- a autoimagem do gerente afeta não só sua própria imagem, mas também as dos outros; e

- se as expectativas do gerente são altas e há um clima de apoio, a produtividade pode aumentar. Se as expectativas são baixas, a produtividade pode ser baixa.

Para Motta,[15] existem pelo menos três proposições em relação à motivação, já que os resultados das pesquisas não são unânimes.

- a primeira proposição diz que acrescentar incentivos materiais e financeiros a quem já tem motivação intrínseca melhora o desempenho;

- a segunda é oposta à primeira, pois sugere que o fato de acrescentar incentivos financeiros a quem já tem motivação intrínseca faz a pessoa perder sua força motivadora interior; e

- a terceira proposição afirma que existem fatores que interferem na relação recompensas materiais/aumento de desempenho, como nível de recompensa, nível de comprometimento da pessoa com a tarefa e grau de autonomia da pessoa para fazer ou não a tarefa.

Motta afirma que as empresas que têm conseguido os melhores resultados não fornecem apenas incentivos financeiros, como bônus e comissões, ligados ao desempenho, mas também o reconhecimento, a oportunidade de crescimento etc. Esse

---

14. MEGGINSON; MOSLEY; PIETRI JR., 1998, p. 346.
15. MOTTA, 2007, p. 199.

autor afirma ainda que as empresas de maior sucesso têm empregado combinações das premissas já citadas neste capítulo sobre a natureza humana.[16]

> Em outras palavras, celebram a vitória de cada funcionário e concedem recompensas claras para todos que atingem seus resultados. Os prêmios podem até ser pequenos. Grandes prêmios para poucos apenas ajudam a criar ressentimentos entre os muitos que não receberam e, no entanto, ajudaram os poucos premiados. O importante é reconhecer o esforço de cada um.

Uma frase de William Shakespeare ilustra bem a questão da motivação.

> "Para os negócios que amamos nos levantamos à hora de dormir. E rumo a eles partimos com grande júbilo."
>
> Marco Antônio, *Antônio e Cleópatra*

COMENTÁRIO DE CONSULTORIA

A teoria de motivação e os incentivos que terão melhores chances de dar certo em uma empresa vão depender da cultura organizacional.

Outro fator importante a ser considerado na escolha dos incentivos a serem utilizados para que o funcionário se motive é o conhecimento do gestor em relação a cada membro de sua equipe.

Um fator motivacional de Herzberg que parece ser uma unanimidade como importante incentivo para que o funcionário se motive é o *reconhecimento*. Esse fator, quando utilizado de maneira sincera, é muito poderoso, e ainda apresenta um custo próximo do zero.

Outro ponto a ser observado e que já foi citado é que não são os tamanhos dos "prêmios" que determinarão o tamanho da "motivação" do funcionário.

Observe o estudo de caso a seguir; ele ajudará a tornar mais claros os aspectos estudados.

---

16. Motta, 2007, p. 199.

ESTUDO DE CASO 3.1

Como manter a equipe do Magazine Luiza motivada[17]

Hoje, tudo pode ser copiado muito rapidamente. Só uma equipe motivada e criativa nos permite escapar desse tipo de armadilha.

Poucos empresários no Brasil dominam com tanta desenvoltura a arte de motivar funcionários quanto Luiza Helena Trajano Inácio Rodrigues, sócia e superintendente do Magazine Luiza, terceira maior rede de varejo de eletrônicos e móveis do país. Ao longo dos últimos 13 anos, Luiza tem feito da motivação de suas equipes um dos alicerces do crescimento da rede, sediada em Franca, no interior de São Paulo. Paradoxalmente, quanto mais a empresa cresce, mais difícil fica seu trabalho. Neste ano, o Magazine Luiza abrirá 80 lojas. Em 2003 foram 50. Até dezembro serão 6.000 funcionários – um crescimento de 50% em apenas 12 meses. A seguir, Luiza Helena conta como procura alinhar esse exército de vendedores sob a mesma cultura, os mesmos valores e objetivos.

Existem três alicerces para a motivação de uma equipe – coração, cabeça e bolso. Se um dos três faltar, o processo se rompe. Coração é a paixão pela empresa. Cabeça é poder participar, poder usar os próprios conhecimentos e ter a chance de adquirir novas competências. É a certeza de que seu trabalho trará desenvolvimento, o próprio e o da empresa. E bolso é o óbvio. O crescimento do negócio tem de ser acompanhado pelo crescimento de seus funcionários.

Parece simples, mas é dificílimo manter esse sistema funcionando. É preciso muita disciplina por parte das lideranças. Quando digo liderança, não estou me referindo apenas a Luiza Helena, mas a cada diretor, a cada gerente, a cada chefe. Todos nós precisamos nos vigiar diariamente para fazer com que isso seja uma prática, e não apenas uma teoria bonita.

Há uma razão objetiva para perseguir isso. Acredito, de verdade, que são as pessoas que diferenciam as empresas. Hoje, tudo está virando *commodity*. Na prática, qualquer coisa pode ser copiada muito rapidamente. Só uma equipe motivada, que queira fazer negócios de uma maneira cada vez melhor, nos permite sair dessa armadilha.

Dependemos da criatividade dos funcionários. E é preciso permitir que ela aflore. Só conseguiremos isso se as pessoas tiverem certeza de que estão ajudando a construir uma empresa, e não apenas colocando um tijolo no lugar certo. A possibilidade de criar coisas novas e implementá-las é um poderoso estimulante. Faz com que as pessoas se sintam realmente importantes.

Criatividade e temor não combinam. As pessoas que trabalham aqui não podem, por exemplo, ter medo de falar o que pensam. E elas só falarão se tiverem certeza de

---

17. Depoimento dado por Luiza Helena Trajano em 14 de julho de 2004 à revista *Exame*, da Editora Abril, após o Magazine Luiza ter sido escolhido em 2003 como a melhor empresa para se trabalhar no Brasil segundo o Guia Exame "As 100 Melhores Empresas para Você Trabalhar".

que os líderes estão preparados para ouvir coisas que muitas vezes vão incomodá-los. É complicado. Estamos acostumados a ouvir apenas aquilo que nos interessa. Só que nem sempre o que nos interessa é a verdade ou vai contribuir para o crescimento da empresa. Saber ouvir, portanto, não é favor nenhum. É uma questão de estratégia.

O Magazine Luiza nos últimos três anos dobrou o faturamento, multiplicou o lucro por 26 e viu suas ações valorizar 100 vezes.[18] Frederico Trajano, o presidente do grupo, gosta de frisar que "as recentes inovações tiveram terreno para florescer porque o Magazine Luiza tem uma estrutura administrativa desburocratizada, que dá poder aos funcionários da ponta para promover melhorias".

Capital intelectual

Pode parecer um paradoxo, mas as empresas demitem mais que nunca na história do trabalho e, ao mesmo tempo, fazem "malabarismos" para *reter seus talentos* e transformar o capital humano recrutado do mercado em seu capital intelectual, constituído por seus funcionários que detêm conhecimentos e se comprometem com os objetivos organizacionais.

O mercado acionário reconheceu o valor dos trabalhadores do conhecimento, o capital intelectual, ao dimensionar para as empresas de serviços e tecnologia um valor muito maior que o estipulado pelos ativos contábeis.

Em função de o capital humano ter se tornado o centro da economia moderna, os gestores passaram a gerenciar o capital físico e financeiro para agregar valor ao capital humano e, dessa forma, aumentar a produtividade da empresa.[19]

Na verdade, as empresas sabiam que as pessoas eram importantes para o negócio da organização, mas o que mudou foi a aceitação do conhecimento como um ativo corporativo, o que fez com que ele passasse a receber a mesma atenção dada a outros tipos de "capital". Com o aporte da economia do conhecimento, não há como negar que as pessoas são as impulsionadoras do lucro.

Autores do livro *Capital humano: como atrair, gerenciar e manter funcionários eficientes*, Friedman, Hatch e Walker afirmam que a atuação gerencial priorizou, durante anos, o lado técnico e processual das organizações, negligenciando o humano.[20] Esses

---

18. OLIVEIRA, C.; GODOY, D. O fenômeno Magalu. *Exame*, n. 13, 10 jul. 2019.
19. PEREIRA, M. C. B. *Gestão de pessoas*: uma competência essencial alicerçada no processo de educação continuada. Florianópolis: Universidade Federal de Santa Catarina, 2003.
20. FRIEDMAN, B.; HATCH, J.; WALKER, D. M. *Capital humano*: como atrair, gerenciar e manter funcionários eficientes. São Paulo: Futura, 2000. p. 19.

autores definem os seguintes pontos como básicos quanto ao significado do capital humano para as empresas:

- *as pessoas* não movimentam os ativos da organização: *são o próprio ativo* e, como tal, podem ser valorizadas, desenvolvidas e medidas como outros ativos;
- *as pessoas são ativos dinâmicos,* e não inertes, que podem *ser valorizados com o tempo;*
- *os indivíduos* são o *ativo mais importante da organização;* e
- *por serem os indivíduos os ativos mais importantes, os sistemas criados para recrutá-los, desenvolvê-los e recompensá-los* também compõem *a parte mais importante da empresa.* Pelo valor que tem para o acionista, o capital humano pode ser depreciado, quando mal gerenciado.

Um grande desafio para os gerentes é motivar, como já foi dito, e avaliar as pessoas em suas organizações, pois é difícil haver isenção e distanciamento já que os próprios gerentes também fazem parte desse capital.

O capital da organização é composto, então, pela propriedade intelectual e pelos dados de processo. Isso se contrapõe à visão clássica de grande parte dos executivos, que analisam o capital organizacional segundo uma visão limitada e protecionista, em uma perspectiva interna de posse. Assim, se apavoram ao ver que podem facilmente deter uma patente comercial que protege a inteligência mantida dentro de seus dados e processos, mas *não sabem como fazer para assegurar a inteligência contida na mente de seus funcionários.*[21]

FIGURA 3.4
Um grande desafio para as empresas é reter o capital intelectual contido na "mente" de seus funcionários.

21. FITZ-ENZ, J. *Retorno do investimento em capital humano.* São Paulo: Makron Books, 2001.

As pessoas sempre valorizaram o conhecimento dentro das organizações, pois, quando um gerente precisava tomar alguma decisão difícil em determinada área, procurava aquelas pessoas que admirava pelos conhecimentos e pela sabedoria que haviam demonstrado ter ao longo do tempo. O conhecimento que fornece subsídios para o desenvolvimento do capital intelectual é uma vantagem competitiva sustentável, porque quase sempre os concorrentes conseguem copiar os produtos, apresentar nível de qualidade compatível e igualar o preço do líder de mercado; porém, quando isso acontece, a empresa que gerencia ideias e conhecimento já poderá estar fornecendo a esse mercado outro ganho em eficiência.[22]

Desenvolvimento e retenção de talentos

O investimento na educação para o desenvolvimento do capital intelectual da empresa faz com que o funcionário passe a atuar como um *agente de mudança*. A utilização eficiente do capital físico – computadores, tecnologia e comunicação – na empresa acaba por provocar transformações em vários aspectos da própria vida do trabalhador e da sociedade.

A vida profissional passa a ser centrada no indivíduo, e a empregabilidade passa a ser função do desenvolvimento de novas habilidades e da capacidade de aprendizagem constante, o que faz da educação continuada uma prática essencial na empresa.

O que as empresas são capazes de fazer para reter talentos?

O Vale do Silício, na Califórnia (conforme já citado no Capítulo 1), onde existe a maior concentração de capital humano e talentos de que já se teve notícia, é um exemplo dessa prática. As empresas se esmeram em criatividade e inovação não só para agradar os clientes de seus produtos, mas também para ter a preferência de seus funcionários, para que eles não saiam e levem consigo seus preciosos talentos.

Podemos citar como exemplo a Google. Leia a reportagem a seguir.

---

22. DAVENPORT, T.; PRUZAK, L. H. *Conhecimento empresarial*: como as organizações gerenciam o seu capital intelectual. Rio de Janeiro: Campus, 1998.

Google é eleita a melhor empresa para se trabalhar nos Estados Unidos[23]

O *ranking* anual da revista *Fortune* com as cem melhores empresas para se trabalhar nos Estados Unidos coloca, em 2007, a Google no topo da lista. "Nossa escolha número um cria um padrão para o Vale do Silício: tem refeições gratuitas, *spa* e médicos no local. Engenheiros podem gastar 20% de seu tempo em projetos independentes. Não é à toa que a Google recebe 1,3 mil currículos por dia", afirma a publicação.

A companhia tem 6,5 mil empregados nos Estados Unidos e 3 mil no exterior. Entre os diversos benefícios oferecidos pela empresa, a variedade de alimentos disponibilizados gratuitamente aos empregados acaba por chamar a maior atenção. Além dos cafés e restaurantes espalhados pelos escritórios, na Google há salas de lanche com barras de cereais, doces, iogurtes, refrigerantes, frutas e uma dúzia de diferentes bebidas. E não é só a variedade: a comida é tão boa que alguns chegam a sonhar com ela, como o diretor de Recursos Humanos Stacy Sullivan, fã da farinha de aveia irlandesa com grãos de café frescos.

A comida, porém, é só um aperitivo das outras atividades e recursos que a empresa oferece. Funcionários podem deixar e buscar suas roupas na lavanderia, lavar seu carro, fazer ginástica e massagens, estudar línguas e ter reservas feitas para um restaurante. A empresa também oferece ajudas extras a mães que deram à luz recentemente, além de salas de jogos, transporte com Internet sem fio e áreas de lazer. Além disso, os funcionários podem levar seus animais de estimação para o trabalho – afinal, ter um cachorro pode mostrar um fato marcante da personalidade. Os escritórios são extremamente confortáveis, para que o funcionário nem tenha vontade de ir para casa – o que a companhia usa como razão para justificar suas despesas.

Despesas que mostram terem valido a pena. A empresa continua a ganhar tanto dinheiro que permite a perpetuação da cultura de benefícios a seus empregados. Suas ações passaram de US$ 85 há pouco mais de dois anos para os recentes US$ 483. O trabalho em equipes é o normal na companhia. Apesar de aparentemente não serem vistas reuniões formais, grande parte dos projetos é feita em grupo.

....

23. G1. *Google é eleita a melhor empresa para se trabalhar nos EUA*, 8 jan. 2007. Disponível em: http://g1.globo.com/Noticias/Tecnologia/0,,AA1412622-6174,00.html. Acesso em: nov. 2019.

Para colaborar com esse trabalho, a empresa vem buscando por especialistas em todos os campos que ela deseja e adicionando-os a sua lista de pagamento. Não é à toa que a Google emprega hoje Vinton Cerf, o pai da Internet. Além disso, os projetos nos quais seus engenheiros trabalham em seus 20% de tempo livre têm grandes chances de serem adotados pela empresa.

FIGURA 3.5
Funcionários satisfeitos e motivados na Google

Ram Charan, escritor renomado, em entrevista à revista *HSM*,[24] fala sobre seu novo trabalho relacionando execução eficaz com desenvolvimento de talentos e garante: os melhores presidentes dedicam 40% de seu tempo aos profissionais promissores. Para ele, talentos são ainda mais prioritários em países emergentes. A seguir são apresentadas algumas de suas afirmações.

Charan afirma que "mestre em talentos" ou "senhora em talentos" é a empresa que já compreendeu qual é o único diferencial competitivo verdadeiramente possível nos negócios: profissionais talentosos. "No século 21, mais do que nunca, esse é o grande desafio das organizações. Sempre foi um desafio relevante, aliás, mas a

---

24. CHARAN, R. Mestres em talentos. *HSM*, jul./ago. 2010, p. 102-108.

diferença agora é que seu enfrentamento se tornou inadiável, dada a complexidade do ambiente de negócios."

Charan complementa que os países de poder emergente precisam identificar os talentos que existem na sociedade como diamantes brutos e desenvolvê-los. O autor propõe a regra dos 70-20-10, que significa 70% da experiência de desenvolvimento dos funcionários deve ser destinada a preparação *on-the-job* (no trabalho), 20% em sala de aula ou equivalente e os 10% restantes cabem ao próprio profissional, que deve encontrar seu modo de acelerar seu aprendizado.

Isso é uma mudança de mentalidade significativa. Nos últimos cem anos, as empresas se dedicaram muito a aperfeiçoar seus sistemas de relatórios e suas análises financeiras, mas não investiram tempo e energia suficientes nos sistemas de pessoas. Posteriormente, se chegou à conclusão de que é melhor gastar mais tempo com as pessoas, porque são elas que entregam números, do que com números que não entregam pessoas. As organizações precisam adotar esse novo paradigma (leia mais sobre as premissas de Ram Charan e seu modelo de liderança no Capítulo 17).

A afirmação de Charan sobre a premência de desenvolvimento de talentos no Brasil pode ser confirmada em uma reportagem da revista *Exame* intitulada "A guerra global por talentos".[25]

QUESTÕES

1. Explique a importância de gerenciar pessoas para os profissionais que estão em cargos de supervisão e direção.

2. Escreva o que você entendeu que seja motivação e como ela influencia sua vida e a das pessoas com as quais você convive no trabalho e na família.

3. Explique a diferença entre motivo e incentivo. Dê um exemplo de um incentivo que você poderia dar para um amigo que está desanimado porque "o time do coração" dele foi derrotado.

---

25. MANO, C.; IKEDA, P. Como ganhar a guerra por talentos: o que o Brasil precisa fazer para estar entre os primeiros na disputa internacional pelos profissionais mais qualificados – e por que o crescimento do país nos próximos anos depende disso. *Exame*, 3 abr. 2013, p. 40-47.

4. Se você desse um terno elegante e caro para um mendigo que estivesse morando debaixo de um viaduto, provavelmente ele não ficaria motivado. Aponte que teoria pode explicar esse fato e comente.

5. Conforme a teoria de Herzberg, o salário não é um fator motivacional, mas sim de higiene. Comente esse aspecto dessa teoria e cite pelo menos um exemplo de outros incentivos que estão sendo usados além do salário.

6. A teoria da expectativa, de Vroom, propõe que, se uma pessoa tiver várias necessidades a serem atendidas, ela vai escolher o comportamento que tiver maior probabilidade de levá-la a atingir seu objetivo. Explique a razão dessa escolha.

7. Explique que tipo de práticas os gestores podem desenvolver na empresa para reter seus talentos.

CAPÍTULO 4

Recrutamento e seleção

Nosso desafio com este capítulo é:

- Apresentar as etapas necessárias para um processo eficaz de preenchimento de vagas.
- Demonstrar a importância do processo de recrutamento e seleção para a colocação de profissionais competentes nas vagas existentes na empresa.
- Avaliar os métodos seletivos apresentados e identificar aquele que melhor se adapta às necessidades de uma empresa.
- Apresentar algumas diferenças fundamentais entre as diversas ferramentas utilizadas no meio empresarial.
- Demonstrar a influência das novas tecnologias e redes sociais nos processos seletivos.

> O processo de recrutamento e seleção, para ser eficaz, requer muito mais que atrair e contratar pessoas?

A práxis profissional sugere que, em uma sociedade baseada em conhecimento, na qual a gestão de pessoas torna-se um fator crucial para a sobrevivência empresarial, a seleção e a manutenção dos talentos profissionais nos quadros da organização deixam de ser meros processos de apoio para assumirem um papel estratégico na sobrevivência e no desenvolvimento das empresas.

Com essa mudança de paradigma, o trabalho passa a demandar, na maioria dos casos, profissionais com competências múltiplas, pessoas capazes de desenvolver projetos em equipe, atender de modo especial às necessidades dos clientes e sacrificar, às vezes, a profundidade de uma atuação individual em favor de um melhor equilíbrio e uma visão mais ampliada do "time". O aspecto social e humano da pessoa no trabalho não pode ser desconsiderado, pois é dele que vem o patrimônio intangível da empresa.

CONTEXTUALIZANDO

O processo de recrutamento e seleção requer que os dirigentes da empresa já tenham feito uma opção entre a gestão estratégica e a gestão tradicional de pessoas (conforme já abordado no Capítulo 2), porque recrutar e selecionar de acordo com a abordagem estratégica apresenta algumas diferenças cruciais em relação ao processo tradicional.

Na abordagem tradicional, o processo de recrutamento e seleção tem início no recrutamento, conforme afirmam alguns autores, como Milkovich e Boudreau.[1] Em contrapartida, o processo de recrutamento e seleção em um contexto mais amplo e estratégico, ao contrário do que parece no primeiro momento, não tem início quando surge uma vaga na empresa. Antes disso, existem etapas muito importantes que, se não forem observadas, comprometerão a eficácia do processo.

A primeira etapa do processo de recrutamento e seleção começa com a *análise de perfil do cargo* no *contexto da organização e do seu planejamento global e setorial*, conforme pode ser observado na Figura 4.1, que apresenta todas as etapas desse processo.

FIGURA 4.1
Processo de recrutamento e seleção

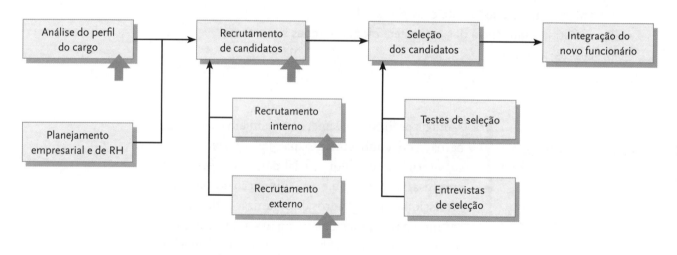

---

1. MILKOVICH, G. T.; BOUDREAU, J. W. *Administração de recursos humanos*. São Paulo: Atlas, 2000.

Análise do perfil do cargo

A análise de cargos é o processo de obtenção de informações sobre cargos, no qual são determinados os deveres, as tarefas ou as atividades do cargo.[2]

A análise de cargos compreende duas atividades:[3]

- Uma descrição de cargos, que trata do cargo em si – tarefas, deveres e responsabilidades essenciais que o cargo envolve. A descrição de um gestor contábil pode especificar, por exemplo, que o funcionário será responsável pelos relatórios financeiros mensais, trimestrais e anuais, pela emissão de pagamento de contas, pela preparação de orçamentos, pela garantia de conformidade da empresa com a legislação e regulamentação, pelo tratamento de questões financeiras junto aos gestores de linha e pela supervisão de um departamento de contabilidade com 12 pessoas.

- Uma especificação de cargo, que descreve competências, conhecimentos, habilidades e outras caraterísticas que o cargo exige. Para o gestor contábil, por exemplo, os requisitos podem abranger um diploma em ciências contábeis ou administração de empresas, conhecimento de sistemas contábeis computadorizados, experiência administrativa e excelente capacidade de comunicação.

A análise do perfil do cargo é o estudo das atribuições e responsabilidades do cargo e também permite o cruzamento dessas informações com as características, aptidões, habilidades e traços comportamentais que seu ocupante deve ter. Como resultado desse processo, os recrutadores terão em "mãos", além das especificações do cargo, o perfil do candidato apto para o preenchimento da vaga. O candidato procura emprego comparando o perfil do cargo na descrição da vaga ao que acredita ter.

Para fins de melhor compreensão, serão apresentados os aspectos normalmente abordados na análise do perfil do cargo (salientando que já houve um planejamento de RH no contexto do planejamento global da empresa, conforme abordado no Capítulo 2).

São eles:

- **tarefa**: atividade executada pelo colaborador que ocupa determinado cargo (por exemplo, digitar, atender telefone e público, arquivar).

....
2. Bohlander, G.; Snell, S. *Administração de recursos humanos*. São Paulo: Cengage Learning, 2011. p. 128
3. Hartley, D. E. *Job analysis at the speed of reality*. Amherst: MA Press, 1999; Morgeson F. P.; Campion, M. A. Accuracy in job analysis: toward an inference-based model. *Journal of Organization Behavior*, v. 21, n. 7, 2000, p. 819-827; Shippmann, J. S. et al. Practice of competency modeling. *Personnel Psychology*, v. 53, n. 3, 2000, p. 703-740 apud Bateman, T. S.; Snell, S. A. *Administração*. Porto Alegre: AMGH, 2012. p. 160.

- **função**: conjunto de tarefas atribuídas a cada colaborador na organização. Pode também ser exercida por uma pessoa que, sem ocupar um cargo, desempenha provisória ou definitivamente uma tarefa, como acontece caso a empresa terceirize o serviço. Um exemplo é a secretária do departamento de vendas.

- **cargo**: conjunto de funções substancialmente idênticas quanto à natureza das tarefas executadas e às especificações exigidas dos ocupantes.

- **análise do cargo**: estudo realizado para cruzar informações sobre as tarefas integrantes do cargo e as especificações exigidas de seu ocupante. Da análise resultam a descrição e a especificação do cargo.

- **descrição do cargo**: relato das tarefas ou atribuições que compõem um cargo, descritas de forma organizada.

- **especificação do cargo**: uma especificação de cargo descreve competências, conhecimentos, habilidades, requisitos (escolaridade, experiência, iniciativa, habilidade, porte físico), responsabilidades (por equipamentos, informações, pessoas etc.) e condições de trabalho ("conforto" ou "desconforto" imposto ao ocupante do cargo).

- **definição do perfil do candidato**: determinação com maior exatidão dos aspectos referentes às aptidões, habilidades e traços comportamentais exigidos do pretendente do cargo.

O estudo referente à análise do perfil do cargo tornará o processo de recrutamento e seleção mais preciso. Facilitará também a definição dos testes que poderão ser aplicados durante a seleção dos candidatos. Com a análise do perfil do cargo, o recrutador será capaz de delimitar por onde procurar e quais características e aptidões o profissional deverá ter para uma previsão de bom desempenho no futuro.

Os fatores comumente utilizados na análise do perfil do cargo com relação ao candidato são:

- **mental**: conhecimento/instrução, especialização, experiência, complexidade das tarefas e iniciativas.

- **físico**: esforço físico, posições assumidas, habilidade manual, concentração mental e visual.

- **responsabilidade**: por material ou produto, ferramentas e equipamentos, erros, valores (dinheiro, títulos e documentos), contatos, equipe, decisões, dados confidenciais e/ou segurança dos outros.

- **ambiente de trabalho/riscos**: pressões de tempo, riscos, clima organizacional; resumindo, condições de trabalho às quais o ocupante será submetido.

Como obter todos esses dados?

Alguns modos de conseguir as informações necessárias para uma análise eficiente:

- questionários (preenchidos pelo ocupante do cargo e sua chefia);
- entrevista (com o ocupante do cargo e sua chefia);
- observação *in loco* (observação do ocupante do cargo trabalhando); e
- método misto (questionários e entrevistas).

Existem anúncios de emprego excessivamente genéricos (por meios físicos ou digitais). Assim, por falta de informação, uma grande quantidade de candidatos acredita que pode ocupar a vaga. Esse tipo de dificuldade ocorre justamente por falta da análise do perfil do cargo.

Mas também existem alguns anúncios em que fica bem claro qual é o perfil da pessoa que deve ocupar o cargo.

PRATICANDO

Observe os anúncios de vagas nos sites de empregos, ou no portal das próprias empresas e você poderá identificar claramente aqueles anúncios que são genéricos e que, além de atrair uma quantidade desproporcional de candidatos, aumentando o trabalho do recrutador, poderão suscitar erros e até mesmo não conseguir atrair e selecionar o candidato adequado para o negócio da empresa.

A análise do perfil do cargo, além de todas as vantagens já citadas, constitui-se na primeira decisão a ser tomada para escolher o tipo de recrutamento a ser executado. Esse processo fornecerá pistas de onde encontrar os candidatos para as vagas a serem preenchidas.

A análise do perfil do cargo estabelece os vários rumos que o recrutamento e a seleção devem tomar.

FIGURA 4.2
Diferentes perfis de cargos fornecerão indícios para o tipo de recrutamento a ser empregado

O Quadro 4.1 apresenta um exemplo de perfil do cargo de auxiliar de administração/compras de uma empresa pública. Este modelo foi cedido pela empresa SIGA Consultoria. Observe que são estabelecidos critérios bastante específicos.

QUADRO 4.1
Exemplo de perfil do cargo de auxiliar de administração/compras de uma empresa pública

Cargo: Auxiliar de administração/compras
Descrição sumária
Comprar os materiais necessários à empresa
Descrição detalhada
• Preparar os processos de compra por meio de licitação. • Abrir e montar processos e enviar para a comissão de licitação. Depois de efetuada a compra, arquivá-la, dar baixa no computador e arquivar a cópia do contrato. • Emitir ordem de compra que deverá ser assinada pela diretoria e enviada por fax para o fornecedor; acompanhar o recebimento da mercadoria e a emissão do pagamento. • Receber solicitação de serviço de compra (SC), selecionar fornecedor, enviar fax com cotação de preços, proceder à compra e monitorá-la até a entrega e o pedido de pagamento. • Acompanhar o pregão até a finalização, para agilizar a compra e alcançar melhores preços.
Responsabilidades
• Responsabilizar-se pelo caixa rotativo para atender a pequenas compras. • Zelar pelo recebimento adequado das compras por licitação.

Condições de trabalho

- Faz uso de informações predominantemente escritas.
- Nível de atenção concentrado.
- Médio esforço mental.
- Ambiente iluminado.

Perfil profissional

- **Requisitos:**
    - 2º grau completo.
    - Experiência de 1 ano na área.
    - Conhecimento das normas e das leis de licitações.

- **Aptidões específicas e habilidades:**
    - Ética, sigilo sobre as informações processadas, comunicação assertiva, bom relacionamento interpessoal, afabilidade, disposição e iniciativa.

Fonte: SIGA CONSULTORIA (Sistema Integrado de Gestão Avançada).

Recrutamento

O que é recrutamento?

Com base na leitura de diversos autores, pode-se dizer que o *recrutamento* é o processo que visa a atrair candidatos qualificados e em número suficiente para ocupar vagas em uma empresa.

Antes de delinear qualquer estratégia de atração e seleção, é essencial considerar os seguintes aspectos: a estratégia e a cultura organizacional, as características do mercado de trabalho e a relação que mantêm com a demanda de pessoal requerida pela organização.[4]

Dentre as principais fontes para captação de candidatos estão:

- anúncios (mídia escrita e eletrônica);
- indicações de funcionários e indicações pessoais;
- agências de emprego;
- recrutamento em escolas e faculdades;
- recrutamento em associações e órgãos de classe;
- candidatos independentes; e
- recrutamento pela internet e mídias sociais.

---

4. FAISSAL, R. F. et al. *Atração e seleção de pessoas.* Rio de Janeiro: FGV, 2009.

Algumas empresas divulgam suas vagas em quadro fixado na própria portaria, e o interessado pode entrar e preencher uma ficha. Outras divulgam pela internet, pelo jornal, além de outros meios diversos.

FIGURA 4.3
Internet e mídias sociais são alguns dos meios mais utilizados pelos recrutadores para captar e selecionar candidatos.

A internet e as mídias sociais têm sido o meio de recrutamento mais utilizado para se fazer uma análise prévia da compatibilidade do candidato à empresa.

O LinkedIn é uma rede social que se estabeleceu como rede de empregos e carreiras, para um determinado tipo de profissional. Os recrutadores chegam a criar grupos com objetivo de atrair esses profissionais. Os candidatos, por sua vez, procuram essa rede para divulgarem seus atributos profissionais e experiências.

Muitos recrutadores, porém, preferem analisar o perfil do Facebook, Twitter ou Instagram, para "enxergar" os dois lados: o profissional e o pessoal. Chegam a comprar espaços publicitários e criam anúncios com o objetivo de conseguir candidatos de maneira gratuita, direcionando-os para seus próprios sites.[5]

Para ser feita uma escolha acertada do tipo de processo de recrutamento, primeiro deve-se obter respostas para algumas perguntas. Essas respostas auxiliarão na análise das informações e na decisão referente ao processo de recrutamento a ser empregado:

▸ O que gerou a necessidade da contratação de um profissional para suprir essa vaga (demissão, aumento de quadro, mudança de perfil etc.)?
▸ Qual o prazo para a colocação do profissional na vaga?

....
5. BOHLANDER; SNELL, 2016, p. 168.

- A análise do perfil do cargo e dos requisitos indica que haverá dificuldade em conseguir essa pessoa?
- A oferta da empresa está de acordo com o mercado?

Assim que obtiver as respostas às questões supracitadas, o recrutador já poderá escolher o processo de recrutamento que deverá empregar.

O *recrutamento* pode ser *interno*, considerando funcionários atuais para promoções e transferências, ou *externo*. Entre as vantagens do recrutamento interno está o fato de os empregadores já conhecerem seus funcionários e estes conhecerem a empresa. Outro aspecto é a oportunidade de ascensão, que pode incentivar os funcionários a permanecer na empresa.[6]

Recrutamento interno

A escolha entre os dois tipos de recrutamento, interno ou externo, dependerá da política de RH adotada pela empresa. Se for dada prioridade à valorização dos profissionais internos, o recrutador, ao fazer sua escolha, poderá decidir por esse tipo de recrutamento.

A maioria das empresas procura preencher vagas acima da posição inicial de admissão por meio de promoções e transferências. Com esse procedimento, a empresa pode capitalizar o investimento feito em recrutamento, seleção, treinamento e desenvolvimento de seus funcionários. No entanto, para que a política de promoção atinja seu valor motivacional máximo, os funcionários devem conhecê-la. A seguir, apresentamos um exemplo de política de valorização do funcionário de uma empresa por meio do recrutamento interno:[7]

> A "promoção interna" geralmente é reconhecida como a base de uma boa prática de contratação, e é política de nossa organização promover profissionais internos, sempre que possível quando uma vaga tiver de ser preenchida. A vaga será divulgada durante cinco dias corridos, a fim de proporcionar a todos os profissionais qualificados, sejam eles funcionários que atuem em período integral ou meio período, uma igual oportunidade de se inscreverem.

Principais **vantagens** do recrutamento interno:

- valorização dos funcionários;
- conhecimento prévio do desempenho e potencial dos indivíduos;

---

6. BATEMAN; SNELL, 2012.
7. BOHLANDER; SNELL, 2016, p. 172.

- funcionários adaptados à cultura organizacional;
- tempo de ambientação menor;
- rapidez e economia no processo; e
- promoção do espírito de autodesenvolvimento.

O recrutamento interno também apresenta limitações. Às vezes, certos cargos de nível médio e superior requerem treinamento e experiências diferenciadas, os quais só podem ser obtidos captando alguém de fora da empresa, que tenha adquirido esse conhecimento e experiência com um empregador anterior. Isso é muito comum em pequenas empresas.[8]

Sintetizando, as principais *desvantagens* do recrutamento interno são:

- geração de uma nova vaga, que pode ser preenchida com maior ou menor grau de dificuldade;
- resistência da chefia imediata para a liberação do candidato;
- dificuldade de retorno ao antigo cargo, em caso de insucesso;
- redução do nível de renovação dos funcionários da empresa; e
- redução do número de candidatos, o que dificulta uma escolha adequada.

Recrutamento externo

É o processo de escolha de profissionais disponíveis no mercado para participarem de um processo de seleção.[9]

A opção por esse tipo de recrutamento tem o potencial de trazer ideias novas para a organização. Sintetizando a concepção de vários autores, pode-se dizer que as principais *vantagens* desse tipo de recrutamento são:

- renovação de ideias;
- maior universo de candidatos, possibilitando mais opções de escolha; e
- oportunidade de ampliar os requisitos a serem exigidos dos candidatos.

Entre as principais *desvantagens*, destacamos:

- geração de insatisfação nos funcionários já existentes que pleiteavam o cargo vago;

---

8. BOHLANDER; SNELL, 2016.
9. SPECTOR, P. E. *Psicologia nas organizações*. São Paulo: Saraiva, 2002.

- necessidade de um tempo maior de adaptação e treinamento do novo funcionário; e
- custos e morosidade do processo.

> **PRATICANDO**
>
> Escolha um apresentador de jornal de um canal de televisão de sua preferência e parta do pressuposto de que esse apresentador irá para outra emissora de televisão daqui a oito meses, quando seu contrato atual terminar.
>
> Você é o profissional encarregado de planejar a substituição desse apresentador. Com base nos fatores já expostos, decida por uma das seguintes opções:
>
> - capacitar outro apresentador da mesma emissora para ocupar a vaga; ou
> - trazer um profissional de outra emissora para substituí-lo, porque na emissora em questão não há ninguém com os requisitos necessários.

O primeiro passo para o recrutamento externo é solicitar ao interessado o preenchimento da *ficha de inscrição*. Também é interessante uma entrevista rápida para melhor análise do potencial do candidato.

Como se pode observar, por meio do processo de recrutamento já é feita uma considerável triagem dos candidatos. Contudo, a escolha só acontece na etapa de seleção.

> **COMENTÁRIO DE CONSULTORIA**
>
> A opção pelo recrutamento interno ou externo faz uma enorme diferença em termos de estratégia, custo e possibilidade de conseguir o profissional adequado para o preenchimento da vaga.
>
> No caso do recrutamento interno, tem-se um custo mais baixo e a empresa pode valorizar os próprios funcionários. Em contrapartida, se o que se quer é "sangue novo", criatividade e disseminação de uma cultura de inovação, não resta dúvida de que a escolha acertada será o recrutamento externo.

Análise do custo-benefício do recrutamento

O recrutamento pode ser avaliado sob muitos aspectos, como a eficácia dos recrutadores, a origem dos recrutados, os métodos empregados.

Outro aspecto que pode ser avaliado é a **qualidade da contratação**. Ao medir esse aspecto, a empresa consegue obter um *feedback* sobre a qualidade dos novos funcionários da empresa. O cálculo da qualidade da contratação é feito da seguinte forma:[10]

$$QC = (AD + CP + CR)/N$$

Em que:

QC = qualidade dos recrutados contratados

AD = medida da avaliação de desempenho no trabalho (20 itens na escala) dos novos contratados (por exemplo, 4 em uma escala de 5 pontos ou 20 itens × 4)

CP = porcentagem de contratados promovidos em um ano (por exemplo, 35%)

CR = porcentagem de contratados retidos depois de um ano (por exemplo 85%)

N = número de indicadores utilizados.

Assim,

$$QC = (80+35 + 85)/3$$
$$= 200/3$$
$$= 66,6\%$$

O índice de contratação de 66% é um valor relativo. Cabe à direção da empresa determinar se apresenta um nível excelente, bom, regular ou ruim.

É necessário usar a medida de qualidade da contratação com cuidado quando se avalia a estratégia de recrutamento, porque o índice de avaliação de desempenho e promoção não está sob o controle do recrutador. Um bom funcionário pode deixar a empresa por falta de oportunidades de promoção, por avaliações de desempenho injustas ou por oportunidades que surgirem no mercado de trabalho, motivos que não estão relacionados ao recrutador. Mesmo assim, a medida de qualidade fornece indícios sobre a capacidade do recrutador em atrair funcionários.

Voltando ao diagrama apresentado no início deste capítulo, podemos identificar a fase do processo que corresponde à seleção.

---

10. IVANCEVICH, J. M. *Gestão de recursos humanos*. São Paulo: McGraw-Hill, 2008. p. 202-203.

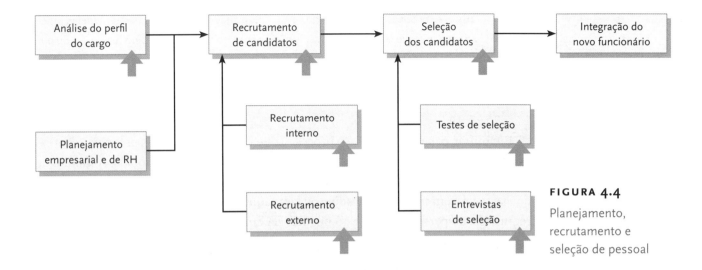

FIGURA 4.4
Planejamento, recrutamento e seleção de pessoal

Seleção

Seleção é o processo de escolha de pessoas com qualificações, habilidades e conhecimentos necessários para ocupar as vagas existentes ou projetadas.

FIGURA 4.5
Algumas empresas procuram diminuir a subjetividade da entrevista utilizando-se de mais de um entrevistador

Existe uma frase muito popular a respeito da seleção que ilustra bem seu significado. Costuma-se dizer que fazer seleção é colocar a pessoa certa no lugar certo.

> As pessoas de uma organização são o recurso mais confiável para gerar resultados excelentes ano após ano. Suas opiniões, experiências e habilidades são o que dita a diferença entre sucesso e fracasso. Mas os mesmos líderes que proclamam que "as pessoas são nosso ativo mais importante" em geral não pensam muito quando escolhem

Capítulo 4 ■ Recrutamento e seleção

as pessoas certas para o trabalho certo. Eles e suas organizações não têm ideias precisas sobre o que o trabalho requer – não apenas no presente, mas no futuro – e de que tipo de pessoas precisam para preencher os cargos. Como resultado, suas empresas não contratam, promovem ou desenvolvem os melhores candidatos para as suas necessidades de liderança.[11]

Em outras palavras, *seleção* é o processo que visa a identificar os potenciais humanos para o trabalho e sua possível adaptação às funções organizacionais. A finalidade central do processo seletivo é, então, escolher, entre os candidatos recrutados, aqueles que se revelarem mais qualificados, ou seja, aqueles que atendem perfeitamente aos requisitos, ao perfil do cargo e ao negócio da empresa.

Desde a análise do cargo e a determinação do perfil do candidato, o selecionador passa a fazer uma reflexão sobre o tipo de candidato que deve ser procurado.

Processo seletivo

"O trabalho que nenhum líder deve delegar – ter as pessoas certas no lugar certo."

LARRY BOSSIDY E RAM CHARAN

No recrutamento, já foi realizada uma triagem prévia dos indivíduos com base na explicitação dos requisitos para as vagas, utilizando meios como anúncios, sítios eletrônicos, cartazes e *folders* em instituições de ensino. Se esse processo for bem feito e os cargos e os requisitos necessários não forem raros de encontrar no mercado, provavelmente haverá mais candidatos do que vagas.

Na fase de seleção, é importante a análise de *formulários de solicitação de emprego* e de *curriculum vitae*. Os detalhes, formato e distribuição dos dados de uma "solicitação de emprego" variam de empresa para empresa. No entanto, existem alguns procedimentos e uma ordem cronológica de organização que, se seguidos, facilitarão o processo e contribuirão para sua qualidade.

As informações a seguir devem ser colhidas junto aos candidatos e analisadas pelo recrutador.

▶ **Dados pessoais**: nome, endereço, data de nascimento, estado civil, sexo, número de filhos, despesas básicas e encargos, aluguel etc.

---

11. BOSSIDY, L.; CHARAN, R. *Execução*: a disciplina para atingir resultados. Rio de Janeiro: Elsevier, 2005. p. 110.

- **Nível de escolaridade e especializações**: cursos frequentados, ano de conclusão, cursos interrompidos, cursos frequentados atualmente etc.

- **Interesses pessoais**: atividades de lazer, *hobbies* etc.

- **Histórico profissional**: empregos anteriores com datas de admissão, demissão, motivos de saída, nome de chefes imediatos etc.

- **Carteira de trabalho**: com informações sobre o tempo de permanência nos empregos anteriores, cargos ocupados e empresas contratantes. Se um candidato passou por vários empregos e permaneceu pouco em cada um deles, é importante pesquisar as causas.

- **Habilidades, competências e outras características**: compatibilidade com as características requeridas pelo cargo, como flexibilidade, dinamismo, criatividade, adaptabilidade, facilidade de contato, liderança de equipes, tomada de decisão, delegação, iniciativa, ética, organização etc.

- **Referências pessoais**: cartas de apresentação de antigos chefes, coordenadores, professores, profissionais de RH etc.

LEMBRETE DE CONSULTORIA

Alguns dados são subjetivos, mas devem ser considerados. São eles:

- apresentação geral do documento;
- linguagem utilizada (impessoal ou na primeira pessoa); e
- coerência dos dados e correlação entre eles.

O Quadro 4.2[12] mostra um esquema das etapas do processo seletivo.

QUADRO 4.2
Esquema das etapas do processo seletivo

EMPREGADOS EM POTENCIAL	
Etapas do processo	Características a procurar
1. Entrevista preliminar	Se é adequado ou inadequado pela aparência e conduta.
2. Inventário biográfico	Se tem o nível de instrução e de desempenho adequados.

12. Megginson, L. C.; Mosley. C.; Pietri Jr., P. H. *Administração*: conceitos e aplicações. São Paulo: Harbra, 1998. p. 295.

Capítulo 4 ■ Recrutamento e seleção

3. Testes
    de inteligência
    de aptidão
    de proficiência
    de interesses
    de personalidade
	• Se tem padrões mínimos de agudeza mental
	• Sem capacidade para adquirir conhecimento ou habilidades específicas
	• Incapaz de demonstrar capacidade para a função
	• Carece do interesse vocacional necessário
	• Não tem as características pessoais necessárias à função

4. Entrevista em profundidade	Não tem capacidade, ambição ou outras qualidades necessárias
5. Verificação de referências de desempenhos passados	Passado de realizações negativas ou desfavoráveis
6. Exames físicos, inclusive teste de uso de drogas	Fisicamente inadequado
7. Julgamento pessoal	Competência e capacidade gerais para se encaixar na empresa

Fonte: MEGGINSON; MOSLEY; PIETRI JR., 1998, p. 295.

Entrevista de seleção

A entrevista de seleção é a técnica de seleção mais utilizada nas grandes, médias e pequenas empresas para a contratação de pessoas.

FIGURA 4.6
Os entrevistadores devem evitar julgamentos precipitados

Embora necessite de base científica e se situe como a técnica mais subjetiva e imprecisa do processo de seleção, a entrevista é, sem dúvida, dentre todos os métodos empregados para esse fim, o mais utilizado. A entrevista parece ter também o maior peso na escolha do candidato, ou seja, o candidato que tiver desempenho insatisfatório na entrevista dificilmente será contratado.[13]

---

13. ROBBINS, S. P.; JUDGE, T. A.; SOBRAL, F. *Comportamento organizacional*. São Paulo: Pearson Prentice Hall, 2010. p. 536.

A entrevista pessoal tem outras aplicações, como na triagem inicial do recrutamento, na seleção de pessoal, no aconselhamento e orientação profissional, na avaliação do desempenho e no desligamento. Em todas essas aplicações, a entrevista deve ser feita com habilidade e tato, a fim de que possa levar aos resultados esperados.

A entrevista de seleção é distinta da entrevista realizada na fase de recrutamento. O recrutamento abastece o processo seletivo com candidatos adequados ao cargo.

Os candidatos recrutados passam, geralmente, por uma entrevista de triagem para verificar se dispõem dos requisitos e qualificações requeridos pelas técnicas de recrutamento. A entrevista de triagem é rápida e superficial e serve para separar os candidatos que seguirão adiante no processo seletivo daqueles que não apresentam as condições desejadas.

Existem duas estratégias relacionadas com a extração máxima do potencial de uma entrevista: (1) estruturá-la a fim de obter validade e confiabilidade e (2) treinar o gestor para adotar as melhores técnicas de entrevista.

As entrevistas variam também em dois aspectos importantes: (1) no nível de estruturação e na concentração no histórico do candidato ou (2) na observação das respostas dadas pelo candidato em situações hipotéticas a ele apresentadas, com o objetivo de saber como ele se comportaria em situações semelhantes no futuro.[14]

As perguntas realizadas nas entrevistas costumam ser de diversos tipos:[15]

- **perguntas técnicas**: visam a obter informações sobre conhecimentos técnicos, experiência profissional e habilidades técnicas do candidato e geralmente são realizadas pelo profissional ao qual o futuro empregado estará subordinado.

- **perguntas psicológicas**: enfocam o lado pessoal e aspectos da personalidade, abordando temas como família e relacionamentos interpessoais, lazer e história de vida, com o objetivo de fazer o levantamento do perfil psicológico do candidato e verificar se esse perfil se aproxima do perfil de competências requerido pela vaga. É preciso prudência na utilização de perguntas psicológicas em seleção. O entrevistador tem de estar preparado para analisar adequadamente as respostas, o que depende de sua formação, embasamento e experiência.

- **perguntas situacionais**: são formuladas com foco no trabalho a ser realizado pelo candidato caso seja aprovado. Essas perguntas têm a vantagem de estar voltadas para situações específicas de trabalho no plano da idealização.

---

14. Ivancevich, 2008, p. 224.
15. Faissal et al., 2009, p. 122-124.

▶ **perguntas comportamentais**: baseiam-se na premissa de que a melhor maneira de prever o comportamento do candidato no futuro é saber como ele se comportou em determinadas situações no passado. Em vez de situações hipotéticas, o entrevistador solicita ao candidato que descreva como lidou com uma situação real que ilustre o tipo de competência requerida para o desempenho eficaz no cargo.

O papel do entrevistador

O entrevistador assume um papel de vital importância na entrevista. Muitas organizações estão investindo no treinamento dos gerentes e de suas equipes para desenvolver a habilidade de entrevistar candidatos. As pesquisas têm sugerido que, sem treinamento ou alguma forma de infraestrutura, os entrevistadores podem assumir estratégias danosas nas entrevistas.[16]

Cabe ao entrevistador a tarefa de diminuir a interferência das "defesas" e/ou dissimulações do entrevistado. Essa procura pela verdade é um instrumento que funcionará como apoio e deve ser uma questão central durante todo o processo de entrevista. Para isso, a entrevista deve ocorrer em um ambiente adequado, sem interrupções de pessoas, campainhas ou telefones. O caráter reservado propiciará maior segurança e intimidade ao entrevistado.

Os entrevistadores precisam ter bastante cautela quanto ao que e como perguntam. Em alguns países, como nos Estados Unidos, a legislação é muito severa e exige que os empregadores evitem discriminação de sexo, raça e/ou outras categorias protegidas.

Em uma *entrevista aberta*, o entrevistador faz perguntas diferentes a candidatos diferentes. Em uma *entrevista estruturada*, o entrevistador faz as mesmas perguntas a todos os candidatos.[17]

Entrevista é uma técnica que requer aprendizado. É preciso dedicar-se a esse aprendizado antes de julgar candidatos e decidir sobre seus destinos. É necessário *muito cuidado com os preconceitos*.

Estudos indicam que, muitas vezes, os entrevistadores têm percepções precipitadas e raramente mudam de ideia após os primeiros quatro ou cinco minutos de entrevista. Em outros termos, a informação que chega primeiro tem peso maior que a informação passada mais tarde.

---

16. MILKOVICH; BOUDREAU, 2000.
17. BATEMAN; SNELL, 2011.

FIGURA 4.7
O entrevistador tem de tomar muito cuidado para não ser influenciado pelas "defesas" e simulações do entrevistado

Apesar de poucas pessoas serem contratadas sem entrevista, é justo dizer que fatores perceptivos influenciam na decisão de contratação e até na qualidade da força de trabalho contratada. *Os entrevistadores devem ter claro conhecimento sobre essas distorções perceptivas para saber evitá-las.* As situações descritas abaixo são exemplos de distorções perceptivas que *não podem* ocorrer nas entrevistas:[18]

- **efeito de contraste**: os candidatos entrevistados imediatamente após um candidato muito fraco serão, provavelmente, mais bem avaliados do que o seriam se fossem entrevistados após candidatos muito fortes.

- **estereotipagem**: o entrevistador pode ter uma imagem estereotipada do que deve ser um bom candidato. Por exemplo, candidatos com boa aparência podem ter maiores chances de serem admitidos do que candidatos com aparência mais humilde.

- **efeito de halo**: o entrevistador pode ter uma impressão geral de um candidato baseada em uma única característica, como inteligência e boa comunicação.

- **preconceito**: o entrevistador pode ter preconceito em relação a algo falado pelo candidato ou alguma maneira de se portar e partir para uma conclusão precipitada. Ao fazer entrevistas, vale a pena despojar-se de preconceitos. Nem sempre candidatos falantes são melhores; existem pessoas cujo caráter introvertido é fator de maior concentração nas tarefas que fazem.

- **projeção**: o entrevistador deve evitar a tendência de buscar nos outros características que lhe são próprias (projeção), ou seja, procurar candidatos com qualidades que se assemelham às suas.

18. Robbins; Judge; Sobral, 2010, p. 164.

O parecer do selecionador é conclusivo para a admissão do candidato. O setor que solicitou a seleção, porém, deve ter responsabilidade compartilhada e, nesse sentido, o candidato deve ser encaminhado para o gestor da área solicitante, para que este faça sua entrevista e emita sua avaliação. Se houver a possibilidade de mais de um candidato aprovado, o departamento de gestão de pessoas deverá encaminhar mais de um candidato (em geral, até três).

Verificação de referências

As referências deverão ser averiguadas a fim de evitar problemas de várias ordens: jurídica, gerencial e de segurança.

Exame médico

A avaliação médica é parte integrante do processo seletivo e fundamental para o êxito do processo. Consiste também em uma defesa tanto para a empresa como para o trabalhador, que terá de lidar com o impacto do ambiente e das condições de trabalho em suas condições físicas.

> **ALERTA DE CONSULTORIA**
>
> Lembre-se: a entrevista é apenas uma das ferramentas de seleção. Todas as outras ferramentas que forem empregadas devem ser analisadas para que seja formada uma impressão geral sobre o candidato.

Seleção de minorias

A Lei n. 8.213, de 1991[19] estabelece cotas compulsórias para admissão e demissão de *profissionais portadores de deficiências* (PPDs) nas empresas que tenham em seu quadro funcional cem ou mais empregados. No entanto, o processo de seleção que busca incluir no mercado de trabalho esses profissionais é complexo e envolve todas as áreas da empresa.

---

19. Deficienteonline.com.br. Disponível em: http://www.deficienteonline.com.br/leis-e-normas-conheca-as-leis-normas-cotas-e-adaptacoes-para-o-deficiente__36.html. Acesso em: set. 2019.

Uma pesquisa realizada com profissionais da área de RH para elucidar o processo de seleção dos PPDs em 11 empresas (de ramos diferentes) com mais de cem funcionários, revelou os seguintes resultados:[20]

- 55% das áreas de RH das empresas utilizam um processo de seleção específico para profissionais portadores de deficiência;

- 45% das empresas, por não deterem em seu *know-how* técnico os "instrumentos necessários" para a seleção, recorrem a algum tipo de instituição, como a Associação de Pais e Amigos dos Excepcionais (Apae), a Associação de Pais e Amigos de Deficientes (Apad), escolas especializadas em educação para surdos-mudos, prefeituras e consultorias a fim de obter auxílio na identificação desses profissionais;

- 64% das empresas contratam esses profissionais como terceiros para depois os incluírem em seus quadros;

- 36% das empresas preparam as áreas para a inclusão do profissional por meio de palestras, treinamentos sobre relações humanas e sensibilização dos gestores e colegas de trabalho; em caso de profissionais surdos-mudos, há a inserção de um intérprete da língua brasileira de sinais (Libras); e

- 25% das empresas possuem convênio com instituições de ensino como o Serviço Social da Indústria (Sesi) e o Serviço Nacional de Aprendizagem Industrial (Senai) para capacitação dos profissionais e posterior adequação da estrutura física da organização.

As principais dificuldades apontadas pelos profissionais de RH na pesquisa foram:

- escassez de profissionais portadores de deficiência com qualificação no mercado;
- grau de risco de acidentes no ambiente de trabalho;
- preparação do nível de gestão para lidar com as diferenças;
- altos custos com os profissionais especializados na qualificação dos profissionais portadores de deficiências;
- necessidade de desenvolvimento dos colegas de trabalho para recebê-los;

---

20. RODRIGUES, L. C. A inclusão de pessoas portadoras de deficiências nas organizações como oportunidade para o desenvolvimento local. In: SIMPÓSIO DE EXCELÊNCIA EM GESTÃO E TECNOLOGIA, 23-25 out. 2013. *Anais...* Rio de Janeiro: AEDB, 2013. Disponível em: https://www.aedb.br/seget/arquivos/artigos08/456_INCLUSAOeDESENVOVLIMENTO.pdf. Acesso em: set. 2019.

- necessidade de desenvolvimento específico para esses profissionais; e
- falta de apoio governamental.

Para sanar dificuldades:

- programas de indicação tendem a funcionar; e
- instituições sérias que reabilitam pessoas com deficiência também podem ajudar. Entretanto, o próprio deficiente tem a chave para que a empresa perca menos tempo na contratação.

Um exemplo de seleção que visa à inclusão de minorias e envolve questões culturais pode ser observado a seguir.

UMA CHANCE PARA OS PÁRIAS[21]

O sistema de castas na Índia foi abolido por lei nos anos 1950, mas o costume de segregar indivíduos (*dalits*) continua a ser uma prática aceitável na sociedade. O sinônimo para *dalit* é "intocável", pois os hindus acreditam que se tornam impuros aqueles que passam a mão em alguém dessa casta. Uma das estratégias para tentar vencer barreiras desse tipo é o processo de seleção de empregados.

O Grupo Tata anunciou uma política batizada de "discriminação positiva". No caso de candidatos à mesma vaga e com qualificações semelhantes, os *dalits* levam vantagem. A regra valerá mesmo quando o desempenho das pessoas da casta ficar um pouco abaixo do de seus concorrentes em alguns quesitos.

Na IBM, os *dalits* que ingressam na equipe são treinados por mentores dentro da empresa – em geral, executivos de castas superiores. Muitas empresas aderiram a essa ideia e criaram cursos especiais de preparação para os *dalits*.

O governo indiano passou, nos últimos anos, a exigir que as empresas contratassem *dalits* e outros grupos excluídos. A inclusão de pessoas portadoras de deficiências nas organizações funciona como oportunidade para o desenvolvimento local.

....

21. Adaptado de: GIANINI, T. Uma chance para os párias. *Exame* [on-line], 3 set. 2009. Disponível em: http://exame.abril.com.br/revista-exame/edicoes/0951/noticias/chance-parias-496075. Acesso em: 23 mai. 2012.

Na seleção ocorreram erros que podem ser facilmente evitados pelo selecionador se houver planejamento e definição clara dos objetivos a serem alcançados. Observe algumas dicas.[22]

- Deve-se conhecer as necessidades da empresa, os objetivos a serem alcançados e desenhar corretamente o perfil do profissional a ocupar o cargo.
- Ter sempre um banco de currículos economiza trabalho futuro, tempo e dinheiro.
- Oferecer treinamento específico aos funcionários que participam de processos seletivos.
- Ter transparência na hora de passar as informações sobre as funções, atribuições, salário, benefícios etc.
- É essencial ter planejamento e tempo para que a seleção seja bem feita.
- Deve-se contratar funcionário com habilidades e expectativas adequadas ao cargo.
- Nunca assumir sozinho a contratação de alguém.
- Identificar a cultura e os valores do profissional para saber se ele é adequado à organização.
- Sempre dar uma resposta ao candidato, positiva ou negativa.
- Delegar a contratação exige tanta responsabilidade quanto contratar diretamente.

Não existe fórmula mágica para recrutar pessoas. Entrevistas bem conduzidas sempre reduzem as chances de erro; na verdade, ainda não inventaram nada melhor que uma boa conversa.

Apesar de muitos selecionadores darem mais importância à entrevista e aos testes do que a outras fases da seleção, elas também são importantes. Observe o caso apresentado a seguir, que demonstra o que pode acontecer quando o selecionador negligencia a etapa de checagem de referências.[23]

---

22. FONTANA, A. 10 erros de contratação. *Você S.A.*, p. 62-65, jun. 2000.
23. WAGNER III, J. A.; HOLLENBECK, J. R. *Comportamento organizacional*. São Paulo: Saraiva, 2009. p. 42-43.

AJUSTE EMOCIONAL E CONTRATAÇÃO NEGLIGENTE

John Padilla queria ser segurança e candidatou-se formalmente a vagas em várias empresas. Uma delas, a OSC Securities, rejeitou sua ficha, mas outra, a HBC, acabou contratando-o. O primeiro trabalho de John foi em um colégio, onde, duas semanas depois de ser contratado, sem qualquer motivo aparente, disparou 16 tiros de uma arma de nove milímetros contra um carro estacionado do lado de fora da escola. Dois estudantes foram mortos e outros três ficaram gravemente feridos.

Se a empresa que o contratou tivesse se dado ao trabalho de checar, teria descoberto que ele tinha um passado de enfermidade mental e estava sob liberdade condicional por duas acusações distintas por disparos de armas de fogo. Quando os advogados das famílias dos estudantes mortos descobriram essas informações, a empresa deixou de existir. Sua principal concorrente, aquela que não o contratou, por outro lado, ainda está operando e prosperando. Como observa o gerente dessa empresa, "obviamente, vale a pena gastar todo o dinheiro que gastamos em seleção porque pudemos vetar John no ato". Na verdade, a empresa vetou Padilla com base em um atestado de antecedentes criminais que custou 50 reais e menos de 24 horas para ser obtido.

Embora se possa imaginar que a empresa que investigou seja a regra e a que contratou John seja a exceção em termos de práticas empresariais, o fato é que apenas 20% das empresas verificam os antecedentes criminais das pessoas que elas contratam. O que está em jogo nessa roleta russa é muito alto. Nos termos da doutrina jurídica da "contratação negligente", um empregador pode ter de responder por atos criminosos perpetrados por seus funcionários. Dessa forma, uma conhecida empresa sofreu o impacto de um processo judicial de US$ 2,5 milhões contra um empregado – com um antecedente criminal que nunca fora verificado – que voltou até uma casa onde havia feito uma entrega e assaltou seu dono. De modo similar, o McDonald's pagou mais de US$ 200 mil à família de uma criança de três anos atacada por um funcionário que já havia sido condenado por molestamento infantil.

Naturalmente, os prejuízos monetários, nesses casos, são apenas a ponta do iceberg em relação ao dano provocado. O prejuízo que um incidente dessa ordem causa, em termos de relações públicas e da confiança do consumidor, pode nunca mais ser revertido em um ambiente competitivo em que os outros estão prontos para tirar você do negócio. Como observa o gerente de um hospital, "se isso acontece uma vez que seja, pode ser tão prejudicial para a sua empresa que você terá de fechá-la".

QUESTÕES

1. Com base no texto apresentado e no seu conhecimento de planejamento de RH, aponte os principais erros cometidos na área de seleção.

2. Com o excesso de demanda de candidatos, muitas empresas pedem qualificação superior ao que o cargo requer. Qual é a consequência disso?

3. Como a contratação inadequada em relação ao perfil profissional necessário interfere nas chances de êxito da seleção?

4. Explique a importância do processo de recrutamento para a captação de bons profissionais.

5. Descreva os procedimentos que permitem fazer o recrutamento.

6. Procure na internet algumas empresas que fazem recrutamento pelas redes sociais. Observe os requisitos exigidos e qual foi a maneira predominante de atrair bons candidatos para as vagas.

CAPÍTULO 5

Adaptação do novo funcionário à organização

> Nosso desafio com este capítulo é:
> - Conhecer o processo de treinamento de integração como instrumento de adaptação.
> - Explicar a importância de um funcionário participar do treinamento de integração como meio de minimizar a ansiedade diante de uma nova cultura.
> - Conhecer a metodologia do treinamento de integração e suas fases.
> - Saber utilizar o contrato psicológico como a base de um acordo de desempenho.

> Por que existe a necessidade de o funcionário participar de um treinamento de integração e fazer um contrato psicológico com seu gestor durante o processo de adaptação à empresa?

A adaptação do novo funcionário é uma via de mão dupla: de um lado está o recém-contratado, ansioso porque não sabe o que vai encontrar em sua futura empresa; do outro, a organização, que precisa que esse funcionário assimile o trabalho, sua cultura e seus valores e espera que isso possa levá-lo a se sentir comprometido e motivado.

O treinamento de integração vem proporcionar esse *link*, trazendo para o funcionário informação e conhecimento e desvendando os mistérios do produto, do serviço, dos clientes, dos gestores e do trabalho – fatores esses responsáveis por gerar ansiedade e muita expectativa no profissional escolhido para ocupar a vaga.

O momento dessa orientação poderá selar a parceria e aumentar as garantias de que todos vão sair ganhando: a empresa poderá ganhar em competitividade, lucratividade e crescimento, e o profissional escolhido ganhará um trabalho adequado ao salário previsto e em um contexto satisfatório.

Para integrar e selar essa parceria, gestor e funcionário devem fazer um "contrato psicológico", com o encontro de expectativas mútuas e um acordo sobre o desempenho esperado.

CONTEXTUALIZANDO

A integração do novo funcionário é um processo importante para agilizar sua adaptação à empresa.

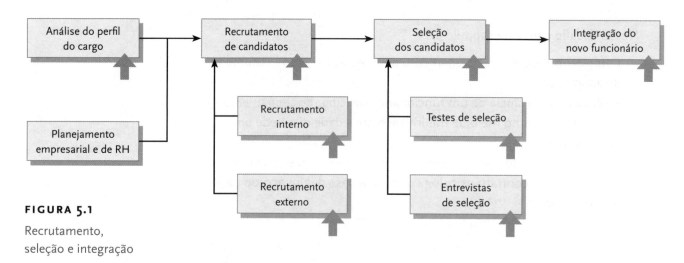

FIGURA 5.1
Recrutamento, seleção e integração

A maioria das médias e grandes empresas utiliza o treinamento de integração para a adaptação de seus novos funcionários. O objetivo do treinamento de integração – ou treinamento introdutório, ou ainda treinamento de orientação, como também é chamada essa modalidade de treinamento – é fornecer ao funcionário recém-admitido informações sobre a instituição – seus objetivos, filosofia, estrutura organizacional, normas internas de pessoal, segurança, linhas de produtos e serviços – e apresentar "o novato" às pessoas com as quais conviverá deste momento em diante por muitas horas do dia. Esse procedimento visa a proporcionar ao novo funcionário uma melhor e mais rápida integração ao grupo e à empresa, facilitando seu período de adaptação.

FIGURA 5.2
O treinamento introdutório possibilita a integração dos novos funcionários à empresa e aos colegas de trabalho

O treinamento de orientação familiariza novos funcionários com seus cargos, unidades de trabalho e a empresa como um todo. Quando bem realizado, esse treinamento pode elevar o moral e a produtividade e reduzir o giro e os custos de recrutamento e seleção.[1]

O treinamento de integração teve sua origem nos estudos de grupo. A primeira fase por que passa um grupo é denominada *iniciação* e apresenta algumas características marcantes, como a ansiedade e a incerteza, refletidas no "estado de espírito" da pessoa que participa de um grupo específico pela primeira vez.[2] A título de exemplo, quando as crianças entram no jardim de infância, os professores têm por hábito pedir a presença dos pais durante a semana inicial porque, nos primeiros dias de aula, as crianças costumam chorar e se assustar na presença de estranhos.

No contexto organizacional, o funcionário recém-contratado também passa por ansiedade e incerteza (características da fase de iniciação de um grupo) acerca do que o espera. Ele se faz perguntas do tipo "como será essa empresa?" e "como devo me comportar aqui?".

A fase de iniciação pela qual passa um novo participante de um grupo, ou o período de adaptação de um funcionário a uma empresa, pode demorar mais ou menos tempo dependendo do que é feito pela organização para minimizar os efeitos negativos dessa etapa. Quanto menor for a interação desse funcionário com a cultura da

----

1. BATEMAN, T. S.; SNELL, S. A. *Administração*. Porto Alegre: AMGH, 2012. p. 168.
2. WAGNER III, J. A.; HOLLENBECK, J. R. *Comportamento organizacional*: criando vantagem competitiva. 4. ed. São Paulo: Saraiva, 2020.

organização e quanto menos informações ele tiver a respeito das políticas, normas e valores do negócio de sua empregadora, maior será o tempo de adaptação e menores serão suas chances de êxito. Em contrapartida, um funcionário que entra em uma empresa já sabendo quais são seus direitos, deveres e desempenho esperado queima várias etapas por meio da aprendizagem social.

Muitos funcionários novatos já possuem seus conhecimentos, habilidades e aptidões (CHAs). A razão básica de as empresas treinarem os novos funcionários é elevar seus CHAs a um padrão de desempenho satisfatório no novo contexto operacional.[3]

Os resultados de uma pesquisa sugerem que um programa de orientação pode:[4]

- reduzir a rotatividade de pessoal;
- reduzir a ansiedade e a incerteza dos funcionários;
- economizar tempo dos supervisores e outros empregados; e
- estimular entre os novos empregados valores positivos, motivação e satisfação no trabalho.

Treinamento de integração

Muitas empresas de diferentes portes não conhecem ou não utilizam o treinamento de integração e perdem a oportunidade de ter um funcionário adaptado, comprometido e produtivo em um curto espaço de tempo.

Em empresas de pequeno porte, os gestores responsáveis pelas diversas fases conduzem a orientação (nome do treinamento de integração nos Estados Unidos). O gestor de RH também pode treinar profissionais para que possam conduzir algumas etapas. O processo de orientação realizado com os "novatos" da empresa, quando bem conduzido, corresponde ao que os sociólogos chamam de *socialização*. Esse processo ocorre quando um novo funcionário aprende as normas, valores, procedimentos de trabalho e padrões de comportamento esperados pela organização.

A orientação apresenta os seguintes objetivos:[5]

....

3. BOHLANDER, G.; SNELL, S. *Administração de recursos humanos*. São Paulo: Cengage Learning, 2011. p. 250.
4. MEGGINSON, L. C.; MOSLEY, D. C.; PIETRI JR., P. H. *Administração*: conceitos e aplicações. São Paulo: Harbra, 1998. p. 246-248.
5. IVANCEVICH, J. M. *Gestão de recursos humanos*. São Paulo: McGraw-Hill Interamericana do Brasil, 2009. p. 394.

- **redução de ansiedade**: nesse caso, a ansiedade traduz o medo de fracassar no emprego, que pode aumentar se não existir a orientação adequada.

- **redução do índice de rotatividade**: se o funcionário se sentir indesejado, ineficiente ou desnecessário, ele pode reagir a esse sentimento pedindo demissão.

- **economia de tempo**: o funcionário precisa executar o novo trabalho e, para isso, precisa da orientação dos colegas e supervisores. Todos os envolvidos nesse processo têm de despender algum tempo nisso. A orientação adequada economiza tempo para todos.

- **criação de expectativas realistas**: conforme o tipo de profissão, as expectativas podem estar mais ou menos claras, como ocorre, por exemplo, na medicina e no direito ou em instituições integrais como a Igreja, o exército e os sistemas prisionais. As pessoas já se acostumaram com elas e têm expectativas mais claras a respeito dessas profissões, mas o funcionário precisa saber exatamente o que a empresa espera dele e quais as suas próprias expectativas em relação à empresa.

> **COMENTÁRIO DE CONSULTORIA**
>
> Neste momento, há uma checagem do processo seletivo, porque, quando o candidato é escolhido só pelos aspectos técnicos, pode ser que ele não fique muito tempo no emprego se seus valores não forem compatíveis com os da empresa.

A orientação deve ser iniciada antes de a pessoa começar a trabalhar. Muitas organizações complementam esse processo com um treinamento. A orientação inclui o abandono de certas atitudes, valores e comportamentos à medida que o novo recrutado aprende sobre os objetivos da empresa, os meios para atingi-los, as responsabilidades básicas de sua função, os comportamentos eficazes no trabalho e seu papel funcional.[6]

Um bom motivo para que esse treinamento seja feito antes de o profissional começar o trabalho na empresa é o fato de que o fornecimento das primeiras informações por fonte oficial da empresa evita os "ruídos" de comunicação que podem acontecer até pela grande expectativa e ansiedade do funcionário iniciante.

---

6. MOUTON, J. S.; BLAKE, R. R. Sinergogy: a new strategy for education, training and development. São Francisco: Jossey-Bass, 1984, p. 33-34 *apud* MILKOVICH, G. T.; BOUDREAU, J. W. *Administração de recursos humanos*. São Paulo: Atlas, 2000. p. 351.

FIGURA 5.3
A orientação fornecida aos novos funcionários evita informações distorcidas e atitudes inadequadas

Um exemplo interessante de um treinamento de orientação é o da Disney:[7]

TREINAMENTO NA WALT DISNEY WORLD

Na Walt Disney World, em Orlando, Flórida, as funções nas lanchonetes e outros serviços são chamadas de *papéis* para enfatizar o aspecto do entretenimento dos clientes, que são chamados de *convidados*. O processo de recrutamento e contratação é chamado de *constituição do elenco*.

A orientação começa com um programa de um dia chamado *Disney Traditions I*, que apresenta a história da organização com orgulho e entusiasmo. No segundo dia, o programa é o *Disney Traditions II*, que descreve os procedimentos, políticas e regras da empresa.

Finalmente, o novo recruta passa alguns dias ou semanas em treinamento em serviço, trabalhando com um veterano designado a proporcionar-lhe as experiências de aprendizagem de seu novo personagem.

O treinamento de integração consiste em várias etapas, que veremos a seguir.

----

7. LONDON, M. Managing the training enterprise. São Francisco: Jossey-Bass, 1989, p. 33-34 *apud* MILKOVICH, G. T.; BOUDREAU, J. W. *Administração de recursos humanos*. São Paulo: Atlas, 2000. p. 351-352.

Integração dos participantes

Como já salientamos, o "estado de espírito" de um novo funcionário é muito delicado, porque ele não sabe o que o espera na realidade de seu novo trabalho. O primeiro passo do treinamento de integração é o "quebra-gelo", ou seja, desenvolver alguma atividade que possibilite diminuir o estado de ansiedade do novato. Essa atividade pode ser simplesmente uma conversa rápida com o colega do lado para se conhecerem melhor, uma apresentação em duplas ou diversas outras técnicas que permitam a redução do nível de ansiedade do novo ou dos novos funcionários.

Apresentação do objetivo e do programa de treinamento

Após o "quebra-gelo", que deixou o novo funcionário mais "relaxado" e, consequentemente, mais aberto à aprendizagem, é importante que se explique a razão da presença dele ali, o que a empresa espera com esse treinamento e o que será abordado no programa a ser desenvolvido. Esse é o momento propício para a entrega do *Manual do funcionário*, contendo as informações que serão passadas no treinamento de integração, ou alguma apostila, se houver, para que o novo funcionário possa acompanhar as informações por meio da leitura e também possa fazer consultas, mais tarde, em caso de necessidade.

Histórico da empresa

O ideal é que, neste ponto do treinamento, a história da empresa seja contada em poucas palavras pelo executivo principal, que poderá aproveitar o momento para passar uma mensagem de boas-vindas aos funcionários que estão iniciando suas atividades.

Nem sempre o principal executivo da empresa estará disponível para contar a história da origem da empresa pessoalmente. Hoje, porém, contamos com modernas tecnologias que podem resolver o problema, a custos proporcionais ao tamanho e porte da empresa. A fala do executivo principal pode ser gravada, filmada etc. O importante é que o funcionário novato tenha o conhecimento da origem da empresa e, se possível, receba uma mensagem de boas-vindas de seu gerente máximo.

Negócio da empresa

Nesta etapa do treinamento de integração, apresentam-se o negócio da empresa, seus produtos e/ou serviços e seu âmbito de atuação.

Missão

Neste ponto, deve ser apresentada ao novo funcionário a missão da contratante, ou seja, deve-se mostrar como a organização pretende alcançar seu objetivo, levando em consideração seu contexto e os públicos envolvidos e explicitando o papel da empresa em seu ramo de negócio.

Veja um exemplo de missão de uma instituição bem conhecida, a Universidade Harvard: "desenvolver homens e mulheres e expor os estudantes ao aprendizado liberal, dentro da tradição da civilização ocidental, visando a prepará-los para a vida".

Princípios e valores

As informações passadas nesta etapa são importantes para que o novo funcionário verifique se os valores da empresa são congruentes com os seus.

Clientes e parceiros

As informações sobre os clientes e parceiros darão ao novo funcionário a oportunidade de saber para quem ele trabalha, ou melhor, quem realmente possibilita o pagamento de seu salário.

Organograma da empresa

Por meio da apresentação da estrutura da empresa, sinaliza-se quem é quem na organização. Isso deve ser feito de maneira resumida, indicando-se apenas os principais cargos e seus ocupantes.

Políticas de recursos humanos

As políticas de recursos humanos referem-se à maneira como uma organização pretende lidar com seus funcionários. Nesta etapa, são passados os regulamentos e as normas da empresa, sempre saturados da visão que os dirigentes têm de como administrar o negócio e seus funcionários.

Setor de pessoal

Esta etapa do treinamento de integração desperta grande interesse no novo funcionário, porque é nesta fase que são transmitidas informações sobre direitos e deveres dos funcionários, benefícios etc.

Saúde, segurança e medicina do trabalho

Nesta fase, são passadas as informações referentes às práticas de saúde e segurança do trabalho adotadas pela organização. Trata-se de um momento precioso para sensibilizar o novo funcionário sobre a importância da prevenção de acidentes e de doenças ocupacionais e sobre o uso de equipamentos de segurança, se for o caso.

Visita às dependências da organização

Neste momento, o coordenador do treinamento de integração convidará o novo funcionário (ou os novos funcionários) para uma visita às instalações da empresa, dando algumas informações mais específicas sobre os setores.

Avaliação final

Neste ponto, encerra-se o treinamento de integração comum a todos os tipos de cargo. É importante solicitar uma avaliação para aprimorar o programa e o processo do treinamento de integração. Receber o *feedback* dos participantes é fundamental. Alguns dos pontos a serem abordados nessa avaliação seriam o que foi proveitoso, o que não ficou claro e sugestões.

A seguir será apresentado um roteiro de treinamento de integração desenvolvido pela autora[8] em processo de consultoria. Os espaços destinados ao negócio e à missão estão preenchidos com os dados de uma empresa da área de comunicação.

FIGURA 5.4 Roteiro de treinamento de integração

TREINAMENTO DE INTEGRAÇÃO
Roteiro elaborado pela autora

INTEGRAÇÃO

Apresentação dos novos funcionários e aplicação da técnica de grupo "quebra-gelo", com o objetivo de facilitar o entrosamento dos participantes do treinamento.
(Responsável pela atividade _____)

HISTÓRICO

Apresentação da história da empresa
A EMPRESA foi criada em _____ , com o objetivo de _____
Mensagem ao funcionário:

MISSÃO

Atender às necessidades dos clientes no campo da comunicação, garantindo segurança, qualidade e satisfação dos parceiros, agregando valores e contribuindo para o desenvolvimento da empresa e do país.

NEGÓCIO

O negócio da EMPRESA é Comunicação.
Apresentar os serviços prestados ou produtos fabricados pela EMPRESA e como eles chegam até seu cliente.

---

8. PEREIRA, M. C. B. *Programa de formação de consultores.* Belo Horizonte: SIGA Consultoria, 2005.

Princípios e valores

Clareza
Competência
Criatividade

Cliente e parceiros

Fornecer informações sobre a cadeia de clientes e parceiros.

Políticas de recursos humanos

Normas, regulamentos e relacionamento empresa/funcionário.

Saúde, segurança e medicina do trabalho

Fornecer informações sobre a importância da segurança e da saúde no trabalho e como evitar acidentes e incidentes que poderão comprometer a qualidade de vida na empresa.
(Responsável pela atividade _____)

Serviço de pessoal

Transmitir aos novos funcionários informações sobre os seus direitos e deveres.
(Responsável pela atividade _____)

Fonte: elaborado pela autora.

Cabe lembrar que, para alguns cargos técnicos, o treinamento de integração deve ser mais profundo, abordando pontos mais específicos, além de dever ser feito no próprio local de trabalho ou em cursos à parte.

Outro aspecto muito importante para que o novo funcionário se adapte ao trabalho é o que é *combinado* com seu chefe sobre as atividades, o comportamento e o desempenho esperado. As bases de uma boa relação de trabalho constituem o contrato psicológico.

Contrato psicológico

Contrato psicológico é um acordo não escrito entre empregado e empregador, determinando as expectativas da empresa em relação ao funcionário e deste em relação à empresa.

Por que fazer um contrato psicológico?

O contrato psicológico é um "acerto de percepção" que empresa e funcionário fazem quanto aos objetivos, metas, desempenho e satisfação das expectativas. O contrato indivíduo-organização é chamado de psicológico porque a maior parte dele não é escrita nem falada.[9]

QUADRO 5.1
Exemplos de expectativas

	O QUE O INDIVÍDUO ESPERA RECEBER DA ORGANIZAÇÃO		O QUE A ORGANIZAÇÃO ESPERA RECEBER DO INDIVÍDUO
1	Salário	1	Um dia de trabalho honesto
2	Oportunidades e desenvolvimento pessoal	2	Lealdade à organização
3	Reconhecimento e aprovação pelo bom trabalho	3	Iniciativa
4	Segurança por meio de benefícios	4	Conformidade com as normas da organização
5	Ambiente amigável e de apoio	5	Eficácia no trabalho
6	Tratamento justo	6	Flexibilidade e desejo de aprender e desenvolver-se
7	Trabalho significativo		

Fonte: adaptado de KOTLER, 1973, p. 93.

COMENTÁRIO DE CONSULTORIA

Um profissional que presta serviços de manutenção, ao ser contratado para a limpeza de um apartamento, faz com seu contratante um "contrato psicológico". Combina os dias durante os quais executará esse trabalho e com que frequência arrumará os armários, quartos, banheiros e área de serviço. Em contrapartida, espera receber uma quantia X pelo trabalho realizado.

O que acontece na empresa é semelhante à situação apresentada no comentário de consultoria. O contrato psicológico é um acordo que estabelecerá as bases do trabalho para um futuro desempenho e, por essa razão, é importante nivelar as expectativas.

Depois de as expectativas serem niveladas e a base do relacionamento ser fixada, a chefia do novo funcionário passará a acompanhar e avaliar seu desempenho conforme o estabelecido no contrato psicológico.

---

9. ROOSEVELT JR., R. T. Nota da Harvard Business School: como gerenciar o contrato psicológico. In: VROOM, V. H. *Gestão de pessoas, não de pessoal*. 9. ed. Rio de Janeiro: Campus, 1997. p. 39.

QUESTÕES

1. Explique qual é o "estado de espírito" com que o candidato recém-contratado chega à empresa.

2. Descreva como é o treinamento de integração para os novos funcionários e quais são as suas vantagens.

3. O contrato psicológico é a base para um bom relacionamento de trabalho. Explique a razão dessa afirmação com base nos argumentos apresentados neste capítulo.

4. Explique com suas palavras o que é um contrato psicológico e dê exemplos de situações em que esse contrato é utilizado.

CAPÍTULO 6

Comunicação como fio condutor do comprometimento

Nosso desafio com este capítulo é:

- Demonstrar como a comunicação interfere de maneira drástica nos processos empresariais.
- Apresentar diferenças entre a comunicação formal e a comunicação informal e a importância de cada uma dessas modalidades para a organização.
- Salientar a necessidade de utilização do *feedback* para diminuir os ruídos de comunicação.
- Fornecer alternativas para minimizar os efeitos danosos da falta de comunicação e potencializar suas boas práticas, para alcance da eficácia.

| Por que ter uma comunicação eficaz constitui um diferencial para uma empresa?

Os consultores organizacionais são unânimes em afirmar que a maioria dos problemas que acontecem em uma empresa tem sua origem na comunicação.

Peter Drucker, um dos grandes inspiradores da administração, disse que "60% de todos os problemas administrativos resultam de ineficácia na comunicação".

A comunicação está entre as principais responsabilidades dos gestores, e sua influência é sentida ao longo de toda a vida organizacional, desde a satisfação dos trabalhadores até a produtividade e longevidade da empresa.

Uma realidade a ser constatada pelos gestores é que, sem uma boa comunicação, não há como profissionais e gerentes "puxarem a corda" para o mesmo lado, pois ela é o fio condutor do comprometimento.

Tornar a comunicação eficaz consiste em um desafio e uma arte que deve ser aprendida e enfatizada todos os dias, na empresa, na escola e na vida familiar.

CONTEXTUALIZANDO

É possível que a falta de entendimento de algumas palavras possa fazer a diferença entre a vida e a morte?

Em 1977, em Tenerife, nas Ilhas Canárias, o comandante de um avião da KLM pensou que o controlador de voo de origem espanhola tivesse dado ordem para que decolasse, mas o controlador estava apenas dando instruções para a partida. A confusão, gerada pelo sotaque do controlador e algumas expressões inadequadas, fez com que o avião da KLM se chocasse com um avião da Pan Am que estava em aceleração máxima na pista. Essa confusão levou a 583 mortes.[1]

Esse exemplo é aterrorizador, mas os prejuízos em termos financeiros e humanos de uma comunicação empresarial ineficaz também são impressionantes.

O sucesso de qualquer empreendimento depende de diversos fatores externos, como mercado, capacidade de captação de recursos e tendências da economia global. Hoje, contudo, diante da velocidade de mudança e da dinâmica social, o comportamento das pessoas e a comunicação tornaram-se fatores igualmente primordiais na manutenção de uma trajetória sólida de qualquer empresa.

Em 2003, a American Management Association indagou a seus associados quais eram as habilidades mais importantes na constituição de um líder eficaz. A habilidade número 1 – muito à frente das outras – foi a comunicação (84%). Curiosamente, a segunda e a terceira colocadas – motivar as pessoas (56%) e saber montar uma equipe (46%) – também dependem de alguma forma da comunicação. Foi levantado também que 60% dos executivos que responderam à pergunta relacionaram a falta de colaboração como o maior desafio da liderança.[2]

Considera-se que a informação nas empresas é uma fonte de poder e uma estratégia. Atualmente, as empresas dependem cada vez mais daqueles a quem denominam "trabalhadores do conhecimento" para prestar um serviço ou produzir uma

---

1. MEGGINSON L. C.; MOSLEY D. C.; PIETRI JR., P. H. *Administração*: conceitos e aplicações. São Paulo: Harbra, 1998.
2. BARKER, A. *Técnicas de comunicação*. São Paulo: Clio, 2007. p. 5, 8.

mercadoria. Essas pessoas transformam a *informação* em produto ou *serviço* por meio de *processos adequados de comunicação*.

> "O sistema baseado na informação só pode funcionar se cada indivíduo e cada unidade assumir responsabilidade: por suas metas e prioridades, por seus relacionamentos e suas comunicações."
>
> PETER DRUCKER[3]

No âmbito da própria organização, a atividade de fabricação de um produto ou prestação de um serviço, para que tenha um nível de qualidade a um custo compatível, o que faz parte da estratégia da empresa, depende da *comunicação*. Ela é um aspecto vital para manter, melhorar ou reverter quadros do clima organizacional, motivar equipes e/ou estabelecer canais de comunicação entre os níveis hierárquicos.

Artigos em revistas especializadas enfocados nas empresas que auferiram ótimos resultados financeiros e humanos destacam a comunicação como um dos fatores que contribuíram para esse sucesso.

Comunicação

Antes de nos aprofundarmos no tema comunicação, é importante diferenciar comunicação de informação.

Hoje em dia, as pessoas em geral e alguns profissionais em especial são assolados por uma enorme quantidade de informações, pois existe uma verdadeira "overdose" de informações no mundo contemporâneo. Ainda que alguém lesse todos os jornais do país e assistisse aos noticiários na televisão diariamente, não poderia se dizer muito bem informado. Portanto, é importante ser seletivo na procura por informações, dando prioridade àquelas que auxiliem no alcance dos objetivos e no aprimoramento das decisões.

Quando se fala em *informação*, faz-se referência a um processo no qual uma mensagem é transmitida, mas não se leva em consideração como a outra pessoa recebe(rá) essa mensagem ou mesmo se há/haverá entendimento de tal mensagem.

Em contrapartida, a comunicação é o processo de transmissão de significado de uma pessoa para outra. Para tornar comum uma mensagem, é preciso haver compreensão das pessoas envolvidas.

---

3. DRUCKER, P. F. *O melhor de Peter Drucker*: o homem. São Paulo: Nobel, 2002. p. 141.

Para Peter Drucker, existem determinados fatores fundamentais para a comunicação. "Principalmente fazendo as coisas erradas, aprendemos quatro aspectos fundamentais":

- comunicação é percepção;
- comunicação é expectativa;
- comunicação impõe exigências; e
- comunicação e informação são coisas diferentes, totalmente opostas, mas interdependentes.

> Qualquer que seja o meio usado para a comunicação, a primeira pergunta a ser feita deve ser: "Esta comunicação está dentro dos limites do receptor? Ele é capaz de recebê-la?" [...] Percebemos em geral o que desejamos perceber. Vemos o que esperamos ver e ouvimos o que esperamos ouvir. O importante não é que evitamos o inesperado – embora a maior parte dos trabalhos sobre comunicação nos negócios e no governo afirme isso. O que realmente importa é que o inesperado em geral não é recebido. Não é visto, nem ouvido, mas ignorado, ou é mal entendido, ou seja, visto ou ouvido equivocadamente, confundido com o que era esperado [...]. Antes de conseguirmos nos comunicar, devemos saber o que o receptor espera ver e ouvir. Daí então, podemos saber se a comunicação pode utilizar as expectativas dele – e quais são elas – ou se há necessidade de um "choque de alienação", de um "despertar" que transponha as expectativas do receptor e o force a perceber que o inesperado está acontecendo.[4]

Em qualquer relação, as pessoas precisam se comunicar, mas sempre essa comunicação está sujeita a distorções e mal-entendidos. Até um intercâmbio simples em relação de trabalho está sujeito a falhas de comunicação.

A probabilidade de ocorrer uma distorção se torna ainda maior quando a informação trocada é mais complexa e carregada de conteúdo emocional. Os desentendimentos podem bloquear o desenvolvimento de uma relação e criar tensões em um relacionamento que poderia ser positivo. Sem que as partes envolvidas tenham a habilidade e a vontade necessária para minimizar as falhas de comunicação e corrigir os mal-entendidos à medida que eles vão ocorrendo, não é provável que se desenvolva ou seja mantida uma relação harmônica.[5]

Pode-se afirmar, sem medo de errar, que não existe comunicação sem *feedback*, ou seja, sem a verificação da compreensão por parte do receptor da mensagem. Por

---

4. DRUCKER, 2002, p. 134-136.
5. COHEN, A. R.; FINK, S. L. *Comportamento organizacional*: conceitos e estudos de casos. Rio de Janeiro: Campus, 2003.

esse motivo, vários autores – entre eles, Megginson – consideram o *feedback* um elemento da comunicação. Sem ele, não há como ter certeza se o objetivo ao transmitir a mensagem foi atendido.[6]

Observe o processo de comunicação e o *feedback* na Figura 6.1.

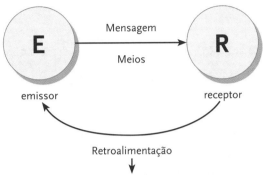

FIGURA 6.1

Processo de comunicação e *feedback*

A Figura 6.1 mostra que, na transmissão da mensagem de uma pessoa (emissor) para outra (receptor), há (deve haver) a verificação da compreensão dessa mensagem. Esse processo de "checagem", pelo qual se recebe um *feedback* (retorno do outro), é capaz de evitar distorções na comunicação.

Feedback é o processo de dar e receber ajuda para a manutenção ou para a mudança de um comportamento, no sentido de fornecer informações sobre como a atuação de um indivíduo está afetando outras pessoas. Por exemplo, um profissional que chega sempre atrasado a reuniões importantes provavelmente deverá receber um *feedback* de seu gerente sobre como seu comportamento está afetando o trabalho na empresa. Essas informações possibilitam que a pessoa verifique o próprio desempenho e o corrija, se necessário.

Comunicação e relações interpessoais

Para analisar e avaliar as diferentes formas de interação que as pessoas empregam para se relacionar, focalizando o fluxo de informações que se estabelece nos relacionamentos, dois especialistas do comportamento humano, Joseph Luft e Harry Ingham, criaram a *Janela de Johari*.[7] Esses profissionais fizeram o desenho da "janela campo", pondo em dois eixos perpendiculares os processos de dar e receber *feedback*. O "espaço interpessoal" é dividido em quatro regiões apelidadas de janelas.

....

6. MEGGINSON; MOSLEY; PIETRI JR., 1998.
7. MACEDO, I. I. et al. *Aspectos comportamentais da gestão de pessoas.* Rio de Janeiro: FGV, 2012. p. 29-31.

Todas as pessoas têm as "quatro janelas", mas uma pode ser dominante sobre a outra. Para compreender o significado da "janela dominante", é preciso considerar o tamanho e a forma de cada região, bem como as razões de sua presença no espaço interpessoal.

> **PRATICANDO**
> ....
>
> - Leia com bastante atenção e depois identifique sua "janela dominante".
> - Acesse o *YouTube* e assista ao filme *Janela de Johari*.

A região que retrata a troca de informações nos dois eixos (exposição e *feedback*) recebe o nome de *área aberta*. Se essa área for maior que 50% (nos dois eixos), dizemos que uma pessoa, em uma dada relação, estabelece uma interação do tipo *aberta*. Se a área aberta for inferior a 50%, alguma das outras regiões estará predominando, e é essa região que definirá o padrão da relação.

FIGURA 6.2
Janela de Johari

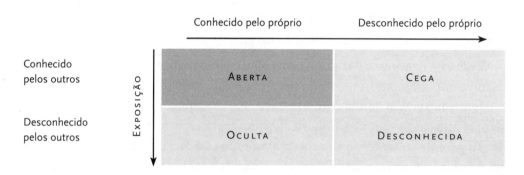

Observe o que caracteriza uma pessoa segundo a região predominante na Janela de Johari.

Área aberta

FIGURA 6.3
Área aberta

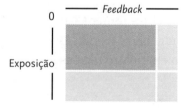

Uma pessoa com esse tipo de janela tem a transparência e o equilíbrio como características principais. Expressa claramente seus pontos de vista sobre determinado assunto e provavelmente enfrentará menos erros de interpretação daquilo que estiver tentando fazer ou comunicar aos demais. Ela também sabe que é fundamental levar em consideração o que o outro acha para que seja possível chegar a algo que seja satisfatório para ambos. Caso o outro não se exponha, essa pessoa busca informações, pergunta, pede opinião sobre o assunto em questão, ou seja, fomenta a troca de informações. Uma pessoa com uma área aberta ampla tem facilidade de comunicação e maior chance de conduzir uma negociação em que ambos saiam ganhando. Está aberta a receber *feedback* dos outros e seu relacionamento é tranquilo e verdadeiro.

Área cega

FIGURA 6.4
Área cega

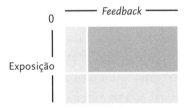

Essa região predominante leva o nome de *área cega*, pois a pessoa tem dificuldade de enxergar o que está ocorrendo ao seu redor e, principalmente, aspectos relacionados a seu próprio comportamento. Uma pessoa com essa janela tem facilidade de se expor e fazer colocações sobre determinado assunto. Diz abertamente o que pensa dos outros e das situações. Porém, não tem muito interesse pelo que o outro acha do assunto e pode ser vista como egoísta e agressiva em suas constantes críticas.

Essa pessoa tem dificuldade de elaborar o que o outro lhe diz e não gosta de receber *feedback*. Sua reação negativa ao *feedback* dos outros e seu comportamento inadequado de valorizar só seu ponto de vista em detrimento das ideias dos outros, às vezes de forma autoritária, tendem a perpetuar-se, gerando ressentimento e hostilidade dos demais. Seu exagerado grau de "objetividade e pragmatismo" pode levar essa pessoa a desconsiderar aspectos psicossociais importantes em uma negociação e levar a uma situação de animosidade entre as partes, por ela ser percebida como uma pessoa agressiva ou que quer ser "dona da verdade".

Área oculta

FIGURA 6.5
Área oculta

Essa região expandida tem o nome de *oculta* porque provavelmente os outros têm a sensação de não conseguirem se relacionar diretamente com a essência da pessoa, mas com uma fachada, um disfarce. Como raramente expressa sua opinião, essa pessoa apresenta um estilo mais reservado que gera desconfiança. Um indivíduo com essa janela tem facilidade de elaborar o que o outro lhe diz sobre determinado assunto, ouve e busca informações relevantes do outro sobre determinado assunto, mas, seja por insegurança ou temor de que o grupo rejeite suas ideias, apresenta um retraimento que pode prejudicar suas relações interpessoais.

Seu grau de exposição é baixo. Não diz tudo o que sabe ou está sentindo sobre determinado assunto, especialmente quando sente que a exposição pode ameaçar sua imagem ou provocar conflitos. Sua tendência a evitar confrontos pode gerar frustração, na medida em que "sonega" sua participação e deixa de dar sua plena contribuição para as situações vividas. Pode ser vista com desconfiança em uma negociação, pois passa a imagem de que está "escondendo alguma coisa".

Área desconhecida

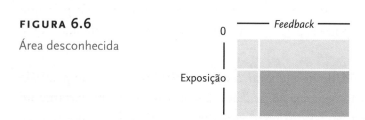

FIGURA 6.6
Área desconhecida

Esse estilo reflete um uso mínimo dos processos de exposição e *feedback*. Essa área de exposição recebe o nome de *área desconhecida* porque a pessoa transmite poucas informações (inclusive a seu respeito) e também está pouco propensa a receber informações (especialmente a seu respeito). Um relacionamento com esse padrão se estabelece sobre bases essencialmente desconhecidas e se traduz em um modo de agir impessoal.

Solicitar *feedback* (eixo horizontal) é o processo pelo qual a pessoa busca obter informações sobre si mesma, preocupa-se em saber o que os outros pensam dela; quanto maior for a vontade de obter essas percepções, mais ela ficará conhecendo a si própria. Dar *feedback* (eixo vertical), por sua vez, é o processo pelo qual a pessoa coloca suas percepções sobre o outro, ou seja, fornece informações de como o percebe (cabendo destacar que fazer isso frequentemente e insistir em apontar os erros dos demais é uma atitude que pode causar sérios problemas ao emissor). Muitas vezes, a pessoa não transmite informação sobre si própria por não se conhecer bem, e não porque quer sonegar informações.

Por que é difícil receber *feedback*?

FIGURA 6.7

A congruência entre percepções no processo de *feedback* muitas vezes não é fácil

Toda pessoa tem dificuldade de aceitar que tem insuficiências e ainda mais de admiti-las para os outros. A confiança no outro é um ponto essencial, sobretudo em questões de trabalho ou em situações que podem afetar o *status* ou imagem da pessoa que está recebendo o *feedback*.

O indivíduo pode, também, recear quanto ao que a outra pessoa venha a pensar a seu respeito, sentir que sua individualidade esteja sendo desrespeitada ou que o apoio necessário em dada situação esteja sendo negado e, mesmo assim, perceber que o *feedback* recebido é verdadeiro em relação à atitude a ser tomada para a solução de um problema.

Em casos em que o receptor fica na defensiva, para de ouvir e nega a validade do *feedback*, é comum que ele possa até agredir o emissor, apontando os erros cometidos por esse emissor contra ele.

Já o contrário, quando o *feedback* é recebido de forma a manter o comportamento, a relação entre o comunicador e receptor é tranquila e amigável.

Por que é difícil dar *feedback*?

Existe uma facilidade enorme da maioria das pessoas em dar conselhos e isso parece fazer com que elas se sintam importantes e competentes. O perigo consiste em querer fornecer *feedback* para atender mais aos anseios pessoais de demonstração de sabedoria ou para extravasar o estado emocional do momento, em vez de pensar na utilidade desse *feedback* para quem o recebe.

FIGURA 6.8

O *feedback* não deve ser dado só para suprir a necessidade do emissor de demonstrar sabedoria ou extravasar seu estado emocional

Dependendo das próprias motivações do emissor do *feedback*, este pode se transformar em uma reação a um único aspecto do comportamento do outro e, com isso, ser só parcial e avaliativo, servindo para o próprio desabafo ou alívio de tensão emocional.

Para minimizar as resistências da pessoa que recebe o *feedback* e para que ela não fique na defensiva, o que é comum – uma vez que o *feedback* é percebido ainda como crítica e tem implicações emocionais –, recomenda-se utilizar fatos e dados, de forma que o comunicado faça sentido e seja objetivo para o receptor.

Muitas vezes, as pessoas não estão preparadas emocionalmente para receber *feedback*, não o desejam ou não sentem necessidade. É preciso que a pessoa que esteja dando o *feedback* esteja atenta aos aspectos de prontidão receptiva nula ou fraca, que implicam dificuldades na comunicação interpessoal. Caso haja insistência no *feedback*, a pessoa poderá duvidar da credibilidade do processo e fornecer informações irrelevantes ou simplesmente se justificar.

Como superar as dificuldades de dar e receber *feedback*?

Kleber Nascimento apresentou uma proposta de como tornar a comunicação mais efetiva. Trata-se da Matriz da Comunicação Interpessoal Eficaz: a partir de duas dimensões – uma técnica e outra psicológica –, o especialista configurou um diagrama para estabelecimento de um processo de *feedback* eficaz.

O amor, como é empregado no diagrama, tem o sentido mais amplo possível; significa respeito pela dignidade de uma pessoa, sentimento de responsabilidade pelo bem-estar e crescimento do outro. Já o sentido de desamor, como aqui aplicado, significa desrespeito ou desapreço genuíno à pessoa do outro.

A Tabela 6.1 apresenta a Matriz de comunicação interpessoal eficaz: verdade & amor, criada por Kleber Nascimento.[8]

TABELA 6.1

Comunicação interpessoal eficaz: verdade & amor

ÉTICO	PSICOLÓGICO		
Conteúdo	Motivação	Amor	Desamor
	Verdade	Verdade / Amor	Verdade / Desamor
	Mentira	Mentira / Amor	Mentira / Desamor

A Tabela 6.1 articula uma dimensão com a outra, produzindo quatro diferentes compostos ou ético-psicológicos: verdade/amor, mentira/amor, verdade/desamor e mentira/desamor.

Todos precisam de *feedback*, tanto para o reforço de pontos fortes quanto para a mudança do comportamento. É necessário que cada um saiba o que está fazendo inadequadamente e o que está fazendo adequadamente, para que possa corrigir as ineficiências e manter os acertos.

Os dados objetivos referentes a sentimentos e emoções também são importantes no processo de *feedback* (por exemplo, "quando você fez aquilo, eu me senti em uma situação muito desagradável"). Isso não tem por objetivo invadir os motivos da ação da outra pessoa, mas apenas indicar como sua ação repercutiu naquele que recebeu a mensagem.

Os mesmos aspectos envolvidos no *feedback* individual estão presentes nos grupos. O grupo tem necessidade de receber informações a respeito de seu desempenho.

---

8. NASCIMENTO, K. Comunicação interpessoal eficaz: verdade & amor. *Informação em Ciência Social Aplicada (Incisa)*, 1982.

Os cinco elementos críticos da comunicação

Existem cinco componentes que distinguem os bons dos maus comunicadores. Tais componentes são chamados de os cinco elementos críticos da comunicação. São eles: autoimagem, saber ouvir, clareza de expressão, autoabertura e capacidade de lidar com sentimentos de contrariedade.[9]

- **Autoimagem**: é o fator isolado mais importante que afeta a comunicação entre as pessoas. A autoimagem é a imagem que um indivíduo tem de si mesmo. Enquanto as situações podem variar em função do momento ou do lugar, as crenças que as pessoas têm acerca de si próprias estão sempre determinando seus comportamentos na comunicação. O "eu" é a estrela em todo ato de comunicação. Cada um tem, literalmente, milhares de conceitos a respeito de si mesmo: quem é, o que significa, onde existe, o que faz, o que valoriza e no que acredita. Essas autopercepções variam em clareza, precisão e importância de pessoa para pessoa.

- **Saber ouvir**: toda aprendizagem relativa à comunicação tem focalizado as habilidades de expressão oral e de persuasão. Até há bem pouco tempo, dava-se pouca atenção à capacidade de ouvir. Essa ênfase exagerada dirigida para a habilidade de expressão levou a maioria das pessoas a subestimar a importância de *saber ouvir* em atividades diárias de comunicação. No entanto, essa capacidade tem se revelado crítica em diversas situações, como no caso do processo de negociação.

- **Clareza de expressão**: ouvir eficazmente é uma habilidade necessária e negligenciada na comunicação; muitas pessoas também ignoram a importância de o outro entender aquilo que querem dizer ou expressar. A *clareza de expressão* é com frequência negligenciada por essas pessoas, que presumem simplesmente que o outro compreende sua mensagem, mesmo que sejam descuidadas ou confusas em sua fala. Parecem achar que as pessoas deveriam ser capazes de ler as mentes umas das outras: "se está claro para mim, deve estar claro para você também". Essa suposição é uma das maiores barreiras ao êxito da comunicação humana.

- **Autoabertura**: capacidade de falar total e francamente a respeito de si mesmo. Apresenta uma importância enorme para a comunicação eficaz. Um indivíduo não pode se comunicar com outro ou chegar a conhecê-lo a menos que essa oportunidade seja oferecida pela autoabertura. Sem dúvida, esse é um processo recíproco. Quanto mais eu sei a seu respeito e quanto mais você sabe a meu respeito, mais eficaz será nossa comunicação. A capacidade de se autorrevelar

---

9. CHARTLER, M. R. *Comunicação interpessoal eficaz*: cinco elementos críticos da comunicação. Baseado no inventário de comunicação de Millard J. Bienvenu, no *The Journal of Communication*, 1986.

faz parte de um sistema de personalidade sadia. Eu preciso saber o que sou antes que possa agir de acordo com meu verdadeiro eu.

- **Capacidade para lidar com sentimentos de contrariedade**: a incapacidade de alguém para lidar com manifestações de irritação e contrariedade resulta, com frequência, em curtos-circuitos na comunicação. A exteriorização das emoções é importante para construir bons relacionamentos com os outros. As pessoas precisam expressar seus sentimentos de tal modo que influenciem, remodelem e modifiquem a si próprias e aos outros. Elas precisam aprender a expressar sentimentos de ira de forma construtiva, e não destrutiva.

Para melhorar a comunicação interpessoal, é importante observar algumas orientações, apresentadas no Quadro 6.1.[10]

QUADRO 6.1 Orientações para uma escuta ativa

Faça	Não Faça
1. Crie um clima favorável.	1. Tente mudar a opinião do outro.
2. Escute o sentimento, e não apenas as palavras.	2. Resolva o problema para o outro.
3. Esteja atento às pistas – gestos, tom de voz, postura corporal, movimento dos olhos, respiração e assim por diante.	3. Dê conselhos (não importa quão óbvia seja a solução para você).
4. Verifique o entendimento ao longo do tempo. "É isso que ele está dizendo?"	4. Julgue.
5. Demonstre aceitação e entendimento.	5. Explique ou interprete o comportamento da outra pessoa.
6. Faça perguntas exploratórias abertas.	6. Dê falsas garantias.
	7. Revide se a outra pessoa se mostra hostil.
	8. Faça perguntas sobre o porquê dos sentimentos.

---

10. COHEN et al. *Effective behavior in organization*. Nova York: McGraw-Hill/Irvin, 1976. Embasado em Carl Rogers e Richard Farson "active listening" *apud* COHEN, A. R.; FINK, S. L. *Comportamento organizacional*: conceitos e estudos de casos. Rio de Janeiro: Campus, 2003, p. 231.

> **PRATICANDO**
>
> Para que você consiga comunicar-se bem, é importante observar alguns componentes da boa comunicação.
>
> 1. Descreva como você é em termos comunicativos (qual o tipo de comunicação que você mais usa, em que elemento crítico tem mais dificuldade etc.) e qual o impacto de sua comunicação no campo profissional e pessoal.
> 2. Pense em alguém que você conhece e cuja relação entre vocês permite a essa pessoa dar e receber *feedback* com facilidade. Como você posicionaria essa pessoa na Janela de Johari?
> 3. Suponhamos que você seja chefe de um funcionário que está chegando atrasado nos últimos dias. Como você forneceria um *feedback* eficaz dentro da matriz "verdade & amor"?

Barreiras de comunicação

Conforme já foi exposto, existem ruídos que impedem que a mensagem enviada pelo emissor chegue corretamente a seu destino. A esses *impedimentos* normalmente é dado o nome de *barreiras*. Apresentamos a seguir alguns exemplos.

Barreiras presentes no emissor:[11]

- uso de linguagem e símbolo inadequados, significados diferentes, escolha de canal inadequado;
- características pessoais, como timidez e impaciência;
- tom de voz inadequado ou comunicação não verbal incoerente;
- escolha de momento impróprio para transmitir a mensagem; e
- suposição de que o receptor já domina o assunto.

Barreiras presentes no receptor:

- desatenção, impaciência ou pressa;
- tendência a avaliar e a julgar – uma das barreiras mais fortes;
- preconceitos e valores pessoais em dissonância com o conteúdo da mensagem;

---
11. MACEDO et al., 2012, p. 77-78.

- conclusões precipitadas sobre as reais intenções do emissor, desconfiança; e
- resistência a aceitar a mensagem por excesso de confiança.

Barreiras presentes tanto no emissor quanto no receptor:

- pouca disponibilidade de tempo: talvez a barreira mais presente no nível gerencial;
- interesse em distorcer a mensagem, clima hostil e falta de franqueza; e
- diferença na hierarquia dos cargos e nos níveis culturais.

Barreiras presentes no próprio ambiente:

- inadequação do canal escolhido; e
- distrações, ruídos, leiaute do ambiente e interrupções frequentes.

O que fazer diante das barreiras de comunicação?

Para diminuir as barreiras e aumentar a eficácia da comunicação, algumas medidas podem ser tomadas:[12]

- **Tome consciência da necessidade da comunicação eficaz**: a comunicação eficaz é importante para resolver problemas profissionais ligados à empresa em que você trabalha ou na interação interpessoal do dia a dia em outros ambientes. Na alta administração das grandes empresas, os gestores têm tomado consciência dessa importância, porque já é mais frequente contratarem profissionais especializados para lidar com a comunicação da empresa.
- **Crie um ambiente que estimule o *feedback***: o *feedback* é um meio poderoso para melhorar a comunicação, tanto interpessoal como profissional e empresarial. Para criar um ambiente propício ao *feedback*, sua maneira de agir é essencial, ou seja, você deve encorajar as pessoas com as quais interage a sentirem que você está aberto ao *feedback*. A maneira como os administradores se comunicam com seus funcionários definirá em grande parte como será a comunicação na empresa.
- **Seja um ouvinte mais eficaz**: às vezes, por alguma dificuldade, o indivíduo está mais interessado em si mesmo do que em escutar o outro, tanto nos relacionamentos interpessoais como no relacionamento profissional no trabalho, contribuindo para a falta de entendimento e ruído na comunicação. Observe o

---

12. Megginson; Mosley; Pietri Jr., 1998.

Quadro 6.1; esse quadro o auxiliará a ser um ouvinte melhor, porque a habilidade de ouvir é uma prioridade para quem quer se comunicar bem.

Comunicação organizacional

Procuramos comunicar-nos mais hoje e fazemos grandes esforços para conversar com os outros usando um número enorme de meios, inimagináveis em um passado não muito longínquo, mas, mesmo assim, a comunicação tem revelado ser um grande desafio principalmente no âmbito das organizações.

Em pesquisa realizada pela HealthScream Research com 200 mil pessoas, os chefes que obtiveram os melhores resultados em suas empresas foram vistos pelos seus subordinados como campeões em áreas consideradas fundamentais para a liderança e chamadas por Elton e Gostick de "Os quatro fundamentos de liderança":[13]

- fixação de objetivos;
- comunicação;
- confiança; e
- responsabilidade.

Pode-se observar que, no posicionamento apresentado, a comunicação aparece em segundo lugar. Essa importância atribuída à comunicação também foi confirmada por outra pesquisa realizada pela Right Management Consultants, com empregados de 336 organizações. Os resultados revelaram: só um terço dos funcionários entrevistados conhecia ou entendia a estratégia de negócios de seus empregadores. Esse desconhecimento pode não parecer muito relevante à primeira vista, mas era a causa principal da insatisfação dos funcionários.

Cerca de 67% das organizações analisadas ou (1) limitavam a comunicação de suas estratégias de negócios aos grupos de líderes, ou (2) ainda não tinham feito a informação circular entre os empregados, ou (3) não sabiam como divulgar as novidades de modo compreensível e eficaz.

Sobre o resultado de que os líderes não sabem como divulgar as novidades aos empregados, Jack Welch, CEO aposentado da General Electric, explicou:

---

13. ELTON, C.; GOSTICK, A. *O princípio do reconhecimento*: as táticas que os melhores gerentes adotam para valorizar suas equipes, reter talentos e aumentar as vendas. Rio de Janeiro: Elsevier, 2009. p. 20, 28-29.

> Acho que toda empresa [...] precisaria encontrar um meio de engajar a mente de cada um dos empregados [...]; se você não estiver o tempo todo pensando em como tornar cada pessoa mais valiosa, não terá chance. Qual é a alternativa? Desperdiçar cérebros? Pessoas descomprometidas? Uma força de trabalho zangada ou entediada? Isso não faz sentido.[14]

Após observar o contexto empresarial, pode-se ver com mais clareza que a comunicação acontece em dois contextos distintos e, portanto, com objetivos e necessidades diferentes: a *comunicação interna*, que é aquela em que *os receptores são os funcionários*, e a *comunicação externa*, que é aquela feita *com clientes, fornecedores, mercado e comunidade*.

Em artigo intitulado "Alinhando meio, mensagem e resultados", Alessandra Assad comenta o resultado surpreendente de uma pesquisa sobre clima empresarial realizada pela consultoria Deloitte Touche Tohmatsu. A pesquisa revelou que os funcionários de empresas brasileiras estão mais insatisfeitos com a comunicação interna da companhia que com o próprio salário. Entre 78% e 80% das pessoas disseram ser mal informadas sobre as ações da empresa, enquanto a média de insatisfação dos funcionários com a remuneração recebida foi de 60%.[15]

A autora alerta para o fato de que há muito a aprender em termos corporativos para alcançar a eficiência e a eficácia dos colaboradores, porque é impossível haver mudança se os funcionários da empresa não quiserem colaborar e até fazer alguns sacrifícios em curto prazo. A colaboração só acontecerá quando esses profissionais acharem que as mudanças serão revertidas em benefícios e acreditarem que são viáveis. Por isso é fundamental transmitir a visão da mudança a todos e obter *feedback* sobre o que estão pensando.

Quando as pessoas já tiverem entendido que esse é o rumo certo, será necessário incentivá-las e retirar de seus caminhos os obstáculos que estejam bloqueando a mudança. Alinhamento de meio e mensagem é, portanto, crucial. A comunicação ocorre por meio de palavras e atos, mas nada prejudica mais a mudança que o fato de indivíduos importantes se comportarem de forma incoerente com aquilo que apregoam. Para sanar essa dificuldade, é necessário um modelo que sirva como um guia de comportamento contendo o que se espera dos funcionários.

Muitos líderes sabem da importância das pessoas. Os números apresentam dados contundentes: 5% dos resultados das mudanças vêm das máquinas; 15%, dos programas; e 80%, das pessoas.

---

14. ELTON; GOSTICK, 2009, p. 29.
15. ASSAD, A. Alinhando meio, mensagem e resultados. *Mundo Marketing*, 2009. Disponível em: https://www.mundodomarketing.com.br/blogs/relacionamento-digital/24351/alinhando-meio-mensagem-e-resultados.html. Acesso em: set. 2019.

Assad afirma também que os gestores devem despender grande parte de seu tempo conversando com as pessoas sobre a necessidade de mudar. A autora enfatiza algumas atitudes a serem tomadas pelos gestores:

- explicar o que precisa ser modificado para que as pessoas entendam a participação de cada um em todo o processo de mudança e o que terão de fazer para conservar seus empregos;
- enfatizar que a idade cronológica e o tempo de empresa não têm relação direta com as mudanças;
- mostrar que o crescimento pessoal e profissional e a sobrevivência estão diretamente relacionados com a capacidade do indivíduo de se adaptar ao novo e de, principalmente, ser um agente de mudanças; e
- entender que mudar pode ser fascinante e pode trazer muito mais oportunidades do que se imagina.

> - Você acredita que as palavras que você diz no primeiro contato com um cliente podem significar a conquista ou a perda de um negócio ou trabalho?
> - Na bolsa de valores, por exemplo, a comunicação precisa ser muito efetiva, porque um pequeno ruído no processo pode acarretar a perda significativa de um montante enorme de dinheiro.

Comunicação interna

Quando a empresa faz um treinamento de integração (ver Capítulo 5) para os novos funcionários, apresentando a missão, o negócio, os produtos e serviços da empresa, ela está *comunicando* aos novos funcionários como a organização funciona. Em outras palavras, ela está, por meio de uma *comunicação interna*, buscando sensibilizar esses funcionários para que tomem conhecimento das normas e do organograma da empresa.

Quando perguntados sobre o principal objetivo da comunicação interna, os executivos responderam que são *a motivação e a integração dos colaboradores*. Quando questionados sobre os principais canais utilizados para a comunicação com funcionários, o *e-mail* ficou em primeiro lugar, seguido, nesta ordem, pela comunicação face a face, a intranet, o jornal mural e a *newsletter*. Outros canais usados são jornais, videoconferência, teleconferência, redes sociais, TV institucional, revistas, plataforma Wiki e eventos.

A comunicação interna pode ser classificada quanto à *direção*. As principais direções são: *descendente*, quando a comunicação flui dos níveis hierárquicos mais altos para os mais baixos da organização; *ascendente*, quando os funcionários se comunicam com seus superiores hierárquicos; e *lateral* ou *horizontal*, quando acontece o envio de mensagens entre pessoas que estão no mesmo nível hierárquico.

A comunicação *descendente* tende a refletir a relação de autoridade-responsabilidade expressa no organograma. Alguns exemplos são:[16]

- informação relacionada a diretrizes, regras, procedimentos, objetivos e outros tipos de planos;
- designação de funções e ordens;
- *feedback* sobre desempenho;
- informação geral sobre a organização, como seu progresso ou *status*; e
- pedidos específicos de informação dos níveis mais baixos.

Uma comunicação *descendente* adequada pode ser especialmente importante em momentos difíceis, como em ocasiões de mudanças, quando os funcionários ficam especialmente ansiosos e tentam imaginar como serão afetados no processo. No entanto, é importante atentar que, na comunicação descendente, existe grande perda de informação, como mostra a Figura 6.9.

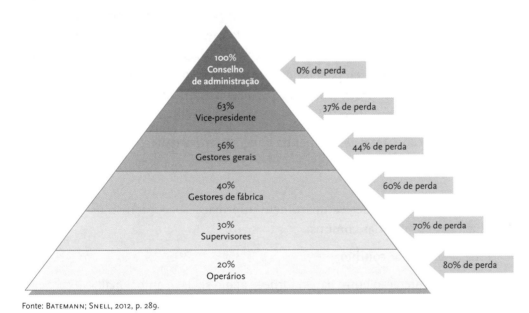

FIGURA 6.9
Perda da informação na comunicação descendente

Fonte: BATEMANN; SNELL, 2012, p. 289.

---

16. MEGGINSON; MOSLEY; PIETRI JR., 1998, p. 321.

Capítulo 6 ■ Comunicação como fio condutor do comprometimento

A comunicação *ascendente* é o canal mais importante para que a gerência se mantenha informada a respeito dos problemas dentro da organização. Os encontros casuais e a simples conversa regular com os funcionários são fatores que melhoram a comunicação ascendente. Uma *política de portas abertas* é um canal mais formal de comunicação para cima. Ela permite a um funcionário levar uma reclamação à gerência executiva sem passar antes pelo próprio gerente. A comunicação ascendente é mais utilizada nas empresas menos burocráticas do que naquelas onde existe alto índice de burocracia.[17]

A boa comunicação ascendente é importante por vários motivos, entre eles:[18]

- os gestores ficam sabendo do que acontece. A administração obtém uma visão mais precisa do trabalho, das realizações, das atitudes, das ideias dos subordinados e dos problemas dos planos;
- os funcionários têm a oportunidade de se comunicar com níveis hierárquicos superiores e aliviar algumas frustações;
- esse tipo de comunicação permite obter um maior senso de participação no negócio e aumentar o moral; e
- uma comunicação ascendente eficaz facilita a descendente na medida em que há bons ouvintes de ambos os lados.

A comunicação lateral contribui para uma colaboração mútua entre pessoas de um mesmo nível hierárquico que precisam compartilhar várias informações. Esse tipo de comunicação acontece entre pessoas da mesma equipe de trabalho ou em setores diferentes e também pode ocorrer com pessoas de fora da empresa. Como exemplo dentro da empresa, pode-se citar um comprador discutindo um problema com um engenheiro de produção ou líderes de departamentos se reunindo para discutir um problema específico.

A comunicação lateral desempenha funções importantes, dentre as quais se destacam:[19]

- permite que as unidades compartilhem informações, coordenem os trabalhos e solucionem problemas comuns;
- ajuda a solucionar conflito; e
- ao permitir interação entre pares, fornece apoio social e emocional.

---

17. DUBRIN, A. J. *Fundamentos do comportamento organizacional.* São Paulo: Pioneira Thomson Learning, 2006.
18. RUCH, W. V. *Corporate communication.* Westport: 1984 *apud* BATEMAN, T. S.; SNELL, S. A. *Administração.* Porto Alegre: AMG, 2012, p. 290.
19. HUTTON, A. Four rules for taking your message to Wall Street. *Harvard Business Review*, p. 125-132, 2001 *apud* BATEMAN; SNELL, 2012, p. 291.

Comunicação interna informal

A *comunicação interna* de uma empresa nem sempre pode ser controlada pelos seus gestores, porque grande parte dessa comunicação acontece de maneira não oficial, ou seja, por intermédio da *rede informal*.

Um exemplo do efeito dessa rede informal é a "boataria", termo que se refere aos caminhos entrelaçados que podem distorcer a informação. A palavra surgiu como referência aos emaranhados das linhas telegráficas nos campos de batalhas durante a Guerra Civil Americana. Os rumores são uma importante força de comunicação e tendem a crescer em organizações em que a comunicação oficial é fraca. Os rumores estão relacionados aos altos níveis de estresse, ameaças e insegurança. Em pesquisa mundial, as pessoas entrevistadas disseram que os rumores são uma importante fonte inicial de informações.[20]

Como fonte inicial de informação, os gestores podem até lançar determinados assuntos por meias palavras, como projetos de inovação, em pontos onde estão reunidos determinados grupos, e esperar a repercussão junto aos funcionários, para ver se será viável sua implantação.[21]

FIGURA 6.10

A comunicação informal, como o boato, quando bem compreendida pode ajudar as organizações no alcance de suas metas

É importante salientar que, se bem compreendido, esse tipo de informação (a informal) pode ajudar a administração a atingir suas metas. Nenhum gerente na organização pode negar a eficácia da comunicação informal, principalmente a do *boato*.

Qual é a lógica da "rádio peão" (ou rádio corredor, como ele é chamado)?

---

20. Dubrin, 2006, p. 213.
21. Megginson; Mosley; Pietri Jr., 1998.

Ela é mais frequente em empresas nas quais a comunicação formal e oficial não é transparente, ou seja, em empresas com hierarquias mais rígidas e administração centralizadora e menos participativa.

O boato não pode ser controlado pela administração porque ela só controla a comunicação que segue o caminho do organograma. Quando não existe um bom relacionamento entre empresa e trabalhadores, a comunicação informal é percebida como mais confiável. Existe maior credibilidade e confiança nos próprios pares que na comunicação formal realizada pelos dirigentes da organização.

Geralmente, um boato surge porque alguém na organização tem interesse que isso ocorra. Uma das primeiras perguntas para conhecer a origem do boato é: "a quem interessa?".

Um bom exemplo de como o boato surge é quando existe uma vaga para ser preenchida com a promoção de alguém e o disseminador do boato está entre os candidatos. Algumas vezes são passadas informações incompletas e sem sentido pela própria organização e as pessoas têm a tendência de completar essas informações para lhes dar sentido, o que faz com que os funcionários se sintam mais confortáveis na situação. Outro exemplo muito comum do surgimento de um boato é quando uma empresa vai ser vendida ou reestruturada e as informações chegam a "conta-gotas".

Só há um meio de evitar boatos em demasia: a melhoria da comunicação oficial da organização. Os chefes e gerentes devem deixar claro por que determinadas decisões foram tomadas.

Para garantir que os boatos sejam mais benéficos que prejudiciais, os gerentes devem:[22]

- tomar cuidado com comunicações vagas, que podem provocar interpretações erradas e ansiedade;
- promover a comunicação saudável e precisa;
- evitar o ocultamento de más notícias; e
- corrigir comunicações erradas que se relacionam às políticas, práticas e planos estratégicos da empresa.

Comunicação pela internet

A comunicação organizacional pela internet mais comum é o e-mail. Esse tipo de comunicação se tornou a predileta dos ambientes de trabalho pela facilidade na elaboração, edição e envio das mensagens. Serve também como registro de informações profissionais importantes, com membros da equipe, clientes e outros públicos

---

22. CULP, L. M. *Rumor important, say managers workwise syndicated column*, 28 mar. 1999 apud DUBRIN, 2006, p. 214.

relevantes, facilitando a tomada de decisão. Reduz um pouco a comunicação por telefone e presencial; em contrapartida, aumenta a comunicação com pessoas de níveis hierárquicos mais elevados.[23]

Embora o e-mail seja o veículo de comunicação mais utilizado pelas organizações, as mídias sociais como Facebook, LinkedIn e Twitter têm conquistado grande espaço, pois permitem formar grupos em torno de um mesmo interesse, áreas de conhecimento e especializações.

A seguir será apresentado um exemplo que ilustra bem a "comunicação".

EXEMPLO 6.1: NÃO EXISTE PROBLEMA SEM SOLUÇÃO[24]

Não se sabe se a história, que circulou pela internet, em meados de 2000, é verdadeira. Se não for, não faz mal. Ela ilustra o fato de que, por mais complicado que seja um problema, sempre tem solução. Basta quebrar a cabeça. Eis a história:

Um homem comprou um carro, que tinha um defeito curioso. Mandou uma carta à fábrica relatando seu problema: "Não os culpo se não responderem. Sei que parece loucura. Toda noite, depois do jantar, pego o carro e vou tomar sorvete. Quando compro de creme, o carro não funciona. Quando compro de outro sabor, liga na hora. Por que isso ocorre?".

A carta foi parar na mesa do presidente, que destacou o seu melhor engenheiro para desvendar o mistério. Incrédulo, o engenheiro chegou à casa do homem na hora em que ele saía para comprar sorvete. Os dois foram juntos à sorveteria. Pediram de creme. Voltaram ao carro. Ligaram. Nada. No dia seguinte, repetiram o passeio. Pediram de baunilha. O carro pegou. No terceiro dia, de nozes. Tudo bem, no quarto, framboesa. O motor perfeito. No quinto, creme, de novo. O motor não deu sinal de vida. Inacreditável. A única conclusão possível: o carro era alérgico a sorvete de creme. O que fazer diante dessa constatação? Trocar o óleo por creme antialérgico?

O engenheiro não podia acreditar naquilo. Passou uma semana cruzando dados e comparando hipóteses. Um dia, olhando suas anotações, achou uma pista: o homem levava menos tempo para comprar sorvete de creme. Como era um sabor bastante pedido, o latão com creme ficava à mão do atendente. Para pegar os outros sabores, tinha de lavar as conchas, enxugá-las, dar alguns passos para pegar o sorvete e mais outros para entregá-lo ao cliente. Além disso, o de creme custava 10 centavos. Os outros sabores, 12. Como o homem nunca tinha dois centavos trocados, quando comprava de chocolate ou de morango tinha de esperar para receber e conferir o troco. Isso representava um minuto a mais.

▶

---

23. McShane, S.L.; Von Glinow, M.A. *Comportamento organizacional*. Porto Alegre: AMGH, 2013.
24. [S.A.] Você gestor: não há problema sem solução. *Você S.A.*, jan. 2000.

> Com isso, o mistério ganhou nova configuração. Não se tratava de o carro gostar ou não de sorvete. A questão agora era: por que ele não funcionava quando se levava menos tempo? O engenheiro abriu o motor, conectou aparelhos a várias peças e descobriu que havia um relé com uma ventoinha defeituosa, que causava um problema de resfriamento. *Touché!* Quando o homem comprava sabores como pistache ou flocos, a peça tinha tempo para esfriar. Quando pedia de creme, o serviço era mais ágil, o relé ainda estava quente e não funcionava. Estava esclarecido o mistério. Era só não embarcar nas aparências, estudar o problema com cuidado e encontrar o caminho certo. Por mais complicado que seja, não há problema sem solução.

Algumas ações para tornar a comunicação mais eficaz

Para uma sintonia melhor com os clientes internos e externos, são necessários dois aspectos básicos: o entendimento do processo de comunicação e o entendimento do cliente. Muitos esforços têm sido empreendidos para entender melhor o cliente, mas mais importante que fazer isso é ter consciência sobre a própria empresa, se a organização e os produtos são eficientes. Se a percepção for positiva, será mais fácil comunicar, conviver com o cliente e apresentar os propósitos.[25]

- **Ação número 1: fazer um diagnóstico.** Um dos primeiros passos para realizar o diagnóstico é analisar as características e experiências na organização do processo de comunicação.

- **Ação número 2: avaliar a ausência de comunicação.** Mesmo quando a comunicação não está sendo feita da maneira tradicional, são emitidas mensagens, inclusive por meio do silêncio. Deve-se verificar como os clientes estão recebendo essas mensagens.

- **Ação número 3: utilizar a comunicação com o objetivo de "pôr em comum".** Buscar a compreensão mútua e a compreensão para todos os envolvidos.

- **Ação número 4: não contaminar o processo de comunicação.** Sempre que possível, esquecer o poder e a luta por posições, assim como as mágoas e os ressentimentos acumulados.

- **Ação número 5: observar o cliente.** É importante conhecer a outra parte, ou seja, quem é o cliente, interno ou externo, que partilhará periodicamente conosco o

---

25. ELTZ, F. *Sua comunicação*: como se comunicar para obter excelentes resultados. Salvador: Casa da Qualidade, 2005. p. 79-97.

processo de comunicação. O objetivo disso é diminuir ruídos e barreiras que poderão prejudicar o relacionamento.

- **Ação número 6: ficar atento aos argumentos.** Devemos prestar atenção aos argumentos que o cliente usa (se a linguagem utilizada é técnica, numérica ou emocional). Identificando a linguagem do cliente, poderemos utilizar um "idioma" que faça sentido para ele.

- **Ação número 7: prender-se aos fatos.** Se o processo de comunicação estiver confuso, é importante retomá-lo a partir dos fatos, que são argumentos inquestionáveis.

- **Ação número 8: não procurar lógica na emoção.** Às vezes, na comunicação com o cliente, podem aparecer aspectos emocionais. A lógica não deve ser utilizada para entender essa situação, pois a resposta pode estar nas vivências do próprio cliente.

- **Ação número 9: aperfeiçoar a maneira de se comunicar com cada cliente.** Para sintonizar-se com o cliente, é importante desenvolver maneiras específicas de atendimento, escolhendo aquela que se adaptar melhor à necessidade daquele cliente.

- **Ação número 10: avaliar o conteúdo da comunicação.** É importante avaliar a adequação do conteúdo da comunicação para o cliente que atendemos. Estamos conseguindo nos fazer entender e estamos atendendo às necessidades desse cliente?

Rádio corredor[26]

ESTUDO DE CASO 6.1

O mercado negro de informações é uma das mais antigas instituições corporativas. É bom saber lidar com ele.

A comunicação interna é o calcanhar de Aquiles de empresas de todos os tamanhos, em todos os lugares. Jornais internos, revista, murais, memorandos, *newsletter* e *e-mails* são produzidos aos montes na tentativa de que a mensagem transmitida pela direção chegue ao chão do escritório e da fábrica sem ruídos – ou, mais precisamente, que a mensagem transmita aquilo que a direção quer ver transmitido. Não raro, entretanto, todo esse esforço é vencido pela força da rede informal de notícias, conhecida como rádio corredor (no escritório) ou rádio peão (na fábrica). Trata-se de uma

---

26. Colombini, L. *Você S.A.*, p. 63-70, jul. 1999.

espécie de mercado negro da informação, capaz de divulgar todo tipo de notícias extraoficiais – sejam elas boas ou ruins, justas ou injustas, corretas ou incorretas. Esse tipo de corrente é um canal de comunicação multimídia: circula diariamente pelos corredores, computadores, telefones, banheiros e na hora do cafezinho.

Em geral, a notícia é repetida ao pé do ouvido e vem acompanhada de um conselho: "Vou contar uma coisa, mas é segredo. Não conte a ninguém". É claro que essa é a senha para "Passe adiante". O fato é que quem tem um segredo no escritório dificilmente consegue guardá-lo só para si. E é assim que a rádio corredor ganha notoriedade. Alguns especialistas a consideram uma fonte contínua de problemas por espalhar boatos, provocar ações irresponsáveis e desafiar a autoridade. Há quem a considere um veículo usado para complementar e expandir a versão correta e o lado positivo das notícias. É uma rua de mão dupla, cujos efeitos dependem da maneira de enxergá-la e administrá-la. "A rádio corredor não deve ser vista como um mal intrínseco. Mas como algo inevitável", diz o consultor Pedro Mandelli, dos Diários Associados, de São Paulo.

Por quê? É simples. Atire a primeira pedra quem não gosta de contar ou de saber da última novidade, verdadeira ou não. As pessoas falam mesmo, pois o ser humano está genética e psicologicamente programado para falar – e não há nada que se possa fazer para mudar isso. Quem está namorando quem, quem foi demitido e o porquê, quem levou bronca do chefe, quem está ganhando quanto estão entre os temas preferidos dos locutores da rádio corredor. "Isso faz parte da natureza humana e, portanto, do ambiente de trabalho", diz Mandelli. Uma coisa é certa: a potência da rádio corredor é inversamente proporcional à capacidade da empresa – e de seus executivos – de se comunicar direito, ou da sua real vontade de se comunicar honestamente. Empresas que investem nos canais formais de comunicação e cuidam da boa qualidade das informações podem minimizar os efeitos maléficos do noticiário oficioso. É fundamental, também, que haja por parte de quem comunica um empenho genuíno em informar a verdade dos fatos – e não em ocultá-la com palavreado dissimulador, como se vê com tanta frequência. Mas só isso não basta. Você precisa compreender essa rede paralela de informações e, assim, aprender a conviver com ela. Veja como:

Quando o tédio reina...

Num ambiente de trabalho, a falta do que fazer é um terreno fértil para a difusão de notícias via rádio corredor. Quando os funcionários ficam de papo para o ar, o tédio passa a reinar. Resultados: a fofoca, a boataria, a intriga viram um meio de entretenimento. Uma notícia – ou uma parte dela, às vezes uma partícula – é transmitida a mais e mais ouvintes. E, como sempre acontece, quem conta um conto aumenta um ponto – até que versões completamente desconectadas da realidade acabem por dominar o ambiente de trabalho. "Isso acontece muitas das vezes por pura falta de motivação e perspectiva", diz Maria José Tonelli, psicóloga e professora de gestão do fator humano da Fundação Getúlio Vargas, de São Paulo. Portanto, se a rádio corredor da sua equipe está ficando fora de controle, mexa-se. "Descubra o que está por trás do ócio e reavalie o modo como anda se comunicando com o pessoal", diz Maria José.

Quem não se comunica...

O lado nocivo da rádio corredor vem à tona quando a lógica dos boatos se torna perversa. Isso acontece quando simples rumores, baseados em suposições e achismos, ganham *status* de fato real. A partir daí conquistam legitimidade, causando um impacto negativo na imagem interna da empresa ou de profissionais. Resultado: insegurança, ansiedade, rancores, ecos de insatisfação por toda a parte, perda de tempo, queda de produtividade. A principal origem disso é a falta de comunicação oficial. Se a comunicação formal da companhia está inativa ou apresenta falhas, a rede informal corre para preencher o vazio. "Se a empresa não se comunica como deveria, a rádio corredor se encarrega disso", diz Carlos Salles, presidente da Xerox. "Por essa razão, é imprescindível que as informações sejam transmitidas a todos de forma clara, dirigida e consistente."

Cada companhia tem a sua própria fórmula para diminuir a potência da rádio corredor. Na Dow Química, por exemplo, os boatos infundados, segundo a empresa, simplesmente não se sustentam. Para onde quer que os funcionários se voltem, deparam com informações atualizadas e em primeira mão. Há, sim, os tradicionais jornal interno e os murais. Mas a Dow (considerada uma companhia excelente no quesito comunicação interna pelo *Guia das Melhores Empresas para Você Trabalhar*, publicado pela revista *Exame*) vai além. Usa também os recursos da Internet e da videoconferência. A cada três meses, por exemplo, o presidente mundial apresenta os resultados e as estratégias globais da companhia. Numa primeira fase, a videoconferência é transmitida em inglês. Depois, recebe legendas e é reapresentada em todas as unidades da empresa. "A maior vantagem disso tudo é que os gerentes e supervisores não têm mais a posse exclusiva da informação", diz Georgete Garcia, gerente de comunicações da Dow Química. "Todos têm acesso simultâneo a ela."

Os "locutores"

Se você quer diminuir a interferência da rádio corredor nas informações corretas, use sim, intensivamente, os veículos oficiais. Mas use também a própria rádio corredor. Para isso, você precisa identificar as "antenas transmissoras" dos boatos em seu ambiente de trabalho – e contar a elas aquilo que você quer que seja passado adiante. Como saber quem são os grandes locutores do noticiário informal? Eles são muitos e podem estar em qualquer cargo. Pode ser tanto o gerente do segundo andar quanto a secretária simpática com mais de 20 anos de casa. Ou às vezes, o discretíssimo chofer da diretoria. Gente que circula muito pela empresa ou que não disfarça a satisfação quando recebe de você uma notícia "confidencial" tende a ser um bom alvo. Conte alguma coisa a eles e verifique, depois, o que acontece. Se diversas pessoas estiverem sabendo o que você contou, pronto – eis aí o seu aparelho de transmissão. Exclua da lista os recém-chegados à companhia. Eles geralmente se envolvem menos com o zum zum zum do que os veteranos. "Os novatos, por não estarem integrados, não conhecem os bastidores da rádio interna", diz Maria José, da GV. Após identificar os líderes potenciais da boataria, selecione um ou mais e passe sua notícia para frente. É garantia de audiência.

Nada de tirar o corpo fora

Não subestime a criatividade e a imaginação das pessoas. O fato de você andar introspectivo, nervoso ou mesmo fechar a porta para falar a sós com uma pessoa pode desencadear uma série de suspeitas. E, é claro, rumores. As pessoas sentem no ar quando algo não vai bem e, não se iluda, percebem contradições e farejam mentiras. "A rádio corredor se abastece da percepção, adivinhação e intuição das pessoas", diz Luiz Fernando Giorgi, presidente da Hay do Brasil, empresa de consultoria em Recursos Humanos. Portanto, tenha sempre em mente: é inútil tentar omitir, esconder as coisas ou, na pior das hipóteses, mentir. "Não retenha informações, pois isso irá se voltar contra você mesmo, mais cedo ou mais tarde", diz Allan Cohen, professor norte-americano e autor do livro *Power Up: Transforming Organizations Through Shared Leadership* ("Potencialize: transformando organizações por meio da liderança compartilhada"). Cohen tem uma regra para colocar em prática esse princípio: "Seja sempre 15% mais aberto do que as pessoas esperam", diz ele.

O efeito traição

Você alguma vez já passou pela frustração – e pela raiva – de saber pelos jornais que sua empresa acaba de se fundir com outra? Ou, ainda, descobrir que o seu chefe imediato foi transferido e não se deu ao trabalho de contar a você antes? "Nada pode ser pior para um funcionário do que sentir-se traído e desrespeitado", diz Mandelli. Por essas e por outras é que as notícias, boas ou más, têm de ser transmitidas de forma transparente e objetiva. Esse deve ser um princípio da empresa para a qual você trabalha. E deve ser um princípio seu, como profissional, chefe, líder (ou membro) de uma equipe. Veja o caso da Nestlé. A empresa transferiu uma de suas fábricas de São Paulo para o Rio de Janeiro no início deste ano. O processo de mudança durou quatro meses e previa a demissão de metade dos operários. Dois meses antes de tudo começar, os diretores da empresa convocaram os funcionários para explicar a situação. "A iniciativa fez com que as pessoas, além de compreenderem a posição da companhia, se sentissem amparadas e, principalmente, bem informadas", diz Carlos Roberto Faccina, diretor de Recursos Humanos da Nestlé. "E, por incrível que pareça, os índices de produtividade cresceram nesse período."

Tome a dianteira

Tanto as notícias quanto os boatos propagados pela rádio corredor se espalham como fogo num rastilho de pólvora. E podem, inclusive, ultrapassar fronteiras geográficas. Luis Edmundo Prestes, diretor de RH da Accor, conta um episódio ocorrido muitos anos atrás, quando ele trabalhava numa grande empresa de construção civil. Na época, ele entrevistou um médico para uma vaga na construtora. Detalhe: o médico usava brinco. Hoje isso é visto como uma coisa (quase) natural, mas naquela época era (quase) um escândalo. "No mesmo dia da entrevista, antes mesmo de contratá-lo, eu soube que a notícia havia chegado até a África, onde a empresa tinha um canteiro de obras." Atenção: naquela época, o *e-mail* ainda não tinha sido inventado.

Uma das maneiras de tomar o espaço ocupado pela rádio corredor é antecipar-se a ela. Na Belgo Mineira, siderúrgica com sede em Belo Horizonte, em Minas Gerais, esse preceito é seguido à risca. Lá o sistema de comunicação formal concorre ferozmente com os canais informais. Na Belgo, após cada reunião, os gerentes e supervisores têm um prazo de, no máximo, 24 horas para repassar as notícias a sua equipe. "Isso impede que a mensagem sofra distorções, dando margem a rumores e ressentimentos", diz Márcio Mendes, diretor de recursos humanos da Belgo.

A quem recorrer?

Mas o que você, profissional, deve fazer quando notícias vindas dos bastidores chegam a seus ouvidos? Em primeiro lugar, não acredite em tudo que dizem. Interrompa a corrente e descubra o que está realmente acontecendo na organização, pois ficar mal informado pode levá-lo a cometer erros. "A primeira coisa a fazer é procurar o seu chefe direto", diz Prestes da Accor. "Ele é a pessoa mais indicada para dissipar suas incertezas e seus temores." É dele a responsabilidade de responder de maneira precisa a qualquer questão colocada por seus subordinados. E se os boatos falados prejudicam o ambiente de trabalho ou alguém especificamente? Nesse caso, tente mapear o caminho percorrido pela falsa notícia, fale com todas as pessoas que se envolveram no assunto, esclareça os fatos e peça que elas transmitam a versão certa da história", diz Prestes.

Da próxima vez que a rádio corredor direcionar seus microfones em sua direção, não entre em pânico ou balance a cabeça em resignação. Trate de entrar nela e dominá-la, para evitar a proliferação de falsidades e tranquilizar o ambiente de trabalho. Você pode descobrir, entre outras coisas, quais são as fraquezas e as necessidades da empresa e das pessoas com as quais você trabalha. E, mais uma vez, tenha sempre em mente: a rádio corredor existe e, não importa o que você fizer, sempre irá existir. O segredo é usar essa poderosa força de comunicação a seu favor, transformando-a numa importante ferramenta de gestão.

QUESTÕES

1. Estabeleça a diferença entre informação e comunicação.
2. Quais são as barreiras mais nocivas à comunicação organizacional?
3. Explique por que nossos sentimentos e atitudes podem influir em nossa comunicação.
4. Explique por que o *feedback* é considerado por alguns autores um elemento da comunicação e descreva os aspectos mais importantes de um *feedback* para restabelecer uma boa comunicação.
5. Em que tipo de empresa a "rádio corredor" obtém efeitos mais danosos? O que pode ser feito para minimizar seu efeito negativo?
6. Faça um paralelo entre a comunicação informal e a comunicação formal da empresa, apontando as principais vantagens de cada uma.
7. Explique como a comunicação pode acarretar perdas financeiras ou de negócios. Dê exemplos.

CAPÍTULO 7

Avaliação de desempenho

Nosso desafio com este capítulo é:

- Explicar a avaliação de desempenho como meio de acompanhamento e melhoria da eficiência do funcionário.
- Identificar a necessidade de preparação do avaliador para o *feedback* na avaliação de desempenho.
- Entender os métodos mais utilizados em avaliação de desempenho.
- Identificar os fatores envolvidos na implantação de um programa de avaliação de desempenho.
- Saber implantar um programa de avaliação de desempenho.

> A avaliação de desempenho deve ser um instrumento que potencialize os resultados empresariais e sirva de oportunidade para o desenvolvimento do funcionário?

Mobilizar a energia para o trabalho por meio da motivação e do comprometimento é uma função primordial de todo gestor no caminho para o alcance dos objetivos empresariais.

Para que isso aconteça na prática, os funcionários devem ter um entendimento do negócio e receber dos seus gerentes incentivo e reconhecimento pelos esforços empreendidos e pelos resultados alcançados.

A avaliação de desempenho vem contribuir, assim, para sistematizar e tornar mensuráveis as contribuições dos colaboradores, fazendo com que, por meio do processo de *feedback*, eles possam ter a clareza de que estão no caminho certo, de quais são as dificuldades a serem superadas e das capacitações a serem adquiridas para que a "vitória" seja conseguida pela empresa com o trabalho de todo o pessoal.

Os métodos serão as ferramentas a serem escolhidas para o alcance desses propósitos, e a cultura organizacional, o farol que iluminará e facilitará a decisão quanto ao sistema de reconhecimento e alavancagem da gestão rumo ao sucesso.

CONTEXTUALIZANDO

As empresas, diante da competividade atual, costumam encarar os processos de avaliação de um funcionário como instrumentos de extrema importância para vincular os profissionais às metas da empresa e, simultaneamente, beneficiar e desenvolver os talentos de seu pessoal.

Apesar de as pessoas se referirem à *avaliação de desempenho* como um processo formal, a gestão do desempenho pode ser informal. Todos os gerentes devem acompanhar seus funcionários e avaliar em que medida o desempenho deles atende às necessidades da empresa.

Entre as principais responsabilidades dos gestores está a de realizar *avaliações de desempenho (ADs)*, um estudo de *performance* de seus funcionários em suas funções.

> Se bem feitas, elas podem ajudá-los a melhorar seu desempenho, sua remuneração e suas chances de promoção; alimentar a comunicação entre eles e os gestores e aumentar a eficácia dos funcionários e da empresa. Se mal feita, pode causar ressentimento, reduzir a motivação, piorar a atuação e até mesmo expor a empresa a processos judiciais.[1]

FIGURA 7.1
Processo de avaliação de desempenho

1. BATEMAN, T. S.; SNELL, S. A. *Administração*. Porto Alegre: AMGH, 2012. p. 169.

Avaliação de desempenho

Um sistema de avalição de desempenho formal apresenta os seguintes objetivos:[2]

- **desenvolvimento**: o sistema permite identificar quais funcionários precisam mais de treinamento, ajudando assim na avaliação dos resultados dos programas de treinamento. Auxilia também na relação de orientação entre supervisor e subordinado, fazendo o supervisor observar o comportamento do subordinado no intuito de ajudá-lo.

- **motivação**: um sistema eficaz é capaz de incentivar a iniciativa, desenvolver o senso de responsabilidade e estimular esforços para um melhor desempenho.

- **recursos humanos e planejamento de contratação**: o sistema serve como valiosa fonte de informações para inventários de qualificações e planejamento de recursos humanos.

- **comunicações**: o sistema bem elaborado serve de base para permanente discussão entre o superior hierárquico e o funcionário sobre assuntos relacionados ao trabalho. Por meio de processo eficaz de *feedback*, as partes conseguem se conhecer melhor.

- **cumprimento da legislação**: um sistema eficaz pode servir de justificativa legal para promoções, recompensas, transferências e demissões.

- **pesquisa em gestão de RH**: o sistema pode ser usado para validar ferramentas utilizadas em seleção, como um sistema de testes.

Autores clássicos que escreveram sobre esse assunto deram várias definições sobre o que é realmente essa avaliação, mas todos dizem coisas semelhantes: "*Avaliação de desempenho* é o processo que mede o desempenho do empregado. O *desempenho do empregado* é o grau de realização das exigências de seu trabalho".[3]

A Figura 7.2 mostra o processo de maneira global no contexto da organização.

Para medir o desempenho e, ao mesmo tempo, desenvolver o funcionário, devem ser utilizadas *ferramentas* que *reforcem os pontos fortes* dos avaliados.

---

2. IVANCEVICH, J. M. *Gestão de recursos humanos*. São Paulo: McGraw-Hill Interamericana do Brasil, 2009. p. 253.
3. MILKOVICH, G. T.; BOUDREAU, J. W. *Administração de recursos humanos*. São Paulo: Atlas, 2000. p. 98.

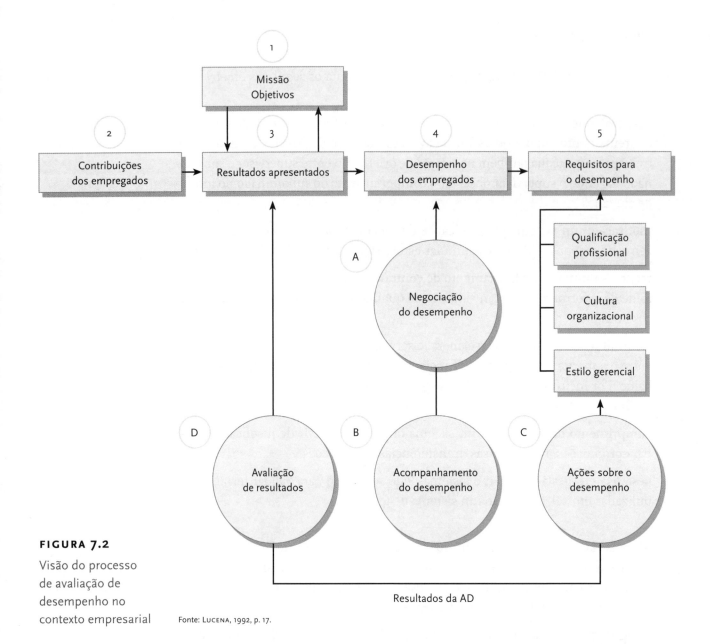

FIGURA 7.2
Visão do processo de avaliação de desempenho no contexto empresarial

Fonte: LUCENA, 1992, p. 17.

Buckingham e Clifton,[4] autores do livro *Descubra seus pontos fortes*, prometem uma revolução na educação e na maneira clássica de avaliar a partir do enfoque nos pontos fortes:

> [...] a grande organização deve não apenas se ajustar ao fato de que cada funcionário é diferente, ela precisa também tirar proveito dessas diferenças. Deve ficar atenta às pistas dos talentos naturais de cada colaborador e situar e tratar cada pessoa de modo que seus talentos sejam transformados em genuínos pontos fortes. Alterando

----
4. BUCKINGHAM, M.; CLIFTON, D. O. *Descubra seus pontos fortes*. Rio de Janeiro: GMT, 2008. p. 12.

o modo como seleciona, avalia, desenvolve e canaliza as carreiras de seu pessoal, essa organização revolucionária deve construir toda a sua dinâmica em torno dos pontos fortes de cada pessoa.

A empresa que fizer isso ficará em posição de superar seus pares de forma espetacular.

Esses autores basearam suas afirmações em uma pesquisa do Instituto Gallup. Esse instituto fez a seguinte pergunta a 198 mil funcionários que trabalhavam em 7.939 unidades de negócios de 36 companhias: "Em seu trabalho, você tem a oportunidade de fazer todos os dias aquilo que sabe fazer melhor?". As respostas foram comparadas com o desempenho das unidades e descobriu-se que, quando as respostas dadas à pergunta eram afirmativas, acontecia o seguinte:

- chances 50% maiores de trabalhar em um setor com menor rotatividade de pessoal;
- chances 38% maiores de atuar em unidades mais produtivas;
- chances 44% maiores de trabalhar em um segmento com melhores índices de satisfação dos clientes; e
- com o passar do tempo, as unidades de negócios nas quais houve um aumento de respostas afirmativas tiveram um crescimento proporcional em produtividade, fidelidade dos clientes e retenção de funcionários.

OBSERVE NA PRÁTICA

- A avalição de desempenho informal acontece o tempo todo. Costumamos avaliar informalmente o desempenho das pessoas.
- Você pode observar o que acontece na Copa do Mundo de futebol. A maioria dos torcedores avalia o desempenho do técnico e muitas vezes questiona sua competência quando ele faz a escalação do time.
- Provavelmente você avalia o desempenho de seus colegas de trabalho, do grupo, de seu chefe e de seu professor.
- Quando éramos crianças, nossos pais e professores contavam uma história sobre a formiga que era trabalhadeira (bom desempenho) e a cigarra que só ficava se divertindo em vez de trabalhar como deveria (desempenho desfavorável) e, por isso, acabou se dando mal: quando veio o inverno, ela não tinha mais como se alimentar.
- Mas... podemos errar em nossa avaliação se não tivermos previamente *padrões de desempenho* estabelecidos e acordados.

A monitoração é a ferramenta a ser utilizada pelo gerente para avaliar o desempenho do pessoal, a fim de determinar se ele está dentro dos padrões. Para analisar o desempenho de um funcionário, o supervisor deve observar em que esse funcionário tem demonstrado eficácia e o que não está sendo realizado dentro de padrões aceitáveis. Saber o que o pessoal está desempenhando com eficácia abre um leque de possibilidades. Esse conhecimento oferece uma dimensão real dos talentos e experiências.[5]

Para desenvolver um programa de desempenho eficaz, é imprescindível definir padrões de desempenho que sejam claros para os avaliadores e funcionários. Observe a Figura 7.3.

FIGURA 7.3
Estabelecendo padrões de desempenho

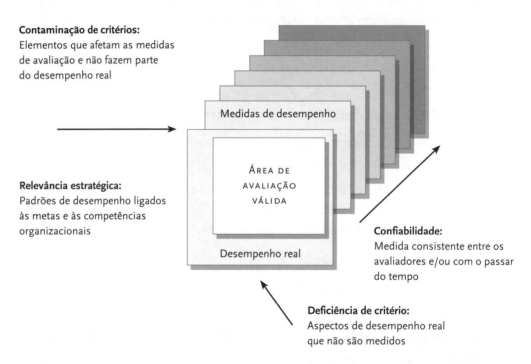

Fonte: BOHLANDER; SNELL, 2011.

"Se não houver uma forma de medir os resultados, as pessoas saberão que você não está comprometido com o processo."

WILLIAM BRANHAM[6]

A eficácia no uso das técnicas de gestão de desempenho para manter os melhores funcionários será determinada pelo grau em que você aceita e utiliza um modelo

---

5. BOHLANDER, G.; SNELL, S. *Administração de recursos humanos*. São Paulo: Cengage Learning, 2011, p. 303.
6. BRANHAM, L. *Motivando as pessoas que fazem a diferença*: 24 maneiras de manter os talentos de sua empresa. Rio de Janeiro: Campus, 2002, p. 193.

de parceria em vez do modelo tradicional. O modelo tradicional reflete uma relação desatualizada entre "pai e filho", na qual o chefe é o único juiz arbitrário e todo-poderoso do desempenho. O modelo de parceria, em contrapartida, reflete uma relação entre adultos na qual dois parceiros estabelecem um acordo mútuo.[7]

A avaliação de desempenho serve a vários propósitos. A seguir são apresentados os principais usos revelados por pesquisa realizada com 600 organizações.

É importante lembrar que toda *avaliação de desempenho* constitui um *feedback* e, como tal, tem origem no *contrato psicológico* realizado quando o funcionário iniciou seu trabalho na organização (ver o Capítulo 5), com *fixação de metas e dos padrões de desempenho esperados, a partir do encontro de expectativas entre a empresa, na pessoa do gestor, e o empregado.*

Do ponto de vista do desenvolvimento individual, a avaliação de desempenho fornece o *feedback* imprescindível para a discussão dos pontos fortes e fracos do funcionário, a análise de suas potencialidades e o aprimoramento de sua *performance*. Se o avaliado não reconhece seus pontos a serem melhorados, a avaliação de desempenho tem seu sentido esvaziado, inviabilizando um plano de melhoria desse funcionário.

FIGURA 7.4
Avaliação de desempenho é um processo essencial de *feedback* em que são explicitados os pontos fortes e fracos

----
7. BRANHAM, 2002, p. 192-193.

O *feedback* mais difícil de ser dado é para os funcionários que tiveram desempenho fraco. Observe a maneira mais adequada de fornecer esse *feedback*:[8]

- Resumir o desempenho específico do funcionário. Descrever o desempenho em termos de comportamentos ou resultado, como vendas ou faltas. Não dizer que a atitude do funcionário é ruim; em vez disso, explicar quais comportamentos indicam uma boa atitude.
- Descrever especificamente as expectativas e padrões.
- Determinar as causas do fraco desempenho e obter informações do funcionário.
- Discutir soluções para o problema e fazer com que o funcionário desempenhe um papel importante nesse processo.
- Chegar a uma solução de comum acordo. Como "supervisores", teremos insumos a fornecer para a solução. Levantar perguntas e questões, mas também dar apoio.
- Concordar com um prazo para melhorias.
- Documentar a reunião.

Podem ser necessárias reuniões de acompanhamento.

Feedback é essencial

Estou totalmente "por fora"[9]

Você não recebe feedback sobre seu desempenho? Você não está sozinho.
Essa é uma das maiores falhas na gestão das empresas.

Feedback, no jargão dos negócios, significa realimentação. Numa tradução livre, retorno ou avaliação informal.

---

8. BATEMAN; SNELL, 2012, p. 172.
9. BLECHER, N. Estou totalmente por fora. *Exame*, 7 out. 1998.

Talvez você se surpreenda, mas não será o único: muitos presidentes e diretores de empresas ainda desconhecem a importância de dar aos seus subordinados uma avaliação constante de suas ações, de seus pontos fortes e fracos. E esse retorno, no novo mundo do trabalho, é a vitamina corporativa que tonifica o desempenho profissional de quem quer fazer a diferença. Qualquer headhunter sabe que um talento carente de feedback será uma caça fácil para a concorrência.

É uma das práticas mais valorizadas nos Estados Unidos, segundo um recente levantamento feito pela McKinsey, a maior consultoria mundial em gestão. Foram entrevistados cerca de 6.000 executivos. 73% disseram que a avaliação é "essencial" ou "muito importante" para o crescimento na carreira. A questão é: apenas três de cada dez deles disseram receber excelente retorno de seus superiores. A maioria não acredita que as empresas comunicam claramente os trunfos e fraquezas de seu pessoal. "Este é hoje o principal obstáculo para o desenvolvimento de um executivo", afirma o relatório da McKinsey. Tudo isso deve ser motivo de grande preocupação para as empresas. Sucede que alimentar os executivos com doses generosas de comunicação (sobre seu desempenho em particular e sobre os rumos da empresa) pode representar alguns milhões de dólares no caixa a cada ano. Sim, o feedback está entre as práticas gerenciais que influenciam de maneira decisiva os resultados financeiros.

Duvida? Então veja o que descobriu a consultoria americana Hewitt Associates. A Hewitt cotejou o desempenho de cerca de 400 companhias americanas nesta década [1990]. As que possuíam programas com foco no desempenho gerencial tiveram crescimento de vendas e de lucros em proporção mais elevada. O valor dessas companhias cresceu em média 21% em comparação a apenas 7% no grupo das sem-programa. É tão expressivo o impacto financeiro que, de acordo com a Hewitt, apenas dois anos depois de implantado um sistema desses, o retorno ao acionista pode crescer até 30%.

São estudos como esse que explicam por que, nos últimos tempos, vem ocorrendo uma febre de consumo de ferramentas de gestão para avaliar o desempenho dos quadros. Uma das preferidas é o chamado Feedback de 360 graus. Como sugere o nome, por meio dele cada empregado deve ser avaliado por superiores, colegas, subordinados e até clientes. Segundo projeções da consultoria Towers Perrin, 70% das 750 companhias mais negociadas na bolsa estarão adotando uma forma de avaliação múltipla antes do ano 2000. Eram apenas 10% em 1996.

Observe o que a McKinsey constatou em sua pesquisa: as empresas de desempenho médio – e não as de alto desempenho – são as que mais investem em processos formais. Copiam os sistemas da GE e de outros reputados celeiros de talentos. Mas colhem resultados medíocres. A razão disso é que focam coisas erradas. Nos benchmarks, a prática da avaliação vai além de burocráticos formulários. É algo profundamente entranhado em sua cultura que se traduz em atitudes espontâneas dos executivos. Em vez de copiar sistemas, as empresas médias ganhariam mais se se empenhassem na formação de líderes e desentupissem os canais de diálogo com os funcionários.

É o que faz, por exemplo, a Levi Strauss, fabricante de jeans. "Quer melhorar o desempenho e o engajamento dos funcionários?", pergunta o consultor Edward Gubman, autor de Talent Solution. "Simplesmente os trate como adultos." Ele diz que, se a empresa traça metas claras, se treina e dá aos funcionários feedback de suas ações, cada um pode monitorar seu próprio desempenho e se autoavaliar. Algumas dessas avaliações de desempenho podem ser feitas pela própria equipe.

"Não há evidências de que o ritual de avaliação de fim de ano aumente a motivação ou o desempenho dos funcionários", diz Gubman. "Depois de todos esses anos, passei a concordar com Dilbert." O modismo da avaliação de chefes por subordinados é um dos alvos prediletos do cartunista Scott Adams, pai de Dilbert. "É uma chance de ameaçar seu chefe com segura destruição mútua", ironizou ele em uma de suas tiras.

E no Brasil? Como as empresas estão lidando com esse quesito chave da vida corporativa?

Bem, por aqui a situação não é muito diferente. Questões ligadas à gestão de desempenho, remuneração e desenvolvimento profissional ainda são pontos críticos para a maioria. Foi o que constatou, num recente estudo, a consultoria Hay. A Hay entrevistou, nos últimos três anos, 23.000 gerentes e supervisores. Eis o que a amostra revela:

- 51% dos executivos não concordam plenamente com a afirmação de que seu desempenho profissional é avaliado de forma justa e objetiva.

- Seis de cada dez entrevistados afirmam não conhecer de forma satisfatória a avaliação que seus superiores fazem de seu desempenho. É até maior a proporção dos que não conhecem exatamente os critérios utilizados.

- 58% não demonstram que suas empresas estimulam em alto grau críticas construtivas no ambiente de trabalho.

- 53% dizem que seus superiores não discutem de maneira satisfatória os pontos fortes e fracos de seu desempenho, visando ao aperfeiçoamento profissional.

O time de executivos brasileiros insatisfeitos parece ser em menor número que o de seus colegas americanos. Mas não se engane com as aparências: esses percentuais se referem a respostas de executivos que trabalham em empresas com sistemas implantados e um grau de preocupação mais avançado com a gestão de recursos humanos. É provável que, no universo das empresas brasileiras, os percentuais de desapontados com aspectos de orientação profissional sejam avassaladoramente superiores aos americanos.

Existem no Brasil empresas que combinam mecanismos convencionais de avaliação com uma cultura de informalidade que favorece a velocidade da comunicação. Considere a Natura, fabricante de cosméticos. Parte do salário que um executivo da Natura leva para casa está diretamente vinculado ao seu desempenho. Chega a 45% nos cargos superiores. "Mas uma avaliação aqui nunca é motivo de surpresa", afirma Fernando Porchat, diretor de RH.

Conversas francas com subordinados e ouvidos abertos para críticas são a rotina de seu colega Alessandro Carlucci. À frente de uma equipe de 20 pessoas, Carlucci, diretor de vendas, segue à risca as regras básicas do feedback. Antes de convocar o subordinado, certifica-se de que ele não está de baixo astral. "Se o ambiente estiver carregado, adie por uns dois dias", afirma o americano Rick Maurer, autor de Feedback Toolkit. Carlucci inicia a sessão com as boas notícias. Só então, com o vínculo de confiança reforçado, é que ele passa a atacar os pontos negativos. "Ancorados em fatos, nunca em impressões genéricas", afirma. Nesses momentos, Carlucci não descuida da entonação. É o tom que faz a música. Quem recebe a comunicação tende a amplificar as falhas ao ponto de ameaçar a verdadeira eficácia do processo.

Na catarinense Tigre, fabricante de tubos e conexões, o departamento de recursos humanos foi eliminado. É para que todos se sintam imbuídos de responsabilidades para com os subordinados. No QG da Tigre em Joinville, 80 diretores e gerentes trabalham lado a lado com o presidente no mesmo salão. "Os problemas são resolvidos na hora, sem necessidade de agendar encontros", afirma Amaury Olsen, presidente da Tigre. A principal fonte de onde jorra o feedback na empresa são os próprios clientes durante reuniões para "lavar roupa", como diz Olsen. Foi possível descobrir, num encontro desses, que um vendedor desconhecia detalhes de uma promoção da própria empresa. "A empresa faz sem demora o dever de casa", afirma ele.

O mais instigante a respeito do feedback, como observou a revista *Fortune*, não é a dor que causa, nem a mecânica de sua operação, nem sua crescente popularidade. É a grande variedade de revelações e de potencial aprendizado que essa prática proporciona. "É interessante porque você começa a questionar: por que tal pessoa pensa ou age assim? E muitas situações que não estavam claras se iluminam", diz Otto Kneubhüller, presidente do laboratório Novartis. Trata-se da empresa que, na pesquisa da Hay, conta com maior contingente de funcionários satisfeitos com as avaliações dos superiores. Juntamente com diretores, Kneubhüller participou, não faz tanto tempo, de uma avaliação feita pelo Center for Creative Leadership. Nessas sessões, os executivos se autoavaliam e são avaliados por seus pares. O efeito é de um choque de realidade.

Estatísticas mostram que apenas um terço dos participantes traçam um autorretrato que combina com a descrição feita pelos colegas. Outro terço tende a subestimar seus talentos. Os demais mostram uma visão inflada de seus egos. Ocupam, em geral, postos superiores da hierarquia. Correm risco de ter uma visão distorcida de si próprios. Motivo: a carga de feedback que uma pessoa recebe costuma ser inversamente proporcional à altura de seu cargo. "Nenhum ser humano gosta de receber críticas pessoais", diz Kneubhüller.

A avaliação de desempenho deverá ser um processo que leve o funcionário *a se motivar* e a *se sentir estimulado* a aprimorar cada vez mais seu desempenho. Para que isso aconteça, esse processo dependerá muito da *postura* do *avaliador* e do *avaliado*.

Para maximizar a motivação, as pessoas precisam perceber que o esforço que fazem leva a uma avaliação de desempenho favorável.

FIGURA 7.5
Funcionários reconhecidos pelo bom desempenho são mais motivados

> **PRATICANDO**
> ....
> Você já viveu a experiência de ter seu desempenho avaliado? Essa experiência o fez crescer e ficar mais motivado ou o tornou mais desanimado com o trabalho?

O momento da avaliação de desempenho deve ser uma oportunidade para um novo acerto de percepções.

A seguir são apresentados os *objetivos* existentes na *relação* entre *avaliador* e *avaliado* nesse processo.

- fomentar a comunicação e cooperação do avaliador com o funcionário avaliado;
- reforçar a sensação de equidade graças ao reconhecimento dos esforços pessoais;
- potencializar o conhecimento e as relações interpessoais entre gerentes e colaboradores;
- dar sentido à atividade dos avaliados, dentro da organização, dando-lhes a oportunidade de conhecer seus pontos fortes e suas áreas a serem melhoradas;
- dar informação aos colaboradores sobre as prioridades e pautas para o desenvolvimento de seu trabalho;
- desenvolver a comunicação e o conhecimento com o superior imediato;
- ter informação sobre como é percebida pelo avaliador a atuação profissional do avaliado; e
- definir em conjunto (avaliador e avaliado) planos de ação para melhorar a competência profissional do avaliado.

Como se pode perceber, *o papel do avaliador* é de suma importância porque é de sua interpretação, do diagnóstico realizado e das técnicas utilizadas que dependerá o resultado da avaliação.

Muitas vezes, infelizmente, os gerentes e profissionais creem ser bons avaliadores e juízes apenas quando fazem comentários desfavoráveis sobre as atitudes dos outros e de maneira pouco respeitosa.

Ambos, avaliador e avaliado, têm direitos a serem respeitados, como os descritos no Quadro 7.1.

QUADRO 7.1
Direitos do avaliador e do avaliado

DIREITOS DO AVALIADOR	DIREITOS DO AVALIADO
Dar *feedback* honesto e preciso	Ter tido suficiente tempo de preparo
Coordenar o processo de avaliação	Ter um avaliador que reconheça seus próprios erros
Criticar construtivamente o avaliado quando couber	Receber tratamento justo e consistente
Ser ouvido e ter seus pontos de vista considerados	Replicar as críticas
Discordar do avaliado	Saber das razões e explicações sobre as opiniões do avaliador
Esperar honestidade por parte do avaliado	Fornecer *feedback* ao avaliador
Dar instruções e fazer solicitações ao avaliado	Ser escutado
Receber a cooperação do avaliado	Contar com a honestidade do avaliador
Não ser "chantageado" pela reação do avaliado	Optar por não responder a perguntas pessoais ou a perguntas que não sejam razoáveis
	Sentir-se seguro no caso de uma discussão

Fonte: adaptado de GILLEN, 2000, p. 14.

O papel do avaliador e o processo de *feedback*

O avaliador é considerado, por grande parte dos estudiosos, o principal elemento do sistema de avaliação de desempenho, porque o resultado da avaliação depende de sua interpretação e percepção das informações obtidas nesse processo.

Para desempenhar bem o papel, o avaliador deve ter uma habilidade imprescindível: *saber dar feedback*. Por outro lado, o avaliado também precisa de uma habilidade imprescindível: *saber receber feedback*.

Talvez você já tenha tido a oportunidade de receber *feedback* sobre seu *desempenho* na empresa em que você trabalha.

FIGURA 7.6
Um avaliador bem treinado consegue fornecer *feedbacks* mais coerentes e precisos.

Entretanto, quando o *feedback* não é "bem feito", em vez de o encontro se transformar em fonte de aprendizagem, ele pode se transformar em fonte de "ruídos e ressentimentos".

Existem alguns pontos que devem ser observados para um *feedback* eficaz. Veja a seguir:

Ser descritivo em vez de avaliativo

A pessoa que está fornecendo *feedback* deve *descrever fatos e dados* que ocorreram com relação ao comportamento de quem está recebendo o *feedback*. Quando não há julgamento, e sim apenas o relato de um evento, reduz-se a necessidade de se reagir defensivamente, o que faz com que o indivíduo possa ouvir e sentir-se à vontade para utilizar aquele dado da maneira que julgar conveniente.

Ser específico em vez de geral

Quando se diz a alguém que ele "fala muito" em ocasiões inadequadas, isso tem menos significado do que quando se descreve seu comportamento em uma ocasião específica. Um exemplo seria: "nessa reunião você não ouviu a opinião dos demais e tomou a decisão sozinho".

Considerar as necessidades tanto do comunicador como do receptor

O *feedback* pode ser altamente destrutivo *quando satisfaz somente às necessidades do comunicador*, sem levar em conta as necessidades do receptor.

Enfocar algo que seja útil e viável

O *feedback* deve ser focado em comportamentos que possam ser modificados, e não em coisas que já aconteceram. Além disso, não deve ser utilizado pelo emissor como uma oportunidade de extravasar seu descontentamento. Por exemplo, quando um funcionário faz um relatório errado, o *feedback* deve se pautar em fornecer meios para a aprendizagem ou ensinar esse funcionário para que ele possa corrigir os erros.

Ser solicitado em vez de imposto

É preciso salientar a importância e a necessidade desse *feedback*, pois ele será mais útil quando o receptor tiver entendido sua importância no contexto do acontecimento. Por exemplo: "acho que não fui feliz em minha intervenção. Qual é sua opinião?".

Ser oportuno

Em geral, o *feedback* é mais útil quando é dado o mais próximo possível da ocorrência do comportamento em questão, dependendo da abertura da outra pessoa para ouvi-lo e do clima emocional do emissor.

Ser exemplificado

Para ser benéfico, o *feedback* deve ter clareza de mensagem, ser focalizado no problema e apresentar exemplos.

Ser direto com a pessoa que participou do evento ocorrido

O *feedback* deve ser sobre fatos observados pelo emissor, e não baseado em informações fornecidas por terceiros.

> **TOME NOTA**
>
> Se, em sua atividade profissional, você precisar *dar e receber feedback*, observe que fazer isso não é fácil e exige uma aprendizagem constante quanto à clareza de expressão, à capacidade de ouvir e à habilidade de se colocar no lugar do outro.
>
> A *capacidade de dar feedback* é, em grande parte, a responsável pelo *êxito de toda a avaliação de desempenho*.

Por isso, para alguém ser um avaliador, é necessário que tenha tido uma preparação prévia.

FIGURA 7.7
O avaliador deve dar instruções para o avaliado melhorar seu desempenho

O *avaliador* nas organizações geralmente é o *supervisor ou chefe imediato*. Esse tipo de avaliador é chamado de *avaliador interno*.

Entre as principais *vantagens desse tipo de avaliador* estão o fato de ele conhecer muito bem a organização e suas necessidades e o fato de poder acompanhar o desempenho do avaliado.

A principal *desvantagem* é que ele pode ser influenciado por suas inter-relações na organização e fazer uma análise subjetiva do desempenho dos avaliados.

Existe também o caso em que *o avaliador não pertence* à organização. Pode ser *um consultor ou alguém especializado na área*. Esse tipo de avaliador é chamado de *avaliador externo*.

O *avaliador externo* tem a *vantagem* de *não estar envolvido* com a organização e seus membros e poder realizar uma apreciação mais objetiva do desempenho dos funcionários.

A desvantagem desse tipo de avaliador é que, por não pertencer à organização, ele despenderá algum tempo para entender bem seus processos e sua cultura.

Independentemente de ser interno ou *externo,* o avaliador, para conseguir os melhores resultados, deve ter *ótimo* conhecimento *do sistema de avaliação* que está sendo utilizado.

É importante também que o avaliador perceba o momento de realização da entrevista de avaliação como um momento importante para acerto de percepções e negociação de futuras realizações, lembrando, contudo, que *o processo de avaliação e acompanhamento de desempenho deve ser constante e contínuo*.

Mesmo que esse profissional tenha a habilidade necessária para dar e receber *feedback, ele é uma pessoa* e, portanto, *passível de enganos e erros*, sendo, por isso, necessários *alguns cuidados*.

Antes de começar a avaliação e o processo de *feedback,* o avaliador deve *estabelecer* quais são os *objetivos a serem alcançados,* além de *definir o momento da avaliação* e identificar como o avaliado pode *aprimorar* seu próprio valor nas tarefas diárias. O avaliador prevê os benefícios que isso traz, em longo prazo, para a organização. É muito importante também que peça ao avaliado uma autoavaliação e observe a coerência entre as duas percepções.

Passos para a avaliação de desempenho

1. Criar uma imagem mental.
2. Ter claro o objetivo da avaliação.
3. Dividir o desempenho em áreas-chave de resultados:
   - quanto ao prazo;
   - quanto à satisfação do cliente;
   - quanto à produtividade;
   - quanto à qualidade.
4. Proceder à avaliação de desempenho.
5. Considerar as necessidades de treinamento em curto, médio e longo prazos.
6. Discutir os pontos principais da avaliação de desempenho.
7. Desenvolver um plano compartilhado de melhoria e acompanhamento dos resultados pretendidos.

Vale lembrar que, apesar de toda a importância do papel do avaliador, ele não é o único responsável pela avaliação, ainda que em muitas empresas as pessoas se esqueçam disso e não prestem atenção aos inconvenientes dessa abordagem, delegando ao avaliador essa exclusividade. A avaliação de desempenho deve fornecer benefícios para todos os envolvidos.

Como o objetivo da avaliação de desempenho é *coletar informações confiáveis* que forneçam aos gestores da organização um *feedback* sobre o desempenho dos funcionários e da organização, existem alguns erros que devem ser evitados para não comprometer a confiabilidade dos dados coletados e, consequentemente, todo o processo de avaliação:[10]

---

10. IVANCEVICH, 2009.

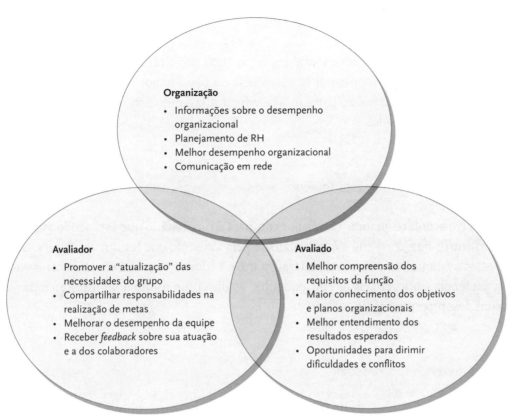

FIGURA 7.8
Benefícios da avaliação de desempenho

Fonte: adaptado de GILLEN, 2000, p. 9.

Efeito de halo

O erro causado pelo *efeito de halo* acontece quando o avaliador pontua diversos aspectos do desempenho com base na impressão geral do avaliado, ou seja, com base em uma única característica. Esse erro pode influenciar positiva ou negativamente. Assim, se um gestor de sistemas de informação considera um determinado programador o melhor desenvolvedor de *softwares* do departamento, é possível que esse gestor, ao fazer sua avaliação, lhe dê uma nota muito alta em tomada de decisão, relacionamento com os colegas e liderança potencial.

Erro de tendência central

Ocorre quando o avaliador evita usar a melhor ou a pior classificação e avalia os funcionários pela média. Assim, o diagnóstico não reflete a realidade, pois não existem desempenhos diferenciados nem de maneira positiva, nem de maneira negativa. O avaliador precisa ter ciência da importância da distinção entre os avaliados e do uso das avaliações.

Erro por condescendência ou rigidez

Tendência, ao fazer a avaliação, de enxergar tudo positivamente ou tudo negativamente, elevar o julgamento por benevolência ou baixá-lo por rigor excessivo. Dessa forma, quem está fazendo o papel de avaliador acaba dando notas boas ou notas ruins para todos os avaliados.

Erro de efeito de contraste (ou contrários)

Esse erro acontece quando o avaliador compara o funcionário que está sendo avaliado com outros que já avaliou e é influenciado pela avaliação que fez dos anteriores. Se a pessoa avaliou funcionários muito fracos antes e comete o erro de efeito de contraste, a tendência é que, em casos subsequentes, avalie como muito bom um funcionário com desempenho médio.

Erros de tendência pessoal

São erros causados por influências ou inclinações pessoais do avaliador. São vários os erros de tendência pessoal. Alguns são conscientes e outros, não. Entre os conscientes estão os que se referem a raça, religião, nacionalidade, sexo, experiência no cargo do funcionário e tempo de serviço. Um exemplo desse tipo de erro é quando a pessoa avalia melhor um funcionário que é de sua própria religião do que outro que não é. Outro mais sutil é quando o avaliador avalia melhor um funcionário por ter características semelhantes às suas.

Apego excessivo ao formulário

Isso acontece quando o avaliador só se atém ao formulário de avaliação, sem se preocupar com os registros e acompanhamentos referentes ao desempenho do funcionário realizados anteriormente.

Falta de observação contínua e sistemática

A avaliação de desempenho deve ser um processo ininterrupto de acompanhamento e *feedback*, que tem origem no contrato psicológico e só termina com a saída do empregado da empresa. Não há como avaliar o funcionário só no momento de preencher o formulário de avaliação.

Para minimizar os erros, é importante que os avaliadores sejam treinados com um programa que enfatize os tópicos comunicação, percepção e *feedback*.

Outro fator importante para o alcance dos objetivos almejados no processo de avaliação de desempenho é a escolha do método a ser empregado, como poderá ser observado a seguir.

Métodos de avaliação de desempenho

Uma etapa muito importante no processo de avaliação de desempenho é a escolha do método, já que ele influenciará diretamente os resultados da avaliação.

> **COMENTÁRIO DE CONSULTORIA**
>
> Para a escolha do método, é essencial observar a *cultura da empresa*. Não adianta escolher o método mais moderno se a organização não tem condição de absorvê-lo.

Essa escolha deverá ser feita levando-se em consideração, além da cultura da organização, o estilo de gestão de seus dirigentes (mais participativos ou centralizadores) e o objetivo da avaliação.

Entre os pesquisadores, não existe um consenso quanto à classificação dos métodos de avaliação de desempenho. De modo geral, porém, os métodos poderiam ser classificados em duas categorias: aqueles que fazem a *avaliação direta ou absoluta*, com as *técnicas centradas no indivíduo*; e aqueles que fazem a avaliação *relativa* ou *por comparação*, medindo a eficiência do avaliado em comparação com seu grupo de trabalho.[11]

Os métodos considerados tradicionais possuem uma característica em comum, que é a de se preocuparem quase exclusivamente com o *cargo e com as tarefas* que o funcionário desempenha, desconsiderando em grande parte as *competências pessoais*. Outro fator que é alvo de críticas é o fato de, nesses métodos, *o avaliado* ter um *papel coadjuvante* e o avaliador ficar em uma posição superior (de poder) no processo.

Segue-se uma síntese das principais críticas aos métodos tradicionais.

---

11. BERGAMINI, C. W. *Avaliação de desempenho humano na empresa*. 3. ed. São Paulo: Atlas, 1986.

Método da escala gráfica

É o método tradicional de avaliação de desempenho e o mais utilizado, em virtude de sua praticidade e simplicidade. Tem sido alvo de ataques frequentes, mas continua sendo preferido e digno de confiança por parte dos avaliadores, além de ter o benefício de seu desenvolvimento ser mais barato que outros métodos mais sofisticados.[12] Avalia o desempenho do funcionário por meio de fatores de avaliação previamente definidos, com a utilização de uma escala que gradua os itens que se quer avaliar, os quais são descritos. As linhas (no sentido horizontal) representam os fatores a serem avaliados e as colunas (no sentido vertical) graduam esses fatores.

As Tabelas 7.1 e 7.2 ilustram exemplos desse método.

TABELA 7.1 Método da escala gráfica

CLASSIFICAÇÃO	
Definição	**Número de pontos**
Superou as expectativas do cargo	4 pontos
Correspondeu às expectativas do cargo	3 pontos
Atingiu parte dos resultados, mas é indispensável seu desenvolvimento	2 pontos
Não apresentou desempenho satisfatório no período avaliado	1 ponto

TABELA 7.2 Método da escala gráfica

CRITÉRIOS DE AVALIAÇÃO/GRAUS	1	2	3	4	5	6	OBSERVAÇÕES
Conhecimentos e experiência profissional							
Relações humanas							
Qualidade do trabalho							
Quantidade do trabalho							
Dinamismo							
Relação com os colegas							
Classificação final							

Legenda: 1 (ruim); 2 (abaixo da média); 3 (medíocre); 4 (média); 5 (acima da média); 6 (excelente).

Método da escolha forçada

Esse método foi desenvolvido por técnicos norte-americanos com o objetivo de aperfeiçoar a escolha de oficiais para serem promovidos na Segunda Guerra Mundial. Hoje em dia, sofre críticas e é considerado um método polêmico.

---

12. OBERG, W. Torne a avaliação de desempenho relevante [Harvard Business Review Book]. In: VROOM, V. H. *Gestão de pessoas, não de pessoal*. Rio de Janeiro: Campus, 1997. p. 239-242.

O método parte do pressuposto de que deve existir uma curva normal, ou seja, parte dos funcionários com desempenho ruim, boa parte com desempenho bom e alguns com desempenho excelente.

Consiste em avaliar o desempenho dos indivíduos por intermédio de frases descritivas de determinadas alternativas e tipos de desempenho individual.[13]

Em cada bloco, existe um conjunto de frases, mas o avaliador deve forçosamente escolher apenas uma, como na Tabela 7.3.

TABELA 7.3 Parâmetros para avaliação de desempenho – escolha forçada

INDICADORES DE DESEMPENHO	NÚMERO DE FUNCIONÁRIOS COM DESEMPENHO ESPERADO
E = péssimo	10
D = sofrível	20
C = regular	40
B = bom	20
A = ótimo	10

Fonte: PONTES; LTR, 2010.

Método de frases descritivas

Esse método consiste na elaboração de fatores de avaliação do funcionário. Frases descrevem o comportamento do funcionário em relação ao fator avaliado, que, por sua vez, é subdividido em graus.

O avaliador assimila apenas as frases que caracterizam o desempenho do subordinado (sinal "+" ou "s") e aquelas que realmente demonstram o oposto de seu desempenho (sinal "–" ou "n").

Esse método é quase igual ao de escolha forçada; a única diferença é que não exige obrigatoriedade na escolha das frases.

Método de pesquisa de campo

É um método de avaliação que se baseia em entrevista com o chefe imediato, com a assessoria de um especialista em avaliação de desempenho. O especialista entrevista o chefe sobre o desempenho de seus subordinados, fornecendo uma assessoria no processo.

---

13. SHIGUNOV NETO, A. *Avaliação de desempenho*: as propostas que exigem uma nova postura dos administradores. Rio de Janeiro: Book Express, 2000.

Método dos incidentes críticos

Trata-se de uma técnica sistemática por meio da qual o chefe imediato observa e registra os fatos excepcionalmente positivos e os fatos excepcionalmente negativos a respeito do desempenho dos seus subordinados. Esse método também foi desenvolvido nas Forças Armadas norte-americanas.

Método de comparação aos pares

Consiste em comparar dois empregados de cada vez e anotar na coluna da direita aquele que é considerado melhor quanto ao desempenho.

Método da autoavaliação

Trata-se de um método por meio do qual o próprio funcionário se avalia, fazendo uma análise de suas características de desempenho e planejando melhorias com a ajuda de seu chefe.

Método da avaliação por resultados

Esse método é ligado ao programa de administração por objetivos, no qual os resultados fixados para cada indivíduo em um período determinado são medidos e, em seguida, comparados com os resultados efetivamente alcançados. Identificam-se os pontos fortes e fracos e planeja-se o próximo período, procurando potencializar os pontos fortes e minimizar os pontos fracos.

Trata-se de um método mais elaborado que os anteriores, pois está atrelado aos resultados organizacionais e à negociação do alcance de objetivos futuros. É considerado um método prático, mas seu êxito depende da postura e da ideia do supervisor, ou de quem seja o avaliador, acerca da avaliação de desempenho.

Referência do objetivo	Objetivos	Indicadores	Padrões de desempenho	Peso	Nota	Peso x Nota
Global	Alcançar os resultados econômicos/financeiros previstos	Faturamento previsto para a empresa	Atingir no mínimo...	15	4	60
		Índice de rentabilidade	Atingir no mínimo...	15	3	45
Global	Procurar melhorias contínuas na satisfação dos clientes	Índice de satisfação dos clientes da empresa	Atingir no mínimo...	30	3	90
Específico	Alcançar os resultados econômicos/financeiros previstos	Faturamento previsto para a unidade	Atingir no mínimo...	10	4	40
Específico	Obter a eficiência e a eficácia operacional da unidade	Índice de produtividade	Atingir no mínimo...	10	4	40
Específico	Procurar melhorias contínuas na satisfação dos clientes	Índice de satisfação dos clientes com os produtos da unidade	Atingir no mínimo...	20	4	80

Total de pontos: _____ 355
Conceito A

Fonte: Pontes, 2010, p. 175.

TABELA 7.4
Exemplo de avaliação por resultados

Implantação da avaliação de desempenho

A primeira coisa a ser feita para *implantar* um programa de avaliação de desempenho é *analisar a organização*, ou seja, verificar qual é o cenário empresarial, as estratégias e o sistema de gestão de pessoas.

COMENTÁRIO DE CONSULTORIA

Antes de começar, é importante responder às seguintes questões:

1. A organização apresenta uma administração participativa ou mais centralizadora?
2. Qual é o objetivo da avaliação de desempenho?
3. Ela será utilizada para aumento salarial, participação em resultados, medida de produtividade ou subsídio para um programa de capacitação e desenvolvimento organizacional?

As respostas a essas perguntas balizarão o desenvolvimento do programa de avaliação. Para o desenvolvimento do programa, devem ser observados os passos apresentados a seguir.

Primeiro passo: definir objetivos

Para maior clareza, apresentamos alguns dos objetivos mais comuns da avaliação de desempenho:

- fornecer *feedback* aos funcionários sobre seu desempenho;
- identificar o grau de adequação das pessoas a suas funções;
- servir como base para adoção de novos comportamentos mais eficazes no trabalho; e
- fornecer aos gerentes informações para futuras decisões quanto a remunerações, promoções, treinamentos ou outras.

Segundo passo: escolher o método

Para a escolha do método, é necessário avaliar a cultura da empresa e a congruência dos objetivos com o grau de desenvolvimento e maturidade da organização, bem como a adequação do sistema de gestão de pessoas. Se você tiver uma organização aberta a desafios, inovação, aprendizagem, *feedback* e negociação, você poderá usar um instrumento muito avançado, como o *Feedback 360°* (ver o próximo capítulo), por meio do qual você poderá obter um diagnóstico do desempenho dos funcionários, gestores, clientes e fornecedores. Mas se a organização nunca tiver utilizado instrumentos de *feedback* e aprendizagem, talvez seja mais prudente começar com um instrumento de avaliação mais tradicional e simples.

Terceiro passo: desenvolver o instrumento de avaliação

A organização pode desenvolver seu próprio instrumento de avaliação a partir dos exemplos conhecidos, analisar alguns previamente existentes no mercado ou contratar algum profissional especializado para desenvolver o instrumento adequado.

> **COMENTÁRIO DE CONSULTORIA**
>
> Para que seja feita uma escolha adequada, é interessante que o gestor, dirigente ou profissional que decidirá sobre essa escolha se faça a seguinte pergunta:
>
> "Esse instrumento medirá os fatores que necessitam ser avaliados?"

Quarto passo: capacitar os avaliadores para realizar a avaliação

Os avaliadores deverão ser capacitados para realizar a avaliação conforme as etapas já apresentadas.

Quinto passo: analisar os resultados

Os resultados deverão ser analisados verificando-se a fidedignidade do processo, ou seja, se os resultados realmente alcançaram os objetivos propostos.

Neste passo, é imprescindível que seja verificada a confiabilidade das informações obtidas.

Sexto passo: implementar plano de ação

Coloque em prática as metas de melhoria de desempenho acordadas entre avaliadores e avaliados tanto sob o ponto de vista do desempenho organizacional como sob o ponto de vista do desenvolvimento interpessoal dos profissionais e da equipe.

Isso geralmente implica decisões organizacionais quanto a:

- treinamento e capacitação;
- bônus por desempenho ou aumento salarial;
- planejamento de carreira; e
- políticas de incentivo visando à motivação do pessoal.

Sétimo passo: gerenciar o desempenho

Uma das funções primordiais do gestor no programa de avaliação de desempenho é gerenciar o desempenho organizacional e dos funcionários, implementando ações semelhantes às apresentadas no Quadro 7.2.

QUADRO 7.2
Como gerenciar o desempenho

- Saber se o empregado está trabalhando na direção dos resultados esperados.
- Aferir a qualidade, o cumprimento de prazos, o volume de produção e os custos.
- Analisar o preparo e a competência do empregado para desempenhar suas funções, assim como identificar suas necessidades de desenvolvimento.
- Analisar as variáveis do ambiente organizacional que afetam positiva ou negativamente o desempenho.
- Dar *feedback* ao empregado sobre o seu desempenho.
- Antecipar-se nas ações necessárias para evitar que o desempenho seja desviado dos resultados esperados.

Fonte: LUCENA, 1992, p. 20.

Aspectos interessantes envolvidos na avaliação de desempenho poderão ser conferidos no estudo de caso a seguir.

Quanto pesa um bom funcionário?[14]

Desempenho do funcionário é determinante para a composição dos salários no setor de supermercados

Conta uma velha anedota empresarial que um empregado foi reclamar ao gerente sobre o seu salário: "Chefe, estou aqui há mais de dez anos, e o encarregado que chegou há três meses está ganhando mais do que eu! Isso não é justo!". Impassível, o superior apenas pediu ao empregado que fosse ao entreposto em frente e comprasse alguns abacaxis, que ele gostaria de servi-los como sobremesa no refeitório dos funcionários no dia seguinte.

....
14. AMATTI, V. Quanto pesa um bom funcionário? *Super Varejo*, abr. 2005.

O empregado foi e voltou com a seguinte resposta: "Chefe, o vendedor disse que o abacaxi acabou e só chega semana que vem".

O gerente, então, mandou chamar o novo empregado e fez o mesmo pedido, enquanto o antigo empregado esperava em sua sala. Meia hora depois, o rapaz chegou com a resposta: "Fui até o armazém em frente, mas eles não tinham abacaxi, então me lembrei de outro mercado aqui perto, por onde sempre passo a caminho do trabalho; lá eles têm abacaxi e podem entregar já descascado, se quisermos, e também fatiado, assim como melão e manga. O preço é de um real o quilo, e eles podem faturar para trinta dias".

O empregado antigo saiu da sala sem dizer nada, mas entendeu que a criatividade e a competência são essenciais para se obterem resultados.

Essa história pode também ilustrar o valor qualitativo dos salários em todas as empresas, pois são comuns as situações em que dois ocupantes de uma mesma função têm sua remuneração alterada em virtude de seu desempenho. Nos supermercados, essa diferença de *performance* é visível e determinante na composição de salários. Entretanto, fatores como a legislação e o regime de contratação podem influenciar os critérios de remuneração.

Nesse estudo de caso, como se pode perceber, o processo de avaliação de desempenho envolve aspectos característicos de cada organização e a percepção de todos os envolvidos nesse processo.

QUESTÕES

1. Descreva os fatores a considerar quanto à gestão da organização antes de se aplicar a avaliação de desempenho.

2. Descreva como deve ser o processo de *feedback* no contexto da avaliação de desempenho.

3. Escolha, dentre os métodos de avaliação de desempenho descritos neste capítulo, um para implantação em uma pequena empresa de confecção. Justifique sua escolha.

4. Escolha alguém cujo trabalho e cargo você conhece bem. Se você precisasse fornecer a essa pessoa um *feedback* sobre seu desempenho, como faria? Descreva os principais cuidados e procedimentos referentes a esse processo.

5. Indique os principais erros cometidos na avaliação de desempenho e explique como eles podem ser evitados.

6. Descreva como deve ser uma avaliação de desempenho eficaz sob o enfoque do avaliador e do avaliado.

7. Com base nos conceitos apresentados, analise a avaliação de desempenho e sua implicação na "compra do abacaxi" apresentada no estudo de caso.

CAPÍTULO 8

Paradigmas atuais da gestão de desempenho

> Nosso desafio com este capítulo é:
>
> - Apresentar o *feedback* 360° como uma abordagem contemporânea de avaliação de desempenho.
> - Conhecer a utilidade e aplicabilidade dos processos de gestão de desempenho e do *feedback* 360°.
> - Saber aplicar os conceitos de competência à realidade organizacional.
> - Compreender a importância da gestão por competências e suas aplicações.
> - Identificar os processos e etapas na implantação de um programa de gestão por competências.

| Como as abordagens *feedback* 360° e gestão por competências contribuem para a melhoria dos resultados das empresas?

No rastro da administração participativa e da importância vital do capital intelectual para os negócios, surgem novos modelos de avaliação e análise do desempenho.

No passado, as pessoas eram avaliadas na base de recompensas e punições, mas esse modelo foi se mostrando inadequado para a gestão empresarial. Houve a valorização cada vez maior das pessoas.

Em resposta às queixas sobre a limitação do processo de avaliação de desempenho tradicional, apoiado em uma única percepção (a do gerente ou supervisor) para balizar decisões no campo salarial na maioria das empresas, surge o *feedback* 360°, que integra múltiplas percepções.

A avaliação de desempenho, antes apoiada em fatores específicos ligados ao cargo, passa a enfocar a análise de competências dos profissionais para o alcance de objetivos e resultados. Ela não se limita mais às competências das pessoas e muda até o paradigma dos negócios ao adotar o conceito de competências essenciais da organização.

O estudo de competências, que surgiu no Brasil timidamente na década de 1970, vem ganhando um espaço cada vez maior e mostrando que não é só mais uma técnica de análise de desempenho, mas sim uma nova maneira de se posicionar no mercado.

CONTEXTUALIZANDO

Com o tempo, os métodos tradicionais de avaliação de desempenho passaram a não atender aos anseios das organizações mais modernas. Os efeitos "colaterais" de atrelar o aumento salarial ao desempenho subjetivamente medido, antes mesmo que o profissional a ser avaliado entenda o processo, provocam resultados contrários aos objetivos que esses métodos se propõem a atingir.

A escolha do método a ser empregado depende muito da cultura da empresa e do tipo de gestão aplicado. Uma administração menos centralizadora geralmente apresenta uma cultura de melhor comunicação e transparência nas decisões, incentivando maior participação dos funcionários, que podem até almejar um papel mais ativo na avaliação de desempenho.

Na avaliação de desempenho, devem ser observadas as seguintes condições prévias:[1]

- **Competência individual**: se a pessoa possui as qualificações necessárias para desempenhar as funções a ela atribuídas.
- **Contexto organizacional**: se as condições de trabalho são condizentes com o bom desempenho das atividades atinentes ao exercício da função dessa pessoa.

Com a perspectiva de promover maior participação na gestão da empresa, o *feedback* 360° surgiu como uma maneira nova de avaliar o desempenho, quebrando todos os paradigmas até então estabelecidos.

---

1. MOTTA, P. R. *Desempenho em equipes de saúde*. Rio de Janeiro: FGV, 2001. p. 120.

O paralelo entre a avaliação de desempenho no passado e a avalição de desempenho contemporânea auxilia na visão comparativa entre os métodos tradicionais e os métodos contemporâneos.[2]

QUADRO 8.1 Comparação da avaliação de desempenho no passado com a contemporânea

Avaliação do passado	Avaliação contemporânea
Foco apenas em resultados	Foco em processos e pessoas
Falta de investimento em pessoas	Investimento em pessoas para potencializar resultados
As pessoas eram um "mal necessário"	As pessoas são o centro de tudo
Avaliação baseada em punição e recompensa	Avaliação com base em desenvolvimento de perfil
Controle de resultados	Investimentos em ferramentas de gestão e desenvolvimento de pessoas para potencializar resultados
Enfoque nos fins em detrimento dos meios	Enfoque nos meios e nos fins para estimular o desenvolvimento das pessoas e a qualidade de vida
Ambiente autoritário e centralizador	Ambiente participativo de estímulo ao desenvolvimento de capital intelectual
Cenário confuso, contraditório e desmotivador	Cenário que coloca as pessoas como protagonistas e realizadoras
Gestão desalinhada com objetivos	Gestão alinhada com estratégias corporativas bem definidas
Ausência de indicadores, histórico e mensuração	Investimento em ferramentas que facilitam a gestão de pessoas de forma transparente, objetiva e mensurável
Ferramenta de avaliação genérica	Ferramenta de avaliação personalizada para cada cargo ou função

Fonte: Bayot, 2011.

Feedback 360°

O *feedback* 360° ou avaliação 360° é um método de avaliação de desempenho em três dimensões. Esse tipo de avaliação inclui supervisores, subordinados, os próprios funcionários, clientes internos e externos (que podem incluir pessoas de outros departamentos), fornecedores e subcontratados.[3]

Esse método tem como objetivo o desenvolvimento de competências por meio das múltiplas informações e alinhamento de percepções de todos os envolvidos no processo.

----

2. Bayot, P. C. P. Avaliação por competência no mundo globalizado. In: VII Congresso Nacional de Excelência em Gestão, 12-13 ago. 2011. *Anais*. Disponível em: http://www.inovarse.org/node/2869. Acesso em: out. 2019.
3. Flannery, T. P; Hofrichter, D.; Platten, P. E. *Pessoas, desempenho e salários*: as mudanças na forma de remuneração nas empresas. São Paulo: Futura, 1997.

O *feedback* 360° tem como principal objetivo o desenvolvimento de competências de liderança e gerenciais, mas também é utilizado com os seguintes objetivos:[4]

- gestão de desempenho;
- seleção e gestão da sucessão;
- suporte e intervenções de mudança organizacional; e
- desenvolvimento de times e células de trabalho.

Essa ferramenta possibilita aos envolvidos ter mais de uma oportunidade de avaliação, já que existem, no âmbito dessa avaliação, outros avaliadores. Com esse procedimento, o avaliado pode comparar suas percepções pessoais com as percepções das outras pessoas com as quais interage. Essa avaliação também lhe dá a chance de potencializar seus pontos fortes e reformular aspectos importantes em relação aos seus pontos fracos, ou seja, pode impulsioná-lo para a mudança.

As múltiplas percepções envolvidas tornam o processo mais complexo, e, para que esse método tenha êxito, todos os envolvidos precisam passar por treinamento e ter clareza de seu papel nele. Algumas diretrizes e precauções devem ser tomadas para a aplicação desse modelo, como pode ser observado no Quadro 8.2.

QUADRO 8.2
Dez diretrizes do *feedback* 360°

1. Pesquisa com os participantes: o apoio dos participantes nas pesquisas de satisfação deve ultrapassar 75%.
2. Anonimato: todos devem ter confiança de que suas notas individuais são absolutamente confidenciais.
3. Distinção: a dispersão da pontuação deve diferenciar claramente os desempenhos altos, médios e baixos.
4. Diferença válida: as distinções devem representar desempenhos verdadeiramente altos, médios e baixos.
5. Índice de resposta: deve haver respostas de mais de 75% dos avaliadores.
6. Custo administrativo: o tempo exigido dos avaliadores e para a administração do processo deve ser o menor possível.
7. Avaliadores suspeitos: os avaliadores devem ser responsáveis por pontuações honestas; as respostas suspeitas que forem mais de 40% diferentes do consenso dos outros devem ser inferiores a 5% do total.

---

4. REIS, G. G. A prática do feedback 360°. *Revista da ESPM*, set.-out. 1998. Disponível em: http://bibliotecasp.espm.br/index.php/espm/article/view/447. Acesso em: out. 2019.

8. Justiça à diversidade: os avaliadores não devem discriminar de forma sistemática as minorias existentes na empresa, sejam de sexo, raça, cor, religião etc.

9. Treinamento: os funcionários devem ser treinados tanto para fornecer quanto para receber *feedback* de comportamento.

10. Salvaguardas: as salvaguardas para a justiça do processo, como a pontuação inteligente (que minimiza as fontes de viés conhecidas), devem ser compreendidas e apoiadas por todos os participantes.

Fonte: EDWARDS; EWEN *apud* ROCHA, 2001.

Uma avaliação só é eficaz se estiver atrelada às demais práticas de gestão de pessoas, como atração, remuneração, promoção e desenvolvimento.[5]

Na *avaliação 360°*, cada avaliador pode ser visto como um "cliente", uma vez que todos precisam de alguma coisa do avaliado. Ter os pares ou os subordinados julgando o desempenho do avaliado pode ter consequências positivas. Existem evidências de que os executivos que recebem avaliações de seus subordinados melhoram como gestores, de que os líderes procuram alinhar suas autoavaliações com aquelas de seus liderados e de que os executivos de culturas que valorizam atitudes decididas tornam-se mais controladores e delegam menos.[6]

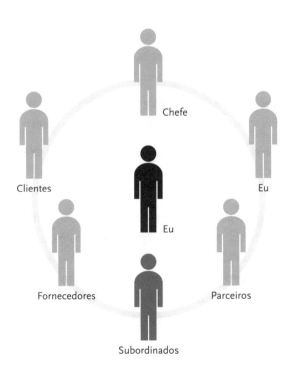

FIGURA 8.1

As múltiplas percepções no *feedback* 360° tornam o processo de avaliação mais completo, mas muito mais coerente

---

5. SOUZA, V. L. et al. *Gestão de desempenho*. Rio de Janeiro: FGV, 2009.
6. MILKOVICH, G. T.; BOUDREAU, J. W. *Administração de recursos humanos*. São Paulo: Atlas, 2000.

As vantagens e desvantagens mais expressivas do *feedback* 360° estão descritas a seguir.[7]

Vantagens:

- os avaliadores, por permanecerem no anonimato, estão mais predispostos a realizar uma avaliação neutra e honesta;
- o avaliado fica menos na defensiva pelo fato de sua avaliação ser feita por várias pessoas que o conhecem;
- a avaliação, ao contrário de muitos outros processos avaliativos, não é artificialmente inflada;
- há credibilidade no sistema em virtude do respeito que merecem os colegas avaliadores e do anonimato das avaliações;
- o *feedback* tem qualidade, porque é dado por quem conhece o avaliado no trabalho; e
- existe motivação para o crescimento, pois o sistema permite aos seus componentes participar ativamente no processo de crescimento funcional.

Desvantagens:

- se vinculado a processos de aumentos salariais ou promoções funcionais, o sistema pode apresentar imperfeições ou distorções;
- coloca-se grande responsabilidade nos avaliadores e, por repercutir no futuro funcional dos avaliados, pode sensibilizar os avaliadores a serem mais benevolentes; e
- existe a dificuldade de contornar a avaliação de pessoas exageradamente críticas ou muito benevolentes.

No início, os sistemas *feedback* 360° destinavam-se totalmente ao desenvolvimento e gerenciamento de carreira, mas seu foco foi mudando para a avaliação de desempenho e outras aplicações administrativas. Em pesquisa realizada nos Estados Unidos pela Society of Human Resource, foi revelado que cerca de 90% das mil principais empresas norte-americanas com destaque na revista *Fortune* estavam adotando o método de avaliação chamado 360°.[8] No Brasil, a avaliação 360° tem sido empregada

---

7. SALLES, M. T.; COUTO, T. Uma avaliação da eficiência do capital humano: feedback 360°. In: SIMPÓSIO DE EXCELÊNCIA EM GESTÃO TECNOLÓGICA, 2005. *Anais*. [s.l.]: SEGET, 2005. Disponível em: https://www.aedb.br/seget/arquivos/artigos05/25_feedback360graus-simgen.pdf. Acesso em: out. 2019.
8. BOHLANDER, G.; SNELL, S. *Administração de recursos humanos*. São Paulo: Cengage Learning, 2011. p. 308.

com êxito por algumas empresas que possuem administração mais participativa, cultura baseada em aprendizagem e gestão estratégica de pessoas.

Para ficar ainda mais claro todo o processo da Avaliação 360°, apresentamos a seguir o artigo "Feedback 360°, eficiência ou modismo".

ESTUDO DE CASO 8.1

Avaliação de desempenho[9]

Feedback 360°: eficiência ou modismo

A Avaliação 360° não é uma solução mágica para os problemas de desempenho, mas uma ferramenta que pode contribuir para o resultado da organização. Gera maior energia e compromisso que qualquer reengenharia externa ou qualquer iniciativa implementada a curto prazo.

A maioria dos executivos afirma estar frustrada com os sistemas de avaliação de desempenho vigentes, porque raramente veem mudanças significativas no desempenho dos avaliados. Os sistemas geralmente falham ao identificar as mudanças que o funcionário necessita realizar. Os gestores mostram-se pouco dispostos a expressar suas percepções sobre os hábitos de trabalho, e as entrevistas geralmente não definem planos específicos de mudança.

Os funcionários se apegam às observações que recebem do gestor, considerando possíveis implicações em sua remuneração e promoção. E não ouvem o que é dito a eles sobre os aspectos que precisam mudar. O elemento perdido parece ser um vínculo convincente entre a teoria e a realidade. Precisamos, porém, de evidência sólida sobre como a conduta dos gestores está impactando o desenvolvimento dos profissionais que fazem parte de suas equipes.

Um sistema de "Avaliação de Desempenho em Três Dimensões" parece ser a resposta a este desafio.

---

9. MAGEX, D. Feedback 360°, eficiência ou modismo. *Revista T & D*, v. 7, n. 75, mar. 1999, p. 20-21.

Feedback em três dimensões

O *Feedback em Três Dimensões* é um processo para prover os gestores (e também outros níveis, como o de especialistas) de informações sobre como seu superior, pares e funcionários os veem no trabalho. O ideal é selecionar quatro pares e quatro funcionários. Todos devem interagir frequentemente com o avaliado.

A "Avaliação 360°" pode e deve levar:

- ao reconhecimento, por parte do avaliado, de que este precisa mudar;
- à definição de planos de ações práticas; e
- a um compromisso de mudança e de incentivo ao trabalho em equipe dentro da organização.

A "Avaliação 360°" não substitui as discussões formais sobre desempenho. Não é a ferramenta adequada a ser utilizada para o confronto entre o indivíduo e problemas de produtividade. Não é útil para identificar o talento potencial de uma carreira e é muito difícil ou impossível utilizá-la como método para fixar o *ranking* de mérito.

Ela dignifica o indivíduo, já que o envolve no processo de determinar aquilo de que necessita para chegar a um melhor desempenho. Como ferramenta, dá suporte ao profissional para criar e implementar sua própria estratégia de crescimento.

Como funciona?

Um processo de *feedback* de sucesso contempla os seguintes fatores:

a) foco no desenvolvimento pessoal;

b) compromisso e participação ativa dos níveis mais altos de gestão;

c) questionário que reflita os valores da organização;

d) assegurar tanto a confidencialidade do processo (*feedback*) como o anonimato dos avaliados;

e) comunicar claramente os objetivos, o processo e como será utilizada a informação;

f) prover reportes claros e facilmente compreensíveis, que interpretem a informação baseada em métodos estatísticos, válidos e relevantes;

g) orientar no sentido de construir planos eficientes para o desenvolvimento; e

h) reconhecer os esforços dedicados à mudança.

A Avaliação 360° constrói um modelo de conduta único e relevante para cada um dos membros de uma organização saudável. Esse modelo se aplica a todos os níveis e funções para mostrar aos gestores como eles devem comparar, item por item, as necessidades que eles mesmos ajudaram a definir.

A negociação e a fuga ao receber o *feedback* são dois dos riscos mais sérios a serem monitorados neste processo. Karl Jung identificou esses dois fatores 90 anos atrás, junto com o choque e a ofensa, como reações naturais diante do *feedback*. As pessoas, ao receberem *feedback,* exploram sempre a possibilidade de parcializar a informação, de fazer cálculos errados, de utilizar critérios irrelevantes ou desinteressar-se de algumas de suas ações, antes de prosseguir psicologicamente até a aceitação e negociar uma mudança. Os passos em questão contribuem para facilitar o progresso.

O plano para ter sucesso com a Avaliação 360°

1. Os níveis mais altos de liderança precisam perceber o "Feedback 360°" como uma iniciativa importante para melhorar o desenvolvimento coletivo, e não como um modismo.

2. Os níveis mais altos de liderança devem participar do processo. Se os executivos seniores não fazem o que o resto da organização está pedindo, o processo jamais terá credibilidade.

3. Todos os níveis devem cooperar no desenvolvimento do processo, criando uma lista de 16 a 20 competências que descrevam os desafios mais complicados, os padrões, para que sejam mais apropriados para toda a organização; que se constituam como modelos de altos padrões; que ajudem a melhorar a cultura organizacional; que sejam expressas de maneira clara, simples e direta, sem superposições nem ambiguidades e que cubram dimensões-chave necessárias para a tarefa do *management*.

4. A empresa deve desenvolver um processo administrativo e a correspondente tecnologia para monitorar a eficiência do sistema.

5. Treinar e desenvolver um grupo de funcionários para dar *coaching*, monitorar e acompanhar.

6. Orientar antecipadamente os futuros avaliadores.

7. Enfatizar continuamente as metas do processo, aperfeiçoar e corrigir a estratégia à medida que se implementa o processo.

Aspectos-chave a considerar

1. Esclarecer as expectativas de todos os níveis que estarão envolvidos.
2. Preparar a organização para o novo processo.
3. Aprender antes do lançamento do processo.
4. Criar questionários que contenham itens válidos e relevantes.
5. Construir resultados positivos, minimizar riscos.
6. Manter o *feedback* orientado em direção ao desenvolvimento, isolado das decisões pessoais e das recompensas e remuneração.

A confiança no processo é fundamental: os avaliadores devem confiar nele e ter certeza de que podem falar, pois não serão identificados. Aquele que recebe o *feedback* (avaliado) deve saber que a utilização dos dados tem como objetivo o desenvolvimento individual e que o processo será algo confidencial entre ele, o avaliador e o *coach*.

A função da Avaliação 360° não é só garantir que o indivíduo tome consciência, como ocorre com muitos outros instrumentos. Ela deve estar orientada para a ação e deve ser seguida de uma análise, de um plano de desenvolvimento, de suporte e de *coaching*. Sem tudo isso, o esforço será em vão.

O conceito de Avaliação 360° tem sido suficientemente testado há dez anos. É hoje uma ferramenta de grande potencial para o desempenho das organizações. Não é uma solução mágica para os problemas de desempenho, mas uma ferramenta que pode contribuir para o bom resultado da organização. Gera maior energia e compromisso que qualquer reengenharia externa ou qualquer iniciativa implementada em curto prazo.

O que conta não é a consciência que os gestores adquirem a respeito deles mesmos, mas o que eles fazem com essa percepção e como irão expandi-la não só para eles mesmos, mas para a organização também.

PRATICANDO

Não sei se você já viveu a experiência de passar pelo *feedback* 360°, mas, independentemente de você tê-la vivido ou não, é importante saber que, além da opinião das pessoas que o avaliam normalmente, também há a avaliação dos clientes internos e externos, de fornecedores de serviços e de interlocutores.

Experimente fazer essa experiência. Você poderá, a partir da "correção" de sua percepção sobre si mesmo, desenvolver vários pontos que o levarão a ser um profissional ainda melhor.

Gestão por competências

Antes de apresentar conceitos sobre esse tema, é importante observar o cenário do ambiente empresarial que levou à *gestão por competências*.

O conceito de competência foi apresentado inicialmente pelo psicólogo David McClelland e vem sendo utilizado com eficácia no mundo dos negócios desde a década de 1970, apesar de ter ganhado notoriedade mais recentemente, quando passou a funcionar como instrumento de estratégia empresarial.[10]

Segundo Ênio Rezende, *competência* é a transformação de conhecimentos, aptidões, habilidades, interesse e vontade nos resultados práticos esperados.[11] Para David Ulrich,[12] *competência* é a soma das habilidades e dos conhecimentos de uma pessoa ou organização. As competências essenciais são o aprendizado coletivo na organização, especialmente em relação à coordenação das diversas habilidades de produção e à integração das diversas tecnologias.

Mas de onde surge a competência?

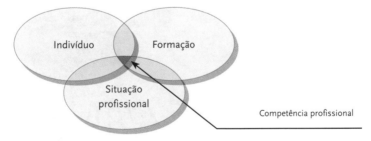

FIGURA 8.2

Onde nasce a competência profissional

Fonte: adaptado de BAPTISTA, 2003 *apud* PIMENTA; BRASIL; SARAIVA, 2006.

---

10. PEREIRA, M. C. B. *Gestão de pessoas*: uma competência essencial alicerçada no processo de educação continuada. Florianópolis: UFSC, 2003.
11. REZENDE, E. *O livro das competências*. Rio de Janeiro: Qualitymark, 2000.
12. ULRICH, D. *Recursos humanos estratégicos*: novas perspectivas para os profissionais de RH. São Paulo: Futura, 2000.

Competências negligenciadas anteriormente pelos gestores, quando estavam mais preocupados com o controle dos empregados, passam a se tornar "a ordem do dia" na busca incessante por ganhos de produtividade e qualidade. A competitividade passa a ser baseada então no fato de formar e desenvolver, a custos menores e de maneira mais rápida, as competências e habilidades individuais necessárias ao lançamento de novos negócios e produtos inovadores, por meio de um processo de educação, capacitação e aprendizagem coletiva da organização.[13]

Além dos conhecimentos e competências técnicas, existe uma demanda enorme pelo desenvolvimento de competências pessoais, como capacidade de trabalhar em equipe, comunicação e liderança.

PRATICANDO

Observe na empresa em que você trabalha, ou que você conhece melhor, quais são as competências demandadas hoje.

Existe no momento quase uma obsessão por competências, o que é refletido nos processos seletivos, de capacitação e de desenvolvimento. Afinal, um dos maiores desafios da empresa é captar e reter pessoas talentosas e comprometidas com os objetivos organizacionais.

FIGURA 8.3
As empresas procuram desenvolver ações e programas para reter os profissionais competentes

13. FLANNERY, T. P; HOFRICHTER, D.; PLATTEN, P. E. *Pessoas, desempenho e salários*: as mudanças na forma de remuneração nas empresas. São Paulo: Futura, 1997.

Quando o processo seletivo é eficaz, conseguindo o talento necessário para o negócio empresarial, evita-se o alto custo das contratações e transtornos na produtividade e no clima do trabalho, o que afasta problemas em todos os níveis.

Apesar da popularidade do conceito de competências e seus benefícios, Green[14] aponta algumas dificuldades que precisam ser superadas para que o trabalho com competências seja eficaz. A essas dificuldades o autor deu o nome de desafios. São cinco os desafios apontados pelo autor:

1. **Participação**: ao definir competências, os executivos não devem fazê-lo de maneira isolada, sem a participação dos funcionários, pois as contribuições fornecidas, além de enriquecer o modelo a ser gerado, fazem as pessoas se sentirem incluídas e coautoras de sua construção.
2. **Medição**: os padrões de avaliação e medição devem ser claros, objetivos e confiáveis para poderem suportar a pressão quando as pessoas não forem selecionadas, promovidas e recompensadas, mesmo tendo tomado alguma decisão acertada ou seguido um processo definido.
3. *Feedback* **negativo**: uma "organização com coragem suficiente para utilizar competências para medir desempenho com certo grau de objetividade irá experimentar conflito quando algumas pessoas não obtêm bom desempenho".[15] Apesar dos dissabores enfrentados por essa medida, ela é fundamental para o trabalho com competências, pois, sem ela, as competências das organizações podem não passar de meras intenções.
4. **Relação com o cargo**: as competências individuais são frequentemente utilizadas para descrever como as pessoas são em termos de personalidade, valores, habilidades e atitudes. Essas descrições de competências, porém, devem estar ligadas às funções desempenhadas pelas pessoas nos cargos. Em alguns países, como os Estados Unidos, existe uma legislação segundo a qual casos e processos adversos oriundos de demandas ligadas ao trabalho só podem ser analisados tendo como referência o cargo. Neste desafio existe um outro subsequente, que é o de realizar entrevistas e elaborar uma análise, já que os cargos estão mudando com muita velocidade.
5. **Despesas**: o desenvolvimento de entrevistas tendo como base as competências e as avaliações para cada tipo de trabalho pode ser oneroso. Existe tecnologia sendo desenvolvida para fazer frente a esse tipo de dificuldade, como formulários a serem usados em computador visando a agilizar os processos de recursos humanos, diminuir custos por meio da varredura de currículos e realização de entrevistas via internet e facilitar o recrutamento e o encontro entre empregador e empregado. Em alguns casos, a tecnologia facilita até o trabalho de grupo, quando

---

14. GREEN, P. C. *Desenvolvendo competências consistentes*. Rio de Janeiro: Qualitymark, 2000.
15. GREEN, 2000, p. 20.

membros podem fazer uma reunião e partilhar opiniões mesmo estando afastados fisicamente.

Ênio Rezende, em *O livro das competências*,[16] afirma que os selecionadores hoje em dia devem adequar seus testes e provas para a verificação das competências requeridas. Por sua vez, escolas e cursos devem adequar seus programas para que sejam capazes de colocar no mercado os profissionais de que as organizações precisam, pois nem sempre o conhecimento adquirido nas escolas é aquele demandado no interior das organizações.

Para estudar se os programas ministrados nas escolas preparavam os alunos para o mercado de trabalho, realizei uma pesquisa que foi publicada em 2003 e será apresentada a seguir.

Considerando a credibilidade de que gozam no segmento educacional, foram escolhidas as seguintes instituições de ensino superior para a realização da pesquisa: Educar, Aprender e Conhecer. Localizadas em Belo Horizonte, Minas Gerais, essas instituições tiveram seus nomes modificados.

A Educar é uma instituição tradicional que foi fundada em 1972 e oferece cursos de graduação e pós-graduação nas áreas de Ciências Exatas, Biológicas e Humanas. Por ocasião da coleta de dados, tinha 2.500 alunos matriculados em seus cursos de graduação.

A faculdade de ensino superior Conhecer foi criada em 1998, mas teve sua origem em uma organização que desenvolve trabalhos na área de educação há cerca de 30 anos. Sua atuação se limitava ao ramo da Administração, mas inovou oferecendo cursos com formatação e abrangência inteiramente diferentes, procurando responder a uma nova realidade de mercado e atender às necessidades de seu público-alvo. Apesar de ser a mais nova das entidades pesquisadas, na ocasião da pesquisa contava com 800 alunos.

A Aprender foi fundada em 1964 e inicialmente tinha um perfil de atuação voltada exclusivamente para a área de Ciências Humanas, principalmente Pedagogia. Ao longo de seus 37 anos de existência, ampliou bastante sua atuação, abrangendo os diversos segmentos do conhecimento e das ciências. Na ocasião da pesquisa, já contava com 10.500 alunos.

Os 104 alunos que participaram da pesquisa estavam no último ano de seus cursos: Administração (Educar), Comunicação Social (Aprender) e Gestão Ambiental (Conhecer).

Os resultados da pesquisa revelaram que o conhecimento fornecido pelas faculdades sobre o mercado de trabalho para o qual os alunos estavam se formando não era suficiente.

....
16. REZENDE, 2000.

Quando perguntados sobre o conhecimento do mercado de trabalho, as respostas dos alunos ficaram como ilustrado na Figura 8.4.

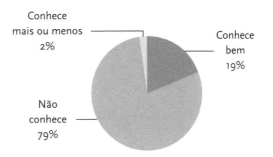

FIGURA 8.4
Conhecimento do mercado de trabalho

Fonte: DADOS PRIMÁRIOS, 2001.

Quando perguntados se as instituições convidam profissionais da área para falar sobre o mercado de trabalho e transmitir conhecimento sobre a realidade profissional, 69% dos alunos responderam que raramente as instituições convidavam profissionais para falar sobre a área de trabalho em que iriam atuar.

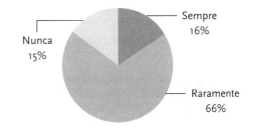

FIGURA 8.5
Convite a profissionais para falar aos alunos

Fonte: DADOS PRIMÁRIOS, 2001.

Na visão dos alunos, a instituição de ensino não estava preocupada com sua colocação no mercado de trabalho. Observe as porcentagens das respostas dos alunos à pergunta sobre a preocupação ou não das instituições com a colocação do aluno no mercado de trabalho.

FIGURA 8.6
Preocupação das instituições de ensino pesquisadas com a colocação do aluno no mercado de trabalho

Fonte: DADOS PRIMÁRIOS, 2001.

Capítulo 8 ■ Paradigmas atuais da gestão de desempenho

Os alunos ainda apontaram, em sua maioria, que as instituições não lhes forneciam conhecimentos suficientes para montar o próprio negócio.

FIGURA 8.7
Fornecimento de conhecimentos, pelas instituições de ensino superior, para montar o próprio negócio

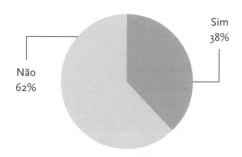

Sim	38%
Não	62%

Fonte: Dados primários, 2001.

Os resultados da pesquisa confirmam as afirmações de Ênio Rezende, como pode ser observado nos gráficos apresentados. Em outras palavras, a análise do comportamento do indivíduo é mais eficiente para determinar o sucesso do futuro profissional selecionado do que suas realizações anteriores e sua formação escolar. A busca por novas competências faz a empresa, por sua vez, pressionar as instituições de ensino e treinamento – que antes atuavam com o enfoque tradicional em um saber às vezes inútil para o mercado – para que adotem o enfoque de desenvolvimento de novas habilidades e conhecimentos aplicáveis.

FIGURA 8.8
Pesquisas revelam que a análise comportamental é mais importante para determinar o sucesso futuro de um profissional do que sua formação e experiência

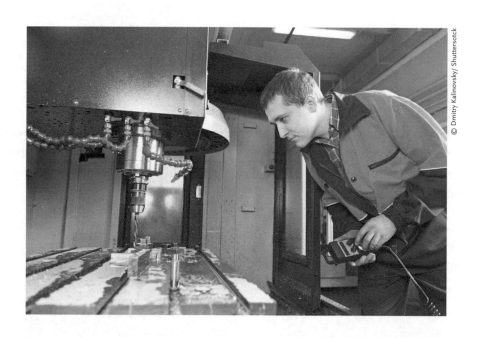

Trabalhar mais profundamente com o conceito da *competência essencial* da organização faz empresários e colaboradores mudarem radicalmente a visão do negócio da empresa.

A *competência essencial* de uma organização, conforme já foi afirmado, é o *aprendizado coletivo* da organização, ou seja, seu *know-how* técnico, aquilo que a empresa sabe fazer bem, de maneira integrada e que a difere de outras empresas.[17] O Quadro 8.3 apresenta exemplos de competências essenciais.

QUADRO 8.3 Exemplos de competências essenciais

Empresa	Competências essenciais
Sony	Miniaturização
Wal-Mart	Gerência de logística
Merck	Descoberta de novos medicamentos
Marriot	Gerência de refeições/instalações
HP	Medição/computação/comunicação
Fiat	Gestão da inovação
Ticket	Gestão de relacionamento com o mercado
TAM	Gestão de serviços Capacidade de estabelecer alianças

A 3M é um bom exemplo de empresa que aplica bem o conceito de competência essencial. Existe um elo comum entre as fitas magnéticas, as fitas adesivas e todos os outros produtos que fabrica: todos têm um revestimento chamado substrato. A 3M entende de substratos e de como podem ser usados sobre papel, poliéster, feltro ou qualquer outro material. O que está sendo dito é que não se deve olhar para uma empresa só como uma carteira de produtos, e sim como um conjunto de forças, capacidades e habilidades. Tais forças podem ser reutilizadas para criar novos negócios.[18]

Esse é um conceito tão importante para a competitividade de uma organização que Gary Hamel e C. K. Prahalad afirmam que as empresas não deveriam ter em seus portfólios apenas produtos e serviços, mas também competências. Eles apontam motivos para isso.[19]

---

17. ULRICH, 2000.
18. PRAHALAD, C. K. Competência essencial. *Cases de Sucesso*. Disponível em: http://casesdesucesso.wordpress.com/entrevistas/competencia-essencial/. Acesso em: out. 2019.
19. HAMEL, G.; PRAHALAD, C. K. *Competindo pelo futuro*: estratégias inovadoras para obter o controle. Rio de Janeiro: Campus, 1995.

Sete motivos para ter competência

O *primeiro* motivo é *evitar a descontinuidade no processo de desenvolvimento do negócio* da organização, pois, com base na definição das competências essenciais, torna-se possível detectar as oportunidades existentes na lacuna de um mercado no qual existam empresas sem competências essenciais claramente identificadas.

O *segundo* se deve ao fato de as *unidades de negócio estarem estruturadas de uma maneira pouco flexível* e ao fato de as pessoas que detêm determinadas competências estarem alocadas em unidades diferenciadas.

O *terceiro* acontece *quando se subdividem as unidades de negócios em partes ainda menores*, fazendo com que as fronteiras dos espaços ocupacionais limitem ainda mais a aprendizagem organizacional, permitindo apenas o aprendizado ligado ao aprimoramento dos produtos finais já existentes.

O *quarto* diz respeito à *concentração dos esforços limitada à participação de mercado*, o que pode levar a empresa a uma dependência perigosa dos fornecedores externos de matéria-prima e colocar em risco a competitividade da corporação.

O *quinto* se deve ao fato de que, *quando o foco é exclusivamente em produtos finais, compromete-se o crescimento futuro da empresa*, porque as competências essenciais de amanhã devem começar a ser desenvolvidas hoje.

O *sexto* é a *falta de definição clara das competências essenciais que alicerçam a competitividade do setor*, pois isso pode fazer com que o posicionamento de mercado da empresa seja ameaçado por uma empresa de outro segmento, que desenvolveu competências para atuar nesse mercado.

O *sétimo* motivo se relaciona ao fato de que as empresas que não tiverem claras suas competências podem, por falta de investimentos nessas competências, *perder habilidades importantes para seu negócio* e, progressivamente, destruir seu valor.

Mas como as competências podem ser adquiridas? O processo para aquisição das competências é constituído de três etapas fundamentais:[20]

1. **Geração do conhecimento necessário**: esse conhecimento pode ser conseguido externamente, tanto por meio da seleção de pessoas que detêm o conhecimento necessário para a organização como por meio do financiamento de pesquisas em universidades e instituições científicas, ou internamente, por meio da criação própria do conhecimento requerido.

2. **Codificação**: consiste em tornar acessível o conhecimento para todos que dele necessitem.

---

20. MARTINS, H. T. *Gestão de carreiras na era do conhecimento*. Rio de Janeiro: Qualitymark, 2001.

3. **Transferência**: diz respeito à transferência e uso do conhecimento. Um exemplo dessa transferência acontece por meio de treinamentos e cursos. As universidades corporativas são outro exemplo que tem sido adotado pelas grandes empresas e vêm substituindo com êxito muitos treinamentos tradicionais.

Segundo Meister, especialista no assunto, a universidade corporativa é um guarda-chuva estratégico para o desenvolvimento e a educação de funcionários, clientes e fornecedores, buscando otimizar as estratégias organizacionais. Além disso, constitui um laboratório de aprendizagem para a organização de um polo permanente.[21]

Muitas vezes a aprendizagem coletiva resulta da interação de pequenos grupos de trabalho, assim como da troca de conhecimentos e experiências entre seus participantes ou com outros grupos de profissionais.

Para que se consiga desenvolver as competências essenciais tão fundamentais para a organização, é necessário que se tenha um modelo de gerenciamento com processos e técnicas definidas. É por esse motivo que as competências em liderança, comunicação e trabalho em equipe se tornaram as mais requeridas no mundo empresarial.

Hamel e Prahalad afirmam que um elemento essencial para que a transformação organizacional tenha sucesso é delegar poder às pessoas; ou seja, o *empowerment*, na visão dos autores, não é um modismo, mas algo que contribui para resultados mais eficazes.[22]

Para que os gestores de recursos humanos consigam fazer toda essa transformação, Pierre Lévy[23] propõe uma árvore de competências.

É na obra desse autor que se fundamenta a proposta da árvore de competências em RH, segundo a qual cada um terá a oportunidade de desenhar sua própria árvore, composta de conhecimentos, habilidades e capacidades. A configuração da árvore será a resultante da conjugação das competências e habilidades que mais atendam às expectativas e aos talentos individuais, com as particularidades da ambiência organizacional.

---

21. Meister, J. C. A. *Educação corporativa*: a gestão do capital intelectual através das universidades corporativas. São Paulo: Makron Books, 1999. p. 8.
22. Hamel; Prahalad, 1995.
23. Lévy, P. *A árvore das competências em RH*. Disponível em: http://www.afgoms.com.br/artigos/competências.htm. Acesso em: 2 abr. 2013.

FIGURA 8.9

Árvore de competências de Pierre Lévy

ÁRVORE DE COMPETÊNCIAS GERENCIAIS EM RH

Paul Green,[24] considerado uma autoridade na área de competências e autor do livro *Desenvolvendo competências consistentes – como vincular sistemas de recursos humanos a estratégias organizacionais*, afirma que a velocidade com que as coisas acontecem no mundo moderno faz que o tempo disponível para o pensamento crítico seja reduzido, mas faz também as empresas aumentarem cada vez mais sua demanda por soluções consistentes, ou seja, passíveis de aplicações práticas.

FIGURA 8.10

As competências individuais alavancam os resultados da organização

24. Green, 2000.

Gestão por competências: aplicações práticas

Apesar de já terem sido descobertas há muito tempo, o ambiente de negócios extremamente competitivo fez que as organizações redescobrissem as competências e as utilizassem como uma estratégia capaz de gerar vantagem competitiva. Utilizadas normalmente como instrumento para prever o desempenho individual, elas também podem prever o desempenho de um grupo ou até de uma organização inteira.

Os tempos modernos demandam soluções e competências consistentes, que suportem a aplicação prática em um mundo de constantes mudanças. Green aponta uma competência capaz de resistir ao teste prático, a *competência comportamental*, que só pode ser observada através do desempenho.[25]

Conceitualmente, o termo "desempenho" é um produto do potencial estimado da pessoa inserida no ambiente organizacional por meio de um processo de trabalho voltado para a geração de um resultado esperado, ao passo que a competência do indivíduo é um conjunto de características e habilidades que levam a pessoa a obter um determinado resultado para o ambiente empresarial.[26]

Observe, na Figura 8.11, como cada pessoa está contribuindo com uma competência.

FIGURA 8.11

Cada pessoa contribui com uma competência

....
25. Green, 2000.
26. Marinuzzi, R. *Ecologia empresarial*. Belo Horizonte: Armazém de Ideias, 1999.

Implantação de um programa de competências

Para a implantação de um programa desse tipo, o *primeiro passo* é a *definição das competências essenciais da organização*, ou seja, quais são as competências que criam valor para a empresa.

Flannery, Hofricht e Platten,[27] no livro *Pessoas, desempenho e salários,* afirmam que o *desempenho de algumas pessoas* nos respectivos cargos é *superior ao de outras.* Considerando esse fato, as *competências necessárias* a cada uma das funções e cargos da organização podem ser levantadas com os profissionais que possuem *as habilidades e competências que levam ao desempenho superior* e, a partir desse levantamento, pode-se verificar o que deve ser feito para se conseguir o desempenho superior.

A Figura 8.12 apresenta um diagrama do contexto organizacional.

FIGURA 8.12 Diagrama do contexto organizacional

Como pode ser observado no diagrama, a competência organizacional resulta da combinação de diferentes habilidades, competências e conhecimentos oriundos dos profissionais da organização.

Para elaborar o quadro de competências, deve-se seguir esta ordem:

- quadro de competências;
- estabelecimento da estratégia organizacional;
- identificação das competências organizacionais; e

---

27. Flannery; Hofrichter; Platten, 1997.

- formulação do quadro de competências funcionais.

Uma vez levantado o *perfil de competências* – processo de atuação (habilidades e comportamentos) –, deve-se:

- traduzir a visão de futuro da organização e seus objetivos estratégicos, decompondo-os em ações;
- criar uma linguagem comum de desempenho, na qual o que, o como e o porquê estejam claros e sejam aceitos pelas pessoas responsáveis pelas ações;
- fornecer subsídios para um plano estratégico de recursos humanos contendo políticas alinhadas com os objetivos de uma organização que aprende; e
- estabelecer uma gestão de desempenho que enfoque os resultados (das pessoas e da organização) e o desenvolvimento das pessoas (pela aquisição, pelo aprimoramento e pelo compartilhamento das competências funcionais e organizacionais).

Para o mapeamento de competências, deve-se:

- definir quais são os profissionais da organização que têm desempenho excelente e colocá-los como um padrão de referência;
- avaliar as pessoas para diagnosticar quais são os *gaps* (lacunas) entre as competências desejadas e a situação atual dos funcionários; e
- definir os *gaps* de competências.

Observa-se, contudo, que conhecimento, características e habilidades muitas vezes são insuficientes, e os profissionais não apresentam o nível de desempenho necessário para que as organizações alcancem os objetivos almejados. Nesses casos, é necessário que os patrimônios humano e cultural sejam identificados em seu potencial para que, por meio de treinamento e qualificação, levem ao aumento de competências e, consequentemente, aos resultados pretendidos.

Há então uma necessidade crescente de reciclagem e aquisição de novas competências consistentes. É premente a criação de uma cultura propícia à aprendizagem permanente e uma política de gestão de pessoas que possibilite a todos atingir a excelência em seu campo de atuação.

Na fase de *implantação*, deve-se seguir os seguintes passos:

- divulgação;
- administração de dados (banco de dados);

- planejamento – políticas de RH;
- avaliação de desempenho;
- desenvolvimento de pessoas e de lideranças; e
- acompanhamento e revisão.

Para ficar mais claro, veja a Figura 8.13.

FIGURA 8.13
Gestão de pessoas por competências

Ao abordarem as maneiras de adquirir as tão almejadas competências organizacionais, Davenport e Prusak[28] afirmam ser fundamental que as empresas criem mecanismos que lhes permitam não só adquirir o conhecimento necessário no ambiente, mas também desenvolver suas próprias redes de conhecimento interno, de maneira formal e informal. Com isso, é possível gerar capital humano e criar vantagem competitiva.

A Figura 8.14 mostra como o processo de geração de capital intelectual acontece.

FIGURA 8.14
Gestão de pessoas por competências: diagnóstico

----
28. DAVENPORT, T. H.; PRUZAK, L. *Conhecimento empresarial*: como as organizações gerenciam o seu capital intelectual. Rio de Janeiro: Campus, 1998.

O modelo de gestão por competências aborda os requisitos de desenvolvimento do funcionário e da gestão de pessoas de maneira integrada. Essa integração refere-se ao grau de correspondência e alinhamento das práticas da gestão de pessoas com as diretrizes estratégicas da organização.

Para ilustrar a importância do modelo de gestão por competências, será apresentado um estudo de caso sobre a implantação desse modelo, ligado, inclusive, à remuneração.

Quanto vale a competência?

ESTUDO DE CASO 8.2

Salários maiores e ascensão profissional. O que a Marcopolo ganha fazendo com que seus operários e executivos saibam como chegar lá.

Jéferson quer o cargo de Solano. Esse poderia ser o mote de uma crônica de intrigas protagonizada por dois personagens anônimos numa empresa qualquer. Mas, ao contrário do que acontece rotineiramente no mundo corporativo, podemos contar, sem puxões de tapete, decisões arbitrárias e picuinhas, a história dos gaúchos Jéferson de Lourenço e Solano Flores, funcionários da área de engenharia da Marcopolo, a maior fabricante de carrocerias para ônibus da América Latina, com faturamento de R$ 1 bilhão em 2001. Cada um deles sabe exatamente a que distância está do próximo passo da sua carreira. Mais: um ajuda o outro a chegar lá. O perfil ideal para os 202 cargos da empresa — detalhados em aspectos técnicos, comportamentais e, no caso dos executivos, até emocionais — está na intranet e em pastas espalhadas em quiosques de duas fábricas da Marcopolo de Caxias do Sul, na serra gaúcha.

O enredo, no entanto, já foi bem diferente. Até 1996, a descrição de cargos na empresa se resumia a meia dúzia de palavras sobre as tarefas reservadas a quem os ocupasse — esquecida nas gavetas do departamento de recursos humanos. "Os aumentos salariais, por exemplo, seguiam critérios do chefe imediato", diz José Rubens de La Rosa, diretor-geral da Marcopolo. "Havia arbitrariedade e distorções".

O que separa a Marcopolo do passado da do presente é uma espécie de revolução organizacional que a tornou um exemplo — complexo e ainda inacabado — de como uma empresa pode depurar os processos de recursos humanos por meio da gestão por competências. Esse modelo vem chamando a atenção de companhias como a

Vale do Rio Doce, a Nestlé e o Pão de Açúcar desde meados dos anos 1990. Consiste, em primeiro lugar, em criar para cada cargo um perfil alinhado com as estratégias da empresa e desmembrado não apenas nas credenciais acadêmicas ou em experiências profissionais, mas também em características de comportamento individual e de personalidade. A partir daí, é possível desenvolver parâmetros para balizar os processos de recursos humanos, da seleção à remuneração.

A base teórica da gestão por competência está nas pesquisas conduzidas nos anos 1970 pelo psicólogo americano David McClelland, da Universidade Harvard. A premissa de McClelland: ao fazer uma contratação, indicadores de comportamento são mais eficientes para determinar o sucesso futuro de um profissional do que suas realizações anteriores e sua formação escolar. "A empresa ganha porque erra menos ao contratar e promover, orienta os treinamentos para o que realmente interessa e cria um ambiente mais transparente", diz Senir Fernandez, sócio da consultoria de recursos humanos Mercer. "E os funcionários ganham instrumentos para planejar a própria carreira."

Bem, mas o que isso significa para uma corporação que atualmente conta com 8.857 funcionários distribuídos em 202 cargos, quatro fábricas pelo país e cinco no exterior (Argentina, Colômbia, México, Portugal e África do Sul)? "Trabalho, muito trabalho", diz Paulo Ricardo Smidt, gerente de recursos humanos da Marcopolo.

O primeiro passo, dado há seis anos, foi sair a campo e conversar com os funcionários. A área de recursos humanos montou uma equipe que passou meses circulando pela empresa. Só com soldadores foram feitas mais de 100 entrevistas. "Queríamos conhecer o perfil das pessoas e quais eram as relações entre elas", diz Osmar Piola, coordenador de recursos humanos que acompanhou de perto as conversas. Uma das primeiras descobertas foi a de que não seria fácil convencer os chefes, até então todo-poderosos, a assumir um novo papel – o de avaliadores de perfil e treinadores. Essa percepção definiu o escopo inicial do projeto. Em vez de começar de uma vez em toda a corporação, o modelo de competência passou a ser aplicado em 1997 para o pessoal de fábrica, no ano seguinte, para os funcionários de áreas administrativas, e num formato diferente, para os executivos em 2000. "Não queríamos criar um choque cultural, porque não acreditamos em mudanças bruscas", diz Smidt. "Aos poucos os próprios chefes perceberam que o modelo de competências dá ferramenta para ajudá-los."

Por outro lado, alguns funcionários ficavam receosos ao descobrir que estavam, por vezes, aquém do que deveriam para ocupar seus cargos. Nesse caso, a insistência na comunicação foi fundamental. Ao mesmo tempo, a empresa tomou o cuidado de programar treinamento para suprir deficiências específicas detectadas nas avaliações.

O esforço de comunicação foi deflagrado logo nos primeiros meses em que o projeto começou a ser desenvolvido e permaneceu até três anos após a implantação do modelo. Cada um dos 49 cargos de chão de fábrica foi desdobrado em até cinco módulos definidos por quatro aspectos: tarefas (por exemplo, liderar), conhecimentos (dominar boas práticas de liderança), competências (aplicar boas práticas de liderança) e eficácia (liderar bem para um objeto específico). Para cada módulo agregado, há um incremento salarial de 8% a 10%. As avaliações de perfil são realizadas uma vez por ano. "Mesmo com a comunicação inicial, as pessoas continuaram a não entender o que era", diz Smidt. "Só com o dia a dia os conceitos foram aos poucos absorvidos."

Até 2000, os executivos da área de recursos humanos sorteavam diariamente oito funcionários para uma entrevista individual. As perguntas buscavam fazer o funcionário pensar nos próximos passos de sua carreira e em como poderia galgá-los usando como referência os perfis e as avaliações de competências. Esses perfis e os mapas de carreira — organogramas divididos por áreas — foram espalhados pela fábrica e também estão na intranet.

Atualmente, é possível ouvir os operários da Marcopolo falando com naturalidade de competências, crescimento e gestão de carreira — termos até pouco tempo estranhos entre eles. "Cresci um montão", diz Paulo Sérgio de Souza, montador especializado da maior fábrica da empresa, situada no bairro de Ana Rech, em Caxias do Sul.

"Sei que tenho espaço para crescer mais. Depende de mim." Nos últimos cinco anos, Souza recebeu cinco reajustes de salário por ter passado sucessivamente de um módulo de competências para outro. Aos 35 anos, ele acaba de concluir um curso de auditor das normas ISO, que a empresa aceitou custear a seu pedido, quando esteve envolvido em um projeto de qualidade. Jéferson de Lourenço, de 23 anos, está no primeiro módulo do cargo de analista de tempos e movimentos. Preparando-se para o próximo, aproveita as raras horas vagas para "colar" nos colegas mais experientes, como o analista de tempos e movimentos do módulo quatro, Solano Flores, também de 23 anos. "Não tenho problemas de ajudar o Jéferson porque também tive ajuda para chegar aonde estou", diz Flores. "E principalmente porque sei que estou me preparando para o meu próximo passo."

Alguns dos valores mais importantes por trás de casos como os de Souza, Lourenço e Flores são iniciativa e autodesenvolvimento. "Não é raro os funcionários se oferecerem como voluntários para cursos, em vez de esperarem a empresa providenciar um para todos os colegas de cargo", diz Piola. Outra mudança importante é que os programas surgem da avaliação do perfil dos profissionais, que torna as falhas de competências visíveis".

Dar poder aos funcionários para planejar a ascensão dentro da empresa não teria sentido, no entanto, sem um programa de recrutamento interno eficiente. Antes do modelo de competências, a seleção começava por indicações pessoais, a critério do responsável pelo preenchimento da vaga. Há dois anos, todas são divulgadas, em primeiro lugar, para os funcionários da casa, nos murais fixados nos corredores. Até agora cerca de 1.500 já se candidataram, sendo que 200 já conseguiram a vaga.

No caso dos executivos, o modelo de competências é um pouco diferente. O perfil dos 62 cargos foi mapeado segundo três espécies de competências: acadêmicas, profissionais e emocionais. Há oito itens para cada tipo de competência, cada um com peso diferente. Enquanto as duas principais competências emocionais de um gerente de *marketing* são influência e comunicação, as de um gerente de engenharia são as habilidades de agregar o funcionário em torno de projetos específicos e de liderança para mudanças. Na avaliação de perfil, uma série de perguntas práticas indica em que grau o executivo manifesta cada uma das competências.

Isso não quer dizer que o sistema por competências esteja completamente livre de subjetividade. "Um ponto crítico nesse tipo de gestão, especialmente no caso dos executivos, é criar padrões de avaliação para competências intangíveis", diz Fátima Marques, da consultoria Hay. "O que é ter um bom relacionamento com a equipe para um, talvez não seja para o outro." Uma maneira de tentar eliminar o efeito da interpretação pessoal na avaliação é fazer com que ela passe por três crivos: do próprio avaliado, do chefe imediato e do comitê. No caso dos supervisores, o comitê é composto de todos os gerentes. No caso dos gerentes, é composto de todos os diretores. As avaliações servem como base para identificar os candidatos a sucessores para determinados cargos considerados estratégicos.

"Não estendemos o programa de sucessão para todos os 62 cargos executivos porque seria um desgaste desnecessário", diz Irina Eberhardt, coordenadora de recursos humanos da Marcopolo. "Decidimos focar apenas os mais estratégicos." [...] Conforme muda a estratégia da empresa, a lista pode mudar. Para definir os eleitos, foram definidos nove critérios, como dificuldade de encontrar o profissional no mercado. Atualmente, há 130 sucessores participando do programa.

Desde o início do ano passado, essa turma frequenta um curso, montado em parceria com a Fundação Getúlio Vargas de São Paulo, especialmente para suprir algumas falhas de competências, como liderança e capacidade de mudar. A conclusão deverá ocorrer em 2004. O curso também reforça o papel de *coach* dos líderes.

"Tem gente que batalha para entrar no programa", diz Paulo Corso, gerente de vendas da Marcopolo. "E outros não saem do lugar." Deste ano em diante, cada avanço nas competências valerá pontos no programa de bônus anual. "Nesse caso, o modelo variável é mais eficiente que a remuneração fixa", diz Irina. "É que as competências dos executivos variam mais à medida que mudam as estratégias."

Nos últimos meses, os executivos da Marcopolo se concentraram em difundir a prática de gestão por competências entre funcionários da fábrica de peças de São José dos Pinhais, no Paraná. Os das outras unidades, espalhadas pelo mundo, devem ficar para 2004.

Quer dizer que a missão na sede está cumprida? Não. "Um dos piores escorregões num projeto de gestão por competência é deixá-lo parar no tempo", diz Marcelo Alfieri, diretor da consultoria de recursos humanos americana Watson Wyatt. Recentemente, a mudança no perfil do cargo de gerente de suprimentos da Marcopolo – agora gerente de aquisição e logística – fez com que todas as competências fossem revistas. "É trabalhoso", diz Smidt. "Mas vale a pena."

Quem é quem

A Marcopolo detalhou o perfil ideal para cada um de seus 202 cargos em competências técnicas, comportamentais e, no caso dos executivos, até emocionais. Veja como, a partir dessa nova referência, a empresa reorientou os principais processos de recursos humanos.

	ANTES	DEPOIS
Seleção	• A avaliação do candidato a emprego levava em conta apenas credenciais acadêmicas e realizações em outras empresas. Não havia a preocupação de saber se o perfil de comportamento se harmonizava com a cultura da Marcopolo • A procura começava normalmente com indicações pessoais, a critério do responsável pelo preenchimento da vaga	• O perfil desejado para os cargos é uma baliza para avaliar novos candidatos. Aspectos sutis, como as características emocionais, passaram a ser verificados com o uso de técnicas como a grafologia • As vagas são abertas, em primeiro lugar, para recrutamento interno. O motivo: dar oportunidade para quem planeja ascender dentro da empresa
Treinamento	• Temas e periodicidade eram definidos segundo o cronograma da área de recursos humanos • Alguns chefes conversavam com seus subordinados sobre carreira. Mas não tinham argumentos para comentar o perfil pessoal e profissional	• Os programas surgem da avaliação do perfil dos profissionais, que tornam as falhas de competências visíveis • Todos os chefes, mesmo supervisores de chão de fábrica, são *coaches*. Além de diagnosticar pontos fracos, indicam caminhos para a evolução dos subordinados
Promoção	• Resultava exclusivamente da decisão do chefe direto, o que abria espaço para paternalismos e arbitrariedades • Os funcionários não tinham como planejar a própria carreira, já que não sabiam como dar o próximo passo	• Os cargos de chão de fábrica foram divididos em até cinco estágios de competência. A passagem de um nível para outro é definida com os supervisores. No caso dos executivos, há um programa de sucessão. Os sucessores prováveis são identificados por meio de avaliações de perfil • O perfil de cada cargo e os 16 mapas de carreira – do chão de fábrica à diretoria – estão disponíveis na intranet e em pastas distribuídas em quiosques nas fábricas
Remuneração	• Os salários variavam por cargo, segundo as tarefas executadas. Como não havia critérios claros para aumentos, havia gente na mesma função ganhando mais que os colegas – e ninguém conseguia explicar o motivo	• Para o pessoal operacional, a remuneração fixa está atrelada às competências, com diversos patamares em cada cargo. Para ganhar mais, é preciso desenvolver novas competências. Os executivos deverão receber, a partir deste ano, além de bônus por desempenho, um variável por competências

> **COMENTÁRIO DE CONSULTORIA**
>
> A implantação de uma ferramenta como a gestão por competências pode ocasionar uma mudança expressiva nos resultados organizacionais. Mas, para ter êxito, vale lembrar que é sempre importante analisar a cultura da organização, porque a gestão por competências precisa do suporte de uma gestão estratégica de recursos humanos e uma comunicação clara e transparente.

QUESTÕES

1. Identifique as principais diferenças entre o *feedback 360°* e os métodos tradicionais de avaliação de desempenho.

2. Explicite os fatores importantes a serem considerados na realização do *feedback 360°* e descreva as etapas a serem seguidas para se obter êxito nesse tipo de avaliação de desempenho.

3. Descreva a diferença entre competência essencial e competência pessoal no âmbito da organização.

4. Explique o que pode ser feito para a aquisição de competências na organização.

5. Descreva as etapas para a implantação de um modelo de gestão por competências.

6. Explicite as vantagens e desvantagens da gestão de competências na Marcopolo com base no estudo de caso apresentado.

CAPÍTULO 9

Remuneração tradicional: cargos, salários e benefícios

> Nosso desafio com este capítulo é:
>
> - Identificar os procedimentos necessários à estruturação dos cargos e salários em empresas.
> - Descrever as etapas necessárias à elaboração de um plano de cargos e salários.
> - Definir as atribuições inerentes a um cargo e os requisitos necessários para sua ocupação.
> - Conhecer os métodos mais empregados na avaliação de cargos.
> - Analisar o papel dos benefícios como parte da remuneração e nas relações trabalhistas.
> - Compreender a aplicabilidade dos benefícios para a melhoria da qualidade de vida dos funcionários.

> É importante ter um sistema de cargos, salários e benefícios que, na percepção do funcionário, seja um fator de recompensa pelo trabalho realizado?

Cargos que representem as atividades e funções requeridas para um desempenho empresarial adequado servem como ponto de partida para que a organização alcance os resultados almejados.

Como retribuição pelas atribuições exercidas nesses cargos, o trabalhador recebe um salário, que serve como balizador de toda a relação de emprego.

Na percepção do funcionário, no que diz respeito ao que ele está recebendo em troca de seu trabalho, pode repousar a ideia de reciprocidade ou de disparidade, o que irá afetar suas contribuições ao longo do tempo.

Daí a importância de se estabelecer uma estrutura de cargos e salários que esteja integrada ao negócio, à realidade de mercado e às necessidades internas do funcionário e da organização.

Os benefícios a que fazem jus os funcionários complementam o salário recebido e auxiliam na manutenção da harmonia e da composição de recompensa pelo trabalho realizado.

A análise criteriosa e integrada do negócio, junto com a elaboração de políticas de remuneração justas que contemplem interesses mútuos, construirá o equilíbrio necessário nas relações sociais da organização.

CONTEXTUALIZANDO

Existem várias teorias sobre o dinheiro como fator de motivação e recompensa. "Praticamente todos os estudos sobre a importância da remuneração comparada a outras possíveis recompensas mostraram que ela é importante. Aparece consistentemente entre as cinco principais recompensas."[1] É relevante ressaltar, porém, o fato de que o dinheiro é visto de maneira diferente em diversas culturas.

Remunerar é dar ao empregado um pagamento financeiro, uma recompensa pelo trabalho realizado, que funcionará como um fator de motivação futura.[2]

As recompensas recebidas pelo funcionário são compostas de três partes:[3]

1. **Remuneração fixa**: também chamada de salário-base, corresponde ao valor mínimo que o funcionário recebe a cada mês e serve de referência para cálculos trabalhistas.

2. **Remuneração variável**: inclui bônus, comissões, planos de participação nos lucros ou resultados.

3. **Benefícios**: também denominados remuneração indireta, compreendem benefícios obrigatórios por lei, como 13° salário, e benefícios que a organização concede espontaneamente, como assistência médica, refeição e planos de previdência privada.

---

1. Beer, M.; Walton, R. Sistema de recompensa e o papel da remuneração. In: *Gestão de pessoas, não de pessoal* [Nota da Harvard Business School]. São Paulo: Campus, 1997. p. 22.
2. Megginson, L. C; Mosley, D. C.; Pietri Jr., P. *Administração*: conceitos e aplicações. São Paulo: Harbra, 1998.
3. Pearson Education. *Administração de recursos humanos*. São Paulo: Pearson Education do Brasil, 2010. p. 166.

O *salário* é a recompensa monetária que o trabalhador recebe por estar trabalhando para alguém, e o *benefício* é aquilo a que se tem direito por estar empregado.

Um plano de remuneração, para ser eficaz, exige três tipos de decisão:[4]

1. **Nível salarial**: a escolha de ser uma empresa que vai praticar remuneração alta, média ou baixa em relação ao mercado, uma vez que a remuneração é um dos custos mais altos de uma empresa. A remuneração baixa pode ser um objetivo financeiro de curto prazo. Praticar alta remuneração vai garantir a atração de talentos para o negócio. Ter a liderança em remuneração pode ser importante quando existe pouco desemprego e competição acirrada.
2. **Estrutura salarial**: escolher como vai precificar os diferentes cargos. Na empresa, cargos parecidos geralmente são agrupados em famílias. Estabelece-se para cada família uma escala de pagamento com piso e teto.
3. **Decisões individuais de remuneração**: decidir como remunerar de maneira diferente cargos parecidos na mesma família. Essas decisões são tomadas de duas maneiras. A primeira diz respeito ao fato de pessoas de mesmo cargo poderem ter tempos de serviço distintos. A segunda decisão considera que, apesar de terem o mesmo cargo, as pessoas podem ter desempenhos diferentes e quem é melhor deve receber mais.

Estruturação de cargos e salários

Para que a remuneração seja um fator que agregue valor ao negócio, é essencial que a empresa apresente uma estrutura de cargos e salários coerente com os valores da organização e compatível com o mercado no qual opera.

É muito desanimador para um profissional que trabalha em uma empresa sem estrutura de cargos e salários claramente definida ficar sabendo que seu colega do lado, o qual exerce exatamente a mesma função, recebe mais, por ser amigo de um dirigente ou simplesmente porque não existe uma estrutura salarial na empresa.

A seguir é apresentado um exemplo de uma situação real com a qual os consultores ainda se deparam, felizmente em raras ocasiões, mas que elucida bem a importância de uma administração de cargos e salários.

Uma empresa familiar X, da área de construção, contratou os serviços de consultoria para elaboração de um plano de cargos e salários. Na fase de coleta de dados, os consultores descobriram que um motorista que dirigia para a diretoria ganhava mais que o engenheiro da companhia.

---

4. BATEMAN, T. S.; SNELL, S. A. *Administração*. Porto Alegre: AMGH, 2012. p. 173.

O que acontecia nessa empresa, na verdade, é que existia uma relação afetiva e de gratidão pelos serviços prestados pelo motorista há muitos anos, o que fazia a diretoria aumentar de bom grado seu salário pelo fato de observar constantemente seu bom desempenho. Como não existia uma estrutura salarial clara e formalizada na empresa, nem uma relação mais próxima do engenheiro com a diretoria, aconteceu essa forte distorção.

Não é que o trabalho de um profissional seja mais importante que o do outro. Não se trata disso, pois todas as funções têm sua importância. Porém, se a análise é feita sob o ponto de vista da complexidade de conhecimentos e atribuições exigidas para o cargo de engenheiro e sob o ponto de vista da estrutura hierárquica da empresa, o caso em questão não tem muita lógica.

Termos a serem utilizados em cargos e salários

Política salarial

Estabelecimento de uma diretriz na gestão salarial da empresa, que é definida a partir de reuniões e entrevistas com a direção e que contempla princípios e valores que nortearão o plano de cargos e salários.

Coleta de dados

Levantamento de dados por meio de questionários e entrevistas, para fornecimento de subsídios para a análise de cargos.

Análise de cargos

Análise do material coletado, estabelecendo-se as atribuições dos cargos, experiência e conhecimentos necessários à sua ocupação.

Descrição de cargos

Descrição das funções e tarefas, com o estabelecimento de pré-requisitos para a ocupação do cargo, obedecendo-se à estrutura organizacional e inserindo-se nela.

Avaliação de cargos

Procedimento de hierarquização de cargos por ordem de importância, atribuindo-se valores aos cargos conforme a metodologia de avaliação escolhida, visando a evitar efeitos negativos de decisões subjetivas e arbitrárias no campo salarial.

Pesquisa salarial

Pesquisa no universo/referência composto pelas empresas que possuem atividades semelhantes e mesmo porte (pequena, média ou grande empresa com cargos semelhantes).

Estrutura salarial

Estabelecimento de uma estrutura salarial resultante da avaliação de cargos, pesquisa e política salarial. Definem-se vários níveis salariais a serem praticados.

Critérios de enquadramento

Regras para posicionamento do funcionário na tabela salarial.

Neste momento, é interessante apontar os principais objetivos da empresa ao elaborar e estruturar um plano de cargos e salários. São eles:

- estabelecer conhecimentos e habilidades profissionais que facilitem os processos de administração de recursos humanos;
- definir as atribuições inerentes a cada cargo e os requisitos exigidos para o desempenho adequado do profissional no cargo;
- compatibilizar as atribuições dos cargos com as atividades que levam à realização plena da missão institucional da empresa;
- hierarquizar os cargos de maneira que os pesos relativos reflitam equidade; e
- determinar uma estrutura salarial com remuneração compatível com o mercado.

Plano de cargos e salários

O processo de elaboração de um plano de cargos e salários (PCS) acontece como apresentado na Figura 9.1.

FIGURA 9.1
Processo de elaboração do PCS

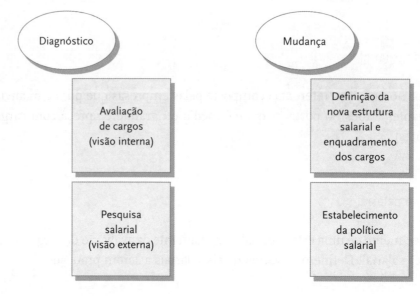

Fonte: PEARSON EDUCATION, 2010, p. 180.

Para a elaboração de um plano de cargos e salários, o primeiro passo é fazer a coleta de dados para sabermos qual é a situação dos cargos e salários da organização.

Existem métodos diferentes para fazer essa coleta de dados; os mais comuns são questionários, entrevistas, observações ou uma mistura desses métodos.

Escolhido o método, fazem-se o levantamento e o estudo da documentação pertinente à empresa, verifica-se a situação da administração de recursos humanos, toma-se conhecimento das políticas e diretrizes institucionais, procede-se ao levantamento dos cargos existentes e verifica-se a existência de alguma lacuna, na qual deverão ser criados novos cargos ou extintos outros.

A análise de cargos pressupõe o estudo e a definição de responsabilidades envolvidas e de condições e requisitos exigidos pelo cargo para desempenho adequado do profissional nesse cargo, estabelecendo-se atribuições, níveis de experiência e conhecimentos necessários para sua ocupação.[5]

As partes que compõem o cargo são ocupadas em dois conjuntos:

----
5. PEARSON EDUCATION, 2010, p. 64.

1. **descrição de cargo**: refere-se às funções e tarefas desempenhadas pelo ocupante do cargo; e

2. **especificação do cargo**: refere-se às características que uma pessoa deve ter para ocupar o cargo

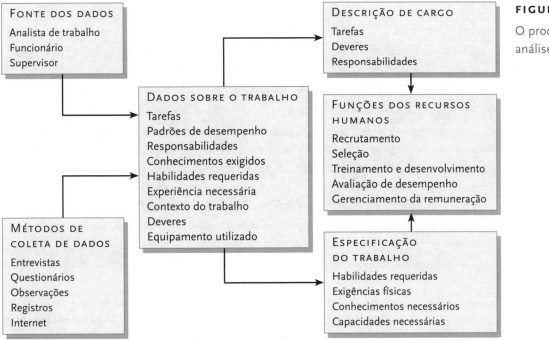

FIGURA 9.2
O processo de análise de cargo

Fonte: BOHLANDER; SNELL, 2011, p. 129.

O próximo passo é a *descrição de cargos*. Com base nas informações obtidas na fase de coleta de dados, elaboram-se a descrição e a especificação dos cargos e funções, indicando-se suas atribuições, além dos requisitos necessários para seu desempenho.

A definição da estrutura dos cargos que compõem a organização tem como finalidade a divisão de responsabilidades e a atribuição de papéis relativos à execução de cada grupo de atividades necessárias à obtenção dos objetivos estratégicos, táticos e operacionais da empresa.[6]

A descrição de cargos contempla os aspectos referentes ao próprio cargo, e a análise de cargo contempla aspectos extrínsecos, ou seja, referentes ao contexto e ao ambiente.

---

6. CARVALHO, I. M. V. et al. *Cargos, carreiras e remuneração*. Rio de Janeiro: FGV, 2011. p. 78.

> **PRATICANDO**
>
> Imagine que você está encarregado de contratar alguém para tocar violão no barzinho de um amigo seu.
>
> **Análise do cargo do violonista a ser contratado**
>
> A **tarefa** principal dessa pessoa vai ser tocar violão. A **função**, que é um conjunto de tarefas, vai envolver coisas como escolher as músicas adequadas para tocar para o público-alvo, ensaiar, afinar o violão alguns minutos antes; enfim, fazer todas as tarefas que o cargo requer.
>
> O violonista deverá ter a **responsabilidade** de chegar ao barzinho antes da hora marcada para o *show*, trazer o material necessário para apresentar seu repertório com propriedade, inclusive as partituras de músicas que normalmente os clientes pedem que sejam executadas, entre outras coisas. Na hora de selecionar essa pessoa, você vai explicar a ela as **condições de trabalho** necessárias para ocupar o cargo de violonista no barzinho (deverá, por exemplo, ter disponibilidade para trabalhar aos sábados, domingos e feriados, com uma folga durante a semana, se quiser o emprego).

A descrição de cargo é um processo que consiste em enumerar as tarefas ou atribuições que compõem um cargo e que o tornam distinto de todos os outros existentes na organização. A descrição de cargo contém o detalhamento das atribuições ou tarefas do cargo (o que o ocupante faz), a periodicidade da execução (quando faz), os métodos utilizados pelo funcionário para a execução dessas atribuições ou tarefas (como faz) e os objetivos (por que faz). É, basicamente, um levantamento escrito dos principais aspectos significativos do cargo e dos deveres e responsabilidades envolvidos no desempenho do profissional nesse cargo.

Existem alguns métodos que são muito utilizados na coleta de dados e informações para a elaboração da descrição e da análise de cargo.

Os principais são a entrevista, o questionário, a observação e o método misto, que, como o nome diz, é composto desses instrumentos de coleta de informações já mencionados (entrevista, questionário e observação).

Conforme já foi abordado no Capítulo 4, ao elaborar a descrição de cargo temos a descrição da tarefa e da função, como pode ser observado na Figura 9.3, para auxiliar na elaboração da descrição.

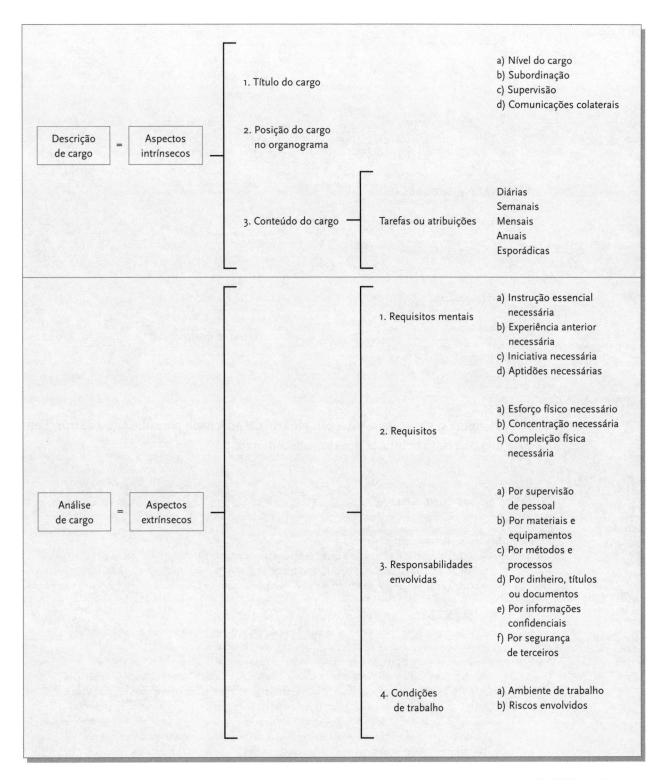

FIGURA 9.3

Descrição e análise de cargo

FIGURA 9.4
Descrição de cargo

DESCRIÇÃO DO CARGO _____	Setor:

Descrição sumária:

Descrição detalhada:

ANÁLISE DO CARGO

Responsabilidades envolvidas:

Condições de trabalho:

Perfil profissional:

Requisitos:

Aptidões específicas e habilidades:

A Figura 9.5 apresenta um exemplo real desenvolvido por solicitação de um cliente que precisava contratar um gerente comercial.

FIGURA 9.5
Exemplo de descrição de cargo

GERENTE COMERCIAL .... Setor: Comercialização

Descrição sumária
- Planejar, coordenar e gerenciar a área comercial, ampliando a participação lucrativa nos mercados tradicionais e buscando novas oportunidades de negócios, por meio de alianças estratégicas, visando à abertura de novos territórios nos mercados interno e externo.

Descrição detalhada
- Estabelecer o plano anual de vendas, por meio de procedimentos inerentes à área comercial, visando à lucratividade, perpetuação e expansão do negócio.
- Pesquisar, sugerir e propor o desenvolvimento de novos produtos, por meio de análise do mercado, visando a maximizar o potencial de fabricação das instalações industriais existentes.
- Expandir os negócios, por meio de alianças estratégicas comerciais com outras empresas que permitam a expansão das vendas no Brasil, visando a maximizar o faturamento da empresa.
- Planejar o lançamento de novos produtos, juntamente com a assessoria de *marketing*, por meio de estudo de mercado, visando a manter e ampliar a participação conquistada pela empresa.
- Projetar o nome da empresa nos círculos empresariais, comerciais, financeiros, sociais e governamentais, visando a um crescimento equilibrado e à perpetuação da marca da empresa.
- Executar outras tarefas correlatas, a critério da superintendência de operações.

Responsabilidades
- Cumprir e fazer cumprir o plano de objetivos e metas para a sua área.
- Zelar pelo melhor e mais lucrativo desempenho comercial do negócio.
- Manter e elevar os padrões de qualidade dos produtos existentes.
- Renovar as linhas de produtos permanentemente.
- Manter a superintendência de operações e a diretoria informadas sobre as atividades da área.
- Zelar pela boa imagem e pela marca da empresa.

Condições de trabalho
- Atividades de contatos internos e externos, sujeitas a pressão de tempo e do mercado.
- Viagens nacionais e internacionais.
- Esforço mental: grande.

Perfil profissional
Requisitos
- Formação de nível superior: pós-graduado em Marketing ou Administração.
- Experiência mínima: 4 (quatro) anos atuando em cargo semelhante no mercado, ou na área de Marketing.
- Conhecer profundamente os modernos métodos de gestão empresarial nos campos mercadológico e comercial.
- Ter conhecimento em informática.
- Não desempenhar atividades conflituosas com os interesses da empresa.

Aptidões específicas e habilidades
- Ser bom negociador, ousado, dinâmico, criativo, estrategista, ágil nas decisões, líder educador, leal e ético.
- Ter habilidade para trabalhar em equipe, gerenciar pessoas e delegar tarefas.

FIGURA 9.6

As responsabilidades e as condições de trabalho serão fatores fundamentais na procura de um perfil adequado para o cargo

Após todos os cargos serem descritos, eles serão agrupados em um único volume denominado *Manual de descrição de cargos*.

O terceiro passo para a elaboração do plano de cargos e salários é a avaliação de cargos.

> Avaliação de Cargos existe para que se possa entender, na empresa, o nível de complexidade e responsabilidade das funções existentes, ou seja, para que se possa entender o tamanho de cada cargo com base na descrição elaborada e consequentemente compará-lo aos demais cargos da estrutura em termos da sua relevância para a organização.[7]

A avaliação de cargos tem como objetivo atribuir um valor relativo para cada cargo, estabelecendo uma estrutura hierárquica e equitativa internamente, que irá permitir a determinação consistente dos salários a serem pagos, evitando, também, o efeito negativo das decisões arbitrárias no campo salarial. É um processo de analisar e comparar o conteúdo dos cargos, estabelecendo para cada cargo um valor relativo, em comparação com os demais cargos de uma instituição, e criando uma hierarquia por ordem de importância e valoração.

De modo geral, nesta etapa do plano de cargos e salários são realizados os seguintes procedimentos:

- identificação de parâmetros para avaliação dos cargos compatíveis com os princípios e valores da empresa;
- conceituação dos parâmetros;
- estabelecimentos de pesos ou valores relativos para os parâmetros;
- avaliação dos cargos; e
- estabelecimento da matriz de cargos.

O resultado de uma avaliação de cargos é a criação de uma estrutura hierarquizada de cargos.

Para a formação dessa estrutura de cargos, é necessário fazer a comparação de um cargo com outro, observando-se critérios que reflitam equidade e justiça.

Apesar de, ainda neste momento, não haver referência alguma à questão salarial, a avaliação de cargos terá, posteriormente, implicação na estrutura de salários.

Para estabelecer essa estrutura hierárquica dos cargos existem diversos métodos.

....
7. CARVALHO, 2011, p. 85.

> **PRATICANDO**
>
> Para esclarecer a avaliação de cargos, podemos fazer uma analogia com a correção de uma prova.
>
> O professor, ao corrigir as provas de determinada turma, atribui notas para os alunos e isso vai gerando uma hierarquia. Os alunos que tiverem notas mais altas estarão no topo dessa hierarquia. No caso da avaliação de cargos, acontece algo semelhante. É como se fosse dada uma nota para cada cargo, e assim se vai "desenhando" seu posicionamento na estrutura organizacional.

Métodos de avaliação de cargos

Os métodos de avaliação de cargos se dividem em dois grupos: quantitativos e qualitativos.

Os métodos quantitativos comparam os cargos com uma escala de padrões descritivos, ao passo que os métodos qualitativos comparam os cargos entre si.

	Comparação não quantitativa	Comparação quantitativa
Base de comparação	(Cargo como um todo)	(Partes de fatores do cargo)
Cargo *versus* cargo	Classificação de cargos ou distribuição de cargos em grades	Comparação de fatores
Cargo *versus* escala	Hierarquização de cargos	Sistema de pontuação

TABELA 9.1
Comparação entre sistemas de avaliação de cargos

Fonte: IVANCEVICH, 2009, p. 312.

O método qualitativo mais utilizado é o método descrito a seguir.

Método de avaliação por escalonamento

A avaliação é feita comparando-se os cargos dois a dois, levando-se em consideração a descrição de tarefas de cada um deles. Essa avaliação é efetuada por uma comissão representativa das diversas áreas da instituição.

Este método, em sua concepção básica, *não considera outros aspectos além da descrição de cargos*. Os passos para a avaliação de cargos por escalonamento são:

- definir critérios de comparação (avaliação por comitê);
- estabelecer os cargos-chave (mais importantes para a empresa); e
- hierarquizar os cargos formando níveis (em ordem crescente ou decrescente).

No exemplo a seguir, a avaliação de cargos foi desenvolvida por meio da análise das atividades, requisitos e responsabilidades de cada cargo contido nas descrições de cargos – descrições essas elaboradas a partir dos dados obtidos na coleta de dados.

Os cargos-chave foram escalonados levando-se em consideração os seguintes itens:

- formação necessária para ocupar o cargo;
- experiência para o pleno exercício da função;
- importância relativa do cargo na empresa; e
- outros conhecimentos necessários para o desenvolvimento da função.

Os cargos-chave escolhidos pela empresa Recriar (nome fictício) são:

- motorista;
- recepcionista;
- telefonista;
- auxiliar de serviços gerais;
- agente administrativo;
- encarregado de pessoal;
- operador de computador;
- administrador;
- analista de sistemas;
- chefe de serviço financeiro;
- gerente comercial.

Como pode ser observado no quadro do resultado da comparação entre cargos, aqueles *não escolhidos* como cargos-chave *foram interpolados* a estes segundo os critérios já mencionados: experiência, formação, importância relativa na estrutura organizacional e conhecimentos necessários.

TABELA 9.2
Resultado de avaliação de cargos por escalonamento (operacionais, técnicos e administrativos de nível médio)

Nível	Requisitos	Funções
I	Realização de atividades operacionais muito básicas e repetitivas, de pouca complexidade, necessitando de supervisão. • Não é necessário ter experiência para o desempenho pleno das atividades • Escolaridade: 1º grau completo • Aptidões: atenção e cortesia	• Auxiliar de serviços gerais
II	Realização de atividades operacionais e de escritório, de pouca complexidade, necessitando de supervisão. • Experiência exigida para desempenho pleno das atividades: 6 meses • Escolaridade: 2º grau completo • Aptidões: atenção, cortesia e organização	• Auxiliar de administração • Recepcionista
III	Realização de atividades operacionais ou de escritório, de média complexidade, necessitando de supervisão. • Experiência exigida para desempenho pleno das atividades: 1 ano • Escolaridade: 2º grau completo ou curso técnico • Aptidões: atenção, cortesia, organização e bom relacionamento interpessoal	• Auxiliar de administração • Auxiliar de manutenção • Motorista • Secretária *trainee*
IV	Realização de atividades técnicas ou de escritório, de alta complexidade, com alto padrão de qualidade; necessita de supervisão esporádica. • Experiência exigida para desempenho pleno das atividades: 2 anos • Escolaridade: 2º grau completo ou curso técnico • Aptidões: atenção, raciocínio lógico, cortesia, organização, discrição e bom relacionamento interpessoal	• Auxiliar de administração • Projetista desenhista • Secretária • Técnico em contabilidade • Técnico em informática • Técnico em vendas
V	Realização de atividades técnicas ou de escritório, de alta complexidade, com elevado padrão de qualidade; não necessita de supervisão para o alcance de seus resultados, podendo orientar os colegas de trabalho na execução de suas tarefas • Experiência exigida para desempenho pleno das atividades: 4 anos • Escolaridade: 2º grau completo ou curso técnico; em algumas funções, é necessária a realização de cursos específicos • Aptidões: proatividade, atenção, raciocínio lógico, cortesia, organização, discrição e bom relacionamento interpessoal	• Auxiliar de administração • Projetista desenhista • Secretária • Técnico em contabilidade • Técnico em informática • Técnico em vendas
VI	Realização de atividades técnicas ou de escritório, de alta complexidade, em nível de excelência; não necessita de supervisão para o alcance de seus resultados e, em algumas áreas, torna-se referência pela sua atuação, contribuindo para a execução das tarefas de toda a equipe. • Experiência exigida para desempenho pleno das atividades: acima de 6 anos • Escolaridade: 2º grau completo ou curso técnico; em algumas funções, é necessária a realização de cursos específicos • Aptidões: proatividade, dinamismo, atenção e raciocínio lógico, cortesia, organização, discrição e bom relacionamento interpessoal	• Auxiliar de administração • Secretária

O método de escalonamento é muito utilizado em empresas de médio e pequeno porte com uma estrutura organizacional não muito complexa.

Entre os métodos quantitativos tradicionais, o método mais empregado é o método de avaliação por pontos, que tem como mérito o fato de coibir decisões subjetivas no campo salarial.

Método de avaliação por pontos

Este método tem como princípio básico a utilização de fatores apropriados que permitam estabelecer diferenças de requisitos entre os diversos cargos de um determinado grupo a ser avaliado. Tais fatores são subdivididos em subfatores e estes em graus, tendo em vista o nível de complexidade dos requisitos a medir. Os graus são ponderados por meio da atribuição de um determinado número de pontos, conforme sua importância relativa. O total de pontos em um cargo, no conjunto de fatores, indicará seu posicionamento dentro do grupo avaliado.

Os passos para a avaliação de cargos por pontos são:

- escolher os fatores de avaliação;
- ponderar os fatores de avaliação;
- montar a escala de pontos; e
- avaliar os cargos.

A seguir apresentamos um exemplo de fatores de avaliação mais comumente usados, mas pode haver variação conforme a organização e os objetivos almejados.

Fatores de avaliação

Requisitos mentais:

- instrução;
- experiência;
- iniciativa.

Requisitos físicos:

- esforço físico necessário;
- concentração mental ou visual.

Responsabilidade por supervisão:

- pessoas;
- material ou equipamento;
- método ou processos;
- informações confidenciais.

Condições de trabalho:

- ambiente de trabalho;
- riscos.

Observe as Tabelas 9.3 a 9.5, que apresentam o fator analisado, pontos, peso relativo e os pontos ponderados.

TABELA 9.3 Fatores analisados e os pesos atribuídos segundo a importância para o cargo

Fator	Pontos		Peso relativo		Pontos ponderados
Conhecimento	15	×	15	=	225
Experiência	20	×	15	=	300
Complexidade	10	×	10	=	100
Soma ponderada					625

Grau	Descrição	Pontos
A	O cargo requer ensino médio completo	20
B	O cargo requer ensino superior incompleto ou em curso	40
C	O cargo requer ensino superior completo	60
D	O cargo requer ensino superior completo mais especialização	80
E	O cargo requer ensino superior completo mais mestrado profissionalizante (MBA)	100

TABELA 9.4 Tipos de progressão que podem ser utilizados na tabela.

Progressão	Graus				
	A	B	C	D	E
Progressão aritmética	5	10	15	20	25
Progressão geométrica	5	10	20	40	80
Progressão arbitrária	5	12	17	22	25

Fatores	Peso	Subfatores	Peso	Grau A	Grau B	Grau C	Grau D	Grau E	Grau F
Requisitos mentais	50%	Instrução	20%	20	40	60	80	100	120
		Experiência	15%	15	30	45	60	75	90
		Iniciativa	15%	15	30	45	60	75	90
Requisitos físicos	12%	Esforço físico	6%	6	12	18	24	30	36
		Concentração mental ou visual	6%	6	12	18	24	30	36
Responsabilidade	22%	Supervisão de pessoas	10%	10	20	30	40	50	60
		Materiais/equipamentos	4%	4	8	12	16	20	24
		Métodos/procedimentos	4%	4	8	12	16	20	24
		Informações confidenciais	4%	4	8	12	16	20	24
Condições de trabalho	16%	Ambiente de trabalho	6%	6	12	18	24	30	36
		Riscos	10%	10	20	30	40	50	60
Totais	100%		100%	100	200	300	400	500	600

TABELA 9.5
Peso dos subfatores no fator analisado por grau

O método de avaliação por pontos é utilizado em grandes empresas e apresenta como maior vantagem o fato de ser objetivo e, como já mencionado, evitar decisões arbitrárias no campo salarial.

Agora, no processo de elaboração do plano de cargos e salários, chega-se à pesquisa salarial.

Pesquisa salarial

A pesquisa salarial é a análise da situação salarial encontrada em empresas do mesmo segmento de atuação da empresa que realiza a pesquisa, ou seja, compatíveis com seu porte e especificidades.

O que fazer com os dados colhidos na pesquisa salarial?

A Figura 9.7 mostra um exemplo de tabulação de uma pesquisa salarial com dados irreais.

Com base na análise das fases anteriores e levando-se em conta o planejamento, os objetivos, as estratégias da empresa para a qual está sendo elaborado o plano de cargos e salários, bem como o seu posicionamento no mercado, serão apresentadas as alternativas para o estabelecimento de uma política salarial. Essas alternativas serão discutidas com a diretoria para a tomada de decisão sobre o assunto.

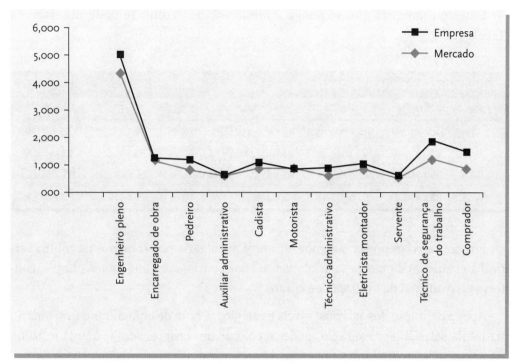

FIGURA 9.7
Exemplo de tabulação de pesquisa salarial

Política salarial e tabela salarial

A política salarial deverá ser congruente com os objetivos e o negócio da empresa e estabelecerá uma diretriz para a gestão salarial.

Seguem alguns exemplos de decisões que terão impacto na política salarial:

- Os salários da empresa ficarão *acima* do praticado no mercado, *no nível* do mercado ou *abaixo* do mercado.

- Os salários deverão ficar *no nível* de mercado, mas os empregados terão uma *participação nos resultados* da empresa.

- Os salários ficarão *abaixo* do mercado, mas os *benefícios* poderão exceder os estipulados em lei.

- Os salários ficarão *abaixo* do mercado porque é o que a empresa pode pagar.

Após a definição, por parte da empresa, das políticas salariais, será montada a estrutura salarial.

Com o estabelecimento de uma estrutura salarial resultante da avaliação de cargos, pesquisa salarial e política salarial, são definidos os vários níveis salariais a serem praticados.

É neste momento que se chega à *tabela salarial*, como se pode observar na Tabela 9.6.

TABELA 9.6
Exemplo de tabela salarial

PROFISSIONAIS DE NÍVEL OPERACIONAL						
Nível	A	B	C	D	E	F
I	R$ 979,76	R$ 1.009,15	R$ 1.039,43	R$ 1.070,61	R$ 1.102,73	R$ 1.135,81
II	R$ 1.355,06	R$ 1.395,71	R$ 1.437,58	R$ 1.480,71	R$ 1.525,13	R$1.570,89
III	R$ 1.768,06	R$ 1.821,10	R$ 1.875,73	R$ 1.932,01	R$ 1.989,97	R$ 2.049,67
IV	R$ 2.306,93	R$ 2.376,14	R$ 2.447,42	R$ 2.520,84	R$ 2.596,47	R$ 2.674,36

Em cada *nível* (representado por números em algarismos romanos na coluna vertical à esquerda) da tabela salarial, *podem estar posicionados um ou mais cargos*, conforme o resultado da avaliação de cargos.

Após a definição dos salários, níveis e estágios, é hora de enquadrar o funcionário na tabela salarial. Por exemplo, pode-se colocar um empregado X, que já trabalha na empresa há quatro anos, posicionado no lugar exato que corresponda ao salário que ele deve receber.

A aplicação prática dependerá dos critérios de enquadramento estabelecidos, que são *regras* decorrentes da política salarial definida pela empresa.

Pode-se testar se os *critérios de enquadramento* estão corretos e atendendo às necessidades da empresa por meio de um *enquadramento simulado*. Nessa prática, posiciona-se um exemplo de cada cargo e salário no nível e estágio correspondente.

Benefícios

Benefícios são os aspectos indiretos da remuneração total dos empregados.[8] Incluem remuneração fora do trabalho, pagamento de seguros e assistência médica, serviços aos empregados e renda de aposentadoria.

Os benefícios cresceram muito nos últimos anos. Porém, com a Reforma Trabalhista aprovada pelo Governo em 2017, mudanças sensíveis ocorreram nas rotinas de RH, e a gestão de benefícios foi uma delas. De modo geral, pode-se dizer que as alterações conferem mais autonomia entre empregadores e colaboradores na definição de acordos, exigindo também mais atenção dos profissionais de RH para garantir a conformidade dos processos.[9]

---

8. MILKOVICH, G. T.; BOUDREAU, J. W. *Administração de recursos humanos.* São Paulo: Atlas, 2000.
9. VB. Meu mundo RH. *Reforma trabalhista: o que muda na gestão de benefícios?* Disponível em: https://blog.vb.com.br/reforma-trabalhista-o-que-muda-na-gestao-de-beneficios/. Acesso em: jan. 2020.

Os benefícios já compõem uma parte significativa dos custos trabalhistas. Constituem o chamado *salário indireto*, que é distribuído conforme política específica de cada empresa e, em geral, percebido como acréscimo de valor pelo empregado.

Os empregados têm cada vez mais consciência dos seus direitos no trabalho, como pensões, assistência médica, férias remuneradas e até melhoria no padrão de vida.

Em geral, os benefícios visam a alcançar três objetivos:

1. **Competitividade**, incluindo custo-benefício: como as pessoas constituem a principal vantagem competitiva das organizações, é necessário investir nelas. Os benefícios são uma maneira de deixar os funcionários mais comprometidos com os objetivos organizacionais.
2. **Cumprimento da legislação**: a legislação tem avançado no sentido de resguardar alguns benefícios, como vale-transporte, salário-família etc.
3. **Alternativas**: para atender às necessidades e preferências dos indivíduos.

Os benefícios sociais vêm mudando ao longo do tempo graças à influência de diversos fatores, como pode ser observado no Quadro 9.1.

QUADRO 9.1 Mudança nos programas de benefícios

Antes	Depois
Núcleos familiares constituídos por marido trabalhador e esposa dona de casa com 2,5 filhos	Famílias constituídas de marido e esposa trabalhadores, com e sem filhos, e famílias constituídas por um único provedor
Emprego duradouro ao longo de grande parte da carreira	Diversidade de opções de carreira e mudança de profissões
Força de trabalho predominantemente masculina e branca	Força de trabalho multicultural
Expectativa de longo prazo	Questões de portabilidade
Empregador paternalista	Divisão de responsabilidades
Percepção dos benefícios como um direito	Benefícios como parte da compensação total
Baixo custo dos benefícios	Aumento mais rápido do custo dos benefícios do que do índice de preço ao consumidor e da capacidade de pagamento do empregador
Proteção contra doença	Programa de bem-estar físico e mental
Pacote simples de benefícios	Programa de benefícios adicionais flexíveis e sob medida

Fonte: IVANCEVICH, 2008, p. 357.

Os custos dos benefícios vêm aumentando mais que os salários, alavancados pelo crescimento dos custos com atendimento médico e pelos preços pagos por serviços referentes à saúde do trabalhador. A complexidade desses benefícios também vem aumentando; existem vários novos benefícios, o que tem aumentado a conta paga pelas organizações. Esses benefícios podem ser divididos em: os que são obrigatórios por lei e os que são opcionais e variam de país para país. Pela legislação dos Estados Unidos, são três os benefícios básicos obrigatórios:[10]

1. **Seguro-saúde**: dá apoio ao funcionário em caso de lesões ou distúrbios decorrentes do trabalho.

2. **Previdência social**: dá apoio financeiro e social aos aposentados e, recentemente (após modificação da lei), aos portadores de invalidez.

3. **Seguro-desemprego**: dá apoio a trabalhadores demitidos por motivos alheios ao seu controle. As empresas que demitem menos pagam menos pelo seguro-desemprego, o que funciona como incentivo à não demissão.

Nos Estados Unidos, entre os benefícios que não são obrigatórios, o mais comum é o plano de pensão.

Benefícios obrigatórios no Brasil

No Brasil, os benefícios obrigatórios são:[11]

▸ **Fundo de Garantia por Tempo de Serviço (FGTS)**: correspondente a 8% do total da remuneração recebida pelo trabalhador. Esse benefício é depositado em uma conta bancária vinculada, à qual o trabalhador não tem acesso, só podendo receber o saldo dessa conta em caso de demissão arbitrária ou em outras situações especiais previstas em lei.

▸ **Vale-transporte**: benefício cujo objetivo é tornar viáveis as despesas com transporte, da residência do trabalhador até seu trabalho, limitando o gasto com esse deslocamento a 6% do seu salário. O valor da despesa que superar os 6% deve ser custeado pela empresa.

---

10. BATEMAN; SNELL, 2012, p. 7.
11. XERPA. *Benefícios*. Disponível em: https://www.xerpa.com.br/blog/beneficios/. Acesso em: out. 2019.

- **Férias**: concedidas ao trabalhador a cada 12 meses trabalhados. Ele tem direito a 30 dias de descanso e, durante esse período, sua remuneração será acrescida de 1/3 em relação à remuneração normal. O empregador fixará, no período de 11 meses seguintes ao período de aquisição, as datas para o descanso do trabalhador.

- **Décimo terceiro salário (ou gratificação natalina)**: corresponde ao benefício pelo qual o trabalhador recebe um salário adicional.

Entre os **benefícios opcionais** estão assistência médica, programa de alimentação do trabalhador (PAT), bolsa de estudos e auxílio-creche. Porém, a valorização e a escolha prioritária pelos benefícios opcionais concedidos pelas empresas brasileiras variam conforme a faixa etária.

Uma pesquisa realizada com funcionários separados por idade – Geração Y, de 16 a 30 anos; Geração X, de 31 a 44; e *baby boomers*, de 45 a 62 (pós-guerra) – das empresas presentes no guia "As melhores empresas para você trabalhar", da revista *Exame Você S/A* de 2008, revelou que o benefício opcional mais valorizado tanto pela Geração Y quanto pela Geração X foi o referente a aprendizado e desenvolvimento.[12]

Como existe uma variação muito grande de benefícios possíveis e também de necessidades dos funcionários, as empresas usam, muitas vezes, programas de benefícios com menu ou flexíveis.[13]

Programa de benefício com menu	Programa de benefícios flexíveis
Um programa de benefícios que permite que os funcionários escolham, dentre diversas opções, aquelas que criam um pacote de benefícios ajustado às suas necessidades.	Programa de benefícios nos quais os funcionários recebem créditos que podem usar em benefícios adequados às suas necessidades individuais.

QUADRO 9.2
Programas de benefícios com menu ou flexíveis

No estudo de caso a seguir, poderá ser observado um exemplo de benefícios oferecidos por uma empresa no Brasil.

---
12. Exame Você S/A. Edição Especial, 2008, p. 24.
13. IVANCEVICH, J. M. *Gestão de recursos humanos*. São Paulo: McGraw-Hill, 2008. p. 175.

ESTUDO DE CASO 9.1

Metalfrio banca ensino superior dos funcionários[14]

Os funcionários da Metalfrio Solutions, fornecedora de refrigeradores no Brasil, terão a oportunidade de cursar o ensino superior por meio do "Educar", programa que começou a ser implementado na empresa em 2002. O projeto custeará parte das despesas dos cursos *in company*, que serão aplicados pela Universidade Anhembi Morumbi.

As aulas para as turmas de graduação em Gestão de Produção e Operações Industriais, com duração de dois anos, tiveram início em janeiro. E os alunos não precisarão se locomover, pois essas aulas serão realizadas na própria empresa. Nos últimos três anos, o programa Educar contou com a parceria do Serviço Social da Indústria (SESI) e da Fundação Bradesco na formação de mais de 100 funcionários, nos cursos de alfabetização intensiva (1ª a 4ª séries), ensino fundamental (5ª a 8ª) e ensino médio (1º ao 3º colegial).

"A nova etapa do programa Educar visa oferecer uma especialização aos funcionários e, consequentemente, ampliar seus horizontes profissionais dentro da própria Metalfrio", afirma Solange Boim Colomina, coordenadora de Recursos Humanos.

Além dos cursos *in company* da Anhembi Morumbi, a Metalfrio tem convênio com outras instituições de ensino, como a Universidade Paulista (Unip), Fundação Santo André (FSA), Universidade São Marcos, Faculdades Iesa e Unicid. Todas oferecem descontos para funcionários que querem cursar o 3º grau.

QUESTÕES

1. Com os conhecimentos adquiridos, complete os espaços com os conceitos e procedimentos necessários em cada fase da elaboração de um plano de cargos e salários.

Coleta de dados

Levantamento de dados por meio de _____
_____

---

14. Administradores.com. *Metalfrio banca ensino superior dos funcionários*. Disponível em: https://administradores.com.br/noticias/metalfrio-banca-ensino-superior-dos-funcionarios. Acesso em: out. 2019.

Análise de cargos

Análise e definição do material coletado _____
_____

Descrição de cargos

Descrição das funções _____
_____.

Avaliação de cargos

Procedimento de _____
_____
_____

Pesquisa salarial

Pesquisa no _____
_____

Política salarial

Estabelecimento da diretriz
_____
_____
_____

Estrutura salarial

Estabelecimento de uma _____
_____

Critérios de enquadramento

Regras para _____

2. A partir dos conhecimentos adquiridos e dos exemplos que você pôde conferir, elabore uma descrição e análise do cargo de secretária.

3. Com os conhecimentos adquiridos em avaliação de cargos, descreva os passos e os procedimentos do método de avaliação por escalonamento.

4. Com os conhecimentos adquiridos em avaliação de cargos, descreva os passos e os procedimentos do método de avaliação por pontos.

CAPÍTULO 10

Participação em lucros e resultados

Nosso desafio com este capítulo é:

- Diferenciar a metodologia de participação nos resultados e distribuição de lucros da metodologia de remuneração tradicional.
- Identificar as etapas necessárias à implantação da participação nos resultados e distribuição de lucros.
- Conhecer os objetivos e vantagens da aplicação dessa modalidade de remuneração.
- Entender a aplicabilidade dos programas de participação nos resultados e distribuição de lucros nas empresas.

> Por que ter uma parte da remuneração variável, como a participação em lucros e resultados, contribui para a vantagem competitiva da organização?

A busca incessante por fatores que levem a resultados cada vez mais competitivos tem feito as empresas travarem uma verdadeira "guerra" na obtenção e retenção de talentos.

A consequência dessa corrida desenfreada é que os custos fixos, motivados pelas folhas de pagamento cada vez mais oneradas e com cargas tributárias extremamente elevadas, levam as empresas a um dilema: ficar para trás na competição empresarial, deixando que o negócio tenha níveis muito baixos de lucratividade, ou mudar os modelos vigentes de remuneração e conseguir o tão sonhado capital intelectual?

Para atender a essa demanda empresarial, surgem os programas de participação em resultados e distribuição de lucros, fornecendo uma solução capaz de abranger os anseios dos funcionários e da organização, construindo laços de comprometimento, reforçando o bom desempenho e evitando a evasão dos tão sonhados talentos.

A adesão a esse novo paradigma é maciça em grande parte do mundo. No Brasil, a escolha por esse modelo tem aumentado muito e revelado ser uma ótima opção para os dilemas do mercado.

CONTEXTUALIZANDO

Conforme vimos no capítulo anterior, a política salarial estabelece diretrizes da gestão salarial da empresa. Essa política é definida a partir de reuniões e entrevistas com a direção e contempla princípios e valores que nortearão as decisões no campo salarial.

Essas diretrizes dos dirigentes da empresa dizem respeito às decisões referentes a fatores como:

- competitividade externa (relação entre as organizações);
- alinhamento interno (relação entre funções);
- contribuição dos empregados (comparação entre empregados); e
- gerenciamento (orçamento, comunicação, mudanças necessárias).

São as políticas salariais que estabelecem se a empresa vai praticar um salário similar, superior ou inferior àquele que é praticado no mercado. Também estabelecem se os vendedores ganharão comissões, uma prática muito comum no mercado, ou se a empresa, além do salário praticado, pagará aos funcionários que fizerem jus uma participação nos resultados ou distribuição de lucros.

Remuneração variável

O aumento por mérito, muito utilizado nas empresas, costuma acontecer depois de uma avaliação de desempenho realizada anualmente, que fornecerá parâmetros para o aumento salarial. Na remuneração variável, não existe garantia de que o profissional ganhe a mesma "parte" acima do salário ou a mesma "remuneração" que teve no ano anterior.

Diferentemente do pagamento tradicional, o pagamento por resultados não funciona como se fosse uma anuidade, e é justamente esse fator que o torna tão atrativo para a gestão da empresa. O que na modalidade tradicional funciona como custo fixo se torna, nessa nova modalidade, custo variável para a organização.

Além de ser mais vantajosa para a empresa, essa modalidade de pagamento também pode se constituir em um fator motivacional, como pode ser observado na teoria dos dois fatores, de Hezberg (ver teorias de motivação no Capítulo 3), pois a parte variável da remuneração funciona como um "reconhecimento" pelo bom desempenho.

QUADRO 10.1 Teoria dos dois fatores de Herzberg

Fatores de higiene	Fatores motivacionais
Condições de trabalho	O trabalho em si
Pagamento	Responsabilidade
Segurança no trabalho	Senso de realização
Relações no trabalho	**Reconhecimento**
Práticas de supervisão e administração	Perspectivas de evolução
Política e administração da empresa	

O pagamento variável é compatível também com as previsões de outra teoria de motivação, a de expectativa. Os indivíduos devem perceber uma forte relação entre seu desempenho e as recompensas que recebem.

Quando as recompensas são alocadas em fatores não ligados ao desempenho, como tempo de serviço ou título de cargo, os trabalhadores tendem a diminuir os esforços.

Um estudo com 400 firmas manufatureiras revelou que empresas com plano de incentivo de salário atingiram 43% a 64% a mais de produtividade que as que não tinham esses planos.[1]

As decisões organizacionais sobre a remuneração por resultados, no nível individual, muitas vezes seguem o princípio da meritocracia e envolvem questões de sigilo. Dependendo da norma interna, a empresa pode ou não permitir que um funcionário saiba quanto foi o bônus de participação nos resultados recebido por um colega. Algumas organizações incluem, no contrato de trabalho, uma cláusula contratual sobre sigilo com relação às questões de remuneração variável.

Em vez de remunerar pelo desempenho individual, o que pode levar a uma desmotivação por parte dos que não receberam o pagamento, um número cada vez maior de empresas está remunerando pelo desempenho do grupo, com a finalidade de conferir aos funcionários da equipe a participação no desempenho da organização.[2]

---

1. FEIN, M. Work measurement and wage incentives. *Industrial Engineering*, set. 1996, p. 49-51 *apud* ROBBINS, S. P. *Comportamento organizacional*. São Paulo: Pearson Prentice Hall, 1998. p. 137.
2. BATEMAN, T. S.; SNELL, S. A. *Administração*. Porto Alegre: AMGH, 2012.

Participação em lucros e resultados

Os *planos de participação em resultados* procuram recompensar os funcionários pelo aumento de produtividade ou diminuição de custos na sua área de atuação.

Os *planos de participação nos lucros* acontecem de maneira não setorizada e costumam recompensar os funcionários pelos bons resultados auferidos pela empresa de maneira global.

Embora não vise a resultados individuais, a participação nos lucros "confere" a todos os funcionários "partes iguais" de alocação de determinado montante se a empresa superar uma meta estipulada de lucro.

O fato de distribuir os lucros de maneira igualitária faz que cada funcionário que se preocupa com a empresa venha a se sentir responsável pelos resultados, aumentando a lucratividade.

A Tabela 10.1 compara as decisões quanto à remuneração por mérito, participação em resultados e participação em lucros.

TABELA 10.1

Decisões quanto à remuneração por mérito, participação em resultados e participação em lucros

Decisão	Mérito	Participação nos Resultados	Participação nos Lucros
Objetivos e filosofia	• Meritocracia • Destaque às contribuições individuais	• Filosofia de desempenho • Destaque às contribuições da equipe • Curto prazo • Controle de custos	• Filosofia de desempenho • Destaque às contribuições de toda a organização • Controle de custos
Participantes	• Todos os empregados	• Membros e equipes	• Profissionais e executivos
Efeito sobre os custos	• Aumenta os custos fixos	• Variável	• Variável
Medida de desempenho	• Índice de avaliação de desempenho	• Medidas no nível da equipe (custo, qualidade e quantidade)	• Índices financeiros, no nível da empresa (retorno sobre investimento, retorno sobre capital)
Limites	• Exigência de índice mínimo de desempenho	• Exigência de um mínimo de custos, qualidade e quantidade	• Exigência de um retorno financeiro mínimo
Recursos	• Orçamento próprio	• Estabelecimento de tetos de remuneração	• Estabelecimento de tetos de remuneração
Cronograma	• Grade de mérito	• Por desempenho atingido	• Por desempenho atingido
Forma de pagamento	• Em dinheiro de acordo com o orçamento	• Pagamento integral em dinheiro	• Pagamento integral em dinheiro
Administração do plano e das mudanças	• Comunicação	• Comunicação e participação	• Comunicação e participação

Fonte: MILKOVICH; BOUDREAU, 2000.

No Brasil, a participação em lucros e resultados só começou a acontecer em 1990. Em dezembro de 1994, o governo brasileiro deu um importante passo rumo ao incentivo aos programas de participação nos lucros e resultados (PLR) nas empresas brasileiras com a edição da Medida Provisória n. 794.

A partir de então, o número de empresas que optam por esse modelo de remuneração vem crescendo. Em 19 de dezembro de 2000, foi promulgada a Lei n. 10.101, sobre a participação dos trabalhadores nos lucros ou resultados da empresa, que define as regras para se implantar esse modelo.

As determinações legais são as seguintes:

- Negociação entre empresa e seus empregados (comissão escolhida por ambos).
- Participação do sindicato: representante indicado, convenção ou acordo coletivo.
- Regras claras e objetivas:
  - Fixação dos direitos.
  - Mecanismos de aferição.
  - Periodicidade da distribuição.
  - Período de vigência.
  - Prazos para revisão.
- Critérios e condições:
  - Índices de produtividade, qualidade ou lucratividade.
  - Programas de metas, resultados e prazos.
- Acordo com a entidade sindical dos trabalhadores.
- A PLR não substitui ou complementa a remuneração dos empregados.
- A PLR não constitui base de incidência de encargos trabalhistas ou previdenciários.
- Não se aplica o princípio da habitualidade.
- Periodicidade de pagamento igual ou superior a um semestre civil.
- Mediação/arbitragem de ofertas finais.

Essa modalidade de remuneração revelou ser interessante tanto para os empresários, que conseguiram melhores resultados com a ajuda dos empregados, como para os próprios contratados, que se sentiram estimulados a aumentar a produtividade para conseguirem melhor remuneração.

Batizada nas organizações com o nome de *Programa de Participação nos Lucros ou Resultados* (PPLR), essa modalidade de remuneração permite alinhar os objetivos empresariais aos de seus funcionários, aumentando o comprometimento e a participação das pessoas.

Os programas podem ser centrados nos lucros ou nos resultados, e a remuneração maior acontece como um *aditivo ao salário fixo* em decorrência do alcance de metas acordadas entre as partes e incremento no faturamento.

As empresas que implantam esse modelo de remuneração partem da premissa de que, se a empresa ganha acima do previsto com a ajuda do funcionário, nada melhor que trocar essa ajuda por uma parte dos ganhos adicionais.

É muito importante salientar que, mesmo que os funcionários tenham aumentado a produtividade e o resultado no setor em que trabalham, se a empresa não tiver um ganho adicional, o salário do funcionário continua o mesmo.

A Figura 10.1 mostra o processo de participação nos resultados.

FIGURA 10.1
Processo de participação nos resultados

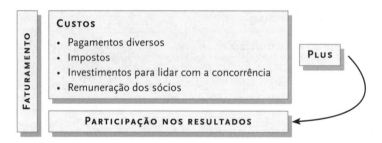

Como pode ser observado na Figura 10.1, o programa de participação nos resultados só se torna viável depois que são retirados do faturamento todos os custos da empresa, os investimentos e a remuneração dos sócios.

> **COMENTÁRIO DE CONSULTORIA**
>
> Esse processo deve ser muito bem explicado ao funcionário para que não gere conflitos. Muitas vezes, o trabalho realizado por uma equipe atinge todas as metas propostas e até ultrapassa os resultados esperados, mas a empresa não consegue chegar ao resultado global estipulado e o faturamento não chega ao "*plus*" a partir do qual os funcionários seriam remunerados pela participação nos resultados.

Quais seriam os resultados a que leva o PPLR?

- bom desempenho da atividade final;
- satisfação dos clientes;
- produtividade;
- ganhos adicionais; e
- redução de custos ou despesas.

Para que os programas de participação de lucros e resultados tenham êxito, é essencial que empresa e empregados façam um bom acordo. Esse acordo determina:

- quais resultados devem ser atingidos;
- como a participação é calculada;
- se a participação é um valor fixo em dinheiro ou uma porcentagem do salário;
- qual é o período de apuração dos resultados;
- quando é paga;
- o que fazer quando há imprevistos; e
- quais são os direitos dos que se demitirem ou forem demitidos no período etc.

Wellington Maciel, no prefácio à segunda edição de seu livro sobre remuneração variável, publicada em 2006, sintetiza as conclusões mais significativas sobre o tema no Brasil e apresenta uma pesquisa da Associação Brasileira de Recursos Humanos, de 2004, e outra, do Hay Group, realizada no período de 2000 a 2006.[3]

As principais conclusões são:

- o número de empresas que utiliza a remuneração variável aumentou consideravelmente e, hoje, é quase impossível encontrar uma grande organização que não se valha do processo;
- o entendimento dos trabalhadores sobre o conceito de participação nos lucros ou resultados é hoje bastante disseminado, o que não ocorria no passado; e
- as empresas brasileiras avançaram fortemente na estratégia de remunerar variavelmente em comparação com as organizações estrangeiras no que se refere ao repasse de bônus de curto prazo.

---

3. MACIEL, W. *A influência da remuneração variável no aumento da produtividade*. 2. ed. Recife/Madri: Universidade de Pernambuco/Universidade Autônoma de Madrid, 2006 [2000]. p. 2-4.

A Associação Brasileira de Recursos Humanos, no congresso da entidade realizado em 2004, apresentou os resultados de uma pesquisa que confirmou que a remuneração variável estava sendo cada vez mais valorizada em detrimento do salário fixo. Os trabalhadores brasileiros, ao serem perguntados sobre o que mais os motiva a trabalhar, responderam, na seguinte ordem:

- reconhecimento;
- plano de carreira;
- qualidade de vida;
- tratamento da chefia;
- celebrações; e
- salário.

Wellington Maciel também salientou que, no Brasil, a prática da gestão nos dias atuais valoriza mais os resultados individuais, ainda que sem diminuir a importância da equipe. Os resultados da pesquisa do Hay Group apontam que o espírito de equipe é essencial para os líderes atuais, mas destacam que "os melhores empregados têm que ganhar conforme os resultados que trazem para o negócio", sendo comum hoje em dia até que a participação nos resultados seja paga em *stock options*.

A pesquisa do Hay Group revelou ainda que, enquanto o salário fixo entre 1995 e 2006 aumentou 7%, o salário acrescido da parcela variável aumentou 21%. O número de salários extras aumentou 82% para gerentes (de 1,7 para 3,1 salários) e 93% para diretores (de 3 para 5,8 salários), sinalizando que a parte variável representa 30% a 40% do salário anual. A parte variável do salário de curto prazo (um ano) é normalmente paga em dinheiro e a de longo prazo (dois anos ou mais), em ações da empresa.

Maciel salienta que, segundo a revista *Exame* de 29 de junho de 2006, entre os sete principais motivos que levam os executivos a trocar de emprego estão "o não reconhecimento dos resultados pelo chefe" e a "política de remuneração que não estimula os objetivos gerais da companhia".[4] É consenso entre os especialistas de recursos humanos que a melhor maneira de disseminar a cultura de remuneração atrelada a resultados é treinar os líderes para que sejam capazes de esclarecer e orientar.

A preocupação com os custos aumentou substancialmente. Em todos os setores e regiões, os executivos passaram a se empenhar muito para *reconstruir a lucratividade*; porém, com a dificuldade em gerar receita, passaram a se concentrar na *diminuição das despesas*.

---

4. Maciel, 2006.

Segundo Carlos Siqueira, diretor do Hay Group, muitas empresas cortaram ao máximo as despesas com mão de obra, demitindo pessoas e abolindo os programas de bolsas de estudo.

Os trabalhadores, nessa reestruturação, foram afetados em todo o mundo, passaram a acumular funções em decorrência das demissões e tiveram de trabalhar muito mais quase sem aumento de salário. O bônus de participação de resultados caiu de maneira geral em 2008 e 2009, o que ocasionou uma queda no engajamento dos trabalhadores. Para conseguir reverter essa situação, os executivos planejaram mudar o modelo de compensação.

Exemplos brasileiros

Exemplo 10.1[5]

Acionistas da Cielo (na ocasião ainda Visanet) quiseram que a empresa se preparasse para a competição, que passaria a ser mais acirrada, e escolheram então um novo presidente para comandar o projeto "Metamorfose", cujo objetivo era diminuir custos e aumentar a eficiência. Rômulo Dias demitiu quatro dos seis presidentes, reviu a missão, os valores e os planos estratégicos da companhia, mandou os gestores otimizarem processos e a área de informática renegociar com os fornecedores e cortou benefícios dos funcionários.

Nessa ocasião, todos os diretores tinham carro, os empregados tinham celular pago pela empresa e qualquer funcionário conseguia bolsa de estudos sem fazer nada mais por isso. Como resultado dessas providências, a nota do clima caiu de 80 em 2007 para 76 em 2008. O executivo teve que enfrentar o desafio de desenvolver e implantar um modelo de recompensa que fosse flexível nos custos, que melhorasse o desempenho, construísse talentos e evitasse o risco de perdê-los.

Na Cielo, a "proposta de valor ao candidato" conta com "cinco moedas" e só uma está relacionada ao dinheiro. As moedas são as seguintes: o valor da marca, o clima organizacional, a meritocracia, a carreira e o desenvolvimento, e a retribuição. Porém, o fato de ter uma gama de recompensas intangíveis não garante uma vantagem, mas ganha quem comunica bem o conjunto ofertado e faz o funcionário entender seu valor.

Após a implantação das mudanças, foi possível à Cielo economizar R$ 120 milhões de despesas, e essa poupança se constituiu na base para o novo programa de retribuição. Foi contratada uma consultoria pelo presidente e juntos eles traçaram os objetivos do modelo: pagar acima para quem entregasse mais, pagar conforme o desempenho da empresa e pagar o suficiente para atrair e reter quem interessasse à empresa.

---

5. [S.A.] Muito além dos salários. *Você RH*, set.-nov. 2010, p. 25-30. Disponível em: https://diariorh.wordpress.com/2010/11/24/muito-alem-dos-salarios/. Acesso em: out. 2019.

A alteração mais importante foi a remuneração variável, que teve um aumento de 70%. O dinheiro só é pago se a Cielo alcançar seus objetivos. Por essa razão, o presidente e o Conselho definiram cinco metas relacionadas ao serviço prestado ao cliente e ao resultado financeiro, com escala de 1 a 5. Para que o bônus possa ser pago, a Cielo precisa atingir pelo menos 3. Se ficar no 4, ganha acima do esperado. As cinco metas estipuladas vão sendo desencadeadas do presidente ao analista júnior e acabam por virar metas pessoais, também com a mesma escala de 1 a 5. Cada chefe estipula com sua equipe os objetivos individuais do ano. As metas devem ser desafiantes, mas atingíveis e mensuráveis.

A Cielo, que abriu seu capital, também fornece opções de compra de suas ações aos funcionários, mas apenas de gerentes seniores para cima. Avaliam-se esses gestores com relação à importância de retê-los na companhia e oferta-se-lhes certo número de ações com opção de compra em cinco anos.

Para os outros funcionários, a Cielo elege anualmente 20 pessoas que apresentaram desempenho excepcional.

Exemplo 10.2[6]

A empresa farmacêutica AstraZeneca, com o objetivo de ter um sistema de remuneração diferente de seus concorrentes, desenhou, através do diretor executivo de RH, Miguel Monzu, o esquema de um multiplicador de bônus centrado no comportamento individual. No final do ano, uma ferramenta avalia como foi o resultado da empresa. Se for bom, os funcionários concorrem ao bônus (os que ganham os bônus são aqueles que cumpriram as metas individuais). Aqueles que agiram segundo os valores da organização podem ter a remuneração variável multiplicada por 1,05 ou 1,25, por exemplo. Essa regra vale para todos os funcionários, independentemente do cargo.

Existe o risco de que quem fica fora da distribuição peça demissão, mas, segundo Manzu, isso é algo bom, porque toda corporação tem 10% de seus funcionários que entregam suas contribuições em 10% acima da média, 10% que trabalham abaixo e 80% que apenas levam o negócio. Se a empresa perde um funcionário que está abaixo da média, é melhor; se perde um dos 80%, não tem maiores problemas; mas perder um que faz parte dos 10% acima da média é inadmissível. Esse processo faz com que a distribuição dos recursos seja inteligente.

Outro ponto forte do modelo apontado por Manzu é que o bônus é considerado ganho de capital e, por isso, sofre uma tributação menor que os salários. Isso explica por que muitas empresas têm aumentado a parte referente à remuneração variável, possibilitando maior ganho para o colaborador, sem ter que onerar a folha de pagamento.

....

6. [S.A.] Muito além dos salários. *Você RH*, p. 28-29, set.-nov. 2010. Disponível em: https://diariorh.wordpress.com/2010/11/24/muito-alem-dos-salarios/. Acesso em: out. 2019.

Para colocar esse modelo de remuneração da AstraZeneca em prática, os gestores ficaram seis meses em treinamento. A razão disso é que esses novos modelos de remuneração só dão certo se os líderes o entenderem bem e souberem explicar por que deram bônus a um funcionário e não deram a outro.

Na avaliação de Manzu, o sucesso está na capacidade dos gestores de RH de aperfeiçoar os métodos de avaliação individual para que usem ferramentas que deixem fora do processo a subjetividade.

Conforme pode ser observado nos exemplos descritos, o Brasil tem avançado bastante em direção a esse modelo de remuneração, e o governo, em 24 de dezembro de 2012,[7] tomou outra medida importante a favor dos programas de participação nos lucros e resultados ao isentar do imposto de renda (IR) o recebimento de até R$ 6 mil. Para quem ganha entre R$ 6.000,01 e R$ 9 mil, a incidência do IR é 7,5%; de R$ 9.000,01 a R$ 12 mil, 15%; e de R$ 12.000,01 a R$ 15 mil, 22,5%. Acima de R$ 15 mil, a incidência de imposto é de 27,5%.

Essa isenção de imposto de renda sobre a participação nos lucros e resultados era uma demanda antiga das centrais sindicais e foi motivo de discussão ao longo do ano de 2012 entre governo e sindicatos.

Bônus que beneficia a todos[8]

Restaurante carioca reduz despesas e aumenta o faturamento com gratificações distribuídas entre os funcionários

ESTUDO DE CASO 10.1

Que empresário não quer ter a equipe comprometida com a redução de despesas e a satisfação do cliente? Chegar lá, porém, é a questão. As gratificações podem ajudar bastante a motivar o seu pessoal na busca dos resultados desejados. O empresário Nelson Laskowsky sabe disso. Ele é sócio do Fellini, restaurante por quilo com 65 funcionários, no Leblon, zona sul do Rio de Janeiro. Graças à distribuição de bônus,

---

7. LOURENÇO, I.; LOURENÇO, L. *Governo isenta Imposto de Renda sobre a participação nos lucros e resultados de até R$ 6 mil.* Disponível em: http://memoria.ebc.com.br/agenciabrasil/noticia/2012-12-24/governo-isenta-imposto-de-renda-sobre-participacao-nos-lucros-e-resultados-de-ate-r6-mil. Acesso em: out. 2019.
8. PETTI, K. H. Bônus que beneficia todos. *Pequenas Empresas & Grandes Negócios*, jun. 2008, p. 103-104.

a casa vem economizando em média R$ 10.300,00 por mês nas compras de alimentos e produtos de limpeza e no pagamento das contas de água, luz e gás. Só a soma dessas três últimas despesas caiu em média 15% em um ano e meio – uma economia mensal de aproximadamente R$ 6.700,00. Como? Toda vez que a quantia a pagar fica abaixo do teto estabelecido, os oito funcionários da copa e da cozinha compartilharam um bônus de R$ 200,00. São R$ 25,00 para cada um. Segundo Laskowsky, é o suficiente para que os empregados com salário médio de R$ 780,00 pensem duas vezes antes de qualquer desperdício. "O pessoal parou de deixar a torneira pingar, de cozinhar com fogo alto sem necessidade e de esquecer o ar-condicionado do estoque ligado quando não tem ninguém lá", afirma.

De olho no relógio

Nas compras de alimentos e itens de limpeza, sempre que o gasto do mês fica abaixo de 38,5% do faturamento, o comprador embolsa algo entre R$ 100,00 e R$ 500,00 – quanto maior a economia, maior o bônus. Nos últimos cinco meses, o sistema rendeu uma redução de despesas de mais de R$ 18.000,00, um ganho de cerca de 2% em relação ao período anterior. Como recompensa, o responsável pelas compras recebeu R$ 1.600,00 nos últimos cinco meses. Nada mal para quem tem um salário fixo de R$ 2.000,00.

"Ele só não ganhou mais porque chegou atrasado algumas vezes", diz o empresário. Explica-se: quem perder a hora duas ou três vezes por mês, dependendo do atraso, fica sem a gratificação.

"É importante que todos cheguem no horário para que esteja tudo pronto para começar a servir o almoço às 11h30min", afirma Laskowsky. Por isso ele também usa a distribuição de cesta básica para estimular a pontualidade dos funcionários.

Quem chega mais de duas ou três vezes após o horário também perde o direito ao benefício. "É um incentivo para a gente ser pontual", reconhece o funcionário da área de confeitaria Antônio José Mendes. "Nunca perdi a cesta, mesmo tendo que pegar três ônibus para chegar aqui." Os números indicam que Mendes não é o único a ficar de olho no relógio. "Há dez anos, quando começamos o sistema de bônus, tínhamos uns dez registros de atraso por mês. Hoje são três ou quatro, no máximo", afirma o empresário.

As gratificações também colaboraram para o aumento de cerca de 40% na venda de bebidas registrada nos últimos dois anos. Desde meados de 2006, os 15 garçons da casa são compensados sempre que atingem a meta de vendas estabelecida do mês. Cada um dos dois turnos divide R$ 200,00 em bonificação. Há também um prêmio extra, de R$ 50,00, para o garçom com melhor desempenho.

Quer aproveitar a experiência em sua empresa? Antes de planejar as gratificações, porém, vale a pena ficar atento a alguns fatores. Primeiro, é preciso identificar os pontos que podem ser aprimorados no seu negócio, como, no caso do Fellini, a venda de bebidas, a pontualidade ou a diminuição do consumo de energia elétrica. Com base no diagnóstico, você pode escolher exatamente o que incentivar com as gratificações.

"As regras devem ser canalizadas para os resultados desejados", diz a consultora Rosana de Rosa, diretora da Associação Brasileira de Recursos Humanos. E lembre-se: ao traçar as metas, transparência é fundamental. "É importante que todos saibam exatamente o que fazer para se beneficiar das gratificações e quais são os valores", afirma o especialista Paulo Toledo, da LCZ Consultoria. Cuidado também para não ir com muita sede ao pote. Metas irrealistas podem desestimular a equipe. Por fim, não se esqueça do reconhecimento verbal. Laskowsky concorda: "Os bônus não podem substituir os elogios pelo trabalho bem-feito".

QUESTÕES

1. Explique o que é política salarial.
2. Explique a relação entre política salarial e programas de participação em lucros e resultados.
3. Descreva as vantagens, para a empresa e para os empregados, de desenvolver modelos de remuneração variável.
4. Como você explicaria para um empregado qual vai ser a parte salarial dele em um programa de participação em resultados?
5. Explique as condições necessárias para implantar um programa de participação em resultados.
6. Aponte os pontos principais do acordo entre empregados e empregador para a implantação do programa de participação em resultados.

CAPÍTULO 11

Cultura organizacional

Nosso desafio com este capítulo é:

- Identificar as principais implicações da cultura na organização.
- Identificar como a cultura organizacional influencia os processos de aprendizagem da organização.
- Relacionar a cultura organizacional com os resultados organizacionais.
- Identificar a interdependência entre cultura e clima organizacional.

A cultura de uma empresa define sua visão do negócio, suas políticas internas e sua flexibilidade ou rigidez em relação às mudanças?

A cultura influencia a vida do homem desde o momento de seu nascimento até a morte. Está presente em rituais sociais e empresariais de maneira manifesta ou subconsciente.

Os gerentes, dirigentes e estrategistas deverão realizar uma "leitura obrigatória" da cultura da organização quando quiserem implementar mudanças no posicionamento de suas empresas no mercado, porque o homem, suas criações e seu trabalho são inseparáveis de sua cultura.

A cultura organizacional é, portanto, o grande espelho de cada empresa, refletindo sua evolução e capacidade de adaptação ao meio ambiente interno e externo.

O comportamento dos dirigentes e o comprometimento dos funcionários com os objetivos organizacionais são influenciados pela cultura organizacional e, por isso, são tão cruciais o seu conhecimento e administração.

CONTEXTUALIZANDO

A cultura pode ser vista como uma lente através da qual vemos o mundo. Com essa lente, o observador pode filtrar, ampliar ou distorcer a realidade.

A maneira mais fácil de compreender a cultura de outro país ou de uma empresa é por meio de uma comparação dessa cultura com a do "observador", pois a cultura só é assimilável e faz sentido a partir do momento em que é decodificada por quem detém a compreensão de seu código. É esse código que nos permite ver o que está "por trás" do que está sendo observado. Para que isso aconteça, é fundamental o conhecimento da linguagem escrita ou falada do que está sendo observado. O ideal seria que essa observação fosse feita a partir da "lente" do que é percebido, mas isso é muito difícil. Se o observador tiver acesso à linguagem dos dirigentes, dos demais empregados da empresa e dos documentos, poderá decifrar muitos símbolos culturais ali existentes.[1]

Os padrões de conduta social, que orientam e constroem as formas de ser no mundo, também são explicados pela cultura.

Alguns autores consideram a cultura como "a face oculta da empresa", pois é sabido que ela existe, fala-se a respeito dela, mas são raras as empresas que a explicitam de maneira sistematizada, por se tratar de um assunto bastante complexo.

Compreender a cultura de uma organização é um assunto primordial quando se pretende implementar inovações na tecnologia gerencial, na tecnologia de produção, nos comportamentos grupais ou nos processos de aprendizagem organizacional.

Cultura organizacional

A cultura organizacional representa o resultado da adaptação de uma organização ao seu meio ambiente. É constituída de valores agregados, hábitos e comportamentos que resultam de experiências coletivas – experiências essas que, se relevantes, são preservadas e repassadas aos novos membros das organizações, em um processo denominado socialização.[2]

Para que possamos crer na existência de uma cultura organizacional, é necessário aceitar como fatos:

▶ características que diferenciam uma cultura da outra e seus prováveis condicionamentos;

▶ a preservação dos hábitos e valores considerados relevantes; e

▶ as inovações que trazem um diferencial à cultura.

---

1. PEREIRA, M. C. A cultura e sua influência na organização. Dissertação (mestrado em engenharia de produção). UFSC: Florianópolis, nov. 2000.
2. MOTTA, P. R. Transformação organizacional: a teoria e a prática de inovar. Rio de Janeiro: Qualitymark, 1998.

> **PRATICANDO**
>
> Um dos processos de *socialização* muito utilizados pelas organizações é o *treinamento introdutório*, *treinamento de integração ou orientação*, realizado com os novos funcionários com o objetivo de "passar" a *cultura* por meio da transmissão de informações e conhecimentos sobre o histórico da organização, missão, negócio, princípios e valores, clientes etc.
>
> Os empregados aprendem a cultura organizacional principalmente pela observação e imitação.

A *cultura organizacional* pode ser vista como um "tecido social", em uma analogia ao tecido humano, pois une os "ossos" da estrutura organizacional aos "músculos" de seus processos.[3]

Uma *cultura corporativa* reflete as concepções sobre clientes, empregados, missão, produtos e atividades.[4]

Shein[5] concebeu a atuação da cultura em três níveis, como se pode observar na Figura 11.1.

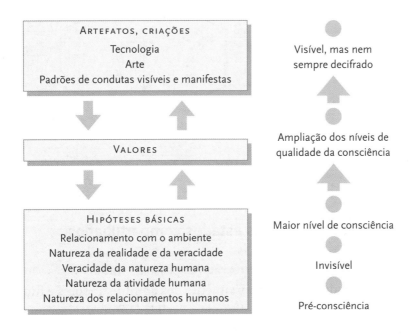

FIGURA 11.1

Níveis de atuação da cultura

---

3. AKTOUF, O. *O indivíduo na organização*. São Paulo: Atlas, 1993.
4. TURNER, V. W. *O processo ritual*: estrutura e antiestrutura. Rio de Janeiro: Vozes, 1974.
5. SCHEIN, E. *Organizational culture and leadership*. São Francisco: Jossey Bass, 1985.

A cultura só passou a ter importância para a administração na década de 1980, associada, por um lado, à qualidade declinante de gestão da indústria norte-americana[4] e, por outro, alavancada pelo sucesso da "japonização" do mundo industrial.[6]

O estudo da cultura surge então como solução atrativa, enfatizando ideias comuns, formas de pensar, padrões e maneiras de trabalhar, bem como restabelecendo a ordem via consenso e solidariedade entre os membros da organização.

Como as culturas das organizações são formadas

A cultura de uma organização tem origem na filosofia de seu fundador, que, por sua vez, vai influenciar os critérios de contratação das pessoas que trabalharão nessa organização. As ações da administração emanadas do topo vão determinar o clima geral sobre o que é comportamento aceitável ou não. A maneira como os empregados serão socializados dependerá tanto do grau de sucesso na combinação dos valores dos empregados com os da organização no processo de seleção quanto da preferência da administração do topo por um ou outro método de socialização, como pode ser observado na Figura 11.2.

FIGURA 11.2
Como as culturas das organizações são formadas

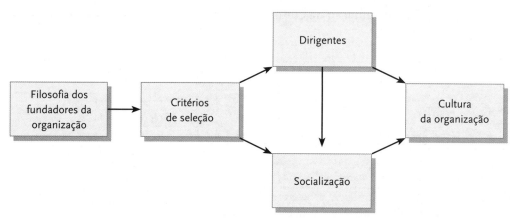

Fonte: ROBBINS; JUDGE; SOBRAL, 2010, p. 512.

Cultura organizacional e seus estados compartilhados

Megginson e Mosley[7] afirmam que os valores pessoais muitas vezes são refletidos nas crenças e nos padrões de comportamento dos administradores e funcionários, influenciando a administração e definindo a realidade da organização. Os valores são princípios e qualidades intrinsecamente desejáveis. "São os ideais abstratos

----
6. HICKSON, D. J.; PUGH, D. S. *Management worldwide*. Londres: Penguin, 1995. p. 47-70.
7. MEGGINSON, L. C; MOSLEY, D. C.; PIETRI JR., P. H. *Administração*: conceitos e aplicações. São Paulo: Harbra, 1998. p. 428.

que dão forma a nosso pensamento e comportamento" e podem ser classificados em dois tipos:

- **valores instrumentais**: crenças duradouras de que certo comportamento é sempre adequado; e
- **valores terminais**: crenças de que vale a pena procurar atingir certos objetivos.

A cultura corporativa, para Megginson e Mosley, pressupõe um estado organizacional consistente, obtido com a construção de significados compartilhados pelos membros da organização por meio de rituais, mitos e criação de "heróis".

Os *rituais* são métodos e procedimentos detalhados e seguidos fielmente ou de maneira regular.

FIGURA 11.3
Ao concluir a residência médica, os residentes passam a ser médicos especialistas e colega de seus preceptores

Um exemplo de ritual que pode ser observado na área de saúde é o de "passagem" do médico residente para especialista. Os especialistas tratam os residentes como meros "aprendizes", mas, assim que estes concluem a residência e passam pela "cerimônia de formatura", tudo muda, e os ex-residentes passam a ser tratados como "colegas".

Os *heróis* são modelos de desempenho e são importantes para uma cultura organizacional forte. Simbolizam os valores da organização e representam sucesso e realização tanto internamente à organização como externamente. Preservam o que a organização tem de especial e criam um ambiente motivador e com alto padrão de desempenho.

Observe o Quadro 11.1, que apresenta de maneira mais completa os elementos superficiais da cultura organizacional.

QUADRO 11.1
Elementos superficiais da cultura organizacional

Elemento	Descrição
Cerimônias	Eventos especiais nos quais os membros da organização celebram os mitos, heróis e símbolos da empresa
Ritos	Atividades cerimoniais destinadas a comunicar ideias específicas ou a realizar determinados propósitos
Rituais	Ações regularmente repetidas para reforçar normas e valores culturais
Histórias	Relatos de eventos passados que ilustram e transmitem normas e valores culturais mais profundos
Mitos	Histórias imaginárias que ajudam a explicar atividades ou eventos que, de outro modo, poderiam ser confusos
Heróis	As pessoas de sucesso que corporificam os valores e o caráter da organização e de sua cultura
Símbolos	Objetos, ações ou eventos dotados de significados especiais e que permitem aos membros da organização trocar ideias complexas e mensagens emocionais
Linguagem	Conjunto de símbolos verbais que geralmente reflete a cultura particular da organização

Fonte: WAGNER III; HOLLENBECK, 2009, p. 368.

Quanto mais a cultura une as interpretações às atividades, mais enraizada e forte ela será. Assim como os sistemas políticos têm ideologias, as culturas altamente arraigadas são marcadas por fortes ideologias corporativas. O pressuposto central dessa ideia é que uma cultura forte gera maior retorno econômico do capital investido[8] e, por criar um clima favorável, leva a um aumento de produtividade.[9]

A professora Betania Tanure exemplifica a influência das crenças individuais e sociais na construção da cultura organizacional no artigo "É preciso estar disposto a se desapegar de verdade"[10], de onde podemos citar:

> Um dos efeitos nocivos do sucesso é o apego ao estabelecido, ao que deu certo no passado. Sabe-se, embora se ignore em nível individual, que esse apego enrijece as pessoas, e às vezes até as emburrece, aumentando a dificuldade de fazer as necessárias rupturas. Sem o correto rompimento com o status quo, não se criam novos ciclos de sucesso. [...] As rupturas digitais ou tecnológicas são as mais fáceis de acontecer, acredite. O desafio maior pertence a outros campos: a visão, a cultura, o estilo de liderança. Aqui vale

---

8. SAFFOLD III, G. S. Culture traits, strength, and organizational performance: moving beyond strong culture. *Academy of Management Review*, v. 13, n. 4, p. 546-555, 1988.
9. AKTOUF, 1993.
10. TANURE, B. É preciso estar disposto a se desapegar de verdade. *Valor Econômico*, 8 nov. 2018. Disponível em: https://valor.globo.com/carreira/recursos-humanos/coluna/e-preciso-estar-disposto-a-se-desapegar-de-verdade.ghtml. Acesso em: set. 2019.

a atenção a alguns pontos [...] O executivo precisa se autotransformar, precisa querer o novo e se lançar a ele. Um esteio dessa transformação é a autoestima. Se o erro, ou a sua própria incompletude, for fonte de muito sofrimento, isso funcionará como um limitador do desapego. A dor com o erro é natural – ou desejável até, em certa medida. Porém o sofrimento é impeditivo do crescimento, da inovação, da mudança. [...] É você que irá modelar o novo, que irá instigar – ou não – sua equipe a retirar os muros erguidos pelos silos. É você que irá eliminar o apego aos cargos, e à lógica de "compensation" e ao design organizacional, que não raramente impedem que se tome a direção correta e, mais do que isso, enraízam a estrutura de poder tradicional. [...] Nesta era de incertezas, nos momentos difíceis e complexos que vivemos hoje, é preciso criar âncoras: exercite o desapego de crenças limitantes, o "apego", no melhor sentido, a um propósito maior, a valores que unem firmemente as pessoas. Esses são os eixos que estabilizam – e que passarão a ter vida a partir da sua atitude de protagonista. [...].

Apesar da complexidade, entender a cultura é um requisito básico quando se pretende implementar inovações na tecnologia gerencial, na tecnologia de produção ou nos comportamentos grupais. É uma solução necessária ao controle das incertezas originárias das idiossincrasias individuais, tornando-se uma "necessidade imprescindível para a eficácia organizacional".[11] O imperativo psicológico do trabalho tornou-se tão importante quanto o econômico; "o trabalho em si é um meio de autossatisfação, é o caminho para o lucro empresarial; é, também, o caminho para a autorrealização".[12]

FIGURA 11.4
O caminho para a autorrealização tem que ser conquistado com determinação

....
11. PASCALE, R. The paradox of "corporate culture": reconciling ourselves to socialization. *California Management Review*, v. 27, n. 2, p. 24-41, 1985.
12. ROSE, N. *Governing the soul*: the shaping of the private self. Londres: Routledge, 1989.

Consequências e implicações da cultura organizacional

Existem seis principais consequências da cultura organizacional:[13]

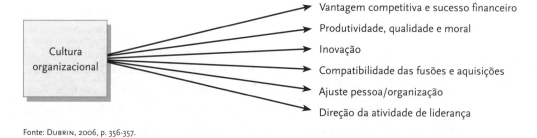

FIGURA 11.5
A cultura organizacional e suas consequências

Fonte: DUBRIN, 2006, p. 356-357.

1. **Vantagem competitiva e sucesso financeiro**: a cultura adequada contribui para a vantagem competitiva e consequente resultado financeiro.

2. **Produtividade, qualidade e moral**: a cultura que salienta a produtividade e a alta qualidade leva os seus trabalhadores a serem produtivos.

3. **Inovação**: a cultura organizacional que incentiva a criatividade encoraja as novas iniciativas e conduz à inovação.

4. **Compatibilidade das fusões e aquisições**: a compatibilidade das duas culturas envolvidas nesses processos contribui enormemente para seu sucesso. Quando as culturas colidem, os problemas e os conflitos podem levar à incompatibilidade e inviabilizar as fusões e aquisições.

5. **Ajuste pessoa/organização**: um importante fator de sucesso para o indivíduo é encontrar uma organização que se adapte a sua personalidade. Do mesmo modo, a organização que tiver a maioria de seus membros com personalidades adequadas a sua cultura também obterá maior satisfação no trabalho e, consequentemente, maior comprometimento.

6. **Direção da atividade de liderança**: uma das funções mais importantes da liderança é saber qual tipo de cultura é necessário à organização e, então, moldar a cultura da empresa à ideal.

Cultura e clima organizacional

Toda organização cria sua própria cultura ou clima, com seus tabus, usos e costumes, refletindo tanto as normas e valores do sistema formal como sua reinterpretação no sistema informal.[14]

---

13. DUBRIN, A. J. *Fundamentos do comportamento organizacional*. São Paulo: Pioneira Thomson Learning, 2006. p. 356-357.
14. KATZ, D.; KAHN, R. L. *Psicologia social das organizações*. São Paulo: Atlas, 1978.

Nos processos de mudança organizacional, quando se torna inevitável a mudança cultural, é conveniente também mudar o clima. Contudo, o fato de se mudar o clima não garante a mudança cultural, que é algo mais profundo e enraizado. Existem empresas improdutivas com clima saudável e empresas produtivas em que o clima não é muito salutar.

O clima organizacional é resultante da história da organização, de suas demandas internas e externas, dos tipos de pessoas que captou no mercado, de seus processos de trabalho e da estrutura de poder estabelecida.

Cultura organizacional é, portanto, o grande espelho de cada empresa, refletindo sua evolução e capacidade de adaptação a seu meio ambiente interno e externo.

As culturas organizacionais mais rígidas ocasionam menor flexibilidade e, consequentemente, maior dificuldade de adaptação da organização a seu meio ambiente externo, apesar de "forçarem" os novos membros a uma maior adaptação interna.

Culturas mais "fechadas" e "rígidas" apresentam uma estrutura de poder autoritário que dificulta a adaptação, a inovação e a mudança.

A força de uma cultura pode ser proporcional ao grau em que ela ilude a consciência.[15]

FIGURA 11.6
Nas culturas muito rígidas é difícil introduzir mudanças

Gerenciamento da cultura

O gerenciamento da cultura apresenta algumas implicações:

- identificar crenças e valores assumidos como atuais (foco no presente/passado);
- identificar crenças e valores assumidos como desejados (foco no presente/futuro); e

---

15. MINTZBERG, H. et al. *Safari de estratégia*: um roteiro pela selva do planejamento estratégico. Porto Alegre: Bookman, 2000.

- preservar crenças e valores assumidos como adequados e mudar crenças e valores assumidos como inadequados, tendo em vista os cenários internos e externos que caracterizam a nova realidade.

Implementar mudanças e inovações muitas vezes pode produzir resultados diversos e inesperados, principalmente se a empresa já possui uma organização cultural própria. Nesses casos, deve-se observar os prós e os contras previamente, pois o sucesso de uma empresa na implementação de uma inovação não deve servir de regra geral. Toda história de mudança tem uma pré-história,[16] isto é, condições organizacionais próprias que favoreçam a identificação de problemas e o surgimento de propostas para solucioná-los. Em primeiro lugar, é necessário haver uma infraestrutura para que ocorra a mudança.

É necessário, também, certo tempo para que o indivíduo adquira as novas habilidades que a mudança e/ou inovação exigem. A mudança, além de um processo cultural, é um processo tecnológico e mecânico. A inovação é uma necessidade de vencer obstáculos que o meio ambiente impõe.

Cultura organizacional *versus* mudanças e inovações

A imprevisibilidade e incerteza do mercado atual fazem que as empresas precisem promover um constante processo de adaptação cultural ao ambiente.

Esse fenômeno da luta pela sobrevivência implica que as empresas tenham de desenvolver estratégias adaptativas que possibilitem também uma orientação para suas decisões estratégicas.

A cultura organizacional, funcionando como o grande espelho de cada empresa, compõe-se de um quadro de referências delineado pela interpretação das atividades e dos acontecimentos e até por fatores sutis e inconscientes.[17] Esses fatores influenciam positiva ou negativamente a adaptação às inovações e estratégias.

A mudança da tecnologia básica de uma empresa exige mudança em sua cultura, e essa é uma das batalhas mais difíceis a serem enfrentadas pelas gerências. A tecnologia faz parte da cultura da empresa; mudá-la é tão difícil quanto mudar a cultura.

Ao administrar as mudanças culturais de descontinuidades tecnológicas, é preciso estar atento às diferentes qualificações. O que vale para uma empresa não vale para outra, mas o que importa em qualquer uma delas é a qualificação dos profissionais.

Às vezes, as mudanças tecnológicas implicam mudança de habilidades, o que traz uma dificuldade adicional para os gerentes, porque não se desenvolvem qualificações

----
16. KANTER, R. M. *The change masters*. Nova York: Unwin, 1984.
17. KATZ; KAHN, 1978.

especiais com a rapidez necessária. É preciso que a gerência desenvolva antecipadamente as habilidades e qualificações requeridas.[18]

Conforme afirma Motta,[19] aplicar o conceito de cultura à mudança organizacional merece cautela, pois as dificuldades serão as mesmas de aplicá-lo a povos e grupos sociais maiores. Por ser muito amplo, o conceito de cultura se presta como categoria residual, fornecendo explicação onde faltam conhecimentos mais apurados.

Foram muitas as correntes que abordaram a maior ou menor importância da cultura nas mudanças organizacionais. O próprio Motta reconhece a importância da cultura nos processos de inovação organizacional: "Aos poucos se compreendeu melhor sua potencialidade na conclusão da mudança organizacional". Porém, o autor reconhece que os avanços tecnológicos contemporâneos – que estão mudando as relações de trabalho graças à realidade virtual e permitindo que os funcionários de uma empresa trabalhem isolados por grandes distâncias geográficas e sem convívio com seus colegas – podem alterar radicalmente os aspectos culturais e os valores da cultura corporativa, acarretando consequências ainda imprevisíveis. A Tabela 11.1 mostra essa questão.

Outro componente da inovação tecnológica que tem implicação direta na renovação cultural é a mudança estratégica.[20]

TABELA 11.1 Cultura na organização do futuro por tendências atuais

Fatores	Passado ➡ Presente	Presente ➡ Futuro
Cultura organizacional	Fator interveniente na racionalidade tecnológica e administrativa	Definidor da própria essência da organização
Foco cultural	Espaço social comum: experiências coletivas	Espaço social virtualizado: experiências locais e individualizadas
Inter-relacionamento e programação coletiva	Intensidade da comunicação: alto convívio comunitário	Vazio inter-relacional: redução do convívio entre pares
Construção da integração cultural	Cultivo de tradições e símbolos definidores do êxito empresarial	Internalização de novos valores e adesão à missão da empresa
Identidade organizacional	Valorização da lealdade organizacional e do sentido de pertencer – comunalidade cultural	Valorização da lealdade setorial – fragmentação cultural: conjuntos de subculturas
Difusão cultural	Estímulos à homogeneidade, às tradições e à resistência à aculturação	Estímulos à heterogeneidade e à vulnerabilidade cultural

Fonte: Mintzberg et al., 2000.

---

18. Motta, 1998, p. 111.
19. Motta, P. R. *Gestão contemporânea*: a ciência e a arte de ser dirigente. Rio de Janeiro: Record, 2007.
20. Mintzberg, 2000.

A escola cultural de estratégia parte do pressuposto de que a estratégia é um processo de interação social baseada em crenças e valores das pessoas de uma organização e adquirida por meio do processo de aculturação. Esse processo, embora reforçado de maneira formal, é frequentemente não verbal e informal – motivo pelo qual, muitas vezes, os membros de determinada organização não são capazes de determinar a origem das crenças que compõem sua cultura. Decorrente desses fatos, portanto, a estratégia toma a forma de perspectiva embasada em intenções coletivas e se reflete nos padrões em que os recursos e capacidades de organização são preservados e usados como vantagens competitivas.

A cultura e a ideologia existentes não encorajam as mudanças estratégicas; os membros da organização procuram preservar a estratégia já existente. Porém, a cultura influencia os processos empresariais e estratégicos, como pode ser observado na síntese elaborada por Mintzberg.[21]

- **Estilo de tomada de decisões**: como a cultura age como lente ou filtro, ela determina a maneira de as pessoas decidirem, influenciando, portanto, o processo de formação estratégica. Organizações diferentes fazem uma leitura diferente do mesmo ambiente e são influenciadas pelas lideranças e pela estrutura de poder. As organizações desenvolvem uma lógica dominante, filtrando as informações e focalizando determinados aspectos que serão salientados na estratégia.

- **Resistência às mudanças estratégicas**: um compromisso comum com as crenças e valores preestabelecidos desencoraja a mudança estratégica. Antes que o aprendizado estratégico possa ocorrer, a lógica antiga (dominante) precisa ser, de certa forma, desaprendida pela organização. Antes que a IBM pudesse desenvolver uma nova estratégia, a lógica dos computadores de grande porte precisava ser parcialmente desaprendida ou esquecida.

- **Superar a resistência às mudanças estratégicas**: é necessário vencer a resistência às mudanças de estratégia. A liderança que detém o poder dominante da organização deve estabelecer como fatores essenciais a flexibilidade e a inovação.

- **Valores dominantes**: existe uma crença de que as empresas de sucesso têm em sua cultura valores comuns, como atendimento, qualidade e inovação, que levariam a uma vantagem competitiva.

---

21. MINTZBERG, 2000, p. 197-199.

FIGURA 11.7
A liderança deve sensibilizar a equipe para diminuir as resistências e promover as mudanças necessárias

Para a mudança cultural se efetivar de maneira concreta, as ações na área de gestão de pessoas devem ser apoiadas por profissionais que desempenhem os seguintes papéis:[22]

- comunicador da visão e objetivos aos funcionários, para que haja participação, engajamento e comprometimento;
- agente de mudança, "quebrando a mentalidade funcional voltada para processo" e focando em resultados; e
- parceiro estratégico das gerências seniores na empreitada de desenvolvimento de um capital intelectual.

---

22. ULRICH, D. *Recursos humanos estratégicos*: novas perspectivas para os profissionais de RH. São Paulo: Futura, 2000.

Cultura, mudança e desenvolvimento organizacional[23]

Durante anos, a Hewlett-Packard encabeçou todas as listas de companhias mais bem administradas. Creditava-se à HP o desenvolvimento da combinação entre alta tecnologia e gestão iluminada. Era um exemplo frequentemente citado de como incentivar a inovação – abolindo cadeias rígidas de comando, evitando escritórios executivos extravagantes e exigindo que todos os funcionários se tratassem por seus primeiros nomes.

Mas, no final dos anos 1980, a Hewllett-Packard encalhava numa administração morosa e burocrática. Seu gerente típico achava necessário lidar com nada menos do que 38 comitês internos diferentes, responsáveis pela decisão de tudo, desde o modo de projetar novos *softwares* até o nome com que batizar um novo produto. Os custos estavam subindo às alturas e o desenvolvimento de produto entrava em marcha lenta. "As decisões eram muito dispendiosas", comentaria depois o presidente John A. Young.

De fato, a mesma cultura de igualitarismo e respeito mútuo que havia acionado o sucesso inicial da Hewlett-Packard convertera-se em uma rede de administração por consenso, que dava uma ênfase muito grande ao bom relacionamento e muito pequena à realização do trabalho. Young percebeu que as coisas estavam fora do controle quando, na primavera de 1990, um gerente o advertiu de que o projeto mais importante da companhia, o desenvolvimento de uma série de novas estações de trabalho de alta velocidade, se atrasaria por um ano devido a encargos burocráticos. "Acho que foi naquele dia que me soltei", comentava Young, mais tarde, em uma conversa. "Foi um sinal bem claro para mim."

Young atacou o problema das estações de trabalho afastando da estrutura gerencial os 200 engenheiros que trabalhavam no projeto, de forma que pudessem realizar seus trabalhos sem a intromissão da supervisão dos comitês. Para lidar com os problemas mais amplos que assolavam a companhia, Young convocou o fundador e presidente do conselho da companhia, David Packard, para discutir a reformulação da estrutura da empresa e o redirecionamento de sua cultura. Juntos, analisaram o bem-sucedido ramo de impressoras a *laser* da Hewlett-Packard, que continuara flexível e competitivo, apesar das dificuldades da companhia como um todo. O que descobriram levou-os a oferecer a muitos gerentes um programa de incentivo à aposentadoria. Os comitês foram dispersados entre o conjunto menor de gerentes que permaneceram, e a hierarquia gerencial foi achatada. Além disso, o ramo de computadores HP foi dividido em duas partes distintas, cada uma com sua própria equipe de vendas. Um deles geria a venda de computadores pessoais e impressoras para os

---

23. BUELL, B.; HOF, R. D.; MCWILLIAMS, G. Hewlett-Packard itself. *Business Week*, p. 713-779, 1 abr. 1991; HOF, R. D. Hewlett-Packard. *Business Week*, p. 67, 13 fev. 1995 *apud* WAGNER III, J. A.; HOLLENBECK, J. R. *Comportamento organizacional*. São Paulo: Saraiva, 2009. p. 365-366.

representantes, e o outro era encarregado da venda direta de estações de trabalho e minicomputadores a clientes maiores.

Avaliando a mudança, o gerente geral Bob Frankenberg comentou: "Os resultados são incríveis. Estamos realizando mais negócios e conseguindo finalizar produtos mais rapidamente com menos pessoal". Em lugar de lidar com 38 comitês, os gerentes da HP agora raramente acham necessário consultar mais de três. Em vez de precisar de até seis anos, o desenvolvimento de novos produtos agora requer somente nove meses. Em consequência disso, a companhia tem lançado, com grande sucesso, linhas de computadores pessoais, estações de trabalho e impressoras. Dois desses produtos – um computador do tamanho da palma da mão com capacidade de um *desktop* e uma impressora portátil a jato de tinta que pode imprimir com quase a mesma qualidade da *laser* por cerca de um quarto do preço – resultaram em estrondoso sucesso. Inovações em vídeo digital e negócios com grandes empresas e com o governo de Singapura prometem manter a HP na vanguarda do mercado em rápido desenvolvimento para serviços de vídeo a cabo. Conforme comenta o gerente geral James D. Olson, "Deixamos de ser correias de transmissão para sermos gladiadores". Mudanças estruturais e culturais tiraram a Hewlett-Packard da beira do abismo da obsolescência burocrática.

QUESTÕES

1. Descreva as principais características de uma cultura organizacional.
2. Aponte e explique os principais fatores que deveriam ser abordados no treinamento introdutório para transmitir a cultura da empresa aos novos funcionários.
3. Analise a cultura da empresa que você conhece ou em que você trabalha e/ou é sócio. Descreva o que você faria se fosse mudar a cultura dessa empresa.

CAPÍTULO 12

Qualidade de vida no trabalho

Nosso desafio com este capítulo é:

- Explicitar os cenários da qualidade de vida no trabalho e sua importância no contexto da gestão empresarial.
- Demonstrar como os programas de qualidade de vida no trabalho trazem benefícios para as empresas e funcionários.
- Apresentar os modelos clássicos de qualidade de vida no trabalho como subsídio para a implantação de programas na área.
- Apresentar alternativas para reverter os efeitos danosos da insatisfação no trabalho e potencializar os resultados advindos de uma melhor qualidade de vida no trabalho.

> A qualidade de vida no trabalho dos funcionários de uma organização faz toda a diferença no atendimento aos clientes?

A Qualidade de Vida no Trabalho (QVT) surge como uma resposta aos crescentes custos com saúde, rotatividade e absenteísmo incorridos pelas organizações e à insatisfação no trabalho vivenciada pelos funcionários.

As dificuldades vividas pelo trabalhador em sua rotina diária e a falta de comprometimento são as principais responsáveis pela baixa produtividade e escassez de resultados positivos, sintomas conhecidos de várias organizações.

Os programas de QVT conferem credibilidade às teorias de motivação ao trazer à tona a questão do reconhecimento, da satisfação e da energia que move o trabalhador a atingir resultados.

Reconhecer e dar *feedback nos programas de QVT* é um dos mais importantes papéis do gestor, pois liga os profissionais da empresa aos objetivos organizacionais, e obter resultados passa a ser uma consequência natural.

Várias pesquisas vêm reforçar o fato de que, quando os gerentes transmitem aos funcionários com clareza aonde chegar e reconhecem os esforços empreendidos a favor de metas e resultados, a QVT acontece e a sonhada produtividade pode aflorar.

CONTEXTUALIZANDO

Atualmente, existe uma enorme estrutura enfocada no bem-estar do trabalhador. Algumas empresas fazem compras de supermercado para seus funcionários, levam seus filhos à escola e disponibilizam academias de ginástica, alegando estar investindo em maior qualidade de vida para seus colaboradores. No entanto, muitas vezes fazem isso para que os executivos passem mais tempo na empresa.

O equilíbrio entre horas de lazer e o trabalho é uma angústia mundial.

Nos Estados Unidos, cerca de 95% das 500 empresas citadas no *ranking* de produtividade da revista *Fortune* desenvolvem programas de QVT, inclusive fornecendo apoio psicoterápico, pois o investimento no trabalhador pode ser vantajoso.

No Brasil, pesquisa realizada pela Fundação Dom Cabral (FDC), em Belo Horizonte, revelou que os executivos continuam *workaholics*: 68% dos profissionais de nível de gerência utilizam *e-mail* e celular para trabalhar nos fins de semana e afirmam que 74% de seu tempo é dedicado à carreira.[1]

Apesar disso, 31% dos executivos das 500 maiores empresas nacionais entrevistados afirmaram que conquistar o equilíbrio entre vida pessoal e trabalho é sua maior angústia. Esse resultado é 6% maior que o da pesquisa realizada no ano anterior. Foram entrevistados na pesquisa da FDC 1.211 profissionais.

Entre as causas desse cenário estão o incremento tecnológico e o enxugamento das equipes de trabalho durante as décadas de 1980 e 1990, o que levou o mundo corporativo a ser marcado pelo estresse e pela competitividade.

Ante o cenário descrito, o mercado de saúde corporativa movimentou, de acordo com pesquisa realizada em 2009, R$ 37 bilhões, dos quais R$ 25 bilhões foram pagos pelas empresas. São bilhões de reais pagos por um benefício que não é obrigatório. Custos com assistência médica crescem de 8% a 10% ao ano e já representam o segundo maior custo com os funcionários. Um dado alarmante que fala veemente a favor da necessidade de desenvolver programas de qualidade de vida nas empresas

---

1. Conselho Federal de Psicologia. Problemas demais. *Revista Diálogos*, ano 4, n. 5, dez. 2007.

é que 50% desse custo se refere ao comportamento dos trabalhadores, maus hábitos e fatores semelhantes, como pode ser observado no Quadro 12.1.[2]

QUADRO 12.1
Mudanças de hábitos

Os fatores determinantes da saúde das pessoas:

10%
Acesso aos serviços de saúde

20%
Genética

20%
Ambiente

50%
Comportamento

Fonte: Centro para Controle e Prevenção de Saúde (EUA).

Funcionários bem assistidos são muito mais produtivos e motivados, como podem verificar as empresas no Brasil que têm investido em QVT.

Existem, por exemplo, programas preventivos de saúde, como o da Philips do Brasil. O programa da empresa teve início em 2004 e acompanha um grupo de funcionários chamados "de risco", ou seja, doentes crônicos (pessoas com colesterol alto, hipertensos, obesos e fumantes), que costumam representar de 15% a 20% dos funcionários e gastam 75% do orçamento.

Hoje, a Philips já comemora uma redução enorme dos gastos com saúde graças ao compartilhamento do programa com os funcionários, que compraram a ideia de uma vida melhor e mais saudável.

Um bom exemplo do sucesso desse programa é a redução do número de fumantes – cerca de 70% do grupo já parou de fumar.

Nos Estados Unidos, onde a atenção e a preocupação com a qualidade de vida começaram na década de 1970, a DuPont, ao analisar os custos com a saúde, que estavam levando a empresa a gastar cerca de US$ 70 milhões com doenças e faltas ao trabalho, descobriu que, entre os fatores de risco comportamental causadores dessa situação, estavam o hábito de fumar (US$ 960), excesso de peso (US$ 401), alcoolismo (US$ 389), colesterol elevado (US$ 370), hipertensão (US$ 343), uso incorreto de cinto de segurança (US$ 272) e falta de exercícios físicos (US$ 130). Outra empresa descobriu que, em um período de cinco anos, cada empregado com problema de uso de álcool ou droga faltava em média 113 dias a mais que a média dos outros

2. DINIZ, D. O peso da saúde nas empresas. *Você RH*, n. 5, p. 27-29, dez. 2008-fev. 2009.

empregados (média de 23 dias a mais ao ano) e era responsável pelo dispêndio de US$ 23 mil em serviços médicos. Quanto maior o nível do empregado na empresa, maiores os custos de seus problemas.

Os custos com o comportamento de risco dos empregados geram uma oportunidade para controlar os gastos com a saúde por meio de programas de prevenção. Cerca de 6 mil empresas norte-americanas se recusaram a admitir funcionários fumantes e algumas demitiram funcionários quando ficaram sabendo que eram fumantes. Todavia, alguns estados norte-americanos não permitem essa prática por considerarem-na discriminatória e contra os estilos de vida individuais. Uma aplicação da análise de utilidade para avaliar o impacto financeiro sobre as intervenções descobriu que esses investimentos têm um retorno maior do que foi investido, ainda que no longo prazo.[3]

Qualidade de vida no trabalho

A QVT inicialmente teve origem nas preocupações da sociedade norte-americana com o bem-estar e a saúde dos trabalhadores e as maneiras de melhorar a experiência de uma pessoa no trabalho. Essa preocupação foi enfatizada por uma série de pesquisas nacionais de atitude realizadas entre 1969 e 1973 pela Universidade de Michigan, chamando atenção para o que foi denominado na época de "qualidade de emprego", e também pelo relatório de pesquisa "Work in America", do Departamento de Saúde, Educação e Bem-Estar Social, enfatizando que a mudança social estava acontecendo em um ritmo muito mais acelerado que a mudança organizacional. Os conceitos dos estudiosos sobre qualidade de vida seguiram duas abordagens:

▶ qualidade de vida como um conjunto de condições e práticas da organização, como enriquecimento de cargos, participação dos empregados nas tomadas de decisões, condições seguras de trabalho e outras proposições semelhantes; e

▶ qualidade de vida relacionada com os aspectos visíveis que as condições de trabalho têm no bem-estar do empregado, como atendimento a uma gama de necessidades individuais.

Contudo, não existem diferenças cruciais entre as duas abordagens. Os elementos que distinguem as questões sobre QVT são:[4]

▶ preocupação com o efeito do trabalho nas pessoas e na eficácia da organização; e

---

3. MILKOVICH, G. T.; BOUDREAU, J. W. *Administração de recursos humanos*. São Paulo: Atlas, 2000. p. 482.
4. BOWDITCH, J. L.; BUONO A. F. *Elementos de comportamento organizacional*. São Paulo: Pioneira Thomson Learning, 2004. p. 207.

- a ideia da participação dos trabalhadores nas soluções dos problemas e tomada de decisões nas organizações.

Os conceitos atuais de qualidade de vida envolvem tanto os aspectos físicos e ambientais referentes ao local de trabalho quanto os aspectos psicológicos dos trabalhadores.

Ao investir na qualidade de vida de seus empregados, as empresas estão, na verdade, investindo em seus clientes externos e em seu negócio, porque não há como pessoas pouco saudáveis e insatisfeitas no trabalho atenderem bem aos clientes. Para Eda Fernandes, "não se pode falar em qualidade de produtos e serviços se aqueles que vão produzi-los não têm qualidade de vida no trabalho".[5]

A QVT é, portanto, indispensável para os objetivos empresariais de qualidade de produtos e serviços, produtividade e competitividade empresarial.

Somente a partir da década de 1990 é que foi dada maior ênfase à QVT no Brasil, com a oficialização do Programa Brasileiro de Qualidade e Produtividade (PBQP) pelo governo em 7 de novembro de 1990.

Qualidade de vida e gestão de pessoas

Para que os programas de qualidade de vida nas empresas tenham êxito, a competência gerencial na gestão das pessoas é imprescindível. Um atendimento eficaz das necessidades dos clientes externos depende do atendimento das necessidades dos funcionários.

Peter Drucker considera a gestão de pessoas tão importante nas empresas de hoje que sugere aos gerentes que terceirizem toda a parte legal e burocrática da relação com os funcionários, com cuidado para não causar problema com os profissionais, liberando mais tempo para se dedicarem a esse objetivo.[6]

Os programas de qualidade total muitas vezes fracassam em decorrência da gestão do fator humano. A gestão de pessoas é um dos fatores mais importantes do sucesso empresarial no que se refere à qualidade total e de vida.

Raul Marinuzzi assegura que, muitas vezes, consultores de alto nível são chamados e os princípios da qualidade total são aplicados, mas a sonhada qualidade não ocorre, porque falta o devido investimento nas pessoas. Em sua concepção, qualidade total "pressupõe pessoal orgulhoso da empresa, porque ela tem total compreensão do homem".[7]

---

5. FERNANDES, E. *Qualidade de vida no trabalho*. Salvador: Casa da Qualidade, 1996.
6. DRUCKER, P. F. Eles não são empregados, são pessoas. *Edição Especial Exame*: Harvard Business Review. Rio de Janeiro, ed. 764, p. 9-16, abr. 2002.
7. MARINUZZI, R. *Ecologia empresarial*: entre o estresse e a qualidade total, você decide. Belo Horizonte: Armazém de Ideias, 1999.

Os gerentes, além de suas funções normais, devem atuar como gestores de pessoas: ouvir as sugestões, fornecer *feedback* e estimular o espírito empreendedor e criativo de seus funcionários, pois o contato direto e contínuo, com a valorização de seus conhecimentos práticos, possibilita a introdução de melhorias em suas atividades. A qualidade, para ser efetiva, precisa transformar o funcionário em um parceiro ativo.

Iniciativas que levem à redução de custos ou aumento de receita devem ser reconhecidas e recompensadas.

FIGURA 12.1
Um funcionário que fez um bom trabalho sonha (e precisa) ser reconhecido e recompensado

Acaba a ideia de que os problemas de pessoas são com o RH e os problemas de produção são com o gerente de produção. A área especializada em pessoas deve contribuir de modo efetivo para disseminar informações e delinear políticas e estratégias flexíveis, de forma a subsidiar processos de mudança e inovação decorrentes do próprio ritmo acelerado das mudanças sociais. Não existe notícia de uma única empresa competitiva que tenha um pessoal mal qualificado, insatisfeito e desmobilizado.

> **COMENTÁRIO DE CONSULTORIA**
>
> Como nem todos os funcionários se sentem motivados com os mesmos instrumentos, o processo de mobilização, comprometimento e satisfação no trabalho implica uma gama de fatores que afetam sua qualidade de vida. O gerente precisa investigar e descobrir o que motiva os diferentes empregados e o que os impulsiona à participação.

Quando os funcionários estão plenamente engajados, ficam satisfeitos com seus cargos e seus empregadores, além de entusiasmados e comprometidos com o trabalho. Estudo recente da consultoria Blessing White investigou a porcentagem de funcionários plenamente engajados na América do Norte. A Figura 12.2 ilustra o resultado.

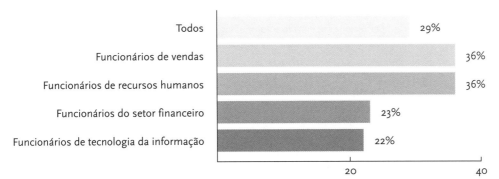

FIGURA 12.2

Funcionários plenamente engajados

Fonte: BATEMAN; SNELL, 2012, p. 242.

COMENTÁRIO DE CONSULTORIA

A empresa precisa de funcionários engajados porque, para implantar um programa de QVT que gere resultados, é essencial que a administração seja *participativa*.

A participação, segundo Fernandes,[8] "pode ser compreendida como todas as forças e meios pelos quais os membros de uma organização podem influenciar os destinos dessa organização".

Os fatores abordados na QVT são aspectos também abordados nas teorias de motivação de Maslow e Herzberg. Podem ser obtidos pela pergunta: o que move o homem a alcançar seus objetivos?

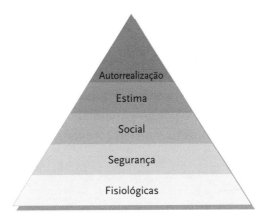

FIGURA 12.3

Pirâmide de Maslow

---

8. FERNANDES, 1996.

QUADRO 12.2
Teoria dos dois fatores de Herzberg

> **Fatores de higiene:**
> Condições de trabalho
> Pagamento
> Segurança no trabalho
> Relações no trabalho
> Práticas de supervisão e administração
> Política e administração da empresa
>
> **Fatores motivacionais:**
> O trabalho em si
> Responsabilidade
> Senso de realização
> Reconhecimento
> Perspectivas de evolução

A satisfação no trabalho está intimamente ligada à qualidade de vida. Os empregados tendem a preferir trabalhos que lhes deem oportunidades para mostrar suas habilidades e capacidades e que ofereçam uma variedade de tarefas, retorno e *feedback* sobre quão bem estão realizando suas atividades. Trabalhos que têm muito poucos desafios, ou desafios demais, tendem a criar frustação e sentimento de fracasso. Funcionários buscam também sistemas de promoção, pagamento e recompensa percebidos como justos, sem ambiguidade.

Quando o pagamento é visto como justo com base nas exigências do trabalho, no nível de habilidade do indivíduo e nos padrões de mercado, a tendência é o funcionário se sentir satisfeito. Nem todas as pessoas, porém, querem dinheiro; muitas estão dispostas a aceitar menos dinheiro para trabalhar em um local de que gostem mais, com maior grau de liberdade ou em algo que faça mais sentido.

A motivação dos funcionários por meio do reconhecimento é algo especial porque o reconhecimento é um poderoso motivador de potencialidades, haja vista que se trata de uma necessidade humana. No entanto, a maioria dos trabalhadores sente que não é reconhecida o suficiente. Resultados de estudos realizados por mais de 50 anos revelaram que os funcionários recebem um elogio tão bem quanto o salário regular. Recebem a *compensação monetária como um direito* e o *reconhecimento como um presente*. Os trabalhadores gostam de saber que seu trabalho é útil para alguém. A seguir são apresentados outros pontos para melhor entendimento e implementação de um programa de reconhecimento e recompensa.[9]

---

9. DUBRIN, A. J. *Fundamentos do comportamento organizacional.* São Paulo: Pioneira Thomson Learning, 2006. p. 154-156.

- **O *feedback* é uma parte essencial do reconhecimento**: o *feedback* específico sobre qual foi o bom trabalho do funcionário dá mais sentimento ao reconhecimento. Por exemplo: "aquela apresentação que você fez para o cliente foi decisiva para que ele realizasse a compra".

- **O elogio é uma das formas mais poderosas do reconhecimento**: o elogio funciona bem porque aumenta a autoestima, se for verdadeiro. Funciona como um suplemento de outras recompensas, tais quais as compensações monetárias. O desafio em usar o elogio como forma de recompensa é que nem todos reagem da mesma maneira ao mesmo tipo de elogio. Algumas pessoas não gostam de elogios gerais como "bom trabalho!"; elas preferem uma declaração real de como seus esforços contribuíram para a empresa.

- **Os programas de recompensa e reconhecimento devem estar ligados às metas da organização**: muitas organizações entendem atualmente que o maior retorno dos programas de reconhecimento e recompensa acontece quando eles estão ligados à estratégia da empresa.

- **É útil saber a que tipo de reconhecimento e recompensa os funcionários dão valor**: uma empresa pode gastar muito dinheiro distribuindo relógios de parede e descobrir que os funcionários prefeririam ganhar entradas para o cinema como uma forma de reconhecimento e recompensa.

- **É importante avaliar o programa de reconhecimento e recompensa**: como acontece com todo comportamento organizacional, é bom avaliar as intervenções realizadas na área de gestão de pessoas. Um exemplo seria avaliar o desempenho antes e depois da implantação do programa.

> **COMENTÁRIO DE CONSULTORIA**
>
> Reconhecimento sincero pelo bom trabalho realizado é um motivador poderoso e possui a grande vantagem de ter um custo baixo ou nulo.

O sentimento de reconhecimento está diretamente vinculado ao papel de liderança, pois é ela que demonstrará esse fator. Uma liderança que não se sinta reconhecida produz consequências negativas em todos os níveis a que ela se reporte.[10]

O problema pode ser representado como na Figura 12.4.

---

10. VIANNA, M. A. F. *Motivação, liderança e lucro*: a trilogia para uma empresa de sucesso. São Paulo: Gente, 1999. p. 34.

FIGURA 12.4

Uma liderança que não se sente reconhecida produz efeito negativo em todos os níveis que a ela se reportam

Programas de qualidade de vida no trabalho

Como o termo "qualidade de vida" está ligado às melhorias nas condições de trabalho, os gestores associam os programas de QVT a melhoria de instalações, atendimento a reivindicações salariais, redução da jornada de trabalho e outras medidas semelhantes que levarão a custos adicionais. Esse é o principal motivo dos obstáculos que surgem à implantação desses programas – *eles aparecem como algo que acarretará despesas às empresas*.

Na verdade, porém, *são as reformulações no trabalho em si que constituem o principal objetivo das ações de QVT*, visando a garantir maior eficácia e produtividade e a atender às necessidades básicas dos trabalhadores.

Walton, autor de um modelo de QVT muito conhecido, afirma que a qualidade de vida visa a "gerar uma organização mais humanizada, na qual o trabalho envolve, simultaneamente, relativo grau de responsabilidade e de autonomia ao nível do cargo e recebimento de recursos de *feedback*". Uma organização que observa tais pressupostos promove um melhor desempenho e, consequentemente, a redução de custos operacionais.[11]

A QVT envolve aspectos intrínsecos (conteúdo) e extrínsecos (contexto) do cargo, afetando atitudes pessoais e comportamentos importantes para a produtividade individual e grupal, como motivação, adaptação a mudanças, criatividade e inovação.

Para implementar a QVT, a maneira de fornecer *feedback* e tratar os erros deve ser modificada. No lugar de serem atribuídas culpas, o fato deve servir como uma oportunidade para aprendizagem.

Pesquisa realizada sobre QVT nas melhores empresas para se trabalhar no Brasil, considerando o guia da revista *Exame* nos anos de 1997 a 2006, revelou a seguinte realidade.[12]

---

11. WALTON, R. Quality of working life: what is it? *Slow Management Review*, v. 15, n. 1, p. 11-21, 1973.
12. TOLFO, B. S., PICCININI, V. C. A qualidade de vida no trabalho nas melhores empresas para se trabalhar no Brasil: descompassos entre teoria e prática. In: SANT'ANNA, A. S.; KILIMNIK, Z. M. (orgs.). *Qualidade de vida no trabalho:* abordagens e fundamentos. Rio de Janeiro/Belo Horizonte: Elsevier/Fundação Dom Cabral, 2011. p. 91-103.

FIGURA 12.5
Para melhorar a QVT, os erros devem ser tratados como aprendizagem

No conjunto de empresas mais bem avaliadas, predominaram as multinacionais norte-americanas nos diversos estudos. Uma empresa foi avaliada como a melhor para se trabalhar duas vezes no período estudado: a Fiat, em 1997 e em 2000. Em quatro anos, quatro empresas nacionais foram as mais bem avaliadas entre todas as demais: a Renner, em 1999; o Magazine Luiza, em 2003; a Todeschini, em 2004; e a Promon, em 2005.

A Fiat, empresa de capital italiano que apresentou o melhor resultado, obteve na ocasião avaliações máximas dos trabalhadores e pessoal do RH em relação a oportunidade de carreira, segurança e confiança na gestão, orgulho e confiança na gestão, orgulho do trabalho e da empresa, clareza e abertura na comunicação interna, camaradagem no ambiente de trabalho e treinamento e desenvolvimento. Na avaliação de sua maior vantagem, foi citada uma série de medidas que conquistaram o funcionário e sua família, como a vinda do número 1 da hierarquia na Itália ao Brasil para entregar prêmios pelo desempenho acadêmico dos filhos de funcionários, o programa Vida Nova para orientação no pré-natal, presentes no nascimento, colônia de férias para filhos de empregados, megaclube e domingo na Fiat. Como principais atrativos foram indicados os planos de saúde com cobertura total, a subvenção de cursos superiores e de pós-graduação em áreas de interesse da empresa, o subsídio para o estudo dos filhos de funcionários, o direito dos funcionários de indicar pessoas para processo de seleção e o desconto para a compra de carros.

Alguns modelos de QVT

Walton propôs um modelo considerado clássico, com oito categorias conceituais. Os termos do modelo são apresentados na Tabela 12.1.

TABELA 12.1
Categorias conceituais de qualidade de vida no trabalho de Walton

CRITÉRIOS	INDICADORES DE QVT
Compensação justa e adequada	• Equidade interna e externa • Justiça na compensação • Partilhas dos ganhos de produtividade • Proporcionalidade entre salários
Condições de trabalho	• Jornada de trabalho razoável • Ambiente físico seguro e saudável • Ausência de insalubridade
Uso de desenvolvimento de capacidades	• Autonomia • Autocontrole relativo • Qualidades múltiplas • Informações sobre o processo total do trabalho
Oportunidades de crescimento e segurança	• Possibilidade de carreira • Crescimento pessoal • Perspectiva de avanço salarial • Segurança de emprego
Integração social na organização	• Ausência de preconceitos • Igualdade • Mobilidade • Relacionamento • Senso comunitário
Constitucionalismo	• Direitos de proteção do trabalhador • Privacidade • Liberdade de expressão • Tratamento imparcial • Direitos trabalhistas
O trabalho e o espaço total de vida	• Papel balanceado no trabalho • Estabilidade de horários • Poucas mudanças geográficas • Tempo para lazer da família
Relevância social do trabalho na vida	• Imagem da empresa • Responsabilidade social da empresa • Responsabilidade pelos produtos • Práticas de emprego

Fonte: FERNANDES, 1996, p. 48.

▶ **Compensação justa e adequada**: visa à mensuração da QVT em relação à remuneração recebida pelo trabalho realizado; deve ser adequada às necessidades do empregado e apresentar equidade interna (equilíbrio na remuneração entre os diversos cargos) e equidade externa (equilíbrio na remuneração em relação ao mercado de trabalho).

- **Condições de trabalho**: visa à mensuração da QVT em relação às condições existentes no local de trabalho, como jornada de trabalho, quantidade de trabalho executado, ambiente físico adequado, segurança, saúde e bem-estar.
- **Utilização e desenvolvimento de capacidades**: visa à mensuração da QVT em relação às oportunidades que o empregado tem de aplicar e desenvolver suas aptidões profissionais, bem como ao grau de liberdade na programação e execução de seu trabalho.
- **Oportunidades de crescimento e segurança**: visa à mensuração da QVT em relação às oportunidades de desenvolvimento e crescimento pessoal que a empresa fornece aos empregados, como educação continuada e segurança no emprego.
- **Integração social na organização**: objetiva medir a QVT em relação ao grau de integração social existente na empresa, refletida na igualdade de oportunidades, ausências de barreiras rígidas no organograma, relacionamento marcado por auxílio recíproco e ausência de preconceitos.
- **Constitucionalismo**: objetiva medir a QVT em relação ao grau com que os direitos do empregado são respeitados na organização, ao grau de privacidade e de liberdade de expressão, além de como as normas e rotinas organizacionais influenciam o desenvolvimento do trabalho.
- **Trabalho e espaço de vida**: objetiva mensurar a QVT em relação ao equilíbrio entre a vida pessoal do empregado e a vida no trabalho, pois o excesso de trabalho não deve impedi-lo de ter convivência familiar e lazer.
- **Relevância social da vida no trabalho**: visa mensurar a QVT por meio da percepção do empregado em relação à responsabilidade social da organização na comunidade, à qualidade de produtos e serviços prestados e ao atendimento a seus empregados (se a instituição na qual trabalham é motivo de orgulho ou não para seus funcionários).

Diversos problemas afetam a qualidade de vida no trabalho e se tornam obstáculo para que ela aconteça. Esses problemas, segundo Wesley,[13] podem ser agrupados e classificados em quatro tipos:

1. **Políticos**: caracterizados pela sensação de instabilidade quanto à permanência no emprego ou pelo medo de ser discriminadamente dispensado. A presença desses aspectos é a causa da insegurança.
2. **Econômicos**: representados pela ausência de equidade salarial, o que leva ao sentimento de injustiça.

---

13. WESLEY, W. A. Problems and solutions of working life. *The human relation*, v. 32, n. 2, p. 111-123, 1979 *apud* SANT'ANNA; KILIMNICK, 2011, p. 16-17.

3. **Psicológicos**: caracterizados pela ausência de autorrealização, o que leva à alienação.

4. **Sociológicos**: representados pela não participação ativa dos indivíduos em decisões diretamente relacionadas com o processo de trabalho, com a forma de se executarem as tarefas e com a distribuição de responsabilidades dentro da equipe. A ausência desse indicador gera anomia (falta de envolvimento moral).

Para solucionar ou minimizar esses problemas, Wesley sugere que sejam utilizadas técnicas de enriquecimento de tarefas e métodos sociotécnicos para a estruturação de grupos de trabalho.

A Tabela 12.2 apresenta a síntese do modelo e de suas proposições.

TABELA 12.2
Raízes da qualidade de vida no trabalho

Esfera do trabalho	Problema do trabalho	Responsável pela solução	Indicadores	Propostas
Econômica	Injustiça	Sindicatos	• Insatisfação • Greves • Sabotagens	• Cooperação • Divisão de lucros • Acordos de produtividade
Política	Insegurança	Partidos políticos	• Insatisfação • Greves • Sabotagens	• Autossupervisão do trabalho • Conselhos de trabalhadores
Psicológica	Alienação	Agentes de mudança	• Desinteresse • Absenteísmo • *Turnover*	• Enriquecimento das tarefas
Sociológica	Anomia	Grupos de trabalho	• Sentimento de falta de significado • Absenteísmo	• Grupos de trabalhos estruturados sociotecnicamente

Hackman e Oldham propõem um modelo que tem como base as características objetivas do trabalho.

▶ **Estados psicológicos**: são críticos, envolvendo a percepção da significância do trabalho, da responsabilidade pelos resultados e do conhecimento dos reais resultados do trabalho; e

▶ **Resultados pessoais e de trabalho**: incluem a satisfação geral e a motivação para o trabalho de alta qualidade, bem como o absenteísmo e a rotatividade baixa.

Por tudo que já foi mencionado, é importante lembrar que, entre os problemas ligados à insatisfação no trabalho que têm consequências econômico-financeiras para as empresas, estão o absenteísmo, a diminuição do rendimento e a rotatividade elevada.

Como visto anteriormente, o fator gerencial e a capacidade de gerenciar pessoas são essenciais para a implementação de um programa de QVT. Os gerentes devem procurar a participação e estar atentos aos fatores já mencionados.

> **ALERTA DE CONSULTORIA**
>
> Gestores e gerentes devem estar atentos aos seguintes fatores:
> - Satisfação com o trabalho realizado;
> - Reconhecimento pelos resultados alcançados;
> - Remuneração percebida;
> - Benefícios auferidos;
> - Relacionamento, comunicação e *feedback*;
> - Possibilidades de futuro na empresa;
> - Participação e envolvimento;
> - Ambientes físico e psicológico.

Como medir a qualidade de vida no trabalho

Se uma organização quiser saber como está sua QVT para posteriormente atuar sobre os fatores descobertos, o que ela deve fazer?

O que fazer para descobrir os fatores que estão ajudando os funcionários a ter melhor QVT ou, ao contrário, o que está acontecendo na organização que tem levado o pessoal a ficar insatisfeito no trabalho e a empresa a sofrer consequências indesejáveis, como rotatividade elevada, absenteísmo e problemas de saúde?

A resposta a essas perguntas é a seguinte: fazer uma pesquisa de clima organizacional que forneça os dados almejados. A pesquisa de clima reflete a cultura da empresa, de seus gestores e o modo como os funcionários enxergam o trabalho.

A pesquisa de clima organizacional consiste em um instrumento científico de aferição do ambiente organizacional, possibilitando à empresa conhecer seus pontos fortes e fracos na gestão de seu capital humano. Tem como função subsidiar a tomada de decisões, aprimorar os sistemas de trabalho e avaliar políticas da empresa.

O clima organizacional reflete as percepções que as pessoas têm das respostas as suas demandas e perspectivas pessoais dentro da organização. Influencia também fortemente a motivação do grupo, principalmente se for negativo. Em geral, a leitura do clima organizacional é feita por meio de pesquisas que adotam os métodos clássicos para coleta de dados, como questionários, entrevistas, reuniões abertas e dinâmicas de grupo.

Fatos cotidianos observados isoladamente que revelem o comprometimento e interesses pessoais em relação à organização podem também servir para avaliar o clima organizacional.

Como a pesquisa de clima reflete um momento da organização, é importante aplicá-la periodicamente para acompanhar/detectar alguma mudança e avaliar as medidas corretivas implantadas.[14]

A consultora organizacional Maria José Bretas Pereira, em seu livro *Na cova dos leões: o consultor como facilitador do processo decisório*,[15] afirma que uma pesquisa de clima é realizada tendo em vista os seguintes objetivos:

- identificar as variáveis da cultura no âmbito geral ou de áreas específicas e a forma como elas influenciam o comportamento humano na empresa;
- identificar se os padrões culturais existentes na empresa facilitam ou dificultam a introdução de inovações; e
- obter insumos para a implantação de mudanças organizacionais ou práticas de recursos humanos.

Resultados de pesquisas do Instituto IMC revelaram que colaboradores com baixos níveis de motivação utilizam só 8% de sua capacidade de produção, ao passo que, em setores/áreas/empresas em que se encontram trabalhadores motivados, esse índice sobe para até 60%. Por exemplo, existem empresas que apresentam expressiva correlação entre baixo nível de motivação e alto índice de doenças psicossomáticas. Como consequência, os gastos dessas empresas com despesas médicas são elevados.[16]

A conclusão é que as empresas precisam manter o índice de motivação de seus colaboradores o mais alto possível, de maneira que esse índice passe a ser um dos indicadores de resultado.

Segundo os pesquisadores do Instituto IMC, em seus bancos de dados existem respostas de aproximadamente 30 mil pessoas (10% entrevistadas pessoalmente). Quando perguntadas sobre quais eram os fatores que realmente geravam motivação, as respostas foram:

---

14. MACEDO, I. I. et al. *Aspectos comportamentais da gestão de pessoas*. Rio de Janeiro: FGV, 2012. p. 126.
15. BRETAS, M. J. L. *O consultor como facilitador do processo decisório*. Belo Horizonte: Ophicina de Arte & Prosa, 2002. p. 150.
16. VIANNA, 1999, p. 28-31.

- quando recebo responsabilidades crescentes e desafiadoras (60%);
- quando reconhecem a eficiência e a qualidade do meu trabalho (58%);
- quando percebem meu potencial e o aproveitam (42%);
- quando sou ouvido e me procuram para ajudar (40%);
- quando sou respeitado como pessoa e como profissional (39%);
- quando me sinto fazendo parte da engrenagem (38%);
- quando a liderança demonstra atenção e confiança (37%); e
- quando recebo melhoria salarial (36%).

> **COMENTÁRIO DE CONSULTORIA**
>
> Antes de aplicar uma pesquisa de clima, é fundamental que a empresa esclareça aos funcionários qual o objetivo da realização da pesquisa e que tratamento será dado aos resultados obtidos. O objetivo é não criar falsas expectativas, o que pode levar a uma insatisfação com os resultados. Se um funcionário tiver a expectativa de que terá um aumento salarial e isso não ocorrer, poderá haver insatisfação.

Implantação de um programa de QVT

As etapas para implantação da QVT são:

a) **Sensibilização**: fase em que representantes da organização, do sindicato e consultores trocam suas respectivas visões sobre o conjunto das condições de trabalho e seus efeitos sobre o funcionamento da organização e buscam juntos os meios de modificá-los.

b) **Preparação**: fase em que são selecionados os mecanismos institucionais necessários para a condução da experiência, formando-se a equipe do projeto e estruturando os modelos e os instrumentos a serem utilizados.

c) **Diagnóstico**: fase que compreende dois aspectos – a coleta de informações sobre a natureza e funcionamento do sistema técnico, e o levantamento do sistema social em termos da satisfação que os trabalhadores envolvidos experimentam sobre suas condições de trabalho.

d) **Concepção e implantação do projeto**: à luz das informações colhidas na etapa precedente, a equipe do projeto dispõe de um perfil bastante preciso da situação e estabelece as prioridades e um cronograma de implantação da mudança relativa a aspectos que se mostraram passíveis de melhorias quanto a:

- **tecnologia**: métodos de trabalho, fluxos, equipamentos etc.;
- **novas formas de organização do trabalho**: equipes semiautônomas autogerenciadas;
- **métodos de gestão**: supervisão, tomada de decisão, controle de execução etc.;
- **práticas e políticas de pessoal**: formação, treinamento, avaliação, reclassificação, remanejamento e remuneração;
- **ambiente físico**: segurança, higiene, fatores de estresse etc.

e) **Avaliação e difusão**: embora a avaliação imediata de tais projetos constitua uma tarefa difícil pela dificuldade de obter informações confiáveis, é necessária para prosseguir a implantação das mudanças além do grupo experimental, bem como para posterior difusão para os outros setores.

Qualidade de vida no trabalho – O exemplo da Google[17]

Investir na qualidade de vida do funcionário aumenta a produtividade da empresa

É possível ter equilíbrio entre vida pessoal e trabalho?

A Google sabe a resposta, investe pesado em qualidade de vida e alguns de seus escritórios espalhados pelo mundo são verdadeiros santuários para os seus colaboradores, que de tão envolvidos com a empresa passam muito mais tempo que o necessário trabalhando.

A Google investe nos seus funcionários e, em troca, recebe todo o seu potencial e criatividade, o que a posiciona como líder absoluta no mercado.

As outras empresas já perceberam que sua produtividade está diretamente relacionada com o bem-estar de seus colaboradores. E para manter seus funcionários produzindo, está valendo quase tudo: *shows*, palestras, apresentações de teatro,

---

17. [S.A.] *Qualidade de vida no trabalho*: o exemplo da Google. Disponível em: http://blog.automatizando.com.br/2010/11/qualidade-de-vida-no-trabalho-o-exemplo.html. Acesso em: out. 2019.

exercícios de alongamento, aulas de artes marciais, sessões de massagem. "O efeito é em longo prazo e essas iniciativas melhoram o relacionamento entre os funcionários", garante o gerente de comunicação do Operador Nacional de Sistema Elétrico, Tristão Alencar. "A mais recente atividade que realizamos aqui na empresa foi uma peça teatral exibida para cerca de 50 funcionários. Tratava-se de uma comédia sobre preconceito, relação entre trabalho e família e mudanças de atitudes."

A IBM, por exemplo, oferece aos seus funcionários um programa de motivação desde o início de 2002 e tem notado um crescimento nos resultados dos colaboradores e, consequentemente, da empresa. "Criamos vários programas para motivar nossos funcionários, entre eles o Star Bem, que oferece aos colaboradores sessões de *shiatsu*, consultas com nutricionistas e aulas de ginástica matutinas, tudo para melhorar a qualidade de vida dos funcionários", conta o gerente de *marketing* da empresa, Edmundo Fornasari.

Este trabalho, chamado por alguns especialistas da área de recursos humanos de *endomarketing*, vem desbancando o sistema tradicional de gerenciamento e tem como principal objetivo privilegiar o ser humano dentro da organização.

Deepak Chopra, um dos maiores especialistas em maximização do potencial humano nos Estados Unidos, acredita que "o fenômeno que desperta a consciência para a liderança é o sucesso" e que "a espiritualidade nas empresas pode ser obtida quando o funcionário produz mais e com mais prazer". Em uma entrevista coletiva dada à imprensa em sua vinda ao Brasil, Deepak afirmou que a economia da empresa está diretamente relacionada com a educação e a criatividade. "E o combustível de tudo isso é a motivação."

Os benefícios da motivação para funcionários e empresa

Marcelo Almeida é administrador de empresas especializado em Recursos Humanos e Desenvolvimento Humano, conferencista, diretor de Recursos Humanos da Brasil Consultoria e do Instituto Marcelo de Almeida Desenvolvimento Humano e Qualidade de Vida. Foi contratado recentemente pela Fosfertil-Ultrafertil para que todos os funcionários da empresa e suas famílias sejam motivados nos quesitos saúde e relacionamento profissional e pessoal. "Instruir os funcionários sobre como alcançar melhor qualidade de vida agrega muitos benefícios às empresas. Os colaboradores se sentem mais motivados, reconhecem que a empresa está preocupada com seu bem-estar, o que aumenta sua produtividade; há uma redução de custos com relação às doenças de trabalho; estreita-se o relacionamento interpessoal dentro da empresa, facilitando processos; os funcionários se sentem estimulados a buscar, em seguida, um maior aperfeiçoamento profissional, o que acaba revertendo em uma equipe com melhor formação profissional", explica Almeida.

No caso desta empresa, trata-se de um programa de promoção de saúde e qualidade de vida que visa ao bem-estar não só dos colaboradores da empresa, mas também de seus familiares. "Todos os nossos 2.500 funcionários e seus familiares participam mensalmente de palestras motivacionais e, principalmente, de atividades de sensibilização para a busca do equilíbrio, da saúde, do bem-estar e da harmonia familiar." Além das palestras, a empresa oferece atividades esportivas, brindes, mensagens, encontros e cursos. "O programa foi elaborado e personalizado para as necessidades da empresa, levando em consideração uma série de pesquisas de cultura e clima e as percepções de consultoria, de recursos humanos e das assistentes sociais contratadas para dar suporte ao programa", diz. Os principais temas abordados em 2002 foram autoestima, relações humanas, drogas, alcoolismo, estresse, esportes, fumo e planejamento de vida.

Quando questionado sobre o motivo que está levando as empresas a investir cada vez mais na qualidade de vida dos seus funcionários, Almeida levanta três justificativas:

1. Um profissional saudável, que se sente bem no ambiente de trabalho, produz muito mais do que aquele que não se sente bem. E essa produtividade é tanto em termos qualitativos (melhor relacionamento, atendimento ao cliente, clareza mental, comunicação, motivação e confiança) como em termos quantitativos (aumento de vendas e redução de desperdícios e acidentes de trabalho).

2. O papel do departamento de recursos humanos de uma empresa é atrair, desenvolver e reter talentos, e uma empresa que não tem um ambiente favorável tem o prejuízo de contratar, desenvolver e no final perder o seu colaborador para outras empresas que oferecem até as mesmas condições financeiras, benefícios e desafios, mas que vão além, oferecendo também um clima onde a saúde e a qualidade de vida dos funcionários estão inseridas na cultura da empresa.

3. Uma empresa que acumula estresse negativo acaba reduzindo sua produtividade e perdendo dinheiro. Empresas americanas perdem, por ano, cerca de US$ 150 bilhões com o estresse no trabalho, o que inclui absenteísmo, "presenteísmo" (estar na empresa com a cabeça em outro lugar), desmotivação, doenças, afastamentos, acidentes e conflitos interpessoais. Tudo isso mina o resultado das organizações.

A saúde e a alimentação dos funcionários são os benefícios que as empresas costumam priorizar, o que pode ser feito de duas maneiras: conscientizando os colaboradores de que a saúde é um patrimônio de valor inestimável e que a alimentação está entre os 40% dos fatores que mais matam ou invalidam pessoas em todo o mundo, segundo a Organização Mundial da Saúde, e utilizando ferramentas (palestras, cursos e técnicas) que dão suporte psicológico e maturidade disciplinar para mudanças de hábito.

Já para melhorar o relacionamento pessoal e familiar dos colaboradores, uma das saídas é o desenvolvimento da empatia, que nada mais é do que a habilidade de se colocar no lugar das outras pessoas, compreendendo-as e influenciando-as com elegância e sutileza. Um bom relacionamento se mantém com confiança, diálogo aberto, sinceridade, integridade e ética.

QUESTÕES

1. A priorização do cliente externo em detrimento do interno pode ser uma política organizacional, que leva à redução de custos no curto prazo, mas pode comprometer os resultados financeiros e de produtividade no longo prazo e também acarretar vários problemas. Explique por que, segundo os princípios de QVT, essa política não deve ser implementada.

2. Os gerentes exercem um importante papel nos programas de QVT. Explique qual é esse papel e como os gerentes podem contribuir para o sucesso dos programas de QVT.

3. Considerando os conceitos aprendidos, explique por que o *feedback* e o reconhecimento são tão importantes para a QVT.

4. Para a implantação da QVT são necessários alguns fatores essenciais. Quais são esses fatores?

5. Uma das alegações dos empresários para não implantar o programa de QVT é o fato de esse programa acarretar despesas desnecessárias para a empresa. Explique por que isso não corresponde à realidade.

CAPÍTULO 13

Aprendizagem organizacional

> Nosso desafio com este capítulo é:
> - Demonstrar como o treinamento do funcionário é essencial para o pleno desenvolvimento das habilidades e competências exigidas para o desempenho diferenciado no cargo.
> - Apresentar algumas diferenças fundamentais entre desenvolvimento e treinamento.
> - Apresentar as etapas de treinamento e suas principais ferramentas.
> - Mostrar a mudança de paradigma e a evolução da aprendizagem organizacional para a educação corporativa.

Qual é a importância do treinamento e desenvolvimento na retenção de talentos e transferência do conhecimento na organização?

A escassez de empregos formais em algumas áreas e a necessidade premente de empregabilidade fizeram a vida profissional passar a ser centrada na capacidade do indivíduo de desenvolver novas habilidades e aprender constantemente. A educação continuada tornou-se uma prática essencial.

Como o conhecimento tornou-se uma vantagem competitiva de maneira indireta para todas as organizações que tenham de se diferenciar no atendimento aos clientes, as empresas mais bem-sucedidas serão aquelas que souberem atrair, desenvolver e reter pessoas capazes de conduzir as estratégias e os processos empresariais para o alcance dos objetivos e resultados almejados.

Ao lado da educação formal e do treinamento, as empresas têm cada vez mais investido em educação corporativa para o desenvolvimento de profissionais com a *expertise* necessária para o negócio.

Apesar de o investimento em educação corporativa acontecer de modo substancialmente superior nos países desenvolvidos, trata-se de um fenômeno mundial, que ocorre também nos países em desenvolvimento.

CONTEXTUALIZANDO

Mesmo com a crise econômica que quase arruinou as principais economias europeias (2008), o investimento das empresas em treinamento e desenvolvimento tem crescido enormemente no mundo todo e também no Brasil desde então. Segundo a 13ª edição do Panorama do Treinamento no Brasil,[1] em 2018 as empresas brasileiras investiram em treinamento e desenvolvimento (T&D) uma média de R$ 2,21 milhões, que representa 1,62% do total das despesas com folha de pagamento. Comparado a 2017, esse número sofreu uma retração, refletindo o cenário de desaquecimento da economia do país. No entanto, paradoxalmente, a área tem ganhado relevância e se mostrado mais resistente aos períodos de recessão econômica. E o principal foco desse investimento está no desenvolvimento de lideranças.

Treinamento e desenvolvimento são processos que têm como objetivo proporcionar aos funcionários informação, capacitação e compreensão da organização e suas metas. Destinam-se a ajudar o funcionário a continuar contribuindo de forma positiva para o bom desempenho da organização.[2]

Muitos autores salientam diferenças entre esses processos. Uma das mais marcantes é o tempo de realização de cada um deles. O treinamento acontece em curto prazo e geralmente tem como objetivo melhorar habilidades e competências ligadas ao cargo que a pessoa já ocupa. Por sua vez, o desenvolvimento acontece no médio e longo prazo.

Treinamento é a obtenção de técnicas e habilidades específicas, detalhadas e rotineiras de trabalho. Desenvolvimento é a melhoria e crescimento, dentro de um objetivo mais amplo, das habilidades, atitudes e traços de personalidade.[3]

Outra diferença entre os dois conceitos diz respeito à hierarquia organizacional. O *treinamento* costuma se referir a ensinar funcionários de nível subordinado a realizar suas funções atuais, ao passo que o *desenvolvimento* envolve ensinar aos gestores as competências mais amplas necessárias para desempenhar suas funções atuais e futuras.[4]

Para Sikula,[5] treinamento e desenvolvimento diferem em quatro aspectos:

1. O que é aprendido;

---

1. BRANCO, H. C. *Saiu a nova edição do panorama do treinamento no Brasil*. Disponível em: https://blog.integracao.com.br/blog--saiu-a-nova-edicao-do-panorama-do-treinamento-no-brasil. Acesso em: out. 2019.
2. IVANCEVICH, J. M. *Gestão de recursos humanos*. São Paulo: McGraw-Hill, 2008. p. 393.
3. MEGGINSON, L. C; MOSLEY, D. C. *Administração*: conceitos e aplicações. São Paulo: Harbra, 1998. p. 299.
4. BATEMAN, T. S.; SNELL, S. A. *Administração*. Porto Alegre: AMGH, 2012. p. 173.
5. SIKULA, A. F. *Personnel administration and human resources management*. Nova York: John Wiley & Sons, 1976.

2. Como é aprendido;
3. Como a aprendizagem ocorre; e
4. Quando a aprendizagem ocorre.

Assim sendo, enquanto o treinamento se refere à instrução de operações técnicas e mecânicas, o desenvolvimento é um processo de longo prazo para aperfeiçoar as capacidades e motivações dos profissionais, a fim de torná-los futuros membros valiosos da organização. Inclui não apenas o treinamento, mas também a carreira e outras experiências.[6]

Treinamento e desenvolvimento

Treinamento é um termo geralmente empregado de maneira casual para descrever qualquer ação de estímulo ao aprendizado.[7]

Em resumo, os propósitos do treinamento envolvem:

- transmissão de informações;
- desenvolvimento de habilidades;
- modificação de atitudes; e
- desenvolvimento de conceitos.

FIGURA 13.1
Na aprendizagem por conceitos, alguém que detém um conhecimento: "técnico" procura repassá-lo através de uma exposição

....
6. MILKOVICH, G. T.; BOUDREAU, J. W. *Administração de recursos humanos*. São Paulo: Atlas, 2000. p. 419.
7. BOHLANDER, G.; SNELL, S. *Administração de recursos humanos*. São Paulo: Cengage Learning, 2011.

Modalidades de treinamento e desenvolvimento

Existem várias modalidades de treinamento, segundo os autores da área. As mais comuns são:

- **Treinamento introdutório, de integração ou de orientação**: visa a fornecer ao funcionário recém-admitido informações sobre a instituição, seus objetivos, filosofia, estrutura organizacional, normas internas de pessoal e segurança, a fim de lhe proporcionar uma integração mais adequada e mais rápida, facilitando seu período de adaptação.

- **Treinamento técnico**: tem por objetivo a formação e especialização dos funcionários que exercem atividades técnicas, visando a alcançar melhoria na qualidade e produtividade do trabalho como forma de otimizar os procedimentos técnicos.

- **Treinamento operacional**: seu objetivo é capacitar o pessoal de nível operacional por meio de um programa com base em currículos ocupacionais bem definidos e estruturados. Apoia-se em material didático específico e manuais de treinamento que contenham todas as informações que possibilitam, em todos os níveis hierárquicos, a plena execução das atividades da área de operação.

- **Treinamento e/ou desenvolvimento comportamental**: o objetivo é propiciar ao funcionário conhecimentos e vivências dos aspectos de relacionamento interpessoal e intergrupal, visando a propiciar atitudes que levem a comportamentos mais eficazes.

- **Desenvolvimento de equipe**: o objetivo é desenvolver habilidades interpessoais e grupais dos membros do grupo, a fim de que os profissionais reconheçam a interdependência com os outros componentes do grupo e se identifiquem com o trabalho de forma cooperativa, e não competitiva, em busca de um objetivo comum.

- **Desenvolvimento gerencial**: visa a capacitar os atuais ocupantes de cargos de gerência em conceitos, métodos e técnicas de planejamento, organização, direção e controle de resultados, atividades e recursos de suas respectivas áreas de atuação. Objetiva também que esses ocupantes desenvolvam habilidades interpessoais para efetivamente aplicar os conhecimentos adquiridos.

- **Desenvolvimento organizacional**: é um processo que tem como objetivo capacitar os membros da organização para promover as mudanças, saindo de um estado atual, percebido como indesejado, para outro, considerado ideal. Tem a finalidade de aumentar a eficiência e a solidez da organização mediante intervenção planejada sobre seus processos. A mudança planejada deve evoluir a partir de objetivos específicos, decorrentes de um diagnóstico que determinará a direção e o conteúdo das mudanças e que aumentará a eficácia organizacional.

Etapas do treinamento

Em termos amplos, o treinamento envolve um processo composto de quatro etapas principais, a saber:

1. levantamento (diagnóstico) de necessidades de treinamento;
2. programação de treinamento para atender às necessidades levantadas;
3. execução e/ou implementação; e
4. avaliação.

Alguns autores apontam essas quatro etapas e ainda salientam que, depois da avaliação, existe a validação e, durante as etapas, acontecem atividades burocráticas de controle administrativo. A Figura 13.2 exibe uma representação dessas etapas.

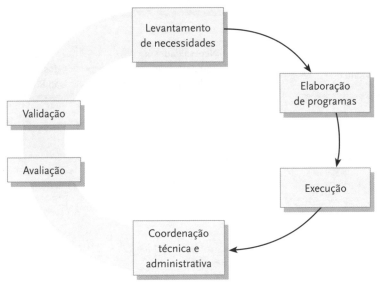

FIGURA 13.2
Etapas do treinamento

Fonte: ROCHA, 2001, p. 20.

Levantamento de necessidades

A primeira etapa do treinamento corresponde à definição do diagnóstico preliminar do que deve ser feito e dos objetivos do treinamento. Nessa fase, deve-se procurar conhecer o perfil e as habilidades existentes e a serem desenvolvidas pelos treinandos.[8]

---

8. HANASHIRO, D. M. M.; TEIXEIRA, M. L. M.; ZACARELLI, L. M. (Orgs.). *Gestão do fator humano*: uma visão baseada em stakeholders. 2. ed. São Paulo: Saraiva, 2008. p. 259-286.

O levantamento das necessidades, o planejamento estratégico da empresa, as metas para o setor das pessoas que participarão do treinamento podem ser efetuados em três diferentes níveis de análise:

1. nível da análise da organização total: o sistema organizacional;
2. nível da análise dos recursos humanos: o sistema de treinamento; e
3. nível da análise das operações e tarefas: o sistema de aquisição de habilidades.

A necessidade de treinamento é vista, tradicionalmente, como na Figura 13.3. Observe que R&S se refere a recrutamento e seleção e T&D se refere a treinamento e desenvolvimento.

FIGURA 13.3
Necessidade de treinamento

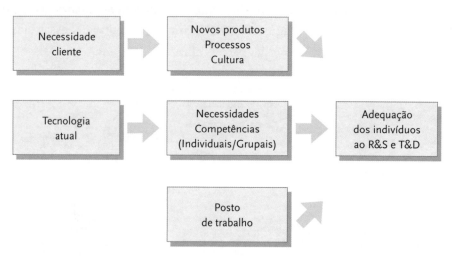

Fonte: ROCHA, 2001, p. 20.

> **COMENTÁRIO DE CONSULTORIA**
>
> Muitas vezes, o treinamento é prescrito como remédio eficaz em toda e qualquer situação de baixo desempenho de pessoas ou áreas. Aparentemente, acredita-se que, sempre que algo não é feito ou é malfeito, a razão é a pessoa não saber como fazê-lo ou não saber fazê-lo com qualidade.
>
> Porém, em muitos casos, o erro está no diagnóstico e, consequentemente, no programa. Se você não sabe qual é a doença, provavelmente não saberá como curá-la. Fatalmente, os resultados não serão os esperados, e o desempenho continuará inalterado. Esse insucesso é atribuído inadequadamente à ineficiência de T&D.

Para levantar as necessidades de treinamento, é necessário ter em mente a função atual e/ou futura do pessoal a ser treinado e procurar determinar com precisão os problemas inerentes a esses profissionais.

É importante ter consciência de que esse processo envolve as seguintes perguntas em relação ao profissional que vai ser treinado:

- O que faz?
- Como faz?
- Por que faz?

O treinamento deve responder a uma necessidade concreta. Os fatos que determinam a necessidade de treinamento são:

- admissão de novos funcionários;
- redução do número de funcionários;
- mudança de métodos e processos de trabalho;
- substituição ou movimentação de pessoal;
- faltas, licenças e férias de pessoal;
- expansão dos serviços;
- mudança nos programas de trabalho ou de produção; e
- produção e comercialização de novos produtos ou serviços.

Fatos ligados à produtividade:

- baixa produtividade;
- tempo muito prologando de aprendizagem e integração no cargo;
- manutenção frequente em equipamentos e máquinas, ocasionando despesas excessivas;
- excesso de erros e desperdícios;
- elevado número de acidentes;
- pouca versatilidade dos empregados;
- mau aproveitamento do espaço e dos recursos disponíveis; e
- incorporação de novas tecnologias.

Fatos ligados ao pessoal:

- relações deficientes entre o pessoal;
- números excessivos de queixas;
- pouco ou nenhum interesse pelo trabalho;
- falta de cooperação;
- faltas ou substituições em demasia (*turnover* e absenteísmo elevado);
- dificuldades na obtenção de bons empregados;
- tendência a atribuir falhas aos outros;
- erros na execução de ordens; e
- resistência e oposição à direção.

QUADRO 13.1
Determinação das necessidades de treinamento

O Quadro 13.1, fundamentado em diversos autores, auxiliará no levantamento de necessidades de treinamento e sua análise.

ANÁLISE DA ORGANIZAÇÃO	
Esta análise tem por objetivo determinar em que órgãos o treinamento deve ser enfatizado.	
Etapas	**Instrumentos**
1. Exame da adequação dos empregados à empresa	a) Inventário de pessoal b) Avaliação do pessoal c) Revisões no planejamento de pessoal
2. Análise da eficiência da organização	a) Índices de produção b) Qualidade do produto c) Utilização do equipamento d) Custos e) Acidentes f) Absenteísmo g) *Turnover* h) Perda de material i) Planos de expansão etc.
3. Análise do clima da organização	Pesquisas de clima
4. Comparação dos dados obtidos na análise com os objetivos da organização, a fim de identificar os órgãos em que devem ser realizadas com maior profundidade as análises das operações e do homem.	

Análise das operações	
Tem por objetivo determinar o que deve ser ensinado ao empregado em função das exigências do cargo. Seus principais instrumentos são:	
	a) Descrição do cargo b) Especificações do cargo c) Padrões de desempenho
Análise do homem	
Tem por objetivo determinar o que deve ser ensinado ao empregado em função de suas necessidades individuais. Seus principais instrumentos são:	
	a) Avaliação de desempenho b) Entrevista após avaliação c) Observação d) Medidas situacionais

Programação, seleção e organização de conteúdo

Depois de definidos os objetivos, isto é, o que se pretende com o treinamento, é necessário planejar os meios adequados para atingi-los. O conteúdo deve ser significativo e atualizado, dentro da limitação de tempo e recursos disponíveis, além de ser adequado ao nível dos treinandos e capaz de despertar interesse. Todos os métodos e técnicas de treinamento (diretivos, não diretivos, vivenciais ou não, interativos, ativos ou passivos, expositivos ou participativos, cognitivos ou comportamentais) podem ser úteis e eficazes. O importante é que possam comprovadamente contribuir para que os objetivos do treinamento sejam alcançados.

Métodos e técnicas de treinamento

Conceitua-se metodologia de treinamento como um conjunto de métodos que caracterizam as maneiras como o profissional de treinamento atua no processo de ensino-aprendizagem. É uma forma ordenada que explicita o modo e a forma de pensar e agir quando o objetivo é facilitar o aprendizado. A metodologia é um procedimento geral caracterizado por um conjunto de estratégias e normas que definem a ação do treinamento.

Método é qualquer procedimento particular específico utilizado durante o processo de ensino-aprendizagem. É o modo sistemático e organizado pelo qual o instrutor desenvolve suas atividades visando à aprendizagem do aluno. O método é composto de técnicas, que são as partes constitutivas do método ou o desdobramento deste. Técnica é, pois, a utilização apropriada de um determinado recurso didático, como o uso adequado de um texto por meio da técnica do estudo dirigido.

É importante salientar que, na vasta bibliografia sobre treinamento e educação, encontram-se diferentes abordagens sobre a conceituação de metodologia, métodos e técnicas.

Segundo Antônio W. Biscaro,[9] para efeito didático, pode-se concentrar as diversas orientações metodológicas de educação ou ensino-aprendizagem em quatro grupos ou áreas:

1. metodologia de ensino-aprendizagem no trabalho;
2. metodologia de ensino-aprendizagem por conceitos;
3. metodologia de ensino-aprendizagem por simulação;
4. metodologia de ensino-aprendizagem por desenvolvimento psicológico.

Para estabelecer as diferenças entre as metodologias apresentadas por Biscaro, o critério a ser utilizado baseia-se nos seguintes princípios: a própria situação de trabalho, que exige metodologias mais programáticas e que enfatizam a formação de habilidades; a necessidade de levar conceitos ou teorias aos empregados, abordada na maioria dos treinamentos; e a necessidade de trabalhar com comportamentos, atitudes e valores, linha muito usada nos treinamentos de relações humanas.

▶ **Aprendizagem no trabalho**: é, provavelmente, a mais antiga das metodologias, pelo menos em sua forma não sistematizada, e ainda a mais empregada no trabalho. Exemplos são o rodízio e o estágio.

▶ **Aprendizagem por conceitos**: este tipo de metodologia tem larga tradição e consiste na aprendizagem por meio da apresentação de novos conceitos, teorias, orientações filosóficas etc., normalmente introduzidos por explanação oral, painéis, estudos dirigidos, instrução personalizada ou programada, tele-educação e cursos a distância. Talvez a maioria dos treinamentos ministrados hoje esteja representada por este tipo de orientação metodológica.

▶ **Aprendizagem por simulação**: esta metodologia é mais recente que as demais, embora tenha uma tradição antiga, como é o caso dos treinamentos com exercícios. A simulação reproduz situações de ambiente e condições de trabalho com o objetivo principal da aprendizagem. É o caso, por exemplo, de hotéis-escola, agências-escola, dramatizações, demonstrações, estudos de caso ou exercício e jogos.

▶ **Aprendizagem por desenvolvimento psicológico**: embora o desenvolvimento psicológico ocorra em todas as orientações metodológicas, enfatiza-se aqui o

....
9. BISCARO, A. W. *Métodos e técnicas em T&D*. São Paulo: Makron Books, 1994.

desenvolvimento da personalidade, mais voltado para a formação e consolidação de novas atitudes e para o crescimento da sensibilidade humana. As técnicas desenvolvidas por Kurt Lewin que deram origem aos T. Grupos fazem parte desta abordagem, que inclui ainda o psicodrama, o grupo de encontro e o sociodrama.

Existem vários métodos de treinamento, mas alguns são mais comumente empregados, como podemos observar na Figura 13.4.

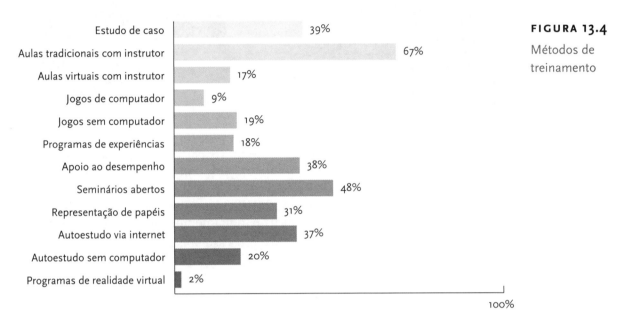

FIGURA 13.4 Métodos de treinamento

Fonte: adaptado de DOLEZALEC, 2012, p. 169.

Uso de exercícios estruturados

Na criação, adaptação e condução de exercícios estruturados, o facilitador necessita, ao mesmo tempo, de uma teoria sintetizadora e da tradução dessa teoria na prática. Esta introdução irá analisar vários métodos e características de construção que podem ser incorporados a uma gama de exercícios estruturados.

Aprendizagem vivencial

A aprendizagem vivencial[10] ocorre quando uma pessoa se envolve em uma atividade, analisa-a criticamente, extrai algum *insight* útil dessa análise e aplica seus resultados.

---

10. BARTH, P.; MARTINS, R. *Aprendizagem vivencial em treinamento e educação*. Rio de Janeiro: Intercultural, 1996.

FIGURA 13.5

A aprendizagem vivencial fornece aos seus participantes a oportunidade de viver situações que podem ser transportadas para a realidade

Certamente, esse processo é vivenciado espontaneamente na vida normal de qualquer pessoa. Nós o chamamos de processo indutivo: partindo da simples observação, mais que de uma "verdade" apriorística (tal como no processo dedutivo).

A aprendizagem pode ser definida como uma mudança relativamente estável do comportamento, e esse é o objetivo típico do treinamento. Um exercício estruturado fornece um referencial em cujo contexto o processo pode ser facilitado. Os estágios apresentados a seguir ilustram o ciclo teórico.

> **ALERTA DE CONSULTORIA**
>
> Toda vez que é aplicado um jogo ou uma vivência, é importante trabalhar com o grupo o ciclo de aprendizagem vivencial, porque, sem esse aprofundamento, a aprendizagem pode não ocorrer no nível esperado e pode ser reduzida a uma mera brincadeira.

FIGURA 13.6

Ciclo de aprendizagem vivencial

Fonte: Barth et al., 1980.

O estágio inicial do ciclo de aprendizagem vivencial é a parte geradora de dados do exercício estruturado.

É um estágio muitas vezes associado a "jogos" ou a divertimentos. Obviamente, se no processo desse estágio não for realizada a elaboração dos fenômenos acontecidos no grupo, todo o aprendizado é relegado ao acaso e o trabalho do facilitador fica incompleto. Quase toda atividade que implica autoavaliação ou interação interpessoal pode ser usada como o estágio de vivência da aprendizagem vivencial.

Essas atividades podem ser levadas a efeito por indivíduos, em duplas, trios, pequenos grupos, arranjos de grupos ou grandes grupos. Naturalmente, os objetivos de aprendizagem indicarão tanto a atividade quanto o tipo de agrupamento apropriado.

É importante notar que os objetivos dos exercícios estruturados são necessariamente gerais e colocados em termos de "explorar", "examinar", "estudar", "identificar" etc. A aprendizagem indutiva significa aprendizado por meio da descoberta, e exatamente aquilo que será aprendido não pode ser especificado de antemão. Tudo que se quer neste estágio do ciclo de aprendizagem é desenvolver uma base comum de dados para a discussão que se segue. Isso quer dizer que o que acontecer na atividade, esperado ou não, torna-se a base para uma análise crítica; os participantes poderão aprender casualmente.

Relato

O segundo estágio do ciclo é ligeiramente análogo à alimentação de dados em linguagem de processamento de dados. As pessoas vivenciaram uma atividade e agora estão presumivelmente prontas para compartilhar o que viram e/ou como se sentiram durante o evento. A intenção aqui é tornar disponível para o grupo a experiência de cada indivíduo. Este estágio envolve a descoberta do que aconteceu entre os indivíduos, tanto no nível cognitivo quanto no nível afetivo, enquanto a atividade estava se desenvolvendo.

A fase de relato pode desenvolver-se por meio de discussão livre, mas isso exige que o facilitador esteja absolutamente ciente das diferenças nos estágios do ciclo de aprendizagem e saiba distinguir precisamente certas intervenções na discussão. A energia dos membros do grupo muitas vezes está concentrada em manter-se "dentro da atividade", mas esses membros devem ser alertados para abstrair-se dela a fim de aprender.

Técnicas estruturadas como essas tornam a transição do estágio 1 para o estágio 2 mais clara e mais fácil.

Processamento

Este estágio pode ser considerado o estágio central da aprendizagem vivencial. É a verificação sistemática das experiências compartilhadas pelas pessoas nelas envolvidas.

É a fase do ciclo conhecida como "dinâmica de grupo", na qual os participantes, a partir dos relatos individuais, reconstroem principalmente os padrões de comportamentos e as interações da atividade. Para fins de um aprendizado significativo, esta "discussão em profundidade" é a parte crítica do ciclo e não pode ser ignorada nem concebida espontaneamente. O facilitador precisa planejar cuidadosamente como o processamento será desenvolvido e dirigido para o próximo estágio – generalização. Dados não processados podem ser sentidos como "tarefas incompletas" pelos participantes e poderão distraí-los quanto à aprendizagem posterior.

Este estágio deve ser trabalhado em toda sua extensão antes de se prosseguir para o próximo. Os participantes devem ser levados a observar o que aconteceu em termos de dinâmica, mas não em termos de "significado". O que se passou foi real, decerto, mas também foi algo artificialmente planejado pela estrutura da atividade. É importante ter sempre em mente que a consciência da dinâmica da atividade é essencial para o aprendizado sobre relações humanas fora do ambiente do laboratório. Os participantes muitas vezes se antecipam ao próximo estágio do ciclo de aprendizagem e fazem generalizações prematuras. O facilitador precisa certificar-se de que o processamento foi adequado antes de prosseguir para o estágio seguinte.

Generalização

Trata-se aqui de um salto inferencial que vai da realidade da atividade para a realidade da vida cotidiana fora da situação de treinamento. A pergunta chave aqui é: e daí? Os participantes são levados a concentrar sua atenção em situações de sua vida pessoal ou profissional similares àquelas da atividade que vivenciaram. Sua tarefa consiste em extrair do processo alguns princípios que poderiam ser aplicados "lá fora". Este estágio é o que torna os exercícios estruturados práticos e, quando é omitido ou "passado" por alto, o aprendizado tende a ser superficial.

Aplicação

O estágio final do ciclo de aprendizagem vivencial é o propósito para o qual todo o exercício estruturado é planejado. A questão central aqui é: e agora? O facilitador ajuda os participantes a transferir generalizações a situações reais nas quais estejam envolvidos.

Ignorar tal discussão é correr o risco de que o aprendizado não seja útil. É essencial que seja dada atenção ao planejamento de procedimentos para que os indivíduos e/ou grupos usem o aprendizado gerado durante o exercício estruturado para planejar comportamentos mais eficazes.

Os indivíduos estão mais propensos a implementar suas aplicações planejadas se as compartilham com outrem. Voluntários podem ser solicitados a relatar o que pretendem fazer com o que aprenderam, e isso pode encorajar outros a experimentar novos comportamentos.

É importante notar que, no diagrama do ciclo da aprendizagem vivencial, há uma seta pontilhada partindo de "aplicação" para "vivência". A intenção disso é indicar que a aplicação real do aprendizado é uma nova experiência para o participante a ser também examinada indutivamente.

O que os exercícios estruturados "ensinam", então, é uma maneira de usar a experiência do dia a dia como dado para o aprendizado sobre relações humanas. Isso pode ser chamado de "reaprender como aprender". Realmente, existem outras maneiras de se aprender. Por exemplo, habilidades são mais bem aprendidas por meio da prática que se aproxima de um modelo ideal, do conhecimento dos resultados e do reforço positivo. Os exercícios estruturados não propiciam de imediato o desenvolvimento de perspectivas abrangentes; métodos de preleção e discussão são provavelmente mais adequados para esse propósito. Entretanto, o que a aprendizagem vivencial pode conseguir é que as pessoas assumam o que aprenderam. Isso será mais facilmente atingido se nos certificarmos de que cada estágio do ciclo de aprendizado seja desenvolvido adequadamente.

O Quadro 13.2 auxiliará a fazer a programação de um treinamento.

QUADRO 13.2
Resumo das ações na fase de programação

PROGRAMAÇÃO: PASSO 1	PROGRAMAÇÃO: PASSO 2	PROGRAMAÇÃO/AVALIAÇÃO: PASSO 3	
Análise das necessidades de treinamento: Onde – o que – quem. Elaboração do programa: • Objetivos • Conteúdo • Executor • Duração Escolha dos métodos e técnicas *Métodos:* • Treinamento no trabalho • Treinamento fora do trabalho • Combinação: fora e dentro do trabalho *Técnicas:* Preleção – conferência – seminário – caso – painel – telecursos – filmes – simuladores – instrução programada – rodízio – orientação direta – estágios Adoção de medidas preliminares para formação de uma atitude adequada em relação ao treinamento: • Participação do empregado na determinação das necessidades • Significação do treinamento	Escolha dos instrutores Seleção dos participantes Detalhamento da programação: • Detalhamento das unidades de ensino • Horário • Número de aulas Escolha do local de realização Assistência didática aos treinandos: • Orientação • Utilização das técnicas • Integração de conhecimentos	AVALIAÇÃO DO PROGRAMA	
		Áreas	**Instrumentos**
		• Estruturação e sequência da matéria • Condições ambientais • Atuação dos professores/ instrutores • Materiais • Apoio • Métodos de avaliação	• Questionários e entrevistas de reação dos treinandos • Relatórios da coordenação
		• Aquisição de conhecimentos • Desenvolvimento de habilidades • Atitudes	• Provas e trabalhos • Observação do participante • Entrevista
		• Mudanças de comportamento	• Observação no trabalho • Avaliação de desempenho • Entrevistas
		• Rentabilidade econômica	• Índice de desempenho

> **PRATICANDO**
>
> Após analisar o levantamento das necessidades de treinamento, definir os objetivos da aprendizagem e fazer a programação do treinamento, verifique se não esqueceu nada quando for para a fase de execução do treinamento utilizando o *checklist*.
>
> Observe o modelo a seguir, mas, se quiser, faça o seu.

FIGURA 13.7
Checklist

Nome do evento:	Evento: __ Externo __ Interno
Contatos com chefias para acerto das datas de realização do curso em: ___/___/_____	
Forma de contato: __ Comunicação interna __ Site __ Telefone __ E-mail	
Áreas de contato:	

Data de inscrição:	Inscrição pelo Telefone: _____ Site _____ E-mail _____	
Entidade executora:	Telefone:	Contato:
Local de realização do evento:	Horário do evento:	Período de realização:
Reserva hotel:	Dia:	Para o dia:	Nº de pessoas:

Contratação de instrutores: _____ _____ _____	Data: _____ _____ _____	Relatórios: • Coordenador • Instrutor • Participante

Convocação dos participantes em _____/_____/_____

Nomes	Órgãos	Nomes	Órgãos

Material didático
- Plano de curso
- Folha de presença
- Estudo dirigido
- Questionário
- Avaliação
- Cartazes
- Vídeo/telão
- Som
- Certificados
- Testes
- Slides
- Netbook
- Multimídia
- *Flip chart*
- Microfone

Material consumo
- Identificadores
- Lápis
- Borracha
- Caneta
- Papel/blocos
- Pincel atômico
- Apagador
- Pastas

Outras solicitações:
- Material para reprodução
- *Coffee break*
- Passagens instrutor/coordenador
- Passagens para treinandos
- Copos descartáveis
- Lanches: quantidade

Obs.:
_____
_____
_____
_____
_____
_____

Execução do treinamento

Os cuidados com a infraestrutura e a preparação da logística devem ser planejados detalhadamente para o alcance dos objetivos. Os fatores que podem afetar a qualidade de execução do treinamento são:

- qualidade dos treinandos (conhecimento, motivação);
- qualidade dos instrutores;
- qualidade do material e das técnicas instrucionais;
- envolvimento das chefias – o treinamento é investimento feito sob a responsabilidade de toda a organização; e
- adequação do programa.

Avaliação

Avaliar significa submeter algo a um processo de análise normalmente determinado por parâmetros concretos ou referências.[11] Vários autores afirmam que a avaliação deve responder às seguintes perguntas:

- Esse treinamento valeu a pena?
- Os objetivos do treinamento foram atingidos?
- Devemos continuar a usar o mesmo processo empregado?
- Devemos fazer alguma alteração?

A avaliação deve ser feita em quatro níveis:[12]

1. **Avaliação de reação**: aplicada ao final do treinamento para verificar como os treinandos reagem com relação ao que aconteceu no treinamento, incluindo conteúdo, métodos, instrutor e condições do treinamento.
2. **Avaliação de aprendizagem**: a reação favorável ao treinamento não significa aumento de conhecimento e habilidades ou mudança de atitudes dos treinandos. Os testes utilizados antes e após o treinamento são recursos adequados a este nível

---

11. MILIONI, B. A. Integrando o levantamento de necessidade de treinamento. In: BOOG, G. *Manual de treinamento e desenvolvimento*. São Paulo: Makron Books, 2001. p. 9.
12. KIRKPATRICK, D. L. *Evaluation training programs*: the four levels. São Francisco: Berret-Kehler, 1994 apud BOOG, 2001, p. 20.

de avaliação. É preciso aplicar testes de desempenho e, eventualmente, realizar entrevistas para aferir o aprendizado.

3. **Avaliação de comportamento**: este nível de avaliação mede a mudança ocorrida no comportamento em função da participação da pessoa no treinamento. O participante precisa reconhecer suas limitações e querer efetivamente mudar; precisa de apoio e orientação para a mudança. A observação é importante neste nível, tanto por parte dos gerentes do funcionário como por parte dos profissionais de recursos humanos. O ambiente deve ser favorável à mudança.

4. **Avaliação de resultados**: é feita examinando os resultados da organização, ou seja, a obtenção das metas organizacionais, como redução de *turnover* e aumento da qualidade.

Educação corporativa

Em virtude da transformação no ambiente de negócio e da necessidade do desenvolvimento de novas competências (ver Capítulo 7) não supridas pelo ensino tradicional das universidades nem pelo treinamento clássico, surge um novo paradigma de ensino-aprendizagem. Esse novo paradigma traz em seu cerne a "mensagem" de que os resultados empresariais podem ser conseguidos por meio de um aprendizado mais prático: o aprender fazendo, e não mais pela conclusão de um curso formal, como pode ser observado no Quadro 13.3.

QUADRO 13.3
Mudança de paradigma do treinamento para a aprendizagem

Antigo paradigma de treinamento		Paradigma de aprendizagem no século XXI
Prédio	Local	Aprendizagem disponível sempre que solicitada, em qualquer hora
Atualizar qualificações técnicas	Conteúdo	Desenvolver competências básicas no ambiente de negócios
Aprender ouvindo	Metodologia	Aprender agindo
Funcionários internos	Público-alvo	Equipes de funcionários, clientes e fornecedores de produtos
Professores/consultores de universidades	Corpo docente	Gerentes seniores internos e um consórcio de professores universitários e consultores
Evento único	Frequência	Processo contínuo de aprendizagem
Desenvolver o estoque de qualificações do indivíduo	Meta	Solucionar problemas empresariais reais e melhorar o desempenho no trabalho

Fonte: MEISTER, 1999, p. 22.

Desenvolver a capacidade de aprender e dar continuidade ao aprendizado no trabalho passa a ser o pensamento compartilhado por todos os envolvidos nesse processo, do presidente da empresa ao participante dos cursos. Com esse novo conceito, surgem então as universidades corporativas: o departamento formal de treinamento, na nova concepção do aprendizado, é transformado em universidade corporativa.

QUADRO 13.4 Departamento de treinamento transformado em universidade corporativa

Departamento de treinamento		Universidade corporativa
Reativo	Foco	Proativo
Fragmentado e descentralizado	Organização	Coesa e centralizada
Tático	Alcance	Estratégico
Pouco/nenhum	Endosso/responsabilidade	Administração e funcionários
Instrutor	Apresentação	Experiência com várias tecnologias
Diretor de treinamento	Responsável	Gerentes de unidades de negócios
Público-alvo amplo/profundidade limitada	Audiência	Currículo personalizado por famílias de cargos
Inscrições abertas	Inscrições	Aprendizagem no momento certo
Aumento de qualificações profissionais	Resultado	Aumento no desempenho no trabalho
Opera como função administrativa	Operação	Opera como unidade de negócio (centro de lucros)
"Vá para o treinamento"	Imagem	"Universidade como metáfora de aprendizado"
Ditado pelo departamento de treinamento	Marketing	Venda sob consulta

Fonte: MEISTER, 1999, p. 23-24.

As universidades corporativas que surgiram no século XX são, segundo alguns autores, uma continuação do movimento de educação da força de trabalho iniciado em 1914. Com as universidades corporativas surge um novo "profissional", fundamental para o êxito e resultados dessas organizações: o diretor de aprendizagem, que traz consigo a função de líder educador, com quatro papéis bem definidos, como pode ser observado na Figura 13.8.

FIGURA 13.8
Os quatro papéis do líder educador

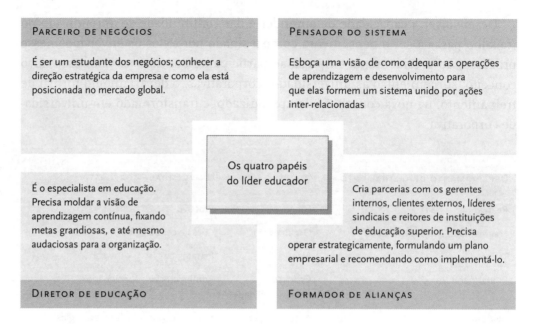

Fonte: TRISTÃO; ROGEL, 2012, p. 38-42.

Tristão e Rogel desenvolveram uma pesquisa cujos objetivos principais eram:

- identificar a percepção dos líderes sobre a educação corporativa como vantagem competitiva;
- entender se os líderes têm o conceito de educação corporativa assimilado e se participam da discussão sobre o tema em suas organizações;
- entender como se estabelece a relação dos líderes com o processo de educação corporativa e se estão comprometidos com tal processo;
- entender como os líderes podem influenciar o processo de aprendizagem dos indivíduos na organização;
- entender se a atuação dos líderes junto à sua equipe tem influência na capacitação e no desenvolvimento deles; e
- identificar as características que um líder educador deve ter na percepção dos entrevistados.

A pesquisa revelou que a maioria dos líderes considera que os treinamentos oferecidos procuram estabelecer uma relação com o processo de educação corporativa, orientando seus liderados sobre a necessidade de formação, encorajando-os a se qualificar e apoiando-os em suas ações.

De acordo com a maioria dos líderes entrevistados, os treinamentos oferecidos também estão alinhados à estratégia da organização e são efetivos, aumentando a produtividade da equipe e sendo definidos de maneiras diversas (por exemplo, por meio de diagnósticos, reuniões e acompanhamentos) ou planejados a partir das novas capacitações necessárias para que a empresa entregue a estratégia definida e gere, assim, uma vantagem competitiva ante seu mercado de atuação.

Apesar de os líderes terem ideia real sobre a educação corporativa, a maioria afirmou que a cultura de sua organização é desfavorável à aprendizagem.

Os resultados mostraram também que existem líderes não comprometidos nem com sua educação nem com a de seus liderados. Menos de 40% dos entrevistados planejavam e realizavam ações concretas para um processo de educação corporativa que integrasse políticas, valores e cultura.

Quanto à participação dos líderes no processo de aprendizagem da equipe, o resultado da pesquisa revelou que poucos líderes proporcionavam tempo e motivação para a aprendizagem de sua equipe, colaborando com o desenvolvimento de soluções de aprendizado, o que afeta diretamente o aprendizado das pessoas.

Mesmo assim, a pesquisa identificou que alguns líderes influenciam sua equipe por meio de *feedbacks* construtivos dados em tempo real aos liderados. Esses líderes estão abertos a novas abordagens de aprendizagem e a entender negócios de áreas parceiras com o objetivo de desenvolvimento de pessoas.

As principais características que um líder educador deve ter foram levantadas pela pesquisa e são apresentadas na Figura 13.9.

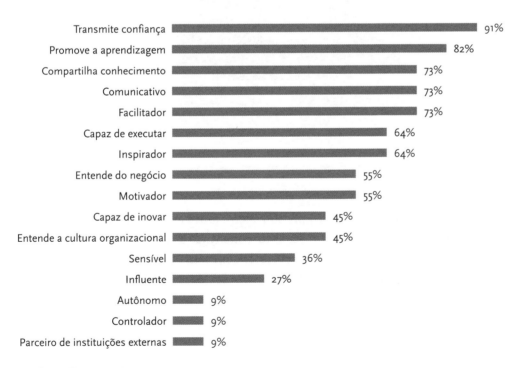

FIGURA 13.9

Principais características de um líder educador

Fonte: Tristão; Rogel, 2012.

Capítulo 13 ■ Aprendizagem organizacional

Observe que a principal característica do líder educador apontada pelo estudo e apresentada na Figura 13.9 é a de transmitir confiança e a segunda é a de promover a aprendizagem.

A liderança e a aprendizagem sempre andam "juntas". Meister apresenta um exemplo de Bales muito interessante sobre a Motorola University. Bales ilustra o comprometimento da Motorola University com a inovação do sistema como um todo, apontando a pirâmide de liderança como exemplo. Segundo ele:

> Nós adultos estudantes concentramos nossa aprendizagem no topo da pirâmide, onde dedicamos tempo a conferências e leituras, e não na parte inferior dela, onde praticamos fazendo ou ensinando os outros. A Motorola University no momento faz experiência com as escolas locais para criar mudanças através do impacto sobre a base da pirâmide – praticar fazendo ou ensinando os outros.[13]

A Figura 13.10 reproduz a pirâmide da aprendizagem.

FIGURA 13.10
Pirâmide da aprendizagem

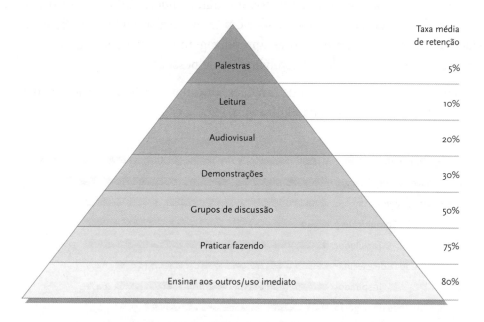

Sobre a cultura de liderança e aprendizagem, Jones afirma que uma organização líder de mercado não nasceu assim, mas foi construída a partir do processo de aprendizagem por aqueles líderes que perseveraram em seus sonhos e em atitudes a que a impulsionaram para o futuro. As características dos líderes apontadas por Jones são:[14]

---

13. MEISTER, J. C. A. *Educação corporativa*: a gestão do capital intelectual através das universidades corporativas. São Paulo: Makron Books, 1999. p. 36-37.
14. JONES, G. N. Criando organizações com espírito de liderança e uma missão educativa. In: HESSELBEIN, F., GOLDSMITH, M., BECKHARD, R. *A organização do futuro*. São Paulo: Futura, 1997. p. 27.

- honraram a integridade de seus sonhos e de seus impulsos;
- revelaram grande aptidão para atrair outras pessoas dispostas a correr riscos em nome de suas causas; e
- tornaram-se, ao mesmo tempo, pupilos e mentores, aprendendo com seus seguidores, com seus erros e com seus adversários.

Jones, assim, conclui sobre o papel do líder e a aprendizagem: "Começamos por educar o mundo e, ao longo da jornada, nos tornamos aprendizes".

No futuro, só conseguirão alcançar os objetivos pretendidos aquelas organizações que tiverem uma cultura clara de aprendizagem no trabalho e descobrirem "como despertar o empenho e a capacidade de aprender das pessoas em todos os níveis da organização".[15]

ESTUDO DE CASO 13.1

A NetApp,[16] uma empresa de gestão de dados com sede em Sonnyvale no estado da Califórnia, tem uma abordagem interessante do treinamento gerencial. Ela contratou a BTS Group para desenvolver um jogo de simulação baseado no seu negócio real. A empresa usou a simulação pela primeira vez em uma reunião estratégica de sua alta direção. Os executivos gostaram tanto de resolver o problema da simulação e foram tão criativos que a empresa convidou os gestores intermediários a jogar como treinamento para postos mais altos, nos quais o pensamento estratégico é essencial.

Na simulação, os participantes eram divididos em cinco equipes que reuniam gestores de diferentes funções. Cada equipe tinha que administrar uma empresa imaginária de alto crescimento chamada Pet-a-Toaster por um prazo de três anos, competindo com os demais. Cada dia de treinamento resumia um ano de acontecimentos na simulação. Cada equipe recebia um livreto com detalhes da Pet-a-Toaster baseado nas condições reais de mercado enfrentadas pela NetApp. As equipes alocavam recursos, escolhiam entre diferentes estratégias possíveis e reagiam a eventos gerados pelo jogo (por exemplo, um pedido de um grande cliente). O *software* de simulação da BTS analisava as decisões tomadas e fornecia *feedback*.

---

15. SENGE, P. M. *A quinta disciplina*: arte, teoria e prática da organização de aprendizagem. São Paulo: Best Seller, 1990.
16. PHRED, D. Simulation shows what it's like to be boss. *Wall Street Journal*, 31 mar. 2008 *apud* BATEMAN; SNELL, 2012, p. 169.

Ao fim da simulação, a BTS relatava os resultados de cada equipe, inclusive faturamento total e lucro operacional. Agora, os gestores intermediários da NetApp sabem o que é administrar uma empresa e têm mais respeito por seus líderes.

QUESTÕES

1. Descreva as principais diferenças entre treinamento e desenvolvimento.

2. Você foi convidado por seu chefe para estruturar um programa de treinamento na empresa em que trabalha. Para executar bem o trabalho solicitado, é necessário que você saiba a ordem cronológica e as etapas corretas do treinamento. Aponte quais são as etapas do treinamento em ordem cronológica

3. Podem existir diversos tipos de treinamento, que variam em função da natureza do conteúdo e dos objetivos a serem alcançados. Se fosse escolher um treinamento para os funcionários que estão em conflito, que tipo de treinamento consideraria adequado para resolver o problema?

4. Maria, do setor de RH de uma grande empresa, está programando um treinamento de integração para os novos funcionários que foram admitidos nos últimos dias. Que temas poderiam ser sugeridos para que esse treinamento atingisse seus objetivos?

5. Descreva as principais vantagens de uma empresa ter uma universidade corporativa.

CAPÍTULO 14

Relações trabalhistas e empresariais

> Nosso desafio com este capítulo é:
>
> - Identificar as diferentes formas de relações de trabalho nas organizações.
> - Mostrar a mudança de um modelo mais autoritário para um mais flexível.
> - Demonstrar a importância da governança corporativa e do compliance para as empresas no momento atual.
> - Apresentar a evolução do movimento sindical e sua representatividade para os funcionários.
> - Apresentar exemplos de relacionamentos de sucesso entre empresa e funcionários, levando a uma parceria que agrega valor a ambos.

> Por que as relações de trabalho são um diferencial para a consecução dos objetivos organizacionais e um diferencial competitivo para as empresas?

As relações entre empresas e empregados vêm mudando ao longo do tempo: de uma relação de extremo autoritarismo, por parte das empresas, e de quase trabalho escravo, por parte dos empregados, para uma administração cada vez mais participativa e de respeito aos direitos de ambos.

Alguns dos fatores responsáveis por toda essa transformação foram as mudanças no ambiente empresarial: a globalização, a atuação dos sindicatos, reivindicando melhores condições de trabalho, e o avanço tecnológico, apresentando novas formas de trabalho, em função das quais o ambiente físico deixou de ser um diferencial essencial.

Ao surgirem essas novas relações de trabalho, os gestores e supervisores têm de rever seus papéis – de únicos controladores dos processos organizacionais para a responsabilidade mais compartilhada.

Com tantas mudanças e os objetivos parecendo estar móveis, só um fator precisa ser compartilhado por todos, não importando o lugar ou o cargo que ocupem na hierarquia da empresa: a aprendizagem. Os resultados só virão se for estabelecida uma parceria pelo aprendizado continuado no trabalho.

CONTEXTUALIZANDO

As relações trabalhistas estão mudando, "empurradas" pelas transformações sem precedentes no ambiente empresarial. A abordagem adotada por uma empresa para o *relacionamento com seus empregados* praticamente define todas as funções, atividades e grande parte dos processos e resultados organizacionais.

Além de se referir às atividades e tarefas específicas, as relações com os empregados se referem à *qualidade intangível do relacionamento.*

O objetivo da empresa no relacionamento com o empregado é criar um clima organizacional favorável, para que os empregados possam desenvolver o melhor de seu potencial e de suas habilidades, em prol do sucesso da organização.

É verdade que algumas empresas visam a um bom relacionamento com os empregados apenas para evitar a interferência dos sindicatos no cotidiano organizacional, mas essa não é a regra geral.

As empresas que se descuidam das relações trabalhistas podem se tornar responsáveis por conflitos e ineficácia.

Várias pesquisas apontam que as relações dos funcionários com as empresas em que trabalham refletem-se até em sua relação familiar. Quando a organização tem setores e unidades de atendimento ao funcionário e suas necessidades mais frequentes são atendidas, a mensagem subtendida nas entrelinhas é a seguinte: "a empresa se preocupa comigo".

As mensagens, muitas vezes não explicitadas, que aparecem na comunicação informal refletem, e muito, o pensamento dos dirigentes, embora formalmente isso não seja admitido.

Relações trabalhistas

Relações trabalhistas referem-se ao sistema de relações entre os trabalhadores e a administração.[1]

As principais ações a serem desenvolvidas para atendimento das necessidades dos funcionários por meio dos programas de relacionamento incluem:[2]

- **Comunicação**: qual a melhor maneira de transmitir a filosofia da empresa aos empregados e pedir suas opiniões e sugestões sobre o trabalho?
- **Cooperação**: até que ponto a tomada de decisões e o controle devem ser compartilhados com os funcionários?
- **Proteção**: existem aspectos no ambiente de trabalho que ameaçam o bem-estar dos empregados?
- **Assistência**: como a empresa deve responder às necessidades especiais de determinados empregados?
- **Disciplina e conflito**: como a empresa deve lidar com isso?

FIGURA 14.1

As novas relações de trabalho devem ser fundamentadas em respeito e compartilhamento de responsabilidade

Antigamente, as relações entre empresa e funcionários eram mais claras e objetivas. Em nome do *aumento da produção* e da *tranquilidade social*, foram desenvolvidos processos e técnicas para reter e promover a lealdade dos funcionários.

Motta[3] esclarece que, no mundo atual, ocorreram transformações profundas que modificaram as relações de trabalho. A produção automatizada, a robotização e a tecnologia da informação levaram a uma diminuição drástica dos postos de trabalho, o

---

1. BATEMAN, T. S.; SNELL, S. A. *Administração*. Porto Alegre: AMGH, 2012.
2. MILKOVICH, G.T.; BOUDREAU, J. W. *Administração de recursos humanos*. São Paulo: Atlas, 2000. p. 474.
3. MOTTA, P. R. *Gestão contemporânea*: a arte e ciência de ser dirigente. 16. ed. Rio de Janeiro: Record, 2007.

que fez surgir uma classe não trabalhadora e dependente da sociedade. Assim, descortina-se um cenário no qual o trabalho se torna um novo *status* social.

O autor afirma que os trabalhos temporários de curta duração, sem garantias e planos de carreira, fazem que a lealdade à empresa seja substituída pela lealdade à tarefa, o que provoca uma vulnerabilidade nas relações trabalhistas.

Por um lado, a empresa pode perder seus funcionários mais competentes para o concorrente; por outro, os funcionários perdem a segurança e perspectivas de carreira e promoção.

A vida profissional passa a ser centrada no indivíduo, e a empregabilidade passa a ser função do desenvolvimento de novas habilidades e da capacidade de aprendizagem constante, o que faz da educação continuada uma prática incessante e essencial.

Motta aponta ainda que a ausência de fronteiras rígidas no ambiente físico de trabalho tornou possível a descentralização do emprego, criando, inclusive, a possibilidade do emprego virtual. Alguém, em algum lugar do mundo, faz seu trabalho no computador e o envia, pela internet, para a empresa em que trabalha.

"Todos falam em *offshoring*, ou seja, a terceirização da produção de bens e serviços para fora do país." Em virtude da globalização e da competitividade acirrada, os países desenvolvidos, em busca de eficiência, têm transferido postos de trabalhos para países que apresentam menores custos.[4]

O McKinsey Global Institute define *offshoring* no trabalho como qualquer tarefa que não requeira muito conhecimento local e tampouco interação física ou complexa entre colegas ou entre empregado e cliente.

A maioria dos trabalhos enviados para outros países é considerada com menos prestígio laboral nos países desenvolvidos; porém, são atrativos para os países em desenvolvimento, cujas taxas de desemprego são altas.[5]

Para uma reflexão, vale citar o exemplo da Nike, uma empresa grande e poderosa que funciona sem ter uma base física (como uma fábrica) para suas operações.

O que esperar das relações trabalhistas do futuro?

> Ao predizer a situação da futura vida corporativa, muitos especialistas afirmam que a maioria das organizações terá apenas um pequeno número de funcionários permanentes em regime de período integral, trabalhando em um escritório convencional. Elas comprarão a maior parte das habilidades de que necessitam através de contratos, seja de indivíduos que trabalham conectados à empresa por computadores e *modems*

----

4. LEITE, L. A. C. O novo (e velho) mundo do trabalho. *Revista Melhor: gestão de pessoas*, set. 2006, p. 21.
5. AGRAWAL, V.; FARRELL, D. Who wins in offshoring. *The McKinsey Quarterly*, n. 4, 2003 *apud* COSTA, R. F.; FARIA, M. D. Efeitos de *outsourcing* e *offshoring* nas relações de trabalho em uma organização transnacional. In: SEGET, 2008. *Anais*... [On-line]. Disponível em: https://www.aedb.br/seget/arquivos/artigos08/354_354_CostaFaria_SEGeT2008.pdf. Acesso em: out. 2019.

(teletrabalho) ou através de contratação de pessoal com contratos de curto prazo, para a realização de trabalho ou projetos específicos.[6]

Todavia, no Brasil, segundo pesquisa do Instituto Brasileiro de Geografia e Estatística (IBGE) divulgada em 31 de janeiro de 2013 pela Agência Brasil, ainda existem aproximadamente 40 milhões de trabalhadores com carteira assinada, ou seja, com emprego formal.[7]

O grande desafio dos governos, no momento, é a criação de milhões de novos empregos ou o apoio a empreendimentos privados, todos alicerçados no processo de educação continuada.

Essas mudanças nas relações de trabalho levam às seguintes implicações práticas, ou seja, levam à *responsabilidade compartilhada*:

▶ as empresas têm de fornecer condições para que os empregados se capacitem, mesmo tendo o risco de perdê-los;

▶ os empregados devem ter responsabilidade sobre suas carreiras, procurando se capacitar constantemente;

▶ as relações de trabalho devem ser flexibilizadas; e

▶ todo trabalho bem-feito deve ser reconhecido.

FIGURA 14.2

Nas novas relações de trabalho as responsabilidades são compartilhadas, os funcionários devem cuidar da carreira e se capacitar constantemente

---

6. COOPER, G. L. *Stress e qualidade de vida no trabalho*. In: ROSSI, A. M.; PERREWÉ, P.L.; SAUTER, S. L. (orgs.). *A natureza mutante do trabalho*: o novo contrato psicológico e os estressores associados. São Paulo: Atlas, 2010. p. 4-5.
7. AGÊNCIA BRASIL. Disponível em: http://agenciabrasil.ebc.com.br/noticia/2012-12-21/empregos-com-carteira-assinada-continuam-crescendo-mas-em-ritmo-menor-diz-ibge. Acesso em: out. 2019.

Dentro da nova perspectiva das relações de trabalho, determinados comportamentos de gerentes e chefias (representantes da empresa) se tornam intoleráveis e sujeitos a legislação específica para coibir abusos.

Entre esses comportamentos, podem ser citados como exemplos os casos de assédio moral e de assédio sexual.

O assédio moral tomou uma dimensão considerável a partir de 1990, alavancada por trabalhos acadêmicos, palestras e filmes que retratavam casos reais. Trata-se de um fenômeno mais comum do que se imagina, ocultado por características que não são nomeadas e, portanto, pelo fato de não ser denunciado.

O conceito de assédio moral refere-se ao grau em que uma pessoa exerce uma relação de poder perverso sobre a outra, levando este último a desenvolver problemas de natureza psicossocial, o que gera para ele consequências graves.[8]

O assédio só é configurado como tal quando existe repetição de comportamentos abusivos por parte do assediador, como humilhar a vítima na frente de colegas de trabalho, atribuir tarefas excessivas além ou aquém da capacidade do trabalhador ou levar o poder perverso a extremos como no caso de assédio sexual.

Geralmente, o assediado apresenta características de perfeccionismo e dedicação ao trabalho. Quando o processo tem início, ele é um funcionário geralmente considerado de bom desempenho pela direção da empresa, mas, à medida que o assédio vai se concretizando, seu desempenho profissional começa a declinar.

As estratégias mais utilizadas pelo agressor são:[9]

▶ escolher a vítima e isolá-la do grupo;

▶ impedi-la de se expressar e não explicar o porquê;

▶ fragilizar, ridicularizar, inferiorizar, menosprezar em frente aos pares;

▶ culpar/responsabilizar publicamente, podendo os comentários de sua incapacidade invadir, inclusive, o espaço familiar;

▶ desestabilizar emocional e profissionalmente, fazendo a vítima gradativamente perder tanto sua autoconfiança como o interesse pelo trabalho;

▶ destruir a vítima (desencadeamento ou agravamento de doenças preexistentes). A destruição da vítima engloba vigilância acentuada e constante. A vítima se isola da família e dos amigos, passando muitas vezes a usar drogas, principalmente o álcool;

----

8. Delgado, M. C. S.; Ribeiro, R. C. P. R.; Silva, G. A. V. Assédio moral ou situação vexatória: um estudo exploratório sobre a percepção do fenômeno. *Revista de Administração da FEAD*, v. 4, p. 90-92, out. 2007.
9. Assediomoral.org. Estratégias do agressor. Disponível em: http://www.assediomoral.org/spip.php?article3. Acesso em: out. 2019.

- livrar-se da vítima, forçando-a a pedir demissão ou demitindo-a, frequentemente por insubordinação; e
- impor ao coletivo sua autoridade para aumentar a produtividade.

Estatística de assédio moral na Europa mostra percentual de trabalhadores(as) afetados(as) em nove países, conforme apresentado na Figura 14.3.

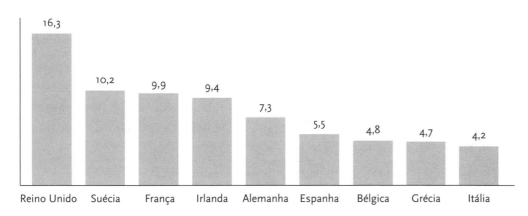

FIGURA 14.3
Assédio moral no trabalho

Fonte: ASSEDIOMORAL.ORG. Disponível em: http://www.assediomoral.org/spip.php?article44. Acesso em: out. 2019.

No Brasil, a síntese das principais conclusões a que uma equipe de estudiosos chegou após realizar pesquisa sobre o tema é a seguinte:

> A identificação e a denúncia do assédio moral podem funcionar como uma solução para a não proliferação do fenômeno. A omissão diante dessa situação só protege o agressor, não protege em nada a vítima e mantém a gravidade do problema da impunidade. O medo de demissão e represálias deixa muitos trabalhadores sem atitude.[10]

O caso descrito a seguir é verídico e foi adaptado. A empresa teve seu nome modificado.[11]

---

10. DELGADO; RIBEIRO; SILVA, 2007.
11. [S.A.] As piores empresas para se trabalhar. *Você S/A*, n. 63, set. 2007.

Assédio moral

A Empresa Qualyte é uma indústria de computadores que tem uma força de trabalho de 120 empregados e uma estrutura hierárquica com três níveis.

Os empregados sentem-se muito discriminados porque, na hora da entrada no serviço, almoço e saída, os funcionários devem esperar até que os elevadores levem todos os gerentes a seus andares para que possam utilizá-los.

A Qualyte gaba-se de ter um programa de qualidade total e oferecer vários benefícios aos seus funcionários, pois tem refeitório e comida de qualidade.

Na última quinta-feira, porém, José, um funcionário do almoxarifado, passou por uma humilhação em frente aos seus colegas de trabalho. Só porque pegou um bife a mais no restaurante da empresa foi chamado de ladrão e ordinário pelo chefe do restaurante em plena hora de pico.

Os resultados e a produtividade da empresa vêm caindo assustadoramente.

O exemplo citado demonstra o relacionamento desastroso adotado por essa empresa com seus funcionários. Só uma gestão que tenha qualidade nas relações profissionais pode almejar uma vantagem competitiva sustentável.

Pesquisa realizada pelo Instituto Akatu, em parceria com o Instituto Ethos, revela que aquilo a que os consumidores brasileiros mais dão valor para admirar uma empresa são as relações de trabalho com seus funcionários.

Os resultados da pesquisa realizada são descritos a seguir.[12]

---

12. [S.A.] Brasileiros valorizam as boas relações de trabalho. *Valor On-line*, 12 jan. 2011. Disponível em: http://www.valor.com.br/arquivo/866961/brasileiros-valorizam-boas-relacoes-de-trabalho. Acesso em: 10 jul. 2013.

> ## BRASILEIROS VALORIZAM AS BOAS RELAÇÕES DE TRABALHO
>
> O comportamento das empresas nas relações de trabalho é a ação de responsabilidade social mais valorizada pelo brasileiro. Essa é a conclusão de uma pesquisa realizada pelo Instituto Akatu, em parceria com o Instituto Ethos, com 880 pessoas em 11 capitais, que mensurou a percepção do consumidor sobre a sustentabilidade empresarial. Práticas como promoção de igualdade e diversidade, adoção de políticas justas de remuneração e combate ao trabalho infantil, por exemplo, estão entre as medidas mais importantes que as companhias podem adotar para garantir a admiração dos consumidores.
>
> De acordo com Hélio Mattar, diretor-presidente do Instituto Akatu, as relações com os funcionários estão entre as ações mais bem avaliadas pelo fato de que a maioria dos entrevistados é composta por trabalhadores. "O consumidor tende a destacar um conjunto de práticas que dizem respeito à própria realidade", afirma.
>
> O item que ocupa o topo do *ranking* está relacionado à igualdade de oportunidades para mulheres, negros e pessoas com deficiência. Em segundo lugar, os consumidores valorizam as empresas com metas para reduzir diferenças raciais e de gênero. As políticas justas de remuneração estão na quarta posição do levantamento.
>
> Embora sejam bem vistas pelos brasileiros, as ações relativas ao respeito com o trabalhador ainda não são efetivamente adotadas pelas companhias na mesma medida. Enquanto 80% dos entrevistados apontam que essas práticas são importantes, apenas 44% das empresas promovem ações de recursos humanos nesse sentido. "As empresas ainda pautam suas práticas em função dos valores de seus principais executivos", diz Mattar.

Relações empresariais, governança corporativa e compliance

Para lidar melhor com a complexidade e diversidade advindas da administração empresarial nos dias de hoje, surgiram a governança corporativa e o compliance.

Em resposta a um grande número de escândalos empresariais nos Estados Unidos, e em especial aos casos da Enron e da WorldCom, o congresso americano, em 2002, aprovou a lei Sarbanes-Oxley. Foi essa lei que deu origem à governança corporativa em vários países, inclusive no Brasil. A lei exige que as empresas:[13]

- tenham mais membros independentes no conselho de administração e não só gente de dentro;

---

13. BATEMAN; SNELL, 2012, p. 57.

- sigam as regras contábeis ao pé da letra;
- façam com que seus gestores graduados sejam pessoalmente responsáveis pelas declarações de resultados financeiros.

As infrações cometidas são punidas com pesadas multas, e o infrator pode ser processado criminalmente.

O mundo está vivendo tempos de gigantes inovações tecnológicas e empresarias, que fazem com que grandes empresas cheguem a assumir maior poder de influência na gestão do ambiente e do mercado do que o próprio governo. Isso traz à tona, problemas éticos e valorativos, que tornam indispensável a utilização de metodologias como a governança corporativa que possam resolver a situação com ações palpáveis e mensuráveis.

O que é governança corporativa?[14]

Governança corporativa pode ser definida como o "conjunto de valores, princípios, propósitos, papéis, regras e processos que rege o sistema de poder e mecanismos de gestão de empresas", procurando resolver conflitos e contemplar os interesses dos sócios, acionistas, clientes, colaboradores, credores, fornecedores, governo etc.[15]

Governança e compliance são a mesma coisa?[16]

Em um cenário econômico e social no qual a transparência é cada vez mais requerida, é importante que as organizações trabalhem os conceitos de governança corporativa e de compliance como complementares.

Compliance significa *conformidade*. Uma empresa que adota um programa de compliance espera ter a garantia de que as leis e as regulamentações para as operações sejam cumpridas – não somente aquelas relacionadas aos funcionários, mas também as que regem toda a atuação do setor.

A principal diferença do compliance é que ele interfere exclusivamente na elaboração das *políticas internas* e afeta a regularidade das atividades da empresa no que diz respeito ao que é determinado por diretrizes internas e dispositivos legais.

---

14. Caso você queira se aprofundar no assunto da governança corporativa, assista à videoaula disponível em: https://www.youtube.com/watch?v=5Ig9vJTxrBU. Acesso em: set. 2019.
15. MAZALLI, R.; ERCOLIN, C.A. *Governança corporativa*. Rio de Janeiro: FGV Editora, 2018.
16. BOARDPLACE. *Governança corporativa e compliance*: você entende as diferenças? Disponível em: http://www.boardplace.com.br/artigos-boardplace/governanca-corporativa-e-compliance-voce-entende-as-diferencas/. Acesso em: ago. 2019.

Sindicalismo

As relações de trabalho passaram por uma mudança significativa causada pelo ambiente empresarial, e isso implicou um novo modelo de responsabilidades.

Os sindicatos exerceram uma importante influência nas relações de trabalho, pressionando por melhorias nas condições fornecidas pelo empregador ao empregado.

O papel dos sindicatos varia de um país para o outro e depende de fatores como o nível de renda *per capita*, a consistência do gerenciamento dos trabalhadores na empresa, a homogeneidade dos trabalhadores e o nível de emprego. Esses fatores determinam se os sindicatos terão a força necessária para representar o trabalhador. Em países com desemprego relativamente alto, com baixos níveis salariais e sem recursos sindicais, os sindicatos são levados a fazer alianças com outras organizações, como partidos políticos, igrejas e governo.[17]

Os sindicatos surgiram no século XVIII, com a Revolução Industrial, na Inglaterra, e tinham como objetivo a melhoria das condições de trabalho, que, naquela época, eram degradantes e chegavam a ser desumanas.

O "terreno" era fértil para que os sindicatos prosperassem. Em um dia rotineiro de trabalho, os empregados não podiam parar nem para fazer suas refeições.

As condições de trabalho eram tão penosas que qualquer mudança nessas condições era percebida pelos patrões como grande benevolência.

Inicialmente, os sindicatos foram muito perseguidos porque não agiam de acordo com a legislação da época. Os empregadores procuravam acabar com essas organizações consideradas subversivas.

> **PRATICANDO**
>
> Assista ao filme *Daens, um grito de justiça*, que trata do surgimento do movimento sindical.

Os sindicatos conseguiam membros e adeptos fazendo pressão pelo aumento dos salários. Com o tempo, evoluíram de órgão reivindicador de melhorias das condições de trabalho para legítimos representantes dos trabalhadores e se tornaram uma força política e de disputa por poder.

---

17. BOHLANDER, G.; SNELL, S. *Administração de recursos humanos*. São Paulo: Cengage Learning, 2011, p. 511.

Os trabalhadores formam sindicatos quando uma organização sindical local ou um representante, em busca de membros para afiliação, os procura e lhes explica os benefícios propostos. Os representantes do sindicato distribuem cartões de autorização e perguntam aos trabalhadores se querem votar pela certificação desse sindicato. Se for certificado, o sindicato se torna o representante da unidade de negociação. Mesmo os trabalhadores não interessados na representação ficam obrigados a chegar a um contrato de negociação coletiva.[18]

Existem quatro fatores que levam à decisão de afiliação ou não a um sindicato:

1. **Fatores econômicos**: principalmente para os trabalhadores de baixa renda. Os sindicatos procuram aumentar os salários dessa categoria.

2. **Insatisfação com o trabalho**: más práticas de supervisão, favorecimento e não favoritismo, ausência de comunicação e percepção da disciplina e demissões injustas são causas específicas de insatisfação no trabalho.

3. **A crença no poder do sindicato para obter os benefícios adequados**: pode gerar um voto favorável à sindicalização.

4. **Imagem do sindicato**: notícias sobre corrupção e desonestidade do sindicato podem levar os trabalhadores a se opor à sindicalização.

O índice de trabalhadores sindicalizados varia muito de um país para outro e de organizações públicas para empresas privadas. No caso de Portugal, o número de trabalhadores sindicalizados em empresas privadas não chega a 9%, mas nas organizações públicas o índice é de aproximadamente 50%. Os salários dos trabalhadores sindicalizados são consideravelmente maiores que os dos não sindicalizados.[19]

Nos Estados Unidos, na década de 1950, a taxa geral de sindicalização chegava a 35%. Hoje, chega a 7%. Em entrevista à revista *Fórum*, ao visitar o Brasil, onde se reuniu com dirigentes da Central Única dos Trabalhadores (CUT), um dos maiores sindicatos do Brasil, Bob King, presidente da International Union United Automobile, Aerospace and Agricultural Implement Workers of America (UAW), disse acreditar que a democracia depende de um modelo sindical forte e destacou a necessidade de elevar as taxas de sindicalização dos trabalhadores de todos os países.[20]

....

18. SINCLAIR, R.; TETRICK, L. Social exchange and union commitment: a comparison of instrumentality and union support perceptions. *Journal of Organizational Behavior*, v. 16, n. 6, p. 669-679, nov. 1995 *apud* BATEMAN; SNELL, 2012, p. 176-177.
19. LOPES, B. F. No privado são menos de 9% os trabalhadores sindicalizados. *Jornal Online*, 18 dez. 2012. Disponível em: http://www.ionline.pt/dinheiro/sindicatos-representam-menos-9-dos-trabalhadores-conta-outrem-no-privado. Acesso em: 24 abr. 2013.
20. DELORENZO, A.; FARIA, G. A democracia depende de um modelo sindical forte. *Forum*, 27 jun. 2012. Disponível em: http://revistaforum.com.br/blog/2012/06/a-democracia-depende-de-um-modelo-sindical-forte/. Acesso em: 25 abr. 2013.

Segundo Walter Arno Pichler, sociólogo e economista pesquisador da Fundação de Economia e Estatística Siegfried Emanuel Heuser (FEE), de Porto Alegre, e PhD pela London School of Economics and Political Science (LSE), Universidade de Londres, o sindicalismo teve um leve aumento no Brasil entre 1992 e 2011, ao contrário do que aconteceu nos Estados Unidos e na Europa.[21] Nesse período, a taxa de sindicalização passou de 16,7% para 17,2%. Em 1992, havia 10,9 milhões de filiados, ao passo que em 2009 existiam 16 milhões. Pichler aponta três fases distintas como justificativa para esses índices. A primeira, entre 1992 e 1999, foi a do *declínio*: a taxa de sindicalização sofreu um recuo de 0,6 ponto percentual, passando de 16,7% para 16,1%.

A segunda fase, entre 1999 e 2006, foi a da *recuperação*. O número de associados a sindicatos aumentou em 5,1 milhões de pessoas, aproximadamente, e a taxa de sindicalização aumentou 2,5 pontos percentuais, passando de 16,1% para 18,6%. Essa expressiva elevação do número de associados e da taxa de sindicalização teve como causas principais o aumento geral dos níveis de emprego na economia, a expansão do setor de serviços, a conjuntura política favorável aos sindicatos e o declínio das formas precárias de trabalho.

Em 2007, iniciou-se a terceira fase, a da *desaceleração e queda* no número de associados. Entre 2007 e 2011, houve recuo, em relação a 2006, tanto no número de associados (queda de 547,7 mil pessoas) quanto na taxa de sindicalização – queda de 1,4 ponto percentual. Pichler afirma que ainda não existem estudos do período mais recente do sindicalismo no Brasil, mas aventa a hipótese da crise mundial e sua repercussão no Brasil e conclui que o país foi um dos poucos países industrializados que apresentou crescimento do sindicalismo.

A Figura 14.4 apresenta um gráfico da evolução da sindicalização no Brasil.

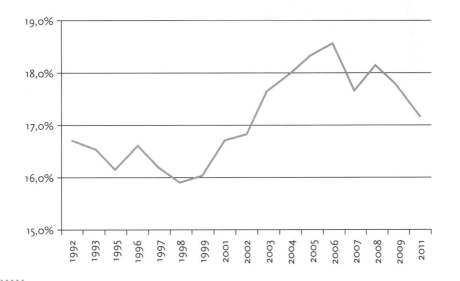

FIGURA 14.4

Taxa de sindicalização no Brasil entre 1992 e 2011

21. PICHLER, W. A. Trajetória da sindicalização no Brasil entre 1992 e 2011. *DMT em debate*: democracia e o mundo do trabalho, 13 nov. 2012. Disponível em: http://www.dmtemdebate.com.br/abre_noticia_colunista.php?id=20. Acesso em: 25 abr. 2013.

Os sindicatos tiveram seu período áureo no Brasil na década de 1980, e seus líderes chegaram a galgar altos cargos políticos. O ex-presidente do Brasil, Luiz Inácio Lula da Silva, foi líder sindical e se projetou nacionalmente pelas lutas em prol dos metalúrgicos do ABC paulista. Ele conseguiu governar por dois mandatos.

Os sindicatos podem representar tanto os interesses dos empregados quanto os dos patrões, sendo, neste caso, um *sindicato patronal*.

Os sindicatos usam meios lícitos e algumas vezes até ilícitos para fazer pressão contra as empresas e conseguir que suas reivindicações sejam atendidas.

A forma lícita de pressão sindical mais conhecida é a greve.

A palavra greve veio do francês e era o nome popular de uma praça em Paris às margens do rio Sena. Inicialmente, era um lugar de embarque e desembarque de navios, mas depois se tornou um lugar onde os desempregados e empregados insatisfeitos com as condições de trabalho se reuniam.[22] Com o tempo, a greve passou a significar paralisação coletiva de trabalho.

FIGURA 14.5
Líderes do movimento de greve procuram sensibilizar os colegas para o engajamento no movimento

As greves foram proibidas no Brasil durante o período militar, mais precisamente entre 1964 e 1985. Porém, o direito de greve foi assegurado na Constituição Federal de 1988, em cujo art. 9º consta:

> Art. 9º – É assegurado o direito de greve, competindo aos trabalhadores decidir sobre a oportunidade de exercê-lo e sobre os interesses que devam por meio dele defender.

----

22. CATHARINO, J M. *Greve e lock-out*. Disponível em: http://biblio.juridicas.unam.mx/libros/1/139/16.pdf. Acesso em: 20 ago. 2013.

§ 1º A lei definirá os serviços ou atividades essenciais e disporá sobre o atendimento das necessidades inadiáveis da comunidade.

§ 2º Os abusos cometidos sujeitam os responsáveis às penas da lei.

A greve pode ser uma suspensão temporária, coletiva e pacífica do trabalho como forma de reivindicação trabalhista. Ela se dá:

- **Objetivamente**: para reivindicar melhores condições do trabalho.
- **Subjetivamente**: uma categoria entra em greve quando se sente prejudicada.
- **Politicamente**: uma categoria entra em greve em busca de maior espaço de participação e exercício do poder.

A adesão à greve pode ser geral e envolver todos os trabalhadores ou não. Em caso de a greve não ser geral, alguns trabalhadores, para pressionar os colegas não grevistas, fazem os chamados piquetes.[23] Muitas pessoas associam as greves aos piquetes de grevistas. Os trabalhadores, portando cartazes com frases de apoio ao movimento, enfileiram-se no portão de seu local de trabalho, muitas vezes cantando músicas. O objetivo dos piquetes é atrair a atenção e a simpatia do público a sua causa, informando-o sobre as metas que desejam alcançar e as razões que estão por trás da greve, bem como desmotivar qualquer um que queira violar a ordem de greve e comparecer ao trabalho. O piquete é ilegal perante o Código Penal.

As formas ilícitas de pressão sindicais mais conhecidas são:

- **Greve simbólica**: uma paralisação seletiva de curta duração e sem abandono do local de trabalho.
- **Greve de advertência**: paralisação com o objetivo de afirmar a importância da reivindicação; a categoria para apenas como um aviso.
- **Greve de zelo**: também chamada de operação padrão ou greve da lentidão, é quando os trabalhadores fazem o trabalho com excessiva minúcia e observância exagerada aos procedimentos e normas (os trabalhadores conseguem obter sucesso nesse tipo de greve principalmente em atividades que envolvem riscos, como a manutenção de aviões).
- **Operação tartaruga**: chamada greve branca, o trabalho é cumprido lentamente ou sob condições técnicas inadequadas.
- **Paralisação relâmpago**: uma interrupção coletiva rápida e intempestiva.

---

23. Piquetes e fura greves. Como tudo funciona. Disponível em: http://pessoas.hsw.uol.com.br/greves1.htm. Acesso em: 20 jul. 2013.

Após a apresentação dos meios de pressão adotados pelos trabalhadores, agora serão apresentados os meios utilizados pelos empregadores para pressionar os trabalhadores.

São meios de ação patronal:

- **Locaute ou greve patronal**: fechamento temporário da empresa determinado pelos dirigentes; e
- **Lista negra**: relação de trabalhadores desligados por motivos de ações sindicais.

A greve só acontece quando se esgotam os recursos de comunicação entre empregados e empregadores. É função dos gestores manter relações de trabalho que sejam pautadas em diálogo e *feedback*.

Uma greve é o resultado de um conflito não resolvido que vai deixando sequelas no relacionamento laboral. O papel de realizar as negociações trabalhistas fica a cargo dos gestores de recursos humanos na maioria das empresas.

Quando empresas e empregados formam uma parceria em prol de valores compartilhados e benefícios comuns, os resultados são bem diferentes e muito melhores.

A seguir, apresentamos os exemplos da Whirlpool, Dow e Promon.[24]

Veteranas

As executivas de RH das veteranas do Guia, Whirlpool, Dow e Promon, revelaram o que as empresas têm em comum para serem listadas há 15 anos como as melhores para se trabalhar, em um bate-papo mediado por Tatiana Sendin, repórter da *Revista Você RH*. Comunicação foi a palavra-chave desse momento.

Para Nathalie Tessier, diretora de RH da Whirlpool, esse sucesso se resume em manter a consistência das boas práticas de recursos humanos, de forma que elas

---

24. [S.A.] As campeãs compartilham suas políticas e práticas de RH. *Você S/A*, 23 jul. 2012. Disponível em: http://revistavocerh.abril.com.br/materia/130-encontro-das-melhores-empresas-para-voce-trabalhar #image=5008751a1f66f85668000292. Acesso em: 10 jul. 2013.

façam sentido para as pessoas. Lia Azevedo, diretora de RH da Dow, em concordância com Nathalie, ressaltou que não existe uma política única de recursos humanos para todos os grupos e unidades da empresa. Para ela, o segredo da companhia é saber ouvir as necessidades de cada público, analisar o que as pessoas esperam que aconteça e comunicar e recomunicar as ações e decisões de RH e como elas influenciam a vida dos funcionários.

De acordo com Andrea Flores, coordenadora de RH da Promon Engenharia – que na ocasião substitui Márcia Fernandes, diretora de RH e Comunicação da empresa –, o desafio da companhia nesses últimos anos foi acompanhar as mudanças do seu negócio, diante da inovação constante da área, sem comprometer a integridade de seus processos e a expectativa de seus funcionários e gerações. Por isso, além de manter um canal de comunicação aberto com seus colaboradores, a Promon trabalha nos anseios de curto prazo de seus funcionários, preza por suas carreiras e dá a eles o protagonismo de sua trajetória profissional.

E por falar em gerações, a executiva de RH da Dow destacou o trabalho da companhia em conciliar os interesses de seus públicos e os anseios da geração Y na busca por consistência de valores, ambiente de trocas e transparência.

As três executivas foram enfáticas ao concordar que o fato de permanecerem no Guia não as leva a um patamar de estabilidade. Estar entre as melhores significa gerar novas e mais expectativas nos funcionários e trabalhar ainda mais para que o resultado alcançado não se perca por comodismo.

QUESTÕES

1. Descreva a mudança do modelo de relações de trabalho e faça um paralelo entre o antigo e o novo.
2. Explique o papel dos sindicatos nas mudanças ocorridas nas relações trabalhistas no Brasil.
3. Descreva as principais maneiras de os empregados pressionarem os patrões conforme o que você estudou neste capítulo.
4. Como o locaute afeta a greve dos trabalhadores?
5. Destaque os fatores de sucesso na parceria entre empresa e empregados que fizeram a Whirlpool, a Dow e a Promon permanecer por 15 anos entre as melhores empresas para se trabalhar.

CAPÍTULO 15

Planejamento de carreira

Nosso desafio com este capítulo é:

- Analisar a necessidade de capacitação além da educação formal.
- Apresentar os principais fatores que interferem no desenvolvimento de uma carreira.
- Analisar as etapas de desenvolvimento de carreira.
- Fornecer alternativas para minimizar as dificuldades de ascensão profissional em um mercado muito competitivo.

> O planejamento de carreira é um instrumento que pode levá-lo mais longe em sua vida profissional?

O mercado moderno trouxe em seu bojo muita insegurança para os profissionais que pretendem "ir mais longe" em sua vida profissional, e não apenas trabalhar e ganhar seu dinheiro pelo trabalho realizado.

Mesmo com o acirramento da competição sem precedentes na história, é possível, mediante planejamento, chegar muito longe. Porém, é importante ter em mente que, hoje em dia, além da educação formal, das escolas e das faculdades, o profissional precisará adquirir novos conhecimentos, habilidades e atitudes para alçar voos e conseguir os cargos pretendidos ao longo de sua vida de trabalho.

Assim como um navegador precisa da cartografia para atingir um porto seguro, cada profissional terá de sair solitário, em uma jornada pessoal, levando seu plano, os conhecimentos adquiridos e as habilidades desenvolvidas e tendo como guia seus pontos fortes.

O que servirá como bússola será o aprendizado constante, pois o compartilhamento de experiências ajudará na aceleração do ritmo rumo ao alcance dos propósitos.

CONTEXTUALIZANDO

Os avanços tecnológicos e sociais e a agilidade do mundo contemporâneo remetem a uma demanda sem precedentes por competividade, produtividade e inovação, obrigando as empresas e os profissionais a realizarem elevados investimentos em otimização contínua dos níveis de resultado e a atentarem à necessidade permanente de aquisição de novas competências.

A escolaridade por si só passa a não ser mais um sinal tranquilo de conhecimento, porque o conhecimento adquirido nos "bancos das escolas" pode ou não ser útil em relação às competências demandadas no interior das organizações. É lógico procurar alguém que tenha uma formação ligada à área em que se deseja desenvolver um projeto, mas pode ser que o conhecimento que esse profissional tem seja inadequado, obsoleto ou demasiado acadêmico para a realidade empresarial. É necessário que as empresas criem mecanismos para que, além de adquirirem esse conhecimento pelos meios estruturados para atender a esse objetivo, desenvolvam redes para adquiri-lo de maneira formal e informal.[1]

Com as empresas à caça de funcionários que consigam suprir as necessidades requeridas por seus negócios, os profissionais que possuem as habilidades e competências para a condução dessas organizações aos resultados pretendidos passam a ser muito disputados no mercado. Mas, para chegar a esse patamar, o profissional precisa aprender e desenvolver seu próprio potencial.

Carreira

A palavra "carreira" vem do latim e tem como significado original "caminho ou trilha". O conceito mais conhecido de carreira data de 1982: "são as sequências de posições ocupadas e de trabalhos realizados durante o período de vida de uma pessoa".[2]

---

1. DAVENPORT, T. H.; PRUZAK, L. *Conhecimento empresarial*: como as organizações gerenciam o seu capital intelectual. Rio de Janeiro: Campus, 1998.
2. STUMPF, S. A.; LONDON, M. *Managing careers*. Nova York: Adison-Wesley, 1982.

FIGURA 15.1
Projeção de uma carreira profissional

No início da carreira, a contribuição que um funcionário traz para o empregador só depende de seu próprio desempenho; a qualidade de seu trabalho é sua única responsabilidade. Ao ocupar cargos mais altos na estrutura profissional, porém, esse profissional passa a ser responsável pelo grupo inteiro.[3]

Muitas vezes, as pessoas se acomodam em seus cargos na empresa e não pensam que a mudança é constante e que elas poderiam ascender a cargos melhores ou mesmo trabalhar em outro cargo que lhe desse maior satisfação. Outras vezes, elas até têm esse objetivo, mas podem se deparar com exigências de habilidades e competências para um cargo das quais ainda não dispõem.

O que fazer se ainda faltam alguns pontos a serem desenvolvidos, como falar determinada língua ou "ser" um exímio comunicador?

A resposta a essa pergunta é: fazer o seu próprio planejamento de carreira. Muitos profissionais acham que devem delegar isso para a organização em que trabalham, como se fazia antigamente. Hoje, porém, com a concorrência acirrada, se o profissional não fizer seu planejamento de carreira e não desenvolver novas habilidades e competências necessárias ao cargo que pretende ocupar, seu concorrente provavelmente o fará.

Com as empresas reduzindo seus quadros e, ao mesmo tempo, sendo pressionadas pela concorrência, fazer frente a essa nova realidade exige do profissional planejar

---

3. HILL, L. New manager development for the 21st Century. *Academy of Management Executive*, v. 18, n. 3, p. 121-126, ago. 2004, *apud* BATEMAN, T. S.; SNELL, S. A. *Administração*. Porto Alegre: AMGH, 2012. p. 20.

e desenvolver sua carreira como se fosse um negócio. Quando a pessoa desenvolve e gerencia sua carreira como seu próprio negócio, deixa de ser dependente da instabilidade do mercado e da boa vontade das pessoas que a cercam.

Sobre a responsabilidade que um profissional deve ter sobre sua própria carreira, Bateman e Snell afirmam: "A menos que sejamos profissionais autônomos e nossos próprios chefes, uma maneira de lidar com isso é pensar na natureza de relacionamento que temos com nosso empregador". A Figura 15.2 mostra dois tipos de relacionamento.[4]

FIGURA 15.2
Tipos de relacionamento do profissional com o empregador

No relacionamento 1, o funcionário espera passivamente que o empregador lhe diga o que fazer e espera dele salários e benefícios.

Já no relacionamento 2, os benefícios são mútuos para o funcionário e para a empresa; a possibilidade de construção de uma carreira é muito maior.

FIGURA 15.3
Carreira interna com benefícios compartilhados entre profissional e empresa

4. BATEMAN, SNELL, 2012, p. 23.

Geralmente, os trabalhadores se preparam para exercer a profissão passando por um tipo de educação formal: ensino médio, ensino técnico ou ensino superior. Depois de conseguir um emprego, o indivíduo se posiciona em determinado cargo, mas, ao longo de sua vida profissional, vai mudando de posições hierárquicas e cargos na mesma organização ou em outra(s). Ao longo de sua carreira, depois de passar por diferentes cargos, esse indivíduo provavelmente ficará em determinada posição até sua aposentadoria.

Determinados fatores, como a idade e as necessidades individuais, têm grande influência sobre a carreira. Conforme a etapa da carreira e a fase da vida em que o funcionário estiver, o cargo que ocupar na organização poderá atender a suas necessidades individuais ou não. Assim, uma pessoa que estiver próxima da aposentadoria pode se sentir satisfeita no cargo que ocupa e não almejar muitas mudanças. Em contrapartida, um jovem que ocupar o mesmo cargo poderá se sentir insatisfeito com a situação e almejar outro cargo na mesma empresa ou até procurar outros cargos em outras organizações.

A HSM[5] publicou um artigo muito interessante, intitulado "As 5 fases da vida para construir a carreira", que exemplifica como a idade e a fase da vida interferem na carreira e nas escolhas profissionais:

AS 5 FASES DA VIDA PARA CONSTRUIR A CARREIRA

Sonhos indicam a direção. Metas definem objetivos.
Ações asseguram a conquista. As escolhas você é quem faz.

Quem já entendeu o quanto é fundamental planejar desde cedo o pós-carreira certamente precisará definir quais serão as suas prioridades nos diferentes momentos. Não tem jeito, a única alternativa para chegar lá sem sustos é traçar metas e ações ao longo das suas fases de vida.

Somente você pode fixar as suas metas, vivê-las e usufruir os benefícios alcançados. À medida que você vai anotando suas metas, suas ações, o entusiasmo pelo exercício vai tomando conta e logo, logo você terá concluído o seu próprio plano de vida. A experiência de consultório mostra que as pessoas relutam em parar por uns poucos instantes e refletir sobre a sua vida, sua carreira, o seu futuro. Será porque somos latinos? Porque vivemos num país tropical, bonito por natureza? Mas não precisa muito empenho para convencer aqueles que procuram ajuda de que vale a pena e é plenamente possível planejar a vida com razoável grau de acerto.

---

5. CARDOSO, J. C. As 5 fases da vida para construir uma carreira. *Revista HSM* [on-line]. Disponível em: http://www.intermanagers.com.br/artigos/5-fases-da-vida-para-construir-carreira. Acesso em: 22 jul. 2013.

Neste artigo, oferecemos à reflexão alguns conselhos de quem já experimentou e gostou do exercício e concluiu o plano que mudou a vida de muita gente. Veja a seguir como fazer dos 20 aos 60 anos.

Para quem está na faixa etária de 20 a 30 anos

Esta é a fase do trabalho duro, da busca pelo espaço ao sol. É o momento em que se deve criar valores, dar os primeiros passos para construir o patrimônio e educar os filhos. Na faixa dos 20 aos 30 anos, o cuidado mais importante é com a carreira. Em segundo lugar na hierarquia das prioridades vem o cuidado com o dinheiro – combustível indispensável para fazer as engrenagens da vida funcionarem. Em terceiro, há os cuidados com a família, seguidos dos cuidados com a saúde e com a aposentadoria.

Pode parecer prematuro aos 20, 25 anos pensar em aposentadoria, já que é uma realidade ainda distante de quem está nessa faixa etária. Mas, acredite, a chave de tudo está justamente em antecipar o futuro, porque a aposentadoria um dia vai chegar.

Para quem está na faixa etária de 31 a 40 anos

O trabalho duro continua intenso, mas sob outra ótica. Nessa fase de vida, adquire-se experiência, testam-se teorias, aprimoram-se as escolhas. Na faixa dos 31 aos 40 anos, os cuidados mais importantes continuam sendo na seguinte ordem: a carreira, o dinheiro, a família, a saúde e a aposentadoria. Nada muito diferente do que ocorre na faixa etária anterior. Mas a grande diferença é que aqui devem ser feitos investimentos para avançar na carreira, como cursos de pós-graduação, MBA, mestrado.

Para quem está na faixa etária de 41 a 50 anos

É a melhor fase da vida profissional. A carreira está consolidada, a poupança engordou, a saúde está ótima. Aqui você já deve ter arriscado uma carreira no exterior. Cuidados com o dinheiro assumem a lista de prioridades, pois, além de utilizá-lo para aproveitar a vida, como foi dito, deve ser destinado para enfrentar despesas crescentes com a família.

Entre 45 e 50 anos aparece aquele medo de perder o emprego e não conseguir mais se recolocar no mercado. Portanto, "poupar" para eventuais contingências é prioritário. A saúde torna-se a prioridade número dois, seguida da família, carreira e da aposentadoria.

Para quem está na faixa etária de 51 a 60 anos

Aposentadoria à vista! E esta será a sua prioridade número 1, porque você está na derradeira década da vida profissional e se aproximando do pós-carreira. As suas prioridades, naturalmente, devem acompanhar a etapa de sua vida. Depois da aposentadoria, a saúde é a sua segunda prioridade, seguida de dinheiro, carreira e família.

Chegou também o momento da contagem regressiva para preparar sua saída de cena. É a hora de deixar seu legado de realizações para a história. Aqui, as metas devem ser estabelecidas dentro desse ideal de vida. Procure liderar projetos que deixem sua marca pessoal, escreva artigos para jornais e revistas. Essas são ótimas ações para perpetuar o seu nome.

Para quem passou dos 60 anos

Pronto! Você chegou ao início do seu pós-carreira. Vive uma nova rotina e está longe dos holofotes. Até aqui, se você seguiu obstinadamente o plano estratégico que você mesmo criou para a sua vida, conseguiu chegar aos 60 com saúde, dinheiro e muita vontade de contribuir para a comunidade, desfrutar de uma vida cheia de propósito, muito motivado. Com o seu plano diretor de pós-carreira à mão – que você elaborou sozinho ou com ajuda profissional – é hora de colocá-lo em prática.

Senão, deve começar, urgentemente, a pensar no que fazer; seja montar um negócio, virar consultor, fazer parte de ONGs. Ou, se você está em mercados aquecidos, como o de petróleo e tecnologia (mais especificamente, atuando na área de *mainframe*), pode ter a chance de continuar no mercado corporativo. Sim, porque profissionais de cabelo branco são bastante valorizados nesses segmentos, que enfrentam um déficit de profissionais experientes e altamente especializados.

É ótimo ter opções no pós-carreira. Mas planejar é preciso, mesmo em um país tropical, abençoado por Deus e bonito por natureza. Que beleza!

Para progredir em suas carreiras, os profissionais precisam adquirir determinadas habilidades a cada etapa para passar à etapa seguinte. A Figura 15.4 apresenta as etapas de uma carreira e as necessidades que devem ser atendidas em cada uma delas.

FIGURA 15.4
Etapas da carreira e necessidades importantes

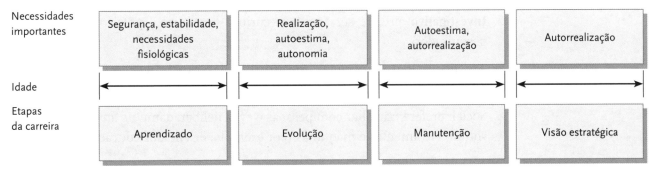

Fonte: IVANCEVICH, 2008, p. 444-446.

Etapas da carreira

- **Primeira etapa**: Os jovens profissionais "recém"-especializados entram para as organizações com o conhecimento técnico, mas a maioria deles não entende os anseios e demandas da organização. Trabalhar com profissionais mais experientes pode suprir essa lacuna.

- **Segunda etapa**: superada a fase de "dependência" do profissional iniciante, o trabalhador passa para a segunda fase, mas só se tiver as competências necessárias para contribuir de maneira independente para a área especializada em que estiver. O sucesso nessa fase vai depender da "segurança" do profissional, de sua autoconfiança.

- **Terceira etapa**: essa fase é caracterizada pela capacidade do profissional de atuar como mentor daqueles que estão na primeira fase e ampliar seus interesses e as relações externas da organização. Nessa fase, os profissionais se concentram em treinamento e interação com outras pessoas, e a responsabilidade pelo trabalho de outras pessoas pode levar a grande pressão psicológica.

- **Quarta etapa**: pode ser que alguns profissionais permaneçam na terceira etapa até a aposentadoria. Outros, contudo, passarão para a quarta etapa, que tem como característica a "modelagem" dos destinos da organização. Os profissionais dessa fase podem se dedicar ao planejamento estratégico de longo prazo e desempenham papéis de gestores, empreendedores e criadores de ideias.

John L. Holland, especialista em orientação profissional, propôs uma teoria sobre a opção de carreira. Ele afirma que cada indivíduo se assemelha até certo ponto com um dos seis tipos de personalidade descritos a seguir:[6]

1. **Realista**: prefere atividade em que manuseie algum tipo de ferramenta (por exemplo, mecânico).

2. **Investigativo**: prefere ser analítico, curioso, metódico e preciso (por exemplo, pesquisador).

3. **Artístico**: prefere ser original, excêntrico, expressivo e introspectivo (por exemplo, decorador).

4. **Social**: prefere trabalhar com pessoas e evita deliberadamente atividades que envolvam ferramentas e máquinas (por exemplo, orientador educacional).

---

6. BOLLES, R.; BOLLES M. E. *The 2005 what color is your parachute?* Berkeley: CA Ten Speed, 2005, p. 80 apud IVANCEVICH, J. M. *Gestão de recursos humanos.* São Paulo: McGraw-Hill, 2008. p. 448-449.

5. **Empreendedor**: prefere atividades através das quais pode influenciar as pessoas a atingir metas (por exemplo, advogado).
6. **Convencional**: prefere atividades que envolvem a manipulação sistêmica de dados, preenchimento de registros ou reprodução de materiais (por exemplo, contador).

A Figura 15.5 mostra o diagrama de Holland, que apresenta as opções de carreira descritas.

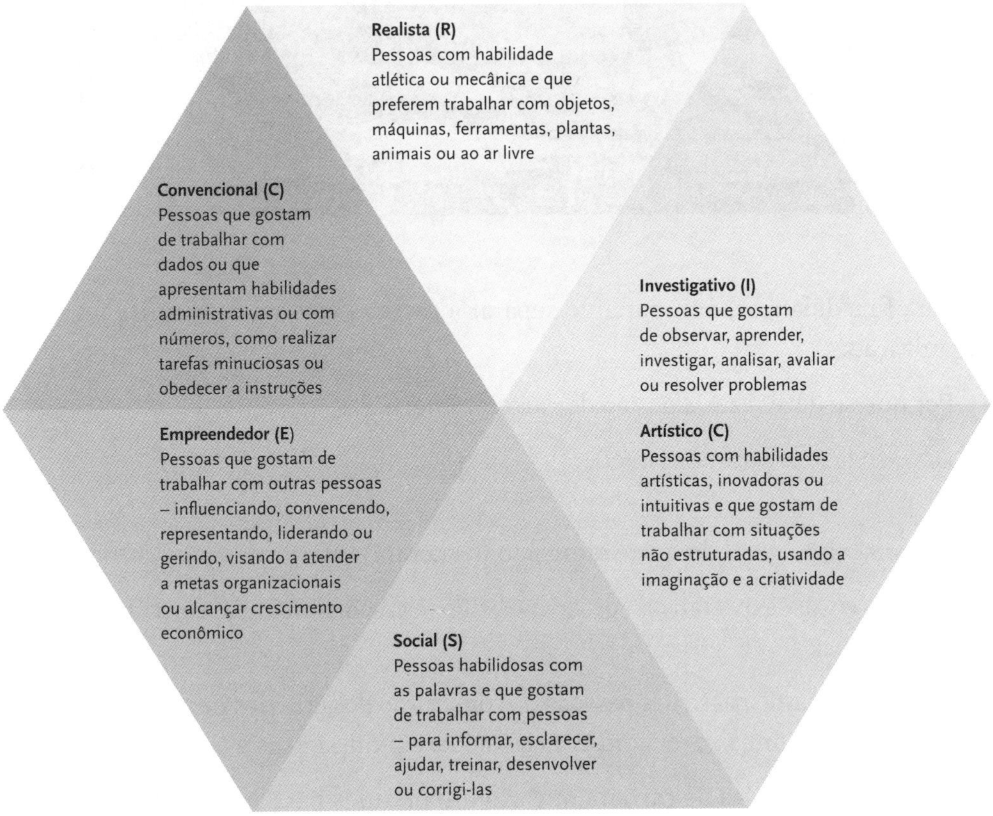

FIGURA 15.5
Diagrama de Holland

Realista (R)
Pessoas com habilidade atlética ou mecânica e que preferem trabalhar com objetos, máquinas, ferramentas, plantas, animais ou ao ar livre

Convencional (C)
Pessoas que gostam de trabalhar com dados ou que apresentam habilidades administrativas ou com números, como realizar tarefas minuciosas ou obedecer a instruções

Investigativo (I)
Pessoas que gostam de observar, aprender, investigar, analisar, avaliar ou resolver problemas

Empreendedor (E)
Pessoas que gostam de trabalhar com outras pessoas – influenciando, convencendo, representando, liderando ou gerindo, visando a atender a metas organizacionais ou alcançar crescimento econômico

Artístico (C)
Pessoas com habilidades artísticas, inovadoras ou intuitivas e que gostam de trabalhar com situações não estruturadas, usando a imaginação e a criatividade

Social (S)
Pessoas habilidosas com as palavras e que gostam de trabalhar com pessoas – para informar, esclarecer, ajudar, treinar, desenvolver ou corrigi-las

---

PRATICANDO

E você?

De acordo com o texto, verifique em qual etapa da carreira você se encontra neste momento.

Já observou que tipo de escolha, segundo Holland, você fez ou deve fazer de acordo com suas preferências e gostos?

FIGURA 15.6

Carreira externa: o profissional vem à empresa para prestar algum tipo de serviço

Para fins didáticos, é importante separar a carreira externa da carreira interna à organização.

Por que se deve fazer a gestão de carreira interna?

Deve-se fazê-la porque ela pode:

- dar uma visão geral do que é oferecido pela empresa;
- indicar se as expectativas pessoais estão em consonância com a realidade empresarial;
- estimular a participação das pessoas na construção dos critérios de ascensão funcional e a sua contínua adequação às necessidades profissionais e organizacionais; e
- definir as trajetórias de carreira que são importantes para a manutenção de vantagens competitivas.

A pessoa que trabalha em uma empresa e almeja cargos nela com certeza terá de integrar suas necessidades individuais com as organizacionais. Bohlander e Snell, autores do livro *Administração de recursos humanos*, apresentam um diagrama de como suas necessidades devem estar integradas às estratégias e operações da empresa à qual você pertence (Figura 15.7). Só mediante essa sintonia é possível equilibrar a carreira almejada com os objetivos organizacionais, ou seja, suas necessidades com as necessidades da empresa.[7]

---

7. BOHLANDER, T.; SNELL, S. *Administração de recursos humanos.* São Paulo: Cengage Learning, 2011, p. 177.

NECESSIDADES DA EMPRESA		NECESSIDADES DO INDIVÍDUO	
Estratégias	**Operacionais**	**Pessoais**	**Profissionais**
• Competências atuais	• Rotatividade de funcionários	• Idade/estabilidade no emprego	• Fase da carreira
• Competências futuras	• Absenteísmo	• Preocupações com a família	• Educação e treinamento
• Mudanças de mercado	• Banco de talentos	• Emprego do cônjuge	• Aspirações a promoção
• Fusões etc.	• Terceirização	• Mobilidade	• Desempenho
• *Joint-ventures*	• Produtividade	• Interesse externos	• Potencial
• Inovação			• Atual trajetória de carreira
• Crescimento			
• *Downsizing*			
• Reestruturação			

Gerenciamento de carreira

Para integrar as necessidades individuais com as da empresa, o papel do funcionário é identificar seus conhecimentos, habilidades, capacidades e interesses e buscar informações para desenvolver seus planos. Os gerentes, por sua vez, devem estimular os funcionários a assumir a responsabilidade de gerenciar seu plano de carreira e fornecer-lhes constantes *feedbacks* sobre desempenho e evolução, bem como informações sobre oportunidades e promoções para cargos de interesse dos funcionários. Já a empresa é responsável pelo fornecimento de informações aos funcionários sobre a missão, os planos, as políticas e as oportunidades de treinamento da organização.

FIGURA 15.7 Equilibrando necessidades individuais e da empresa

FIGURA 15.8 Os gerentes devem incentivar seus funcionários a gerenciar seus próprios planos de carreira e fornecer *feedback* sobre desempenho

É muito comum que algumas empresas, em virtude do tipo de plano de cargos e salários que possuem, não deixem alternativas para a ascensão na carreira de uma pessoa em cargo específico, a não ser que se torne gerente, ou seja, que assuma cargos gerenciais. Entretanto, os cargos gerenciais exigem determinado perfil que pode não se encaixar em nenhum aspecto do que o profissional deseja ser. Para resolver esse problema, surgiram as *carreiras em Y*. Um bom exemplo é o caso de cientistas que querem desenvolver suas carreiras no âmbito de estudos científicos e pesquisas, mas não ocupando cargos gerenciais.

O Quadro 15.1 mostra como funciona a carreira em Y.

QUADRO 15.1
Carreira em Y:
o sistema Xenova

Cientista

Planeja e realiza o trabalho de laboratório para atingir metas de projeto estabelecidas de comum acordo, usando contribuições de colegas, da comunidade científica externa, da literatura e de fornecedores.

Cientista sênior

Planeja e realiza programas experimentais e trabalhos de laboratórios para atingir metas científicas ou de projeto estabelecidas de comum acordo; usa sugestões de colegas, da comunidade e de fornecedores e apresenta os resultados para eles.

Líder de seção

Lidera e gerencia uma equipe de cientistas tanto do ponto de vista da ciência quanto do gerenciamento operacional; oferece contribuição significativa ao gerenciamento de grupos de cientistas e ao gerenciamento geral do departamento.

Pesquisador associado

Fornece competência e direção a programas e projetos por meio do entendimento profundo de um campo científico específico; lidera ou faz parte de uma equipe científica, com o objetivo principal de oferecer especialidades em uma dada disciplina científica.

Chefe de departamento

Lidera e gerencia um departamento de cientistas para fornecer à Xenova um recurso científico bem gerenciado e motivado; oferece contribuições significativas ao gerenciamento geral da empresa ou da divisão da empresa.

Cientista chefe

Fornece experiência e competência científica do mais alto gabarito para assegurar liderança e direção científicas, mantém posição pessoal como cientista reconhecido mundialmente e altamente respeitado e usa isso para outros objetivos da empresa por meio da ciência.

Fonte: adaptado de GARMONSWAY; WELLIN, 1995.

Para você elaborar um planejamento de carreira eficaz, você não pode deixar de seguir os seguintes passos:

- **1° passo: definir seus objetivos profissionais.** Definir o que você quer alcançar em termos de cargos, funções ou negócio.

- **2° passo: fazer sua autoavaliação.** Usar como parâmetro o perfil com as habilidades e capacidades inerentes ao cargo, função ou negócio que você deseja.

- **3° passo: conversar com algum profissional de sucesso na área.** Levantar quais foram os "fatores críticos" que o levaram ao lugar almejado e o que esse profissional poderia sugerir para que você acelere seu processo de aprendizagem (aprendizagem social).

- **4° passo: estabelecer um plano de ação.** Traçar um plano de ação com base nos passos anteriores, contendo metas, medidas de mensuração dessas metas (curto e médio prazo) e estratégias de como alcançá-las.

- **5° passo: acompanhar.** Focalizar seu plano de ação, verificando sempre os avanços e a necessidade de realizar ajustes.

- **6° passo: olhar o mercado.** Verificar onde estão as oportunidades que o mercado oferece na área que você quer.

A seguir será apresentado um artigo que poderá auxiliá-lo nessa empreitada.[8]

Vista a camisa dos seus pontos fortes

Demorou, mas você já pode abandonar suas fraquezas para se concentrar no que faz de melhor. Saiba como.

Desde que o cientista político inglês Marcus Buckingham, especialista em liderança, desafiou as empresas a abandonar o velho modelo de desenvolvimento de pontos fracos dos funcionários, há quatro anos, dois fatos importantes aconteceram. O

....
8. Dias, A. Vista a camisa dos seus pontos fortes. *Revista Você S/A*, jun. 2005.

primeiro diz respeito ao cachê de Marcus como palestrante. Saltou de 5.000 para 55.000 dólares, igualando-se ao cobrado pelo guru norte-americano Tom Peters. O outro teve impacto direto na vida de quem trabalha. Pela primeira vez na história corporativa, você pode deixar de lado suas fraquezas para concentrar energia naquilo que sabe fazer melhor. E os primeiros resultados dessa mudança começam a aparecer, inclusive na carreira de vários profissionais brasileiros. Alinhado a essa tendência, o economista paulistano Anderson Ramos, de 34 anos, conseguiu mudar de área depois de tomar consciência de suas melhores habilidades. Largou o departamento de vendas e hoje tem uma ótima *performance* como diretor de *marketing* da Nokia. Já o químico Alexandre de Souza, de 36 anos, de São Paulo, vem exercendo como nunca seu lado persuasivo na empresa de cosméticos Ox, deixando chefe e pares de boca aberta.

É surpreendente como só agora começa a surgir um movimento de empresas dispostas a valorizar os pontos fortes de seus profissionais. As organizações demoraram muito para mudar de atitude. A lentidão se explica pela dificuldade da maioria em abandonar o modelo antigo de treinamento e desenvolvimento de pessoas. A filosofia das fraquezas estava arraigada. Os anos 1990, por exemplo, entraram para a história como um período dos grandes cortes de pessoal. Com medo de perder o emprego, os executivos achavam, na época, que não podiam deixar de investir nos pontos fracos, sob risco de passar a impressão de que estavam negligenciando seu aprendizado contínuo. "Até hoje, em geral, as empresas são frias, continuam apontando os erros de seus profissionais e se esquecem de celebrar os acertos", diz Fernando Tadeu Perez, diretor de RH do banco Itaú. Fernando é adepto do elogio público, bronca em particular. "O RH deve manter o clima saudável. Não por benevolência, mas por uma questão estratégica", afirma. Qual o resultado dessa equação? Uma equipe mais segura e unida. "Queremos formar bons líderes", diz Fernando.

Aos poucos, essa mudança vai batendo às portas das empresas no Brasil. "As organizações estão cada vez mais preocupadas em desenvolver o talento de cada um", afirma o consultor de empresas José Diney Matos, de São Paulo. "Isso está acontecendo, porque as companhias buscam líderes conscientes e mais seguros, que não se limitam a fazer o feijão com arroz". "Muitas vezes, não é preciso gastar rios de dinheiro para que essa transformação ocorra." O diretor de *marketing* da Unilever, Fábio Prado, encontrou uma maneira simples e eficiente para valorizar o que seus 60 funcionários têm de melhor. "Dou espaço para que cada um mostre sua característica dominante", diz Fábio. Toda vez que ele ou outro líder dá autonomia e confiança, os funcionários conseguem desenvolver melhor sua criatividade para resolver problemas. "As empresas têm de fornecer as ferramentas para que as pessoas cresçam sob essa nova ótica", afirma.

Mas quem é que consegue responder de bate-pronto quais são seus pontos fortes? É difícil escolher apenas três ou quatro características, certo? Mesmo porque, em geral, todo mundo foi acostumado a falar sobre o que precisa melhorar, não sobre suas forças. Por isso é mais fácil assumir que é tímido, ansioso ou teimoso – e pedir ajuda para resolver esses pontos – do que lembrar o quanto se é criativo, organizado ou persuasivo.

"Quando assumimos nossos pontos fortes, nos tornamos mais confiantes e percebemos que somos capazes de crescer", diz o consultor Tom Rath, um dos maiores especialistas em práticas positivas no trabalho, da Gallup International, de Washington, nos Estados Unidos. Tom é coautor do livro *How Full Is Your Bucket?*, traduzido para o português pela Editora Sextante. O livro trata da psicologia positiva e de como isso afeta a vida profissional e pessoal. Tom observa que o próprio sistema educacional está viciado em dar mais atenção às falhas da criança do que aos acertos. "Quando se chega ao ambiente de trabalho, 20 anos mais tarde, e o profissional se senta com o chefe para discutir *performance*, boa parte da conversa repete o modelo escolhido. E isso é um erro", diz.

Mas há maneiras mais simples e rápidas de identificar seus pontos fortes do que alguém lhe apontando os fracos. A tal conversa com o superior, até mesmo informal, se for bem conduzida, pode ser um caminho. Paulo Kretly, presidente da consultoria Franklin-Covey no Brasil, explica que os profissionais devem fazer perguntas à chefia como "O que você gostaria que eu continuasse fazendo?" e "O que eu faço de bom que supera suas expectativas?". "Essas consultas não geram constrangimento e dão uma visão de fora para o profissional", afirma Paulo. Mais do que isso, é uma demonstração de que você está preocupado com seu próprio crescimento e, humildemente, busca ajuda para crescer ainda mais.

Aliás, o bom dessa nova visão sobre a carreira é evitar que alguém quebre a cabeça para mudar tudo o que construiu até aqui e ainda tenha de mexer em sua personalidade. Naturalmente, revelar apenas seu lado mais forte pode dar a impressão de que você é confiante ou assertivo demais. Daí a importância de manter a humildade e a consciência de que, na vida real, não existe super-homem nem mulher-maravilha. Todos os profissionais têm limitações e é impossível ser bom em tudo.

A experiência mostra que, se há disposição da empresa e do funcionário, o risco de valorizar os pontos fortes em excesso fica sob controle. Na filial brasileira da multinacional norte-americana Sara Lee, a mudança de atitude ocorre a passos largos e ninguém ali, entre os 18 líderes das marcas Kendal, Zorba e Tensor, se revelou arrogante a ponto de bater no peito alardeando suas qualidades. "Depois que passamos a dar mais valor ao lado bom das pessoas, notamos que as equipes conseguem tratar as crises com mais tranquilidade", afirma Milene Justi, diretora de RH da companhia. "O clima melhorou: as pessoas conversam mais e estão mais autoconfiantes quando precisam enfrentar um novo projeto."

Para dar esse salto, a Sara Lee contou com a ajuda da metodologia Life Orientations (Lifo), aplicada em 26 países, que chegou ao Brasil no começo deste ano. Ela se baseia em um teste com 18 perguntas que resulta em um *feedback* positivo. O objetivo é mostrar que as pessoas precisam valorizar suas forças e aprender a usá-las. "É uma abordagem que se concentra no melhor de cada um", diz Ane Araújo, sócia da Marcondes Consultores, representante da metodologia no Brasil. Além de Sara Lee, Johnson & Johnson e Natura também implantaram a Life Orientations.

Assim como a Lifo, existem outros métodos que ajudam a mostrar as forças de cada um, como a Avaliação 360 graus, na qual todos os profissionais de uma equipe avaliam pares, chefes e subordinados. A vantagem é que esse sistema faz com que cada um dê uma visão positiva do outro. O Myers-Briggs Type Indicador (MBTI) é outra ferramenta de avaliação que ajuda a identificar diferentes tipos de personalidade. Sua maior vantagem é dar condições para que as equipes sejam montadas tendo em vista o que cada integrante tem de melhor. "Toda pessoa tem uma fortaleza que precisa ser descoberta", diz Adriana Fellipeli, sócia da Right Saad Fellipeli, representante do MBTI no Brasil.

Você também pode pedir ajuda a quem de alguma forma acompanha seu desenvolvimento profissional, alguém que esteja um degrau acima na hierarquia ou que compartilhe dos mesmos desafios que você. Chefe e pares, como se sabe, são pessoas-chave nesse processo porque você pode dar ouvido a eles. O chefe, porque tem uma visão do seu trabalho como um todo. Ele sabe, por exemplo, qual foi sua reação a uma crise ou o que você fez quando foi detectado um erro em um processo sob sua responsabilidade. Seu colega também é importante porque conhece você com mais intimidade e, por isso, tem mais facilidade para enxergar os pontos positivos de sua personalidade. Os especialistas recomendam que você, durante uma conversa para descobrir seus pontos fortes, ouça mais e se justifique menos. Se possível, nada. E, dentro da sua estratégia, direcione seu interlocutor para que ele levante o que vê como suas melhores armas.

Outra sugestão dos consultores é ficar atento às habilidades que você mais usa no seu atual emprego. Aliás, não perca tempo fazendo cursos ou se esforçando para desenvolver competências que não são fundamentais para sua função atual. "É melhor valorizar o que você realmente precisa no seu dia a dia", diz Karine Parodi, sócia da consultoria Career Center, de São Paulo. Se você é tímido, por exemplo, não tem por que aprender a falar em público se hoje não precisa dar palestras ou apresentar projetos para mais do que duas pessoas.

O último passo desse novo processo de desenvolvimento é mostrar seus pontos fortes tanto para o público interno (equipe e chefia) quanto para o externo (*headhunters*, colegas de outras empresas, por exemplo). De nada adianta descobrir no que você é bom, trabalhar para ficar ainda melhor e ninguém ficar sabendo disso. Afinal, não basta ser bom, você precisa mostrar no que é imbatível. De que maneira? Com resultados. E isso vale tanto para o dia a dia quanto para uma entrevista de emprego. Os recrutadores estão de olho nisso ultimamente. A ideia é fazer com que todos identifiquem você como grande especialista de uma área, o melhor homem de vendas ou a mulher que melhor faz apresentações de novos projetos. Com disseminações dessa nova cultura de desenvolvimento, nunca houve melhor hora para você vestir a camisa de suas habilidades.

QUESTÕES

1. Descreva e explique os aspectos internos e externos envolvidos no planejamento de carreira no âmbito de uma organização.

2. Cite as etapas do desenvolvimento de um plano de carreira e descreva seus procedimentos.

3. O último texto apresenta uma nova abordagem para o desenvolvimento dos funcionários nas empresas. Comente quais são suas vantagens e explique a razão de seu sucesso.

4. A partir dos conceitos e ideias apresentadas neste capítulo para incrementar sua própria carreira, destaque os pontos que você julga mais aplicáveis a seu caso.

CAPÍTULO 16

Saúde e segurança no trabalho

> Nosso desafio com este capítulo é:
>
> - Mostrar a importância de trabalhadores e gestores formarem uma parceria em prol da eliminação dos acidentes de trabalho e das doenças ocupacionais.
> - Explicar as causas e razões que levam à inquietante realidade existente no Brasil e no mundo.
> - Esclarecer as medidas que estão sendo tomadas pelo governo e alternativas apresentadas pelos especialistas para minimizar os problemas existentes na área.

| A construção de uma nova realidade de saúde e segurança no trabalho exige a parceria de todos | O número alarmante de acidentes e doenças ocupacionais que ainda acontecem, apesar do avanço tecnológico de métodos e técnicas cada vez mais sofisticados, constitui um enorme desafio aos gestores e trabalhadores para a transformação de uma realidade desfavorável e persistente. |

A integração dos esforços de todos os segmentos produtivos pode mudar a situação dos altos índices de acidentes e doenças ocupacionais do trabalho para um exercício profissional mais seguro e produtivo.

As ações de prevenção fornecem o único caminho para a redução dos custos da falta de saúde e dos inúmeros transtornos provocados pelos acidentes ocupacionais.

O treinamento e a sensibilização através do processo de educação permanente para a segurança ocupacional têm-se mostrado confiáveis e eficientes, fornecendo credibilidade e esperança a todos os envolvidos: gestores e trabalhadores.

CONTEXTUALIZANDO

Um fator decisivo para a relação da empresa com seus funcionários é trabalhar na garantia de um ambiente saudável e seguro, promovendo as condições adequadas à saúde e à produtividade.

A negligência de empresários e trabalhadores faz que o número de ocorrências de acidentes de trabalho e de doenças ocupacionais sejam alarmantes, como mostram os dados da Organização Internacional do Trabalho (OIT).[1]

Em informativo, a OIT afirmou que, em 2013, as doenças profissionais continuavam sendo as principais causas das mortes relacionadas com o trabalho. Segundo estimativas, de um total de 2,34 milhões de acidentes de trabalho mortais a cada ano, somente 321 mil se devem a acidentes. Os restantes 2,02 milhões de mortes são causadas por diversos tipos de enfermidades relacionadas com o trabalho, o que equivale a uma média diária de mais de 5,5 mil mortes.

A ausência de uma prevenção adequada das enfermidades profissionais tem profundos efeitos negativos não somente para os trabalhadores e suas famílias, mas também para a sociedade, em virtude do enorme custo gerado, particularmente no que diz respeito à perda de produtividade e à sobrecarga dos sistemas de seguridade social. A prevenção é mais eficaz e custa menos que o tratamento e a reabilitação.

Todos os países podem tomar medidas concretas para melhorar sua capacidade de prevenção das enfermidades profissionais ou relacionadas com o trabalho.

Em síntese, de acordo com a OIT, a situação da segurança e saúde mundial é a seguinte:

- 2,02 milhões de pessoas morrem a cada ano em decorrência de enfermidades relacionadas com o trabalho;
- 321 mil pessoas morrem a cada ano como consequência de acidentes no trabalho;
- 160 milhões de pessoas sofrem de doenças não letais relacionadas com o trabalho;
- 317 milhões de acidentes laborais não mortais ocorrem a cada ano;

---

1. Organização Internacional do Trabalho (OIT). Doenças profissionais são principais causas de mortes no trabalho. *Notícias OIT* [on-line], 23 abr. 2013. Disponível em: http://www.oit.org.br/content/doencas-profissionais-sao-principais-causas-de-mortes-no-trabalho. Acesso em: 18 jun. 2013.

- a cada 15 segundos, um trabalhador morre de acidente ou doença relacionada com o trabalho; e
- a cada 15 segundos, 115 trabalhadores sofrem um acidente laboral.

No Brasil, os dados são muito preocupantes. Em 2011, ocorreram mais de 711 mil acidentes no trabalho, e o número de mortes no país por esse motivo foi de 2.884. O custo com esses acidentes de trabalho foi de R$ 70 bilhões.[2]

Entre os principais responsáveis por essa alarmante constatação no Brasil está o aspecto cultural, dado que a preocupação com a higiene e segurança do trabalho é relativamente recente. Esse fator cultural possibilita a criação do "mau hábito" de se preocupar com a segurança só nos momentos em que ocorrem os acidentes, e não na criação de uma postura preventiva, tanto do ponto de vista da empresa quanto dos trabalhadores.

A legislação atual procura garantir aos trabalhadores as condições mínimas de segurança e higiene no ambiente de trabalho, mas um grande número de empresas, principalmente as de pequeno e médio porte, ainda negligencia os aspectos legais da segurança, "maquiando" alguns procedimentos como forma de escapar das pesadas multas impostas pela fiscalização do Ministério do Trabalho.

Felizmente, esse quadro está mudando, graças à atuação dos sindicatos e à conscientização dos empresários. Atualmente, muitos empresários estão revendo suas posições em relação aos cuidados com a segurança e a saúde dos funcionários, percebendo que esses cuidados também trazem ganhos de produtividade, redução de horas paradas, menor índice de afastamentos, além de motivação e envolvimento dos funcionários.

FIGURA 16.1

A responsabilidade pela segurança é de todos, empresa e empregados

---

2. Sindicato Nacional dos Auditores-Fiscais do Trabalho (SINAIT). 30º Enafit, IV Jornada Iberoamericana faz balanço dos acidentes de trabalho no mundo. *Informes* [on-line], 21 nov. 2012. Disponível em: http://www.sinait.org.br/?r=site/noticiaView&id=6498. Acesso em: 18 jun. 2013.

Para a adoção de uma postura preventiva, empresas e funcionários devem formar uma parceria, garantindo as condições necessárias a uma ambiência saudável e segura. Nesse sentido, algumas organizações estão investindo em programas com o objetivo de atingir a marca "zero" de acidentes e doenças funcionais. Palestras, treinamentos, campanhas de limpeza das áreas, concursos e outras ações educativas são as ferramentas utilizadas para o alcance desse objetivo.

Segurança e saúde no trabalho

Segurança do trabalho é um conjunto de medidas técnicas, educacionais, médicas e psicológicas empregadas para prevenir acidentes, eliminando as condições inseguras do ambiente ou instruindo as pessoas quanto à necessidade de práticas preventivas no trabalho.

Alguns termos são importantes para o entendimento da segurança do trabalho:

- **Condição insegura**: condição relativa ao ambiente de trabalho ou às condições do exercício do trabalho que têm potencial de favorecer a ocorrência de acidentes ou afetar a saúde do trabalhador (por exemplo, falta de ventilação no ambiente e instalações elétricas expostas).

- **Ato inseguro**: comportamento inadequado de uma pessoa em seu trabalho que tem potencial de ocasionar um acidente de trabalho ou um incidente crítico (por exemplo, não utilização de equipamento de proteção e excesso de velocidade).

- **Incidente crítico**: evento ou fato negativo que tem potencial de ocasionar danos, seja ao trabalhador ou a máquinas e equipamentos (por exemplo, incêndio, desabamento e curto-circuito).

- **Insalubridade**: exposição constante habitual ou intermitente a um agente nocivo à saúde, tendo maior probabilidade de comprometê-la em curto espaço de tempo.

São várias as causas de acidentes do trabalho e doenças ocupacionais, mas entre as principais estão:[3]

- o trabalho em si;
- as condições de trabalho; e
- a natureza do trabalhador.

---

3. IVANCEVICH, J. M. *Gestão de recursos humanos*. São Paulo:. McGraw-Hill, 2008. p. 486.

FIGURA 16.2
É essencial para a segurança a postura do profissional ao realizar seu trabalho e as condições fornecidas pela empresa

Em relação às causas relacionadas com o trabalho em si e com as condições de trabalho, podem-se citar máquinas mal projetadas ou mal consertadas, falta de equipamento de segurança e presença de substâncias químicas ou gases tóxicos.

Dentre as causas relacionadas com outras condições que levam a acidentes, podemos citar:

- horas excessivas de trabalho, que levam a fadiga;
- ruídos;
- falta de iluminação adequada;
- tédio; e
- algumas brincadeiras com contato físico e brigas.

Quanto à natureza do trabalhador, pesquisas revelam que alguns trabalhadores se acidentam mais que outros. São os denominados *reincidentes em acidentes de trabalho*:[4]

---

4. QUICK, J. C.; NELSON, D. L.; QUICK, J. D. *Stress and challenge at the top*: the paradox of the successful executive. Chichester: Wiley, 1999, p. 29 *apud* IVANCEVICH, 2008, p. 486-487.

- com menos de 30 anos de idade;
- com dificuldade psicomotora e perceptiva;
- impulsivos; e
- facilmente "entediados".

Com o objetivo de conseguir um ambiente saudável e seguro, a maioria das empresas desenvolve um programa formal de segurança no trabalho. Geralmente, o departamento de RH é responsável por esse programa no que diz respeito à comunicação, treinamentos em segurança e registros legais de segurança. Porém, o sucesso do programa depende da parceria do RH com os gerentes e supervisores das áreas operacionais.

A Lei n. 6.367/1976, em seu art. II, considera acidente de trabalho "aquele que ocorre pelo exercício do trabalho, a serviço da empresa, provocando lesão corporal ou perturbação funcional, que cause morte, perda, ou redução, permanente ou temporária, da capacidade para o processo laboral".

A Constituição Federal aborda a segurança e saúde no trabalho (SST) em vários dispositivos. O mais explícito deles é o art. 7°, que estabelece direitos dos trabalhadores urbanos e rurais:

- redução de riscos inerentes ao trabalho por meio de normas de saúde e higiene do trabalho;
- adicional de remuneração para atividades penosas, insalubres ou perigosas; e
- seguro contra acidentes de trabalho, a cargo do empregador, sem excluir a indenização à qual ele está obrigado quando incorrer em dolo ou culpa.

Além de estar contemplada na Constituição Federal, a SST é tratada também na Consolidação das Leis do Trabalho (CLT). O tema ocupa todo o Capítulo 5 "Da Segurança e da Medicina do Trabalho", cuja redação atual foi dada pela Portaria do Ministério do Trabalho n. 3.214, de 8 de junho de 1978. Essa portaria é considerada um marco na história da legislação sobre SST porque incorpora à CLT as primeiras normas regulamentadoras (NRs) do Ministério do Trabalho. Assim, essas normas subiram de nível na hierarquia legal.

As normas regulamentadoras tratam de temas importantes, como:

- Comissão Interna de Prevenção de Acidentes (CIPA) – NR 5;
- equipamento de proteção individual (EPI) – NR 6;
- ergonomia – NR 17; e

- condições sanitárias dos locais de trabalho – NR 24.

As demais normas podem ser consultadas no sítio eletrônico do Ministério do Trabalho e Emprego (http://www.mte.gov.br/legislacao).

Os principais dispositivos que a legislação brasileira criou para a proteção, segurança e saúde do trabalhador são:

- Seguro de Acidente do Trabalho (SAT);
- Serviço Especializado em Engenharia de Segurança e Medicina do Trabalho (SESMT);
- Comissão Interna de Prevenção de Acidente do Trabalho (CIPA);
- principais programas obrigatórios de SST: Programa de Prevenção dos Riscos Ambientais (PPRA) e Programa de Controle Médico de Saúde Ocupacional (PCMSO); e
- norma regulamentadora 17, que dispõe sobre ergonomia.

Seguro de Acidente do Trabalho (SAT)

Conforme já mencionado, é um seguro a cargo do empregador em caso de ocorrência de acidente. A alíquota varia de 1% a 3%, dependendo da classificação do grau de risco das atividades da empresa.

Esse seguro era foco de reclamações dos empresários e dos gestores de SST porque, independentemente de a empresa se esforçar para evitar acidentes no trabalho, ou seja, apresentar boas práticas, a alíquota era a mesma e elas se sentiam penalizadas por isso.

O Decreto n. 6.042/2007 trouxe uma resposta a essas solicitações, criando o fator acidentário de proteção (FAP), um multiplicador que pode reduzir pela metade a alíquota das empresas que tiverem boas práticas de prevenção.

Outra mudança introduzida por esse decreto foi quanto ao recebimento do seguro. Antes, o trabalhador precisava do documento emitido pelo empregador, a Comunicação de Acidente do Trabalho (CAT). Porém, como alguns empregadores não justificavam os acidentes ocorridos, o trabalhador não recebia o seguro. Com o Decreto n. 6.042/2007, qualquer pessoa que apresentar uma das doenças contidas em uma lista de males relacionados a sua profissão (essa lista é feita com base na classificação internacional) pode procurar o médico do trabalho.

Caso o empregador não concorde com o laudo médico, cabe à empresa obter provas para negar a relação entre a doença e o trabalho.

Serviço Especializado em Engenharia de Segurança e Medicina do Trabalho (SESMT)

Está previsto na CLT e é regido pela NR 4. As empresas com mais de cem funcionários e grau de risco acima de 1, 2 ou 3 (o grau máximo é 4) são obrigadas a manter uma equipe com objetivo exclusivo de promoção da saúde e segurança do trabalhador. Se a empresa tiver 500 funcionários e grau de risco 1, também é obrigada a manter o SESMT, que pode variar de tamanho, desde um único técnico de segurança (dependendo, conforme já dito, do grau de risco e número de funcionários) até a composição completa e com vários profissionais.

Os profissionais que compõem o SESMT são:

- técnicos em segurança do trabalho;
- engenheiros de segurança do trabalho;
- auxiliares de enfermagem do trabalho;
- enfermeiros do trabalho; e
- médicos do trabalho.

Comissão Interna de Prevenção de Acidente do Trabalho (CIPA)

A CIPA é regulamentada pela CLT e sua constituição, organização e funcionamento são regidos pela NR 5, da Portaria n. 3.214 do Ministério do Trabalho e Emprego. É obrigatória em organizações públicas ou privadas que tenham mais de 20 empregados, independentemente de serem regidas pela CLT ou não.

A CIPA tem como principal objetivo integrar os esforços das empresas e dos empregados na prevenção de acidentes, visando à segurança do ambiente de trabalho e à proteção do patrimônio da empresa. Os membros da CIPA são escolhidos pelos funcionários por voto secreto para um mandato de um ano, podendo haver uma reeleição. Esses membros, incluindo os suplentes, gozam de estabilidade, desde o registro de sua candidatura até um ano após o final de seu mandato. A única hipótese de eles serem demitidos é por justa causa.

Os membros da CIPA devem receber da empresa todo o apoio necessário para o desenvolvimento de suas atividades. Deve haver treinamento para todos os membros antes da posse.

As principais atribuições da CIPA são:

- identificar os riscos do processo de trabalho e elaborar o chamado *mapa de riscos*;

- elaborar plano de trabalho que possibilite a prevenção de problemas de SST;
- participar da implementação e do controle de qualidade das medidas de prevenção;
- realizar periodicamente verificações nos ambientes e condições de trabalho para identificar situações de risco;
- divulgar aos trabalhadores informações relativas à segurança e saúde no trabalho;
- requerer ao SESMT ou ao empregador, quando houver necessidade, a paralização de máquina ou setor que estiver em sua avaliação com eminente risco grave à segurança e saúde dos trabalhadores;
- divulgar e promover o cumprimento das normas regulamentadoras, bem como as cláusulas de acordos e convenções coletivas de trabalho referentes à segurança e saúde no trabalho;
- participar anualmente, em conjunto com a empresa, de campanha de prevenção de AIDS; e
- promover anualmente, em conjunto com o SESMT, onde houver, a Semana Interna de Prevenção de Acidentes do Trabalho (SIPAT).

A SIPAT hoje em dia não é só uma atividade em cumprimento da lei; é uma forma de incentivar os funcionários e a organização a incorporarem a segurança no trabalho como uma rotina. Essa campanha tem como objetivo a divulgação de métodos, técnicas e procedimentos que auxiliam na prevenção de acidentes, buscando principalmente a educação e a conscientização dos trabalhadores sobre a necessidade de se realizar o trabalho de forma segura, garantido sua saúde e a de seus colegas.

Nessa semana, realizam-se inspeções de segurança, cursos de combate a incêndios, técnicas de primeiros socorros, concursos e outras atividades que promovam a prevenção de acidentes.

Existem dois programas que têm sido muito importantes para a SST: o Programa de Prevenção de Riscos Ambientais e o Programa de Controle Médico e Saúde Ocupacional.

FIGURA 16.3

Treinamento em primeiros socorros

O Programa de Prevenção de Riscos Ambientais (PPRA), regulamentado pela NR 9, tem como objetivo estabelecer uma metodologia de ação que garanta a preservação da saúde e integridade dos trabalhadores ante os riscos dos ambientes de trabalho. A elaboração e implementação do PPRA são obrigatórias para todos os empregadores e instituições que admitam trabalhadores como empregados. Não importa, nesse caso, o grau de risco ou a quantidade de empregados. Assim, tanto um condomínio como uma loja ou uma planta industrial estão obrigados a ter um PPRA, cada um com características e complexidades próprias.

Os ambientes de trabalho, em sua maioria, apresentam algum agente agressor e riscos de acidentes e/ou de doenças funcionais, os quais estão entre as principais ameaças à saúde dos trabalhadores.

QUADRO 16.1

Agentes geradores de riscos ambientais

Alguns desses agentes agressores estão presentes mas não são facilmente percebidos ou identificados, a não ser por uma avaliação técnica específica, como é o caso da radioatividade. O Quadro 16.1 apresenta a classificação dos agentes agressores.

Agentes físicos	Agentes que afetam a qualidade do ambiente de trabalho e o trabalhador, por meio de barulho, calor, frio, altas pressões, umidade, falta de ventilação etc.
Agentes químicos	Gases, vapores, partículas em suspensão, ácidos, reagentes, catalisadores, solventes, colas e outros agentes que, por meio da inalação, absorção cutânea, ingestão ou tempo de exposição, podem causar danos à saúde do trabalhador, por sua concentração e/ou toxicidade.
Agentes biológicos	Grupo de agentes agressores normalmente encontrados em ambientes de trabalho típicos dos hospitais, laboratórios, estábulos, necrotérios, coleta de lixo, manutenção de redes de esgoto etc. Os mais comuns são vírus, bactérias, fungos, parasitas e outros. Alguns podem ser fatais, como o HIV.

| Agentes ergonômicos | A ergonomia refere-se ao estudo da adaptação do homem ao seu trabalho, no sentido de evitar danos ao trabalhador em relação a suas características psicofisiológicas. Os agentes ergonômicos que podem levar a doenças são esforço físico exagerado, postura no trabalho, horários e jornadas exaustivas, mobiliário de trabalho inadequado, estresse etc. A preocupação com esses agentes é mais recente; em geral, ainda são tratados com muita negligência pelas empresas e pelos próprios trabalhadores. São muitas vezes imperceptíveis e atuam lenta e continuamente, o que faz que seus efeitos só possam ser percebidos em longo prazo. |

Para a obtenção de um ambiente mais saudável e ergonômico, existem alguns elementos-chave, como mostra o Quadro 16.2.

QUADRO 16.2
Elementos-chave para um programa de ergonomia bem-sucedido

- Fornecer informações e treinamento para os empregados: proporcione a funcionários, supervisores e gestores treinamento contendo os princípios básicos da ergonomia no local de trabalho.
- Conduzir a avaliação dos perigos antes que ocorram os acidentes: analise os locais e os procedimentos de trabalho quanto aos perigos em potencial e adote medidas para diminuir a exposição aos fatores de risco relacionados à ergonomia.
- Envolver os funcionários: incluir os funcionários na avaliação de riscos e no reconhecimento de sintomas de doenças musculoesqueléticas ligadas à ergonomia, no projeto de equipamentos ou ferramentas e na definição de regras e diretrizes para o desempenho do trabalho.
- Planejar e executar: integre as responsabilidades referentes à ergonomia nos planos de desempenho para todo o pessoal e exija compromisso com o sucesso do programa.
- Arquivar relatórios sobre danos: encoraje a elaboração de relatórios, desde os primeiros sintomas de doenças musculoesqueléticas, e encaminhe os funcionários para tratamento.
- Avaliar e analisar o programa de ergonomia: reveja periodicamente a efetividade do programa e introduza medidas corretivas caso necessário.

Fonte: BOHLANDER; SNELL, 2011, p. 457.

Programa de Controle Médico de Saúde Ocupacional (PCMSO)

Este programa tem como objetivo a manutenção da saúde do trabalhador, procurando evitar e diagnosticar precocemente doenças por meio de uma sistemática de exames médicos periódicos, desde a contratação até o desligamento do funcionário. É um programa obrigatório, regulamentado pela NR 7 do Ministério do Trabalho e Emprego, que estabelece os procedimentos a serem adotados pelas empresas. Basicamente, são os exames:

- **admissional**: antes de ser admitido, o candidato escolhido para ocupar a vaga deverá ser submetido ao exame admissional, para a empresa assegurar-se de que, no momento da admissão, esse profissional estava com a saúde em ordem.
- **periódicos**: os exames periódicos variam de acordo com a idade do trabalhador e o grau de risco de sua função. Em funções "normais", deve ser realizado anualmente.

- **de retorno ao trabalho**: após afastamento por acidente ou doença, o funcionário deve passar por exame ao retornar.

- **de mudança de função**: quando um trabalhador vai mudar de função, ele deve passar por exame, porque cada posto de trabalho tem características ambientais, físicas e psíquicas diferentes.

- **demissional**: quando o funcionário vai deixar a empresa, ele deve passar por exame para atestar que sua saúde não foi alterada no exercício do trabalho.

Apesar de sua importância, algumas empresas não dão a devida atenção ao PCMSO, adotando procedimentos, no mínimo questionáveis, de contratação de "clínicas" que, apesar de credenciadas, não realizam os exames com a seriedade que é necessária, preocupando-se somente com o custo do procedimento.

Perfil Profissiográfico Previdenciário (PPP)

O Perfil Profissiográfico Previdenciário é um documento individual do trabalhador que presta serviço à empresa, destinado a informar ao INSS, com dados administrativos, registros ambientais sobre atividades desenvolvidas e sobre monitoramento biológico. Contém um histórico laboral do funcionário dentro da empresa: quais os exames que ele fez em sua vida funcional, em que grau de risco está enquadrado, a empresa em que trabalha e se houve algum acidente ou doença ocupacional em sua vida funcional.

A partir de 1º de janeiro de 2004, o documento passou, por exigência do INSS, a ser implantado por todas as empresas e para todos os funcionários.

De acordo com a Instrução Normativa/INSS/DC n. 99, de 5 de dezembro de 2003, após a implantação do PPP em meio magnético, pela Previdência Social, esse documento deve ser exigido de todos os segurados, independentemente do ramo de atividade da empresa e da exposição a agentes nocivos.

É preciso manter o PPP atualizado e entregar uma via ao trabalhador quando ele sair da empresa ou quando requerer qualquer benefício junto ao INSS (auxílio-doença, auxílio-acidente, licença-maternidade ou aposentadoria especial).

O PPP deve estar impresso e em meio magnético (informatizado) na empresa.

A Previdência Social criou o PPP visando ao controle do pagamento adicional de alíquotas ao INSS. Os auditores fiscais da Previdência Social exigem, em inspeção, os seguintes documentos:

- Programa de Prevenção de Riscos Ambientais (PPRA);

- Programa de Controle Médico de Saúde Ocupacional (PCMSO);
- Guia de Recolhimento do FGTS e Informações à Previdência Social (GFIP), a partir da competência de janeiro/1999;
- Guia de Recolhimento Rescisório do FGTS e da Contribuição Social (GRFP) a partir da competência de janeiro/1999;
- Laudo Técnico das Condições Ambientais do Trabalho (LTCAT);
- Perfil Profissiográfico Previdenciário (PPP), individual por trabalhador.

Os documentos devem estar integrados, atualizados e coerentes entre si. A não apresentação do PPP à fiscalização pode acarretar multas pesadas. Um modelo do PPP está disponível no sítio eletrônico da Previdência Social.

Entre as atividades importantes da Segurança do Trabalho estão as inspeções de segurança.

Inspeções de segurança

São vistorias realizadas regularmente por engenheiros e técnicos de segurança do trabalho, que fazem o levantamento dos riscos físicos, químicos e biológicos para identificar a existência de riscos de acidentes e de doenças funcionais nas áreas de trabalho. Os principais objetivos da inspeção são avaliar:

- as condições inseguras de trabalho;
- a necessidade e o uso dos equipamentos de proteção individual (EPI);
- a necessidade de colocar proteção ambiental, equipamentos de proteção coletiva (EPC), para diminuir ou acabar com a ação de um agente nocivo ao ambiente;
- a necessidade e as condições de uso dos extintores de incêndio;
- o armazenamento de materiais perigosos (inflamáveis, tóxicos, lixo etc.);
- as condições de higiene de áreas de trabalho, sanitários e refeitórios;
- a movimentação vertical e horizontal de cargas;
- as condições das instalações elétricas, das tubulações de vapor e gases etc.;
- os riscos de assaltos, depredações, vandalismo e danos ao patrimônio; e
- As condições e adequações dos mobiliários, equipamentos e ferramentas de trabalho, entre outros aspectos.

Doenças ocupacionais

As doenças ocupacionais são aquelas produzidas ou desencadeadas pelo exercício do trabalho peculiar a determinada função ou atividade. Elas são registradas e reconhecidas pela Secretaria de Trabalho (Ministério da Economia), que garante ao profissional que desenvolve uma doença ocupacional os mesmo direitos que um trabalhador envolvido em acidente de trabalho.[5]

Estresse

O estresse é considerado hoje a "doença funcional" de maior incidência no meio empresarial. Por isso, é importante conhecer mais sobre esse inimigo que assombra desde o mundo do trabalho até a vida pessoal e familiar.

FIGURA 16.4
Existe uma relação inversa entre produtividade e estresse

Raul Marinuzzi e Justiniano Fajardo, autores do livro *Ecologia empresarial: entre o estresse e a qualidade total, você decide*, afirmam que o homem, diante das mudanças cada vez mais rápidas, das exigências do trabalho (em alguns momentos exageradas) e da falta de espaço de vida pessoal, vê a *pressão de vida* tornar-se cada vez mais forte e insuportável, levando ao *estresse*.[6]

---

5. Associação Nacional de Medicina do Trabalho (ANAMT). Disponível em: https://www.anamt.org.br/portal/2017/08/08/ministerio-do-trabalho-como-prevenir-as-doencas-ocupacionais/. Acesso em: dez. 2019.
6. Marinuzzi, R.; Fajardo, J. *Ecologia empresarial*: entre o estresse e a qualidade total, você decide. Belo Horizonte: Armazém de Ideias, 1999. p. 60.

Marinuzzi e Fajardo fazem um uma distinção entre a pressão de vida e o estresse:

- *Pressão de vida* é o conjunto de estímulos que ameaçam, questionam, agridem ou confundem os condicionamentos básicos da espécie humana.
- *Estresse* é a reação orgânica de cada indivíduo diante da pressão de vida visando à manutenção de seu equilíbrio e de sua homeostase.

O dr. Walter B. Cannon, da Escola de Medicina de Harvard, observou que, se um indivíduo é submetido a forte *pressão de vida*, ele tende a adotar, inconsciente e automaticamente, determinadas reações biológicas para manter sua homeostase. As reações orgânicas e químicas padronizadas, ocorridas no indivíduo exposto à situação de crise, são denominadas *reações de luta e fuga*.[7]

Para o dr. Cannon, "em situação de perigo ou ameaça", para se defender, todos os organismos humanos, desde os antepassados, adotam a mesma estratégia biológica visando à sobrevivência, ou seja, têm uma resposta biológica automatizada e padronizada.

Por exemplo, imagine que uma pessoa está andando na rua e é abordada por um assaltante armado, o qual ordena que ela lhe passe todo o dinheiro imediatamente. Entre as *reações biológicas automáticas* a que essa pessoa estará submetida, destacam-se as seguintes: a pupila se dilata e o campo de visão dessa pessoa focaliza apenas o espaço necessário para *lutar* ou *fugir*. Todo o organismo fica em estado de prontidão.

Hans Selye continuou as pesquisas anteriores e, após vários experimentos com ratos, denominou a reação não específica do corpo às exigências feitas a seu equilíbrio interno de *reação de estresse*. O estudo desse pesquisador passou a interessar ao mundo médico, que conseguiu explicar certas reações até então misteriosas de alguns acidentados que apresentavam as mesmas síndromes por ele estudadas. Começaram a ser compreendidos os motivos que levavam àquela *reação* orgânica. A secreção de adrenalina, o hormônio do terror, explicava o crescimento das glândulas suprarrenais e as úlceras estomacais e intestinais que resultavam da exposição ao excesso de hormônio.[8]

Voltemos ao exemplo anterior, em que havia um assaltante com uma arma apontada para alguém. Se uma pessoa está estressada, suas reações biológicas padronizadas são semelhantes àquelas que teria se estivesse na mesma situação.

Selye enfatizou que, embora o estresse prolongado seja altamente prejudicial à saúde, isso não significa que temos de viver de forma a evitá-lo inteiramente – o que,

---

7. CANON, W. B. *The wisdom of the body*. Nova York: W.W. Norton Press, 1932 apud MARINUZZI; FAJARDO, 1999, p. 60-61.
8. SELYE, H. *The stress of life*. Nova York: McGraw Hill, 1956 apud MARINUZZI; FAJARDO, 1999, p. 62-65.

na verdade, ocorre somente com os organismos que estão mortos. O que devemos fazer é conviver com o estresse, compreendendo-o e aprendendo a gerenciá-lo. Selye ainda caracterizou o estresse em três fases:[9]

1. **Fase de alarme**: estágio inicial da reação orgânica ao desafio, de qualquer natureza, que venha a provocar manifestações emocionais triviais. O organismo, segundo leis desenvolvidas pelas diversas espécies, preparar-se-ia para enfrentar o desafio, montando seu esquema de defesa. Caso o estímulo agressivo continue tencionando o organismo, surge o segundo estágio.

2. **Fase de resistência**: o organismo mobiliza todas as reservas do corpo para uma verdadeira batalha pela sobrevivência. As reações de resistência caracterizam-se por respostas já elaboradas pelo organismo a uma situação de repressão emocional que buscam uma expressão somática. Quando a pessoa não consegue livrar-se do fator estressante, a resistência vai diminuindo, as energias vão se esgotando e o sistema orgânico começa a consumir-se. Isso caracteriza a terceira fase.

3. **Fase de esgotamento**: essa fase gera síndromes psicossomáticas lesionais, por excesso ou carência de determinadas respostas fisiológicas, implantando o processo patológico, aumentando o desgaste orgânico e acabando com a saúde.

Nas palavras de Marinuzzi e Fajardo, o estressado não pode ser produtivo, mesmo que deseje isso. Seu estado emocional o impede.

Controle do estresse

Como já mencionado, o estresse é uma experiência comum na vida de toda pessoa e pode até ser bom. O *estresse positivo*, ou *eustress*, é o que ajuda um funcionário a terminar um relatório no prazo ou cumprir uma meta, ou seja, criar um procedimento que solucione rapidamente um problema. Contudo, o *estresse* pode ser um enorme problema no trabalho. O American Institute of Stress estima que o empregador norte-americano gasta entre US$ 200 bilhões e 300 bilhões por ano com o aumento das indenizações trabalhistas, a perda de produtividade, os custos dos planos de saúde e a rotatividade.[10]

Adaptação da pessoa ao ambiente

As mudanças no ambiente de trabalho são inevitáveis e, muitas vezes, o gestor não tem ideia de como elas podem afetar um funcionário e deixá-lo sem rumo. Uma

----

9. SELYE, 1956 *apud* MARINUZZI; FAJARDO, 1999, p. 66, 94-95.
10. ATKINSON, W. When stress won't go away. *HR Magazine*, p. 104-110, dez. 2000, *apud* IVANCEVICH, 2008, p. 498.

pessoa que não se sente bem em seu local de trabalho fica em "desequilíbrio". As qualificações, as habilidades e os objetivos do funcionário não se ajustam ao ambiente de trabalho, e essa falta de adaptação pode ocasionar consequências graves em vários níveis: subjetivo (sensação de fadiga), comportamental (propensão para acidentes), cognitivo (bloqueio mental), fisiológico (hipertensão) e organizacional (alto índice de faltas).[11]

Estressores

Uma forma de eliminar os custos advindos do estresse é localizar os estressores e eliminá-los. Exemplos de estressores são a sobrecarga de trabalho e o conflito de papéis.

- **Sobrecarga de trabalho**: está relacionada com a quantidade ou qualidade do trabalho. Tanto a falta quanto o excesso podem criar problema.
- **Conflito de papéis**: está relacionado com muitos fatores. A combinação das expectativas e demandas dos colegas com as do próprio funcionário cria um conjunto de fatores chamados de pressões do papel. Quando surgem duas ou mais pressões desiguais, surge o conflito de papéis. Isso acontece quando um conjunto de pressões torna o outro conjunto questionável, difícil ou impossível.[12]

Como lidar com o estresse

Existem duas maneiras de lidar com o *estresse*. A primeira é eliminar os fatores estressores, alterando as políticas, a estrutura, a demanda de trabalho ou outro fator que seja necessário. A segunda é enfrentá-lo de maneira individual.

Programas para lidar com o *estresse* no nível individual incluem meditação, *biofeedback*, atividade física e dieta. Esses métodos ajudam algumas pessoas a relaxar e a recuperar a energia.

Existem também os programas organizacionais, como palestras e seminários patrocinados pela empresa, para os funcionários saberem mais sobre o estresse e aprender como combatê-lo. Os especialistas da organização podem recomendar a mudança de estrutura do trabalho e da política da organização, para melhorar o bem-estar dos trabalhadores.

A seguir é apresentado o exemplo de uma organização que se preocupa com o controle do estresse de seus funcionários.[14]

....

11. BUNCE, D.; WEST, M. A. Stress management and innovation interventions at work. *Human Relations*, p. 209-232, mar. 1996, *apud* IVANCEVICH, 2008, p. 498.
12. IVANCEVICH, 2008, p. 499.

> ## BOM EXEMPLO
>
> A Levi Strauss & Co. conta com um programa de controle de estresse permanente, por meio do qual 1.500 profissionais já participaram de um seminário com a duração de um dia. Nesse seminário, são ensinados técnicas de relaxamento, procedimentos de automotivação, análise dos objetivos de vida, identificação de traços de personalidade perigosos e técnicas de modificação de comportamento.

Depressão

De acordo com a Organização Mundial da Saúde (OMS), a depressão ocupa o segundo lugar entre as doenças que causam incapacidade no trabalho. A projeção é que, até 2020, ela esteja no topo da lista. Ainda segundo a OMS, a média de falta no trabalho de um indivíduo com depressão é de sete dias por mês, ao passo que a média geral é uma vez a cada 30 dias. Em linha com essa afirmação, uma pesquisa realizada pela Universidade de Brasília (UnB), em parceria com o Instituto Nacional de Seguro Social (INSS), revelou que 48,8% dos trabalhadores que se afastam por mais de 15 dias do trabalho sofrem de algum transtorno mental, sendo o principal deles a depressão.

Segundo o Ministério da Saúde, só no Brasil são mais de 10 milhões de pessoas que sofrem com o problema. A incidência maior da doença se dá entre os 20 e os 40 anos, justamente no auge da vida profissional. As mulheres são mais vulneráveis à doença – o número de casos é o dobro do de homens. Entretanto, não se sabe ainda se isso decorre das pressões sociais, das diferenças genéticas e psicológicas ou de um conjunto de fatores.[13]

Estimular a prática de exercícios físicos pode reduzir a depressão pela metade. Pelo menos é o que apontou um estudo realizado pelo Centro Médico Southwestern, da Universidade do Texas, o primeiro a avaliar os exercícios como tratamento isolado da depressão, sem associação com medicamentos. A pesquisa acompanhou 80 pacientes, durante três anos, indicados para realizar treinamento aeróbico três ou cinco vezes por semana. O grupo que praticou exercícios aeróbicos cinco vezes por semana reduziu seus sintomas em 47% após três meses de treinos. O grupo que se exercitava três vezes por semana melhorou seus sintomas em 30%.

---

13. QUINÁLIA, C. Depressão é a segunda causa de incapacidade no trabalho. Programa de exercícios ajuda a combatê-la. *Conversa Pessoal*, n. 90, 2008.

Da mesma forma que a diminuição do rendimento físico ou mental pode ser resultado de alguma dificuldade ou desequilíbrio, como já citado no caso do estresse, situações similares podem ocorrer com a depressão e a fatiga física ou mental.

O termo depressão se refere a:

- sistema cerebral deprimido;
- diminuição da atividade emocional;
- transtornos do humor caracterizados por sensações de tristeza, desespero e falta de ânimo: tudo aquilo que poderia ser a resultante de alguma tragédia ou perda de algum ser querido; e
- estado emocional patológico caracterizado por sentimentos exagerados de tristeza, melancolia, chateação, diminuição da autoestima e desesperança que não respondem a causas reais explicáveis.

Perda auditiva induzida por ruído

A perda auditiva induzida por ruído (PAIR) é uma doença ocupacional que causa diminuição da capacidade auditiva, decorrente da exposição contínua a níveis elevados de ruído. A exposição ao ruído, além de perda auditiva, acarreta alterações importantes na qualidade de vida do trabalhador em geral, na medida em que provoca ansiedade, irritabilidade, aumento da pressão arterial e isolamento. No seu conjunto, esses fatores comprometem as relações do indivíduo na família, no trabalho e na sociedade.[14]

A NR 15, da Portaria 3.214, de 1978, estabelece os limites de exposição a ruído contínuo. O máximo permitido para oito horas de exposição é de 85 decibéis.

Essa doença profissional acomete principalmente os trabalhadores das áreas de metalurgia, tecelagem e indústrias químicas e de plástico.

O sintoma é a perda progressiva da audição. O cuidado obrigatório para quem trabalha em áreas com ruídos que podem levar a PAIR é o de usar protetores de ouvido.

LER/DORT

A lesão por esforço repetitivo (LER) acomete qualquer pessoa, independentemente de ser ou não um trabalhador. À doença ocupacional por esforço repetitivo dá-se o nome de DORT.

---

14. VIVA MELHOR ON-LINE. Conheça as doenças ocupacionais mais comuns. 13 out. 2010. Disponível em: http://vivamelhoronline.com/2010/10/13/conheca-as-doencas-ocupacionais-mais-comuns/. Acesso em: nov. 2019.

A LER/DORT é uma doença do trabalho provocada pelo uso inadequado e excessivo do sistema que agrupa ossos, nervos, músculos e tendões. Atinge principalmente os membros superiores: mãos, punhos, braços, antebraços, ombros e coluna cervical.

Dor, parestesia, sensação de peso e fadiga, principalmente nos ombros, são sintomas de um tipo de problema que afasta cerca de 100 mil trabalhadores por ano. É obrigatório notificar os casos como acidente de trabalho ao Ministério da Saúde. É recomendado intervir logo no início a fim de deter o avanço da lesão.[15]

Primeiro, deve-se analisar as situações de trabalho e identificar os fatores de risco. Com os dados de saúde do trabalhador, faz-se um estudo ergonômico multidisciplinar, com a participação dos chefes de produção, membros da Comissão Interna de Prevenção de Acidentes (CIPA), gestores de recursos humanos, responsáveis pela manutenção, médicos do trabalho, engenheiros e outros.

Aspectos biomecânicos, cognitivos, sensoriais, afetivos e de organização do trabalho devem ser analisados de forma integral. Deve-se analisar o posto de trabalho (assento, mesa, luminosidade), as ferramentas (a qualidade da tela do computador, o comprimento do fio do *mouse*) e fatores agressores como exposição a vibrações, temperatura elevada ou baixa, ruídos, pressão mecânica localizada e carga.

Eliminar as lesões não é, portanto, apenas modificar o mobiliário e fazer ginástica laboral e fisioterapia. A fisioterapia alivia a dor, relaxa a musculatura tensionada e orienta a postura em atividades ocupacionais e de lazer.

Deve-se checar, também, os processos de trabalho. Tanto as atividades monótonas quanto as de muita exigência cognitiva, que causem tensão muscular e estresse, podem ser prejudiciais. Deve-se levar em conta, ainda, a percepção subjetiva do trabalhador. Ele está preocupado demais com seu futuro na empresa ou na carreira? O trabalho atual atende a suas expectativas?

As áreas em que os trabalhadores apresentam maior incidência da doença são informática, indústrias mecânica e eletrônica, bancos e supermercados.

Os principais sintomas são dor, inchaço, irritabilidade, perda de movimento nas articulações, perda da sensibilidade, sensação de formigamento, dormência e fadiga muscular.

A doença foi reconhecida pela Previdência Social como doença ocupacional em 1987, com o nome de tendinite do digitador. Em 1993, ganhou o nome de lesões por esforços repetitivos (LER). Em 1998, teve o nome alterado para doenças osteomusculares relacionadas com o trabalho (DORT).

---

15. BRASIL. Ministério da Saúde. *Dor relacionada ao trabalho – Lesões por esforços repetitivos (LER). Distúrbios osteomusculares relacionados ao trabalho (DORT)*. Brasília, 2012. Disponível em: http://bvsms.saude.gov.br/bvs/publicacoes/dor_relacionada_trabalho_ler_dort.pdf. Acesso em: dez. 2019.

Em 1993, o INSS publicou sua norma técnica para a avaliação sobre a incapacidade por LER.

Doenças pulmonares

As doenças pulmonares de origem ocupacional são causadas pela inalação de partículas, névoas, vapores ou gases nocivos presentes no ambiente de trabalho. O local exato das vias aéreas ou dos pulmões onde a substância inalada irá se depositar e o tipo de doença pulmonar que irá ocorrer dependerão do tamanho e do tipo das partículas inaladas. As partículas maiores podem ficar retidas nas narinas ou nas grandes vias aéreas, mas as menores atingem os pulmões.[16]

Quando atingem esses órgãos, algumas partículas se dissolvem e podem passar para a corrente sanguínea. A maioria das partículas sólidas que não se dissolvem é removida pelas defesas do organismo.

O corpo possui vários meios de eliminar as partículas aspiradas. Nas vias aéreas, o muco recobre as partículas de modo que a sua expulsão por meio da tosse seja mais fácil. Nos pulmões, existem células removedoras (denominadas fagócitos), que "engolem" a maioria das partículas, tornando-as inofensivas.

Tipos diferentes de partícula produzem reações distintas no organismo. Algumas – como o pólen de plantas – podem causar reações alérgicas, como a febre do feno ou algum tipo de asma. Partículas como o pó de carvão, o carbono e o óxido de estanho não causam muita reação nos pulmões. Outras, como o pó de quartzo e o asbesto, podem causar cicatrizes permanentes no tecido pulmonar (fibrose pulmonar). Em grandes quantidades, partículas como o asbesto podem causar câncer nos tabagistas.

Silicose

A silicose é a formação de cicatrizes permanentes nos pulmões provocadas pela inalação do pó de sílica (quartzo). A silicose, a doença ocupacional mais antiga que se conhece, ocorre em indivíduos que inalaram pó de sílica durante muitos anos.

A exposição à sílica, principal constituinte da areia, é comum entre os trabalhadores de minas de metais, os cortadores de arenito e de granito, os operários de fundições e os ceramistas. Em geral, os sintomas manifestam-se somente após 20 a 30 anos de exposição ao pó.

---

16. MSD. *Doenças pulmonares de origem ocupacional* [on-line]. Disponível em: http://mmspf.msdonline.com.br/pacientes/manual_merck/secao_04/cap_038.html. Acesso em: dez. 2019.

Entre as afecções pulmonares relacionadas com o trabalho destacam-se a pneumoconiose dos trabalhadores do carvão, a asbestose provocada pela exposição ao amianto, a asma ocupacional, a bronquite crônica e o câncer de pulmão.[17]

No entanto, em ocupações que envolvem a utilização de jatos de areia, a escavação de túneis e a produção de sabões abrasivos – atividades essas que produzem quantidades elevadas de pó de sílica –, os sintomas podem ocorrer em menos de dez anos. Quando inalado, o pó de sílica atinge os pulmões, onde os fagócitos (por exemplo, macrófagos) "engolem" as partículas. As enzimas liberadas pelos fagócitos provocam a formação de tecido cicatricial nos pulmões. Inicialmente, as áreas cicatriciais são pequenas protuberâncias arredondadas (silicose nodular simples), mas essas protuberâncias podem aglomerar-se, formando grandes massas (silicose conglomerada). Essas áreas cicatriciais não permitem a passagem normal de oxigênio para o sangue. Os pulmões perdem a elasticidade e a respiração exige um esforço maior.

Sintomas e diagnóstico

Os indivíduos com silicose nodular simples não apresentam dificuldade para respirar, mas apresentam tosse e escarro em decorrência da irritação das grandes vias aéreas, uma condição denominada bronquite. A silicose conglomerada pode causar tosse, produção de escarro e dificuldade respiratória grave. No início, a dificuldade respiratória pode ocorrer somente durante a realização de exercícios, mas, no estágio final, ela ocorre até mesmo durante o repouso.

A respiração pode piorar de dois a cinco anos após o indivíduo haver parado de trabalhar com a sílica. A lesão pulmonar sobrecarrega o coração e, algumas vezes, acarreta a insuficiência cardíaca, potencialmente letal. Além disso, quando os indivíduos com silicose são expostos ao agente causador da tuberculose (*Mycobacterium tuberculosis*), a probabilidade de contraírem a infecção é três vezes maior que a dos indivíduos que não sofrem de silicose. O diagnóstico de silicose é estabelecido quando um indivíduo que trabalhou com sílica apresenta uma radiografia torácica com os padrões característicos de cicatrização e nódulos.

Prevenção

O controle da poeira no local de trabalho pode ajudar a evitar a silicose. Quando ela não pode ser controlada, como no caso das atividades que utilizam jatos de areia, os trabalhadores devem vestir capacetes que forneçam ar externo puro ou máscaras que filtrem completamente as partículas. Esse tipo de proteção pode não estar

---

17. FAGUNDES, G.; ZANELLATO, A. *Silicose*: doença pulmonar ocupacional no trabalhador de mineração. Disponível em: http://patologiaufvjm.weebly.com/uploads/2/3/4/2/2342487/silicose_1.pdf Acesso em: dez. 2019.

disponível para todos os indivíduos que trabalham na área poeirenta (por exemplo, para pintores e soldadores); nesses casos, quando possível, deve ser utilizado outro abrasivo que não a areia.

Os operários expostos ao pó de sílica devem realizar regularmente uma radiografia torácica – a cada seis meses para os operários que trabalham com jato de areia e a cada dois a cinco anos para os demais operários –, para que os problemas sejam detectados precocemente. Se as radiografias indicarem a presença de silicose, o médico provavelmente irá orientar o indivíduo a evitar a exposição contínua à sílica.

Tratamento

Embora a silicose não tenha cura, a interrupção da exposição à sílica em um estágio inicial da doença pode interromper a evolução desta. O indivíduo com dificuldade respiratória pode beneficiar-se dos tratamentos utilizados para a doença pulmonar obstrutiva crônica, como a terapia medicamentosa que visa a manter as vias aéreas desobstruídas e livres de secreções. Como os indivíduos com silicose apresentam alto risco de tuberculose, eles devem submeter-se a exames de controle regulares que incluam um teste cutâneo para a tuberculose.

Porém, cientistas e estudiosos acenam com uma esperança para os portadores dessa horrível doença, que parecia condenar seus portadores de maneira irreversível, em alguns casos levando até à morte:[18]

BOA NOTÍCIA

O Brasil acaba de dar um grande passo nas pesquisas com células-tronco, ao comprovar a segurança da terapia celular contra uma doença pulmonar comum entre trabalhadores de minas.

Em estudos com ratos e camundongos, já concluídos, a equipe chefiada por professores e médicos do Instituto de Biofísica Carlos Chagas (IBCC), ligado à Universidade Federal do Rio de Janeiro (UFRJ), conseguiu impedir o desenvolvimento da silicose. Agora, depois do teste de segurança em cinco pessoas, eles poderão deflagrar um processo maior de avaliação da metodologia em humanos.

Esse tipo de tratamento contra uma das doenças pulmonares mais antigas do mundo é inédito.

---

18. CADERNO CIÊNCIAS, *Jornal Estado de Minas*, 12 out. 2010.

Estresse[19]

O nível de estresse dos trabalhadores aumentou consideravelmente nos últimos anos. Segundo a especialista Marilda Lipp, presidente do Instituto de Psicologia e Controle do Stress, o alastramento do estresse se deve a uma mudança de valores associada ao avanço tecnológico, que estimula o trabalhador a ficar em constante estado de alerta.

"As pessoas vivem como se estivessem no meio de um furacão, sempre colocando força e energia extrema em tudo o que fazem", explica Lipp. "Mas esse ritmo enlouquecido não está nos garantindo felicidade e bem-estar". Por isso, as pessoas adoecem.

Existe um estresse positivo, que alerta, aumenta a adrenalina e anima. Ele ajuda na produtividade e dá asas à criatividade. Mas, se mantido por muito tempo, pode se tornar prejudicial. É perigoso ultrapassar os limites individuais e esgotar a capacidade de adaptação. Aí vem o efeito oposto: a energia mental fica reduzida, a produtividade e a capacidade de trabalho caem.

Nessa fase, além de força e vigor, o estresse frequentemente provoca taquicardia, tensão muscular, boca seca, nó no estômago, mãos frias e suadas e, em estágios mais avançados, sensações de desgaste generalizado e dificuldade de memória. A qualidade de vida piora muito.

Reduzir os efeitos do estresse é um desafio para os trabalhadores e seus empregadores. Entre policiais e bombeiros, o índice de estresse subiu para aproximadamente 51% entre 2006 e 2011, e um dos motivos é que falta um treinamento adequado em técnicas de enfrentamento.

Entre executivos, o índice de estresse também aumentou drasticamente. "Há 10 anos, o percentual de executivos brasileiros com estresse era de aproximadamente 45%. Agora é de 49%", diz Lipp, que publicou estudo sobre o assunto. Dos profissionais que trabalham em escritórios sem exercer cargos de chefia, 35% têm sinais de estresse. "A pressa se tornou uma constante, e ela estressa."

O governo federal, por meio da Secretaria Nacional de Segurança Pública (SENASP), tem subsidiado programas antiestresse e de valorização do policial e demais servidores da Segurança Pública. Mas, segundo Lipp, ainda são poucas as empresas que assumem a responsabilidade sobre o nível de estresse de seus empregados e possuem programas efetivos de prevenção.

A especialista sugere algumas alternativas para reduzir o estresse negativo no trabalho, para empregados e empregadores.

----

19. Ministério da Saúde. Política Nacional de Saúde do Trabalhador do Ministério da Saúde / proposta para consulta pública. Brasília: MS, 2004. Disponível em: http://www.brasil.gov.br/sobre/saude/saude-do-trabalhador. Acesso em: 20 jul. 2013.

- Melhorar o relacionamento com colegas, chefes e subordinados.
- Controlar o estresse e a raiva.
- Gerenciar bem o tempo de cada atividade.
- Realizar testes periódicos de estresse.
- Buscar horários flexíveis.
- Campanhas de esclarecimento e repúdio ao assédio moral.
- Sala de relaxamento.
- Atividade física e alimentação adequada (convênios com academias e nutricionistas).
- Psicoterapia.

QUESTÕES

1. Os mergulhadores da Petrobras que trabalham em águas profundas podem demorar vários dias no processo de descompressão, antes de poderem "pisar em terra firme". Isso acontece por causa de um agente gerador de risco ambiental, que pode levar esses trabalhadores a passar por problemas de saúde caso esse procedimento não seja realizado. Descreva qual é esse agente e cite um exemplo de outra profissão em que ele está presente e pode causar danos ao trabalhador.

2. Explique o que são agentes biológicos e agentes químicos e quais são os ambientes em que esses agentes são encontrados.

3. Entre as principais causas dos acidentes do trabalho estão o trabalho em si, as condições do trabalho e a natureza do trabalhador. Forneça dois exemplos de acidentes que ocorrem por causa da natureza do trabalhador.

4. O estresse muitas vezes é apontado como o transtorno que mais afasta os funcionários do trabalho. Explique o que é o estresse e o que pode ser feito para minimizar seus efeitos nocivos, os quais podem ocasionar afecções lesionais.

5. Os jovens costumam, nos finais de semana, frequentar festas, shows e casas de dança onde o som ultrapassa, em muito, o nível de ruído previsto como seguro para evitar transtornos à saúde. Explique o motivo por que esses jovens não contraem a PAIR e os trabalhadores expostos aos ruídos acima do previsto têm grande probabilidade de contrair a doença.

CAPÍTULO 17

Liderança, gerência e poder

Nosso desafio com este capítulo é:

- Analisar os estilos de liderança e sua influência no desempenho de equipes e empresas.
- Identificar e diferenciar liderança, gerência e poder, analisando suas inter-relações e conhecendo as bases do poder e as táticas para alcançá-lo.
- Verificar os aspectos relevantes da evolução do conceito de líder e seus impactos para a gestão, o comportamento e a dinâmica das organizações.
- Examinar os novos modelos de liderança e suas ideias desafiantes e instigadoras acerca do papel do líder.

> O líder pode transformar a sua realidade, a das pessoas que o cercam, mudar a organização, o mercado e até o país?

A liderança não é apenas uma maneira de cada líder viver seus sonhos, mas é a habilidade de compartilhá-lo com outras pessoas. É um poder que pode transformar a organização, fazer sua equipe de profissionais brilhar e a empresa prosperar, atingindo seus objetivos.

Enquanto o gerente algumas vezes não consegue desvencilhar o olhar dos processos e dos resultados a serem alcançados, cabem ao líder a beleza e o ônus de criar uma visão que não só norteie a direção da organização, mas também seja instigadora e confiável para que a equipe o siga.

Por adquirir um enorme poder pessoal, o líder pode servir de referência, imagem a ser "espelhada" e canalizar para os objetivos comuns toda a energia de seus seguidores.

A existência de uma liderança é essencial para os momentos de mudança ou desenvolvimento da organização e imprescindível em momentos de crise, mas é importante salientar que a maior habilidade de um líder é sua capacidade de realização, porque, para ele, alcançar os resultados esperados deve ser uma questão de responsabilidade.

CONTEXTUALIZANDO

A ideia de liderança geralmente costuma estar associada a grandes personagens da história e traz consigo certo componente "mágico". Muitos acreditam que determinadas características do líder são inatas e que, por isso, determinadas pessoas que ocupam cargos elevados se transformaram em grandes líderes.

A essência da liderança é ter seguidores. Em outras palavras, o que faz um indivíduo ser líder é a disposição de outras pessoas para segui-lo. Em geral, as pessoas tendem a seguir alguém que lhes ofereça meios para a realização de seus desejos e necessidades.

O líder possui defeitos e qualidades que ele mesmo deve conhecer; isso implica olhar primeiro para dentro de si mesmo. A crença mais difundida hoje em dia é a de que a maioria das pessoas pode tornar-se líder; existem no mercado vários cursos e treinamentos com essa finalidade à disposição das empresas.

Todos os estudiosos são unânimes em considerar a liderança um processo coletivo e de influência do líder sobre um "grupo". Líder é um indivíduo capaz de canalizar a atenção dos participantes e dirigi-la para ideais comuns.[1] Isso pode ser observado nos exemplos de liderança ao longo da história.

Gandhi, nascido no dia 2 de outubro de 1869, na Índia Ocidental, era filho de um político local, e sua mãe era uma Vaishnavite religiosa. Formou-se em Direito, em Londres. Mohandas Karamchand Gandhi, mais conhecido como "Mahatma" (grande alma), liderou, por meio de sua política de não violência, mais de 250 milhões de hindus em prol da libertação da Índia da colonização inglesa.

Em contraste, Adolf Hitler levou milhares de pessoas à Segunda Guerra Mundial. Esse austríaco, durante a recessão do entreguerras de 1919 a 1932, na Alemanha, foi preso por tentar subverter o Estado com ideias ultranacionalistas. Preso, escreveu seu famoso livro *Mein Kampf* ("Minha luta"), que foi a "bíblia" da geração nazista. Hitler foi responsável direto pelo extermínio de 6 milhões de judeus, além das inúmeras vítimas militares e civis.

---

1. MOTTA, P. R. *Gestão contemporânea:* a ciência e a arte de ser dirigente. Rio de Janeiro: Record, 2007. p. 10.

Toda liderança vem associada à ideia de poder, que deve ser exercido de maneira comedida e sempre visando a objetivos comuns e lícitos.

O líder tem o poder de criar uma visão apaixonante e transmiti-la a seus liderados, que o seguirão e, em determinadas situações, pagarão todos os preços necessários. Observe o conceito de liderança de Warren Bennis,[2] que enfatiza os aspectos mencionados: "*Liderança* é a capacidade de criar uma visão apaixonante, transformá-la em realidade e mantê-la por um longo período de tempo".

A liderança é algo que se aprende, se constrói. É algo comovente, emocionante e "dominante". A liderança transforma, transpira emoção e faz reverter aquilo que a princípio está "perdido". A liderança é, simplesmente, a base para o sucesso organizacional.[3]

E para você? O líder é uma pessoa comum ou um super-herói?

LÍDER OU SUPER-HERÓI?[4]

Em geral, os líderes são idealizados como pessoas perfeitas, competentes, ousadas, autoconfiantes. Tal visão romântica faz que se pense que eles reúnem apenas virtudes, como se fossem "super-heróis", protótipos do Super-Homem, da Mulher-Maravilha. E quais serão, afinal, as verdadeiras forças e fraquezas dos líderes? Todos eles têm qualidades que esperamos que tenham?

O assunto já foi analisado por alguns autores, entre eles Kets de Vries, professor do Insead. Ele defende que não se pode tratar as características dos líderes de forma homogênea, pois "eles vêm em diversos tamanhos e formas".

Realizamos uma pesquisa em parceria com a Wharton University of Pennsylvania com cerca de 400 executivos (42 deles, presidentes) de empresas brasileiras classificadas entre as melhores e maiores pela revista *Exame*. As qualidades do líder foram um dos temas pesquisados. Os resultados apontam que, apesar da natural diversidade de características, positivas e negativas, algumas convergem grandemente. Destacam-se entre os pontos fortes: capacidade de comunicação, de agir prontamente, aglutinar e liderar a energia existente nas pessoas, visão e geração de resultados.

Já as fraquezas mais comuns foram: ansiedade e impaciência (que constituem a outra face de líder: raciocina, decide e age), centralização do poder (mais típica das sociedades latinas e asiáticas), intolerância ao erro e dificuldade de demonstrar sentimentos.

....
2. BENNIS, W. *A formação do líder*. Tradução de Marcelo Levy. São Paulo: Atlas, 1996. p. 36.
3. LEITE, R. M. Diretor da Prime Grupo MRV. Trecho de uma palestra.
4. TANURE, B.; DUARTE, R. G. Líder ou super-herói? *Revista Melhor Gestão de Pessoas*, n. 215, p. 36, out. 2005.

Tudo isso se soma a uma característica que merece ser analisada cuidadosamente: o verdadeiro líder gera sofrimento. Ele discorda, provoca, às vezes afronta e toma medidas impopulares. Esse é um desafio para os brasileiros, que, por sua base cultural, têm dificuldade de "desagradar". O desejo de estar bem com todos, especialmente com os que detêm mais poder, é um traço marcante dessa cultura. Qualquer ato que desestabilize tal "pacto" cria grande desconforto. No entanto, vemos que o verdadeiro líder trata do sofrimento gerado nas pessoas, especialmente, com sentido de justiça.

Para ser bem-sucedido numa tarefa como essa, o indivíduo precisa, além de ter resistência à frustração, estar em constante exercício de autoconhecimento. Diante das dificuldades, torna-se essencial identificar as próprias fraquezas, lidar e, ao mesmo tempo, aceitar as limitações pessoais.

O fato é que quem está no comando tem de ser capaz de harmonizar o lado "doce" e "azedo" da função. Exigir, identificar *gaps* e demitir são alguns dos aspectos da face "azeda". Contratar, desenvolver e desafiar para o crescimento fazem a parte "doce".

Em geral, a maioria dos executivos utiliza com mais predominância uma dessas faces, quando o mais adequado seria praticar uma gestão "agridoce".

Também é preciso que fique claro que não existe "o" perfil ideal. As organizações, em seu processo de crescimento, passam por diversas fases. Uma mesma empresa, numa determinada etapa, pode precisar de um gestor com perfil mais agregador e desenvolvedor de pessoas e equipes. Em outra, sua necessidade será de alguém mais exigente e que busque resultados mais *hard*. Novamente, o ideal é o conceito da inclusão, ou seja, "e" em vez de "ou". Porém, não é muito comum conseguir integrar em uma pessoa, com a mesma intensidade, as diferentes competências.

Isso coloca em xeque o papel do executivo super-herói, levando-nos a perceber que uma das competências mais valiosas do líder é a lucidez ao montar suas equipes de trabalho. Afinal, "ninguém é perfeito, mas uma equipe pode ser".

Liderança organizacional

O conceito de liderança é um tema crucial hoje em dia, quando as fronteiras se abrem ao comércio global e as organizações e empresas se encontram em uma luta constante para ser cada vez mais competitivas. Daí a exigência de que as pessoas que nelas trabalham sejam eficientes e capazes de dar muito de si para o bem-estar da organização.

Ao falar sobre organizações e pessoas é importante mencionar os dirigentes, que muitas vezes podem ser os líderes de hoje, aqueles que conseguem o sucesso de suas empresas e que orientam seus funcionários a consegui-lo.

Pense, no entanto, que os conceitos de "administração" e "liderança" não são sinônimos. Para efeitos práticos, liderança é um estudo mais específico da administração.

A capacidade para exercer a liderança de uma maneira efetiva é um dos principais aspectos para ser um administrador eficaz.

Administrar e liderar se complementam. A organização equilibrada e competitiva tem como fator de sucesso a capacidade de implementar, simultaneamente, estratégias de continuidade (administrar) e de mudança (liderar). O problema de muitas organizações é o fato de serem administradas demais e lideradas de menos.[5]

Os gerentes tendem a ver o trabalho como um processo de possibilidades e a analisá-lo a fim de estabelecer estratégias de ação. Um líder é capaz de combinar recursos humanos e materiais para o cumprimento de objetivos e fazê-lo em posições muitas vezes desconfortáveis e de alto risco.

A liderança é motivadora e enfoca o alcance de objetivos e, se houver uma observação mais acurada, a liderança demonstra que os líderes se interessam mais pelo aspecto das ideias e se relacionam com seu grupo com mais empatia e de forma mais intuitiva.

Paul. E. Spector,[6] um importante psicólogo do Departamento de Psicologia da Universidade do Sul da Flórida, comentou os resultados de pesquisas realizadas sobre as dimensões da liderança. As pesquisas se basearam em dois grupos.

O primeiro grupo é chamado *consideração* e se refere à preocupação que os líderes têm com a felicidade e o bem-estar de seus liderados.

O segundo grupo é denominado *estrutura de iniciação* e se refere à medida com a qual o líder determina seu próprio papel e deixa suas expectativas claras em relação a seus liderados.

Essas pesquisas estabeleceram oito escalas para as dimensões da liderança. São quatro escalas em cada grupo, conforme descrito no Quadro 17.1.

QUADRO 17.1 Escalas para as dimensões da liderança

ITENS DA CONSIDERAÇÃO
É amigável e acessível
Faz pequenas coisas para que a participação do grupo seja agradável
Coloca em prática sugestões feitas pelo grupo
Trata todos os membros do grupo como iguais
ITENS DA ESTRUTURA DE INICIAÇÃO
Deixa que o grupo saiba o que é esperado dele
Encoraja a utilização de procedimentos uniformes
Experimenta suas ideias no grupo
Deixa suas atitudes claras para o grupo

Fonte: SPECTOR, 2002, p. 337.

---

5. BENNIS, 1996.
6. SPECTOR, P. E. *Psicologia nas organizações*. São Paulo: Saraiva, 2002.

O comportamento de um líder afeta não apenas o grupo de trabalho, como também os resultados.

O aprendizado da liderança tem sido estimulado por causa de conclusões recentes sobre eficácia gerencial, baseadas em alterações de comportamento de liderança. Essas conclusões foram apresentadas em seis grandes proposições:[7]

1. Mudanças nos estilos de liderança afetam a eficácia da organização mesmo considerando fatores não controláveis, externos às empresas e que impõem limites gerenciais diversos.

2. A liderança constitui um fenômeno grupal em que o compartilhamento do poder gerencial e a tentativa de aumentar o poder dos subordinados são mais eficazes que a prática da liderança na perspectiva individualista e heroica.

3. A eficácia da gerência depende da capacidade do líder de influenciar a percepção individual sobre objetivos e tarefas organizacionais, além de promover novas fontes de satisfação no trabalho.

4. A liderança efetiva e compartilhada requer ação gerencial prévia para mudar as expectativas dos subordinados, tradicionalmente construídas com base na ideia de que o líder irá, por si só, comandar e se responsabilizar pelos destinos da organização.

5. A eficácia da liderança gerencial é altamente dependente do estabelecimento de relações cooperativas com os subordinados e é caracterizada por confiança mútua e lealdade.

6. A liderança efetiva gera comprometimento e entusiasmo entre os liderados para o alcance de objetivos comuns.

Existem várias teorias e abordagens sobre liderança. As tradicionais atravessaram o tempo e têm adeptos até hoje, mas as novas são importantes e têm aplicação prática nas organizações.

Teorias e abordagens de liderança

De modo geral, as primeiras teorias sobre liderança colocavam seu foco no fator hereditário, nas características físicas e no treinamento. Com o passar do tempo, foram surgindo estudos mais formais e sistemáticos. Então, os estudiosos passaram a investigar liderança a partir de diversos pontos de vista.

---

7. MOTTA, 2007, p. 209-210.

Claro que não existe uma teoria sobre liderança que seja universalmente aceita. Entretanto, podemos falar de três enfoques fundamentais, apresentados a seguir.

O primeiro, o *enfoque em características*, foi uma tentativa de identificar o líder por meio de características pessoais, para poder separá-lo dos que não eram líderes.

O segundo, o *enfoque comportamental*, desenvolveu investigações que pretendiam identificar o comportamento pessoal e relacioná-lo com a liderança, sem separar dos demais aquele identificado como líder.

O terceiro, o *enfoque situacional*, sugere que existem determinadas situações em relação ao meio trabalhista que influem na eleição do estilo de liderança a ser utilizado.

Edward Hollander afirmou que o processo de liderança é mais bem compreendido se analisado sob o aspecto da ocorrência de transações gratificantes entre líderes e liderados.

A Figura 17.1 apresenta o modelo transacional de liderança desse autor, que enfatiza seu caráter tridimensional.

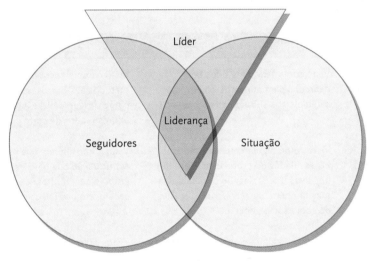

FIGURA 17.1
Modelo transacional da liderança

Fonte: HOLLANDER, 1978.

O lócus da liderança estaria na junção de líderes, seguidores e situações.

As primeiras investigações sobre a natureza da liderança tinham como foco, primordialmente, as características do líder.

Uma das teorias mais famosas é a da *liderança carismática*, que enfatiza a habilidade do líder de comunicar aos seguidores as novas visões da organização. Esse tipo de liderança, também chamada de transformacional, consegue transmitir aos seguidores a importância das metas grupais, fazendo que os membros do grupo deixem de lado seus interesses pessoais e se comprometam com os resultados da organização.

Os líderes citados no início deste capítulo, Gandhi e Hitler, são ótimos exemplos de líderes carismáticos. O primeiro, porque conseguiu, sem violência, mobilizar 250 milhões de hindus para promover a independência de um país contra a poderosa Inglaterra. O segundo, porque levou milhares de alemães a uma guerra com base na crença de que poderiam construir um império mundial.

Outra teoria muito conhecida é a teoria de liderança situacional, de Hersey e Blanchard.[8] Esses autores desenvolveram um modelo de liderança e ganharam muitos adeptos entre os especialistas de desenvolvimento gerencial. Essa teoria foi utilizada como importante meio de treinamento, tendo sido aplicada em 500 empresas norte-americanas listadas na revista *Fortune*, que identifica as maiores e melhores empresas em gestão empresarial.

Liderança situacional é uma teoria que se concentra nos seguidores. Essa ênfase reflete a realidade de que são os seguidores que aceitam ou rejeitam o líder. Hersey e Blanchard utilizaram em sua teoria os fatores "comportamentos de tarefas" e "relacionamentos". Combinaram quatro comportamentos específicos do líder: narrar, vender, participar e delegar.

O Quadro 17.2 é útil para que as informações sobre o modelo fiquem mais claras.

QUADRO 17.2
Liderança situacional

Estilo	Eficácia	Ineficácia
Tarefa alta, relacionamento baixo	Visto como tendo métodos bem definidos para atingir os objetivos que são úteis aos subordinados	Visto como alguém que impõe métodos aos outros; às vezes, visto como desagradável e interessado só em resultados de curto prazo
Tarefa alta, relacionamento alto	Visto como alguém que satisfaz as necessidades do grupo estabelecendo objetivos e organizando o trabalho, mas também oferecendo um alto nível de apoio socioemocional	Visto como alguém que usa mais estruturação que o necessário para o grupo e que, muitas vezes, não parece ser sincero nas relações interpessoais
Tarefa baixa, relacionamento alto	Visto como alguém que tem confiança implícita nas pessoas e que está interessado principalmente em facilitar a consecução dos objetivos delas	Visto como interessado principalmente em harmonia; às vezes, visto como não disposto a cumprir uma tarefa, se esta implicar o risco de romper um relacionamento ou perder a imagem de uma pessoa boa
Tarefa baixa, relacionamento baixo	Visto como alguém que delega adequadamente aos subordinados as decisões sobre como fazer o trabalho e oferece pouco apoio socioemocional quando o grupo não precisa muito disso	Visto como alguém que oferece pouca estruturação ou apoio socioemocional quando isso é necessário aos membros do grupo

----

8. HERSEY, P.; BLANCHARD, K. H. *Psicologia para administradores*: a teoria e as técnicas da liderança situacional. São Paulo: EPU, 1986.

No que se refere aos estilos de decisão dos líderes, são mundialmente reconhecidos os três estilos de liderança que se baseiam em como os líderes tomam decisões e os efeitos resultantes dessas decisões nos índices de produtividade e satisfação dos liderados. São eles: autoritário, democrático e liberal. Esses estilos foram apresentados por Uhlmann.[9]

Os *líderes autoritários* tomam as decisões por si mesmos, sem a participação dos subordinados. O *líder democrático* trabalha com o grupo e ajuda seus participantes a alcançarem os objetivos. O *líder liberal* deixa o grupo fazer o que quiser, sem se envolver.

O Quadro 17.3 apresenta os três estilos de liderança.

QUADRO 17.3 Os três estilos de liderança

AUTOCRÁTICA	DEMOCRÁTICA	LIBERAL (*LAISSEZ-FAIRE*)
Apenas o líder fixa as diretrizes, sem qualquer participação do grupo	As diretrizes são debatidas pelo grupo, estimulado e assistido pelo líder	Há liberdade completa para as decisões grupais ou individuais, com participação mínima do líder
O líder determina as providências e as técnicas para execução das tarefas, cada uma por vez, na medida em que se tornam necessárias e de modo imprevisível para o grupo	O próprio grupo esboça as providências e as técnicas para atingir o alvo, solicitando aconselhamento técnico ao líder. Quando necessário, o líder sugere duas ou mais alternativas para o grupo escolher. As tarefas ganham novas perspectivas com os debates	A participação do líder no debate é limitada, apresentando apenas materiais variados ao grupo, esclarecendo que pode fornecer informações desde que solicitado
O líder determina qual tarefa cada um deve executar e qual seu companheiro de trabalho	A divisão das tarefas fica a critério do próprio grupo, e cada membro tem liberdade de escolher seus companheiros de trabalho	Tanto a divisão das tarefas como a escolha dos companheiros ficam totalmente a cargo do grupo. Há absoluta falta de participação do líder
O líder é dominador e é "pessoal" nos elogios e nas críticas ao trabalho de cada membro	O líder procura ser um membro normal do grupo, em espírito, sem encarregar-se muito de tarefas. O líder é "objetivo" e limita-se aos "fatos" em suas críticas e elogios	O líder não faz qualquer tentativa de avaliar ou de regular o curso dos acontecimentos. O líder somente faz comentários irregulares sobre as atividades dos membros quando perguntado

Liderança, gerência e poder

Os estudos atuais sobre liderança têm em comum a ideia de que a *liderança é um fenômeno grupal* e envolve um processo de influência de um indivíduo sobre os demais.

O Quadro 17.4 apresenta a liderança baseada na influência.[10]

---

9. UHLMANN, G. W. *Administração*: das teorias administrativas à administração aplicada e contemporânea. São Paulo: FTD, 1997.
10. MOTTA, 2007, p. 212.

Comportamento e posturas típicas	Autoridade	Benevolência	Corretagem do poder
Uso do poder	Usa o poder do cargo	Usa o poder da persuasão/bondade	Usa o poder dos liderados
Forma de manifestar a influência	Emite ordens	Anuncia que o consenso foi obtido em conversas anteriores	Busca consenso/comprometimento por negociações constantes
Forma de manter a influência	Reforço do poder	Reforço da tensão e da possibilidade de recompensa	Reforço do comprometimento com ideais comuns
Forma de manter o *status*	Recuperação constante da "distância social"	Integração parcial (mesclar sem se envolver)	Integração como objetivo constante
Postura esperada do subordinado	Submissão	Compreensão e consentimento	Aliança

QUADRO 17.4
Liderança baseada na influência

Segundo Motta, a visão de legitimidade da liderança é baseada na aceitação do líder pelo grupo, ou seja, parte do poder do líder está no próprio grupo.

A perspectiva do dirigente como líder tem sido considerada um dos fatores mais significativos para que a gerência alcance maior eficácia. As afirmativas nesse sentido são tão enfáticas que dificilmente são encontradas empresas de sucesso cujos dirigentes não sejam considerados líderes competentes e eficazes.

Jack Welch é um ótimo exemplo do dirigente como líder. Foi dirigente da General Electric Company no período de 1960 a 1981. Nesse tempo, tirou a empresa de uma burocracia inoperante para transformá-la em uma empresa dinâmica e respeitada. Durante sua gestão, o valor da GE passou de US$ 13 bilhões para US$ 400 bilhões. Tornou-se o dirigente mais influente de sua época. Hoje em dia, Welch é considerado "guru" por muitos executivos do mundo todo, que leem e seguem os ensinamentos de seus livros.

FIGURA 17.2
Jack Welch

Quais são as qualidades necessárias para que um dirigente se torne líder?

As qualidades necessárias foram levantadas por vários estudiosos do assunto. O conhecimento de si próprio, a iniciativa, a coragem, a persistência e a integridade têm sido apontados como qualidades primordiais, suplantando muitas vezes a inteligência, o bom senso, a competência e a experiência.

> "Nunca perca a fé na humanidade, pois ela é como um oceano. Só porque existem algumas gotas de água suja nele, não quer dizer que ele esteja sujo por completo."
>
> MAHATMA GHANDI

Warren Bennis, no livro "A formação do líder",[11] afirma que uma peculiaridade no que se refere aos líderes é que eles "dominam o contexto", em vez de se submeterem a ele.

Bennis estabelece as seguintes diferenças entre gerentes e líderes:

- O gerente administra; o líder inova.
- O gerente é uma cópia; o líder é original.
- O gerente se concentra nos sistemas e nas estruturas; o líder se concentra nas pessoas.
- O gerente se centra no controle; o líder inspira confiança.
- O gerente tem uma visão de curto prazo; o líder, uma perspectiva de longo prazo.
- O gerente formula a pergunta como; o líder, quê e por quê.
- O gerente dirige seu olhar à linha de base; o líder, ao horizonte.
- O gerente imita; o líder cria.
- O gerente aceita o *status quo*; o líder o desafia.
- O gerente é o clássico bom soldado; o líder é ele mesmo.
- O gerente faz as coisas bem; o líder faz o correto.

PRATICANDO

Observe as organizações que você conhece. Elas têm mais *gerentes* do que *líderes*? Pense se existe alguém em especial que você admire e reflita sobre as razões dessa admiração.

---

11. BENNIS, 1996.

Pode-se dizer que os gerentes são designados para algo e que sua capacidade para influenciar baseia-se na autoridade formal inerente a sua posição. Em contrapartida, os líderes podem surgir em um grupo e influenciar os outros para que desempenhem suas tarefas além das ações ditadas pela autoridade formal. Isso faz que um líder tenha autoridade e, para que um bom administrador ou líder realize seu trabalho, ele necessita de *poder*.

De onde vem esse poder? Dentro de uma organização, podem ser identificados cinco tipos de poder. Suas fontes estão relacionadas conforme pesquisa de French e Raven,[12] apresentada no Quadro 17.5.

QUADRO 17.5
Cinco tipos de poder e suas fontes

Tipo de poder	Fonte do poder
De recompensa	Controle sobre resultados recompensadores
Coercitivo	Controle sobre resultados punitivos
Legítimo	Ocupação de posição de autoridade legitimada
De referência	Atração, carisma
De especialização	Experiência, conhecimento, talento

1. **Poder de recompensa**: também chamado *poder premiador*, está focalizado nos resultados compensadores, desejáveis, seja na premiação com elogios, promoções ou aumentos, seja na supressão do que há de negativo.

2. **Poder coercitivo**: ao contrário do anterior, é um poder que está centrado na punição ou distribuição de resultados indesejáveis e na exploração do medo.

3. **Poder legítimo**: é aquele fundamentado em normas, valores e crenças que habilitam alguém a influenciar as atitudes e os comportamentos dos demais.

4. **Poder de referência**: é o poder também chamado carismático, pois leva as pessoas a quererem ser como o líder, tentando imitar suas atitudes e deixando-se influenciar por ele. É um poder facilmente encontrado em líderes religiosos e personalidades políticas que aprendem e usam esse poder.

5. **Poder de especialização**: pode também ser chamado de poder de competência, pois baseia-se na experiência, no conhecimento e no talento. Esse poder se outorga a pessoas que tenham capacidade comprovada para a resolução de determinados problemas, como um médico ou um advogado. Em virtude de suas

---

12. FRENCH JR., J. R. P.; RAVEN, B. The bases of social power. In: CARTWRIGHT, D. (ed.). *Studies in social power*. Ann Arbor: Institute For Social Research, University of Michigan, 1959. p. 150-165 *apud* WAGNER III, J. A.; HOLLENBECK, J. R. *Comportamento organizacional*. São Paulo: Saraiva, 2009. p. 275-276.

habilidades, conhecimentos e talentos, suas influências e conselhos são geralmente acatados.

Percebe-se que o poder pode ser exercido de maneiras positivas ou não e, claro, poderá originar reações.

A liderança demanda um poder que deve ser exercido com justiça e sempre visando a objetivos lícitos dentro da cultura organizacional. Esse poder provavelmente acarretará reações conforme o modo como for exercido.

Como se pode perceber, o exercício do poder requer muito cuidado. O Quadro 17.6 apresenta as reações ao poder, relacionando-as ao tipo de poder exercido.[13]

QUADRO 17.6
Três reações ao poder interpessoal

Nível	Descrição
Obediência	Conformidade baseada no desejo de obter recompensas ou de evitar punições; dura enquanto as recompensas forem recebidas ou as punições forem contidas
Identificação	Conformidade baseada na atração do influenciador; dura enquanto puder ser mantida a relação com o influenciador
Internalização	Conformidade baseada no caráter intrinsecamente gratificante das atitudes ou dos comportamentos adotados; dura enquanto durar a satisfação

Antigamente, as empresas usavam muito o poder coercitivo, o que deu origem a um dito popular: "manda quem pode e obedece quem tem juízo".

Com base nas informações apresentadas, pode ser estabelecida uma relação entre os cinco tipos de poder e as reações a eles. O poder de recompensa e o coercitivo levam obrigatoriamente a um nível de reação: obediência. Na mesma linha de análise, o poder de referência leva à identificação, e a internalização só é conseguida pelo poder legítimo e de especialização. A Figura 17.3 permite uma melhor visualização disso.[14]

---

13. KELMAN, H. C. Compliance, identification and Internalization: three processes of attitude change. *Journal of Conflict Resolution*, v. 2, p. 51-60, 1958 apud WAGNER III; HOLLENBECK, 2009, p. 277.
14. SUSSMANN, M.; VECCHIO, R. P. A social influence interpretation of worker motivation. *Academy of Management Review*, v. 7, p. 177-186, 1982 apud WAGNER III; HOLLENBECK, 2009, p. 278.

FIGURA 17.3

Relação entre os cinco tipos de poder e as reações a eles

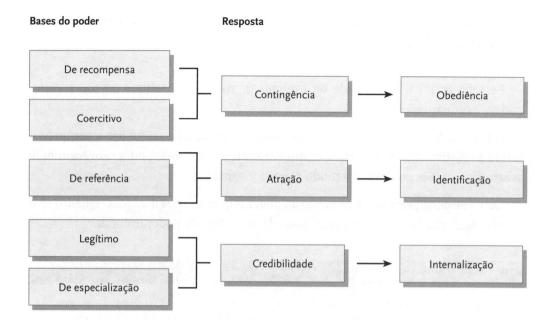

Bill Gates é um excelente exemplo de poder de especialização. Graças aos produtos de sua empresa, a Microsoft, tornou-se um dos homens mais ricos do mundo.

FIGURA 17.4

Bill Gates

Outro aspecto importante são as táticas do poder. Para isso, observe as sete dimensões, ou estratégias, utilizadas pelo líder, baseadas em resultados de pesquisas sobre o tema:[15]

- **razão**: uso de fatos e dados para fazer uma apresentação lógica ou racional de ideias.
- **amizade**: uso de adulação, criação de boa vontade, ações de aparente humildade e amabilidade antes de fazer um pedido.
- **coalizão**: alcance do apoio de outras pessoas na organização para dar respaldo ao pedido.
- **barganha**: uso de negociação por meio da troca de benefícios ou favores.
- **asserção**: uso de uma abordagem direta e forte, tal como a exigência de concordância com pedidos; a repetição de lembretes (por exemplo, mandar indivíduos fazer o que é pedido e lhes indicar que regras exigem obediência).
- **autoridade maior**: obtenção do apoio de níveis mais altos na organização para dar respaldo a pedidos.
- **sanções**: uso de recompensas e punições derivadas da organização, como impedir ou prometer um aumento de salário, ameaçar uma avaliação de desempenho insatisfatória ou reter uma promoção.

As pesquisas apontaram também que os empregados não confiam igualmente nas sete táticas citadas. A mais popular, por sua utilização, é o uso da razão, sem importar se a influência foi dirigida para cima ou para baixo, ou seja, a um supervisor ou a um funcionário.

A melhor maneira de ganhar influência dentro de uma empresa, portanto, é conseguir poder. Porém, é importante lembrar que a verdadeira liderança não decorre dos meios utilizados para ascender ao poder. Ser líder é ser capaz de não apenas infundir confiança e ser eficaz, como também construir competência e despender esforços a fim de maximizar resultados, tanto no âmbito da equipe como no aspecto individual de cada componente.

As inter-relações entre liderança e poder podem significar a diferença entre o sucesso e o fracasso de uma organização.

---

15. KIPNIS, D. et al. Patterns of managerial influence. *Organization Dynamics*, p. 58-67, 1984 *apud* ROBBINS, S. P. *Comportamento organizacional*. Rio de Janeiro: LTC, 1999. p. 254.

Novos modelos de liderança

Nanus[16] apresentou um novo modelo de liderança: a *liderança visionária*. Trata-se de um modelo bem diferente dos tradicionais, vindo a transformar os velhos conceitos e marcar novos rumos no estudo da liderança.

A proposta da liderança visionária projeta o papel do líder como alguém que cria o futuro da organização, intervindo e desenvolvendo uma nova realidade para sua própria organização e para outras com as quais interage.

A liderança visionária é a habilidade para criar e articular uma visão do futuro, realista, atraente, crível e que se desenvolve a partir do presente, criando o futuro.

Na proposta de Nanus, o líder deve exercer quatro papéis preponderantes:

1. **Indicador de direção**: o líder seleciona e articula o "alvo" para onde a empresa deve dirigir as suas energias.
2. **Agente de mudança**: o líder é responsável por catalisar as mudanças no ambiente interno.
3. **Porta-voz**: o líder é hábil orador, atento ouvinte e negociador dos interesses da empresa e de sua visão.
4. **Treinador**: o líder é o formador de equipe que energiza os indivíduos e vive apaixonadamente a visão.

Desempenhando esses papéis, o líder passa o tempo todo traduzindo a visão para o pessoal interno e criando a realidade externa por meio da negociação e da comunicação. Internamente, ele é um *coach* que assume o compromisso de capacitar sua equipe

A Figura 17.5 permite visualizar com clareza a proposta da liderança visionária e a apresentação dos papéis do líder.

FIGURA 17.5
Liderança visionária

16. Nanus, B. *Liderança visionária*. Rio de Janeiro: Campus, 2000. p. 12-14.

Paralelamente, surgiu também a *liderança estratégica*, propondo criar valor para os clientes externos, os clientes internos e a organização, com vistas à maximização do retorno sobre o investimento.

A liderança estratégica foi concebida por W. Glenn Rowe como a capacidade de influenciar outras pessoas a tomar, de forma voluntária e rotineira, decisões que aumentem a viabilidade, no longo prazo, da estabilidade financeira em curto prazo.

Rowe afirma que, por suas próprias características, a liderança visionária exige autoridade para influenciar o pensamento e as atitudes das pessoas, o que significa delegar poderes e implica correr riscos em várias dimensões.

> Há o risco de equiparar poder e a habilidade de atingir resultados imediatos, o risco de perder o autocontrole no desejo de conseguir mais poder e o risco de enfraquecer o desenvolvimento de líderes gerenciais, que ficam ansiosos com a desordem que a presença de líderes visionários pode causar. As atitudes dos líderes visionários em relação às metas opõem-se às dos líderes gerenciais. Líderes visionários são relativamente mais proativos, moldando ideias em vez de se oporem a elas.[17]

Outro conceito que Rowe propôs foi o de *liderança gerencial*, que, segundo ele, é aquela exercida pela maioria dos dirigentes. Os funcionários das empresas costumam ser treinados para exercer esse tipo de liderança. Os líderes gerenciais tomam atitudes impessoais e passivas em relação às metas a serem alcançadas. Para esses líderes, as metas surgem da necessidade, e não de desejos e sonhos.

> Líderes gerenciais consideram o trabalho um processo que permite a interação de ideias e pessoas, a fim de definir estratégias e tomar decisões. Durante esse processo, negociam, barganham e usam recompensas, punições ou outras formas de coerção. Eles relacionam-se com pessoas de acordo com seus papéis no processo de tomada de decisão e com a maneira pela qual as coisas são feitas [...][18]

A Tabela 17.1 apresenta uma síntese desses estilos de liderança.

---

17. ROWE, W. G. Liderança, estratégia e criação de valor. *Revista de Administração de Empresas*, São Paulo, v. 42, n. 1, p. 7-19, jan.-mar. 2002.
18. ROWE, 2002.

TABELA 17.1
Liderança estratégica, visionária e gerencial

LÍDERES ESTRATÉGICOS	LÍDERES VISIONÁRIOS	LÍDERES GERENCIAIS
• Combinam, em sinergia, liderança gerencial e liderança visionária	• São proativos, moldam ideias, mudam o que as pessoas pensam ser desejável, possível e necessário	• São conservadores, adotam atitudes passivas em relação às metas; metas surgem da necessidade, e não de desejos e sonhos; metas são baseadas no passado
• Enfatizam o comportamento ético e decisões baseadas em valores	• Trabalham para aprimorar estratégias e novas abordagens para problemas antigos; ocupam cargos de alto risco • São mais propensos a tomar decisões baseadas em valores • Preocupam-se com ideias; relacionam-se com as pessoas de maneira intuitiva e compreensiva	• Consideram o trabalho um processo facilitador que envolve a integração de ideias e pessoas que interagem para definir estratégias • Estão menos propensos a tomar decisões baseadas em valores • Relacionam-se com pessoas segundo as funções delas no processo de tomada de decisão
• Supervisionam responsabilidades operacionais (rotineiras) e estratégicas (longo prazo)	• Preocupam-se com ideias; relacionam-se com as pessoas de maneira intuitiva e compreensiva	• Relacionam-se com pessoas segundo as funções delas no processo de tomada de decisão
• Formulam e implementam estratégias para impacto imediato e manutenção de metas de longo prazo, a fim de garantir a sobrevivência, o crescimento e a viabilidade em longo prazo	• Sentem-se alienados de seu ambiente de trabalho, trabalham nas organizações, mas não fazem parte delas; a percepção que têm de si próprios não é vinculada ao trabalho	• Acreditam ser conservadores e reguladores do *status quo*; a percepção que têm de si próprios é vinculada à organização
• Possuem expectativas grandes e otimistas em relação à *performance* de seus superiores, pares, subordinados e deles próprios	• Preocupam-se em garantir o futuro da organização, principalmente por meio do desenvolvimento e gerenciamento de pessoas	• Influenciam os atos e as decisões das pessoas com quem trabalham
• Valem-se de controle estratégico e financeiro, dando ênfase ao estratégico	• São mais ligados à complexidade, à ambiguidade e à sobrecarga de informações; comprometidos com tarefas multifuncionais e integradoras	• Envolvem-se em situações e contextos característicos de atividades do dia a dia
	• Estão mais dispostos a investir em inovações e em capital humano e a criar e manter uma cultura eficiente, a fim de assegurar a viabilidade no longo prazo	• Apoiam e adotam postura de preço mínimo em curto prazo a fim de aumentar a performance financeira
	• Sabem menos que os especialistas de sua área funcional	• São especialistas em suas áreas funcionais

• Utilizam e alternam o uso de conhecimento tácito e explícito em relação ao indivíduo e à organização	• Enfatizam o conhecimento tácito e desenvolvem estratégias como uma forma comum de conhecimento tácito que incentiva a realização de um objetivo	• Concentram-se em gerenciar a troca e a combinação de conhecimento explícito e garantem o cumprimento de procedimentos de operação
• Acreditam na adoção de estratégias, isto é, suas decisões estratégicas fazem diferença em suas organizações e ambiente de trabalho	• Acreditam na adoção de estratégias, isto é, suas decisões estratégicas fazem diferença em suas organizações e ambiente de trabalho	• Acreditam em determinismo, isto é, as escolhas que fazem são determinadas pelo ambiente externo e interno

Temos vários exemplos de líderes visionários ao longo da história, como Gandhi, que vislumbrou a possibilidade de libertar a Índia sem usar a violência.

Na área empresarial, o próprio Bill Gates pode servir de exemplo. No início de sua trajetória, vislumbrou que o futuro seria de computadores pequenos e pessoais – fato impensável na ocasião.

Existem pessoas que são capazes de exercer os dois tipos de liderança: visionária e estratégica, mas essas pessoas dificilmente se enquadrariam na liderança gerencial.

A liderança visionária tem o futuro em vista, e isso implica correr riscos, mas a percepção de líderes visionários sobre si próprios não é vinculada à organização e, sob sua liderança, o controle organizacional é mantido por meio da socialização e da conformidade com um conjunto de normas, valores e opiniões em comum.

Bill Gates e Jack Welch são ótimos exemplos de líderes estratégicos, por terem agregado valor e elevado o lucro de suas empresas a cifras impressionantes, US$ 420 bilhões (Microsoft) e US$ 360 bilhões (GE), desde a criação dessas empresas até o final de 1998. Em contrapartida, em empresas em que há contínua desvalorização do patrimônio dos acionistas, como a General Motors (US$ 17,9 bilhões ao final de 1998), existe uma indicação clara de falta de liderança estratégica. A falta de liderança estratégica e o predomínio da liderança gerencial são problemas importantes enfrentados pelas organizações e continuarão persistindo, a não ser que membros do conselho e executivos entendam a questão e as diferenças entre líderes gerenciais, visionários e estratégicos.[19]

Mais recentemente, um livro trouxe mudanças ainda mais profundas em relação ao entendimento da postura do líder. Trata-se de *O monge e o executivo*, de James C. Hunter,[20] que propõe que o líder saia de seu papel de proeminência para o de servir

---

19. ROWE, 2002.
20. HUNTER, J. C. *O monge e o executivo*. Rio de Janeiro: Sextante, 2004. p. 56-61.

seus seguidores e a organização. A representação desse modelo de liderança é uma pirâmide invertida.

FIGURA 17.6

Abordagem de liderança

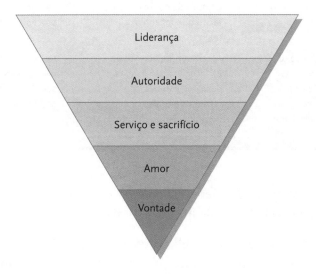

O artigo a seguir permite o melhor entendimento dos princípios de James Hunter.

APRENDA A SERVIR[21]

O princípio é bíblico: amar ao próximo. E isso independe se o próximo é um colega preguiçoso, um dos seus subordinados encrenqueiros ou, acredite, seu chefe. É, o verbo amar pode parecer forte demais para o contexto corporativo e para o papel do líder. Mas não é. A pessoa apropriada para assumir a liderança manifesta seu amor agindo, naturalmente, como facilitadora do processo de engajamento e desenvolvimento da organização.

Em outras palavras: não visa apenas aos resultados. O foco do líder deve estar nas pessoas que fazem o resultado da empresa acontecer. Afinal, uma corporação é um sistema orgânico, não mecânico. O fato é que anda todo mundo sobrecarregado de trabalho, poucos se mantêm motivados e alguns até desistem de buscar significado maior para o que fazem no escritório. "Está todo mundo de 'saco cheio'", resume Vicky Bloch, diretora da DBM no Brasil, uma das mais respeitadas especialistas do país em relações humanas nas empresas. Por isso, esse novo jeito de lidar com a equipe se expande como um sopro de esperança e abre espaço para que pessoas bacanas – dispostas, entre outras coisas, a perder tempo para ouvir, de verdade, o que os outros têm a dizer – cresçam quando assumem posição de liderança.

....

21. GUSMÃO, M. Aprenda a servir. James Hunter Training & Consulting. Disponível em: http://www.jameshunter.com.br/artigo7.html. Acesso em: dez. 2019.

Aliás, o trabalho do líder nem deveria aparecer, somente o da sua equipe. É tão profunda essa transformação que se exige dos chefes a disciplina de investir tempo para refletir sobre seu papel e sua missão de vida. Ou seja, o que está sendo proposto aos gerentes e diretores é que vivenciem um processo de autoconhecimento contínuo. E que se façam periodicamente duas perguntas básicas: "A quem eu sirvo?" e "Com que objetivo?". "É preciso ter maturidade emocional para adotar essa postura de vida", diz Vicky. Para as empresas, esse papo veio a calhar. "Essa nova liderança, aplicada em diferentes organizações, se revelou uma arma poderosa para desenvolver o potencial e os valores intrínsecos do ser humano", diz o professor Robson Marinho, coordenador do mestrado em liderança da Universidade Santo Amaro, de São Paulo. Robson representa no país a entidade Robert K. Greenleaf Center for Servant-Leadership, uma sociedade internacional sem fins lucrativos sediada em Indianápolis, nos Estados Unidos, berço do conceito de líder servidor no mundo dos negócios. Robert K. Greenleaf (1904-1990), que passou a maior parte de sua vida profissional na AT&T, usou pela primeira vez a expressão "liderança servidora" em um ensaio publicado em 1970. Depois da AT&T, ele atuou, durante 25 anos, como consultor em várias instituições, como Fundação Ford, Universidade de Ohio e MIT (Massachusetts Institute of Technology), nos Estados Unidos. A mensagem que ele transmitia e que o centro perpetua fala de empresas tratando funcionários e clientes com justiça – e em profissionais estimulados em seu crescimento pessoal. Enfim, um mundo onde os líderes são incapazes de frustrar a confiança de quem quer que seja. Essa nova liderança implica atender às necessidades de muitos, não de poucos.

Mas como isso é possível? Para ser um líder comprometido com as pessoas, segundo o guru americano, é necessário passar por uma mudança interior, cujo resultado vai ser a incorporação de pelo menos cinco atitudes em sua vida:

1. Ouvir sem julgar: antes de dar conselhos ou fazer pré-julgamentos, é preciso ouvir com atenção as preocupações e necessidades das pessoas com quem trabalha. Unir-se a elas na busca de soluções, portanto, é fundamental.

2. Ser autêntico: deve-se admitir abertamente seus pontos fracos e suas limitações. Quando o líder tem essa postura a respeito de sua própria vulnerabilidade, as pessoas aprendem a confiar nele e a respeitá-lo como uma pessoa verdadeira e coerente.

3. Ter senso de comunidade: hoje, faz bem criar na equipe um clima de companheirismo e amizade, como se todos pertencessem a uma família em que se partilham as emoções, tristezas e alegrias, preocupações e vitórias, intercalando as exigências do trabalho com momentos de comemoração e lazer. A época do gelo profissional, em que as pessoas eram tratadas a distância, já passou.

4. Partilhar poder: mais do que delegar funções, o líder deve dividir com a equipe o poder de ter iniciativa e tomar decisões, mesmo com o risco de vê-la cometer alguns equívocos.

5. Valorizar o desenvolvimento das pessoas: cada integrante da equipe tem um valor próprio, uma experiência própria e um potencial próprio a ser desenvolvido, tanto no sentido pessoal quanto profissional. O investimento nesse potencial humano é um compromisso do líder. Quando as pessoas crescem, a empresa cresce junto com elas.

Na prática, ao serem incorporadas, essas atitudes levam as pessoas a ter sucesso em tarefas desafiantes. Ninguém mais se sente sozinho no escritório, e isso faz toda diferença.

Uma experiência bem-sucedida é da Nutrimental, de São José dos Pinhais, arredores de Curitiba. No início dos anos 1990, o faturamento da companhia caiu 70 pontos percentuais, quando ela perdeu um contrato de fornecimento de merenda escolar para a rede pública de ensino. Houve cerca de 1.000 demissões. Para reverter esse quadro, a direção buscou inspiração na liderança servidora. Foi introduzido também, em 1997, o conceito de "investigação apreciativa", criado pelo consultor norte-americano David Cooperrider. Ele afirma que é melhor fortalecer os pontos positivos em vez de ir à caça dos pontos negativos. Essa ideia é disseminada no país pela entidade Espiritualidade e Liderança para Organizações Saudáveis (Elos), de São Paulo.

O *controller* da Nutrimental, Joselito Mendes de Oliveira, paranaense de 43 anos, vivenciou todo esse processo. "Vencemos os desafios e nunca mais a empresa foi a mesma", afirma. A receita bruta cresceu 130% entre 1997 e 2004, alcançando R$ 154 milhões. A empresa passou a fabricar cereais matinais, barras energéticas e biscoitos. Também se abriu ao varejo e foi disputar mercado com a Nestlé e Kellogg's. Nos corredores, os diretores passaram a ser chamados de "patrocinadores executivos". "Assim, ficou mais claro o que as pessoas esperam dos executivos, ou seja, que eles não tentem dirigi-las", diz Bruna Pachelli, coordenadora de gestão de pessoas da Nutrimental. A implantação da liderança servidora na Nutrimental levou um ano. Ao longo dos 12 meses, cerca de 700 funcionários puderam falar o que pensam de verdade para seus chefes. "Foi difícil e um dos líderes pediu demissão porque só queria impor suas vontades", conta Joselito. Pai de três filhos, o *controller* usa as novas teorias em casa. "Agora pergunto aos meus filhos como eles podem repetir uma nota boa em uma disciplina em que não vão bem".

Uma lição aprendida pelos executivos da Nutrimental é que se tornar um novo líder exige um processo de aprendizado de dentro para fora. Por isso, prescinde que cada um decida mudar por si só. "No fundo, a liderança servidora está apenas um pouco mais evoluída em uns do que em outros", diz Elaine Saad, diretora da Right Saad-Fellipelli. Irá alcançá-la quem conjugar a consciência dessa missão com o desenvolvimento de competências para realizá-la. E a missão – que fique registrado – é levar as pessoas a crescer e a desenvolver o que têm de melhor. Os treinamentos convencionais de liderança não dão conta desse recado. Hoje, os cursos tendem a abordar muito mais o conceito de poder do que a capacidade de reconhecimento de competência que leva um grupo de profissionais a atingir seus objetivos.

Por essa razão, a baiana Magda Beck, 38 anos, buscou uma solução alternativa. Gerente da área de gestão de projetos do departamento de gestão de risco e *compliance* do Bradesco, em São Paulo, a executiva matriculou-se no Programa de Desenvolvimento de Líderes em Relações Conscientes, da Elos. "Nos encontros com outros gerentes e diretores, buscamos inspiração para encontrar uma nova forma de olhar a carreira e as pessoas", diz. Magda aprendeu a controlar seus impulsos de autoritarismo. "Encontrei suporte do comando do banco e agora reproduzo os conceitos de espiritualidade e liderança no meu trabalho", afirma Magda. É essencial que o ambiente no escritório respeite as pessoas como elas são, pois assim se valoriza a diversidade e ela favorece esse tipo de mudança. "Se as companhias não se prepararem para ter esse tipo de ambiente, perderão os líderes especiais e uma enorme vantagem competitiva", avisa Elaine, da Right Saad-Fellipelli.

Solte o verbo

O novo líder costuma demonstrar interesse pela equipe estimulando o diálogo verdadeiro entre as pessoas. Confira abaixo sete perguntas que ajudam a dar um novo sentido à comunicação entre chefe e subordinado:

- Quais necessidades você tem aqui que nós não conhecemos?
- Se você pudesse mudar alguma coisa na empresa, o que mudaria?
- O que preciso fazer para ser um líder melhor?
- Como a empresa e eu podemos dar mais assistência a você?
- Você gosta do que faz aqui? Por que não me diz quais são suas metas para os próximos 12 meses?
- Como tem sido o *feedback* das suas colocações e queixas?
- Quais obstáculos você encontra para melhorar sua performance?

Ram Charan,[22] autor de diversos *bestsellers* e conselheiro de vários líderes de negócios muito bem-sucedidos, como Jack Welch, apresentou um modelo de liderança muito diferente dos anteriores, fundamentado na aprendizagem e no desenvolvimento de talentos para a liderança.

Charan afirma que a palavra que melhor descreve a situação da liderança nas empresas atualmente é "crise", pois os CEOs tendem a fracassar mais rapidamente,

---

22. CHARAN, R. *O líder criador de líderes*: a gestão de talentos para garantir o futuro e a sucessão. Rio de Janeiro: Elsevier, 2008.

deixando suas empresas perturbadas e desorientadas. Outro problema que acontece é que, em todos os níveis, não existem os líderes de que as organizações precisam, nem em quantidade nem em qualidade.

A causa dessa situação não é a falta de talentos brutos. As empresas poderiam resolver essa lacuna com seu próprio pessoal se soubessem como identificar e desenvolver seus líderes natos.

O autor afirma também que, ao observar durante muito tempo como os líderes se desenvolvem ou deixam de se desenvolver, chegou às seguintes conclusões:

- **Nem todos podem se tornar líderes**: os líderes são diferentes de outras pessoas em alguns aspectos, de modo que nem um número enorme de aulas e instrução é capaz de desenvolver um líder. Pensam e agem de maneira singular. Podem ser identificados quando se sabe o que procurar e se aguça a observação.

- **A liderança é desenvolvida por meio de prática e autocorreção**: as pessoas que apresentarem talento devem ser desenvolvidas. O crescimento da liderança é rápido quando a cada novo trabalho é permitido desenvolver as competências essenciais e adquirir novas, e o *feedback* é preciso e oportuno. A prática repetida de habilidades essenciais aguça o senso crítico e abre caminho para novas maneiras de liderar.

- **O trabalho do CEO requer enormes saltos de aprendizagem**: os líderes não estão preparados para liderar grandes empresas, a não ser que cada nova tarefa seja muito mais complexa que a anterior. Os líderes devem estar constantemente imersos em complexidade.

A nova abordagem de desenvolvimento de liderança se concentra em identificar prontamente os líderes e colocá-los em situações que os façam crescer rapidamente. Essa nova abordagem faz que a atividade de desenvolvimento de liderança, que é administrada pelo RH de maneira descontínua, passe a ser uma atividade diária totalmente integrada ao negócio e na qual os líderes exercem o papel principal. Charan referiu-se a essa metodologia da seguinte maneira:

> Chamo essa nova abordagem de *Modelo de Aprendizagem*. A palavra "aprendizagem", originada da palavra "aprendiz", pode parecer não se aplicar aos executivos de negócios, mas não é o caso. Aprendizes são pessoas que aprendem na prática, *feedback*, correções e mais prática. Foi criado para proporcionar a cada líder promissor as oportunidades corretas para que se desenvolva no mais rápido ritmo de crescimento possível, definindo o aprendizado necessário para cada nova atribuição e certificando-se de que o aprendizado realmente ocorreu antes de ajudar o líder a

dar o próximo passo ou salto. Com essa abordagem, os líderes desenvolvem versões cada vez mais sofisticadas e sutis de suas competências essenciais em muito pouco tempo.[23]

Pesquisa realizada pela Association of Executive Search Consultants (AESC) confirma as premissas de Charan, ao apontar China, Brasil e África do Sul como os países com maior carência de talentos em 2013 e que a função mais difícil de ser preenchida é a de liderança.

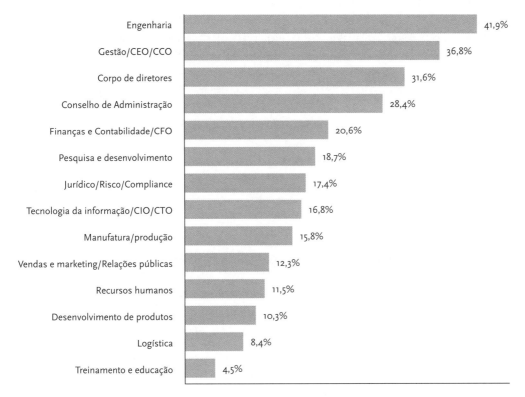

FIGURA 17.7

Funções nas quais se previa maior carência de talentos em 2013[24]

Fonte: ALMEIDA, 2013.

O Quadro 17.7 compara o processo tradicional de desenvolvimento de lideranças e o modelo de aprendizagem. Esse quadro deixa mais claros os atributos do processo de desenvolvimento de líderes de Ram Charan.[25]

....

23. CHARAN, 2008, p. 2-3.
24. ALMEIDA, D. Quer ser líder? Aprenda a servir: aos chefes aos subordinados e aos pares. *Época Negócios* [online], 18 fev. 2013. Disponível em: http://epocanegocios.globo.com/Inspiracao/Carreira/noticia/2013/02/quer-ser-lider-aprenda-servir-ao-chefe-ao-subordinado-e-aos-pares.html. Acesso em: dez. 2019.
25. CHARAN, 2008, p. 31.

QUADRO 17.7
Principais diferenças entre o modelo convencional de desenvolvimento de lideranças e o modelo de aprendizagem

Desenvolvimento de liderança convencional	Modelos de aprendizagem
Foco nos *inputs*: horas em sala de aula, dinheiro alocado, universidades corporativas	Foco nos *outputs*: estamos conseguindo os líderes de que precisamos? ("Nosso próprio banco de candidatos à sucessão do CEO")
Recursos necessários: especialmente dinheiro	Recursos necessários: pincipalmente a atenção dos líderes e energia emocional
Recursos para o desenvolvimento amplamente distribuídos	Recursos alocados desproporcionalmente a um grupo menor de líderes de alta alavancagem
Desenvolvimento dos líderes a cargo do RH	O RH apoia o desenvolvimento de lideranças; os chefes exercem papel central no desenvolvimento dos líderes
Conjunto universal de competências e características para todos os líderes	Identificação dos talentos e habilidades dos talentos, habilidades e características pessoais em cada líder individual
Evolução ascendente, linear e incremental	Saltos ascendentes em vários degraus ou níveis de complexidade: alguns movimentos horizontais
Ênfase em treinamento em sala de aula e "exposição"	Ênfase na prática deliberada
Espera pela abertura de vagas e planos de carreira padronizados	Criação ou adaptação de atribuições customizadas para as necessidades de desenvolvimento de cada líder

COMENTÁRIO DE CONSULTORIA

Existem muitos modelos de liderança e, por isso, os dirigentes ou gestores podem ficar confusos na hora de decidir qual o melhor modelo para o desenvolvimento de liderança a ser implantado na empresa.

Um ponto importante a ser observado corresponde à *cultura* e ao *comprometimento* do gestor sênior da organização com o desenvolvimento dos líderes, porque ele deverá liderar e gerenciar esse processo. Cabe ao RH estabelecer parceria e fornecer suporte para a consecução dos resultados.

É verdade que alguns modelos têm mais chances de sucesso do que outros, principalmente os modelos contemporâneos: liderança visionária, liderança estratégica, liderança servidora e o modelo de aprendizagem. Todos vieram a acrescentar muito aos estudos e desenvolvimento da liderança, mas exigem uma preparação do gestor sênior e seu compromisso com a formação e desenvolvimento dos outros líderes, exercendo o papel de mentor e direcionando a prática compartilhada da gestão.

Um exemplo muito interessante de alguém capaz de alçar o grau mais alto da fama, conseguir manter o *status* durante anos, brilhar em várias direções, tomar decisões polêmicas em momentos difíceis e ser reconhecido por ser um grande formador de talentos em equipe é o treinador Bernardinho. Ronny Hein, na reportagem de capa da revista *Forbes*, sob o título "Bernardinho sem bloqueio", revela fatos interessantes e desconhecidos do grande público sobre Bernardinho do vôlei.[26]

FIGURA 17.8

Bernardo Rocha de Resende, o Bernardinho

Bernardo Rocha de Resende, o Bernardinho do vôlei e de muitas outras atividades, nasceu em Copacabana, e foi treinador da seleção brasileira de vôlei feminino (1994--2000) e masculino (2001-2017). Nos raros momentos em que não está exercitando sua liderança nas quadras, é empresário de uma rede de restaurantes de sucesso há quase 30 anos, dono de academias e representante de bicicletas. Faz palestras para empresários sobre os temas conquista, liderança, esforço, superação e trabalho e ainda preside a ONG compartilhar.org, que procura atrair jovens de comunidades pacificadas e periferia do Rio de Janeiro para o esporte. Seu livro, *Transformando suor em ouro*, já vendeu 400 mil cópias.

....

26. HEIN, R. Bernardinho sem bloqueio. *Forbes Brasil*, maio 2013, p. 56-61.

Bernardinho dá dicas de que tipo de líder ele é quando, ainda no início de seu livro, escreve:

> Quando conquistei a primeira medalha olímpica como treinador de uma seleção brasileira de vôlei – o bronze das meninas em 1996 – e começaram a surgir convites para palestras em empresas, fiquei curioso: o que será que executivos e profissionais das mais variadas áreas querem ouvir? O que há de comum entre minhas experiência e conquistas do esporte e o dia a dia dos negócios?
>
> No vôlei como na vida, valem os mesmos princípios: a necessidade de identificar talentos, de manter as pessoas motivadas, de se comprometer com o desenvolvimento de cada membro do grupo e, principalmente, de criar um espírito de equipe que torne o desempenho do time muito superior à mera soma dos talentos individuais.[27]

Bernardinho revela pontos importantes para o desenvolvimento de talentos em equipe na entrevista a seguir.

"Nada menos que o melhor"[28]

Bernardinho, o técnico que levou a seleção masculina de vôlei ao título mundial, revela como um líder pode tirar o máximo de sua equipe.

Desde pequeno, Bernardo da Rocha Rezende, o Bernardinho, sonhava em construir uma carreira vinculada ao esporte. O problema é que, naquela época, formar-se em educação física era tido como "coisa de vagabundo", segundo suas palavras. Então, cedeu à pressão da família e formou-se em economia. "Mas o único banco em que consegui trabalhar foi no da Seleção Brasileira de Vôlei", diz, seguido de uma sonora gargalhada. Como todos sabem, Bernardinho fez carreira no esporte. E foi no banco de reservas que aprendeu uma importante lição de liderança: "Os reservas só entram em momentos difíceis, quando é preciso virar o jogo", afirma. "Por isso, o trabalho de toda a equipe é o que mais vale." No Campeonato Mundial de Vôlei da

----

27. BERNARDINHO. *Transformando suor em ouro*. Rio de Janeiro: Sextante, 2006. p. 17.
28. [S.A.] Nada menos que o melhor. *Você S/A*. jan. 2003.

Argentina de 2002, vencido pelo Brasil, Bernardinho combinou com todos que o prêmio de melhor jogador seria dividido: metade para o atleta escolhido, metade para a equipe. "Ninguém ganha campeonato sozinho." Para o técnico, os ensinamentos da quadra valem para o mundo empresarial. Ele próprio aplica as lições em sua rede de restaurantes, Delírio Tropical, no Rio de Janeiro. "Temos baixa rotatividade de funcionários graças ao alto nível de motivação", diz. No final da palestra que fez na 4ª Conferência Internacional da ONG Endeavor, no fim do ano passado, em Maceió, Alagoas, Bernardinho deu a seguinte entrevista:

O que um técnico de vôlei tem a ensinar a executivos e a empreendedores?

O vôlei é uma boa fonte de comparação com o mundo das empresas porque é o mais coletivo dos esportes. Qualquer ação necessita de interação. Somente o saque é um ato individual, e mesmo assim ele deve ser dado de determinada maneira que desencadeie a estratégia da equipe. Qualquer pessoa de sucesso sabe que é uma peça importante, mas que não conseguirá nada sozinha. O esporte é bom como exemplo porque tipifica tudo. Na sexta temporada do astro americano Michael Jordan na NBA, por exemplo, ele ainda não havia ganho nada. Isso só aconteceu quando jogadores como Scottie Pippen e Horace Grant se tornaram seus colegas no Chicago Bulls. Claro que o talento de Jordan decidiu várias vezes o jogo, mas ele não chegaria até esse momento decisivo sem uma boa equipe. Ou seja, pode decidir uma partida, mas não ganhar um campeonato sozinho.

O que faz de um time uma grande equipe?

A grande equipe é aquela que ganha sempre. A questão é que consistência não se consegue da noite para o dia. É necessário escolher as pessoas certas, com um objetivo comum. Gente que busca a excelência, que quer o melhor resultado naquele dia. Ao longo do tempo, essas pessoas e equipes conquistam muitas coisas.

É natural as pessoas demonstrarem altos e baixos no trabalho. Qual é a sua receita para manter a equipe sempre em alta?

Não dá para ligar ou desligar o botão da excelência. Comigo, as pessoas têm que fazer as coisas da melhor maneira possível, ou então é preferível não fazê-las. É como a parábola do garoto que tentava todo dia acertar uma pedra na lua. É claro que jamais conseguiria, mas, dentre todos os outros meninos, ele seria sempre aquele que jogaria a pedra mais longe, pois buscava a excelência sempre.

O que fazer para reerguer uma equipe boa, mas que se encontra desmotivada?

Em 1974, a Polônia foi campeã mundial de vôlei. Depois da conquista, o time perdeu rendimento. Dois anos depois, em 1976, o técnico Hubert Wagner precisava reagrupar a equipe para a Olimpíada. Era um problema sério, pois a relação dele com os jogadores estava complicada. A cada dia que passava, Wagner escolhia um jogador do grupo, geralmente o mais frágil emocionalmente ou o mais jovem, e simplesmente o arrasava. Ele ia fazendo isso um a um, dia após dia. Tal comportamento suscitou uma reação de proteção dos mais jovens e fracos dentro do grupo. Os atletas criaram um vínculo para se proteger dos ataques irracionais.

A estratégia funcionou?

Na final, a Polônia derrotou a Rússia e levou a medalha de ouro. Mas ninguém chegou perto para comemorar com o treinador. Na coletiva de imprensa, no fim da partida, os jornalistas queriam saber por quê. Wagner respondeu que um único sentimento tinha sido capaz de reagrupar a equipe: o ódio contra ele. Essa é uma estratégia extrema, que eu jamais recomendaria, mas ela serve de lição, pois comprova que é necessário ter uma causa pela qual lutar: no caso, provar para o treinador que a equipe conseguiria ser campeã.

Hoje, com empresas em busca do bem-estar no trabalho, o estilo de liderança truculento está fadado ao fracasso. Na sua opinião, qual o modelo mais adequado aos dias atuais?

Para liderar, não basta desejar ser seguido. É preciso que as pessoas queiram seguir você. E o convencimento da liderança só vem com a participação. O Secretário de Estado Americano, Colin Powell, diz que quando os soldados deixam de vir até você é porque você parou de liderar. Não existe fórmula pronta para saber liderar ou motivar. É preciso conhecer as pessoas e oferecer o desafio que elas querem. Meu primeiro treinador de vôlei, o Bené, fazia isso como ninguém quando comecei a jogar no Fluminense, em 1972. Eu jogava com o meu irmão, Rodrigo, que tinha mais talento, mas não demonstrava a mesma vontade que eu. Sempre que brigávamos por alguma jogada errada, o Bené me mandava invariavelmente para o chuveiro. Outro dia eu o reencontrei e descobri a razão. Ele explicou que, quando me mandava embora, eu voltava com mais gana no outro dia. Se fizesse o mesmo com o meu irmão, ele provavelmente não voltaria mais.

Mas o que fazer quando não existir um Bené por perto para estimular a persistência?

É preciso ter força mental. O primeiro-ministro britânico Winston Churchill foi convidado a participar de uma formatura em uma escola. Quando chegou a sua vez de falar, simplesmente disse: "Nunca, nunca, nunca desistam!" e sentou-se. Os alunos não entenderam, mas o diretor da escola conseguiu absorver a garra e obstinação que Churchill quis passar. Quando perdemos a final da liga mundial, no ano passado, recebemos muitas críticas. Mas podíamos voltar a lutar. Os vencedores são persistentes.

E onde entra o planejamento?

Desenvolvi um gráfico, que batizei com o nome de "roda de sucesso", no qual incluí os itens liderança, perseverança, comprometimento e ética no trabalho. Nenhum deles funciona se não houver planejamento. Coisas que fogem de nosso controle podem comprometer o resultado, mas o planejamento sempre ajuda a monitorar a situação.

Como produzir bons resultados com poucos recursos à disposição?

Você deve dar sinais às pessoas no seu dia a dia, e não somente no vestiário e às vésperas de uma grande decisão. Pequenas conquistas ao longo do tempo geram motivação.

Tem diferença entre liderar homens e mulheres?

O homem é educado para não mostrar emoções. Já a mulher é educada para demonstrá-las. Por causa disso, é mais fácil monitorar as mulheres. Mas há um problema que descobri logo no início: elas menstruam. O primeiro time que treinei era uma equipe feminina da Itália que estava na última colocação do campeonato. Comecei a treinar na quinta-feira e no sábado já havia jogo. Percebi que a melhor jogadora não estava rendendo nada. Só então descobri que ela estava, como se costuma dizer, "naqueles dias". Na seleção brasileira feminina, desenvolvi uma técnica para descobrir o ciclo menstrual das meninas. Elas ficavam conversando em círculos e eu ficava andando e pescando as conversas. Quando uma delas estava mais ou menos irritada, eu anotava no caderninho, para não exigir demais dela naqueles dias (risos). Certa vez a Márcia Fu estava cabisbaixa e rendendo menos. Descobri que ela estava sofrendo por causa de saudade que sentia de sua cachorrinha. Liguei para o namorado dela e lhe pedi para que desse um jeito de fazer a cachorra latir ao telefone. Foi incrível ver como isso melhorou a *performance* dela. Um homem jamais diria que estava com saudade da cachorrinha.

Uma máxima sobre liderança diz que elogio se faz em público e crítica em caráter privado. Durante as partidas, você ralha energicamente com a equipe. Não é uma contradição?

Quando falo com a equipe em quadra, não estou ralhando, mas cobrando. Em 90% das vezes, jogamos em ginásios semi ou completamente lotados. São cerca de 15 mil pessoas gritando, e o tempo é escasso. Então, não tenho alternativa além de falar energicamente. Costumo dizer que não tenho úlcera porque eu a transfiro para os outros.

QUESTÕES

1. Pense em alguém que teve influência na sua escolha profissional (um professor, supervisor ou gestor). Que tipo de líder essa pessoa era e como ela o ajudou a desenvolver as habilidades que você tem hoje?
2. Explique as diferenças entre os tipos de poder.
3. Estabeleça uma comparação e explique a inter-relação entre liderança, gerência e poder.
4. Analise a liderança de Bernardino sob a perspectiva dos novos modelos de liderança (estratégica, visionária ou gerencial). Justifique sua resposta.

CAPÍTULO 18

Coaching

JOSÉ ROBERTO MARQUES
Master Coach Trainer e Presidente
do Instituto Brasileiro de Coaching

Coaching: desenvolvendo pessoas e acelerando resultados

Desenvolvimento de habilidades, descoberta de novas competências, desbloqueio de crenças sabotadoras, melhoria da comunicação, das relações inter e intrapessoais, planejamento com foco, definição de metas e alcance de objetivos de forma acelerada: esses são alguns benefícios de um processo de *coaching*.

Coaching é um processo que alia um conjunto de conhecimentos, recursos e ferramentas que visam a acelerar, na prática, o alcance de resultados positivos, tanto em nível profissional como pessoal. O responsável por conduzir esse processo dinâmico de aceleração de resultados é denominado *coach*.

O *coach* atua junto a seus clientes (*coachees*), que podem ser profissionais em geral, executivos, equipes e lideranças. Um processo de *coaching* envolve constante diálogo, *feedbacks*, interação e suporte por meio de sessões semanais, quinzenais ou mensais que duram, em média, uma hora e meia.

O *coaching* é uma excelente ferramenta utilizada em âmbito empresarial, uma vez que trabalha, de forma assertiva, no alinhamento da cultura organizacional e na criação de um ambiente de trabalho favorável ao desenvolvimento das competências individuais, coletivas e de liderança dos executivos, gestores, diretores e colaboradores de uma organização.

Uma recente pesquisa da consultoria americana Robert Half corrobora essa afirmação. Segundo relatório, o Brasil é um dos países que mais se destacam em *coaching* no mundo. De acordo com o levantamento, enquanto 55% dos profissionais do globo acreditam que a realização de *coaching* por seu chefe é realmente eficiente para a melhoria do desempenho dos colaboradores, no Brasil esse índice é de 77%.

Como podemos perceber, o *coaching* é reconhecido em todo o mundo como uma metodologia poderosa e eficaz no que tange ao desenvolvimento e à gestão de pessoas e, a cada dia, sua credibilidade cresce mais. Tanto empresas como profissionais, líderes e aqueles que buscam o processo em nível pessoal têm se beneficiado.

Coaching: o processo da excelência profissional

O ex-presidente dos Estados Unidos Bill Clinton tinha um *coach*, a apresentadora Oprah Winfrey usou esse auxílio para ajudá-la a chegar ao topo em sua carreira e, claro, os principais astros do esporte, como o golfista supercampeão Tiger Woods, também recorrem a esse serviço. E, não por acaso, as organizações cada vez mais estão investindo em treinamento e desenvolvimento por meio do *coaching* para alavancar o desenvolvimento de seus profissionais.

Em um levantamento feito pelo Institute of Leadership and Management (ILM), com 250 empresas do Reino Unido, 80% disseram que estavam usando ou tinham usado *coaching* e 9% estavam planejando fazê-lo. Um estudo de 2009, realizado pelo Chartered Institute of Personnel Development, confirmou que, mesmo durante a crise econômica mundial, os treinamentos mantiveram-se aquecidos; sete entre dez empresas pesquisadas relataram aumentar os investimentos ou manter seus programas de *coaching*, mesmo naquele período.

Há cinco anos, o *coaching* estava presente em cerca de 75 países; agora está em cerca de 110. O *coaching* tem crescido em todo o mundo, por ser uma ferramenta que permite que os profissionais desenvolvam e alcancem alta *performance* em suas carreiras e, com isso, maximizem seus resultados. E não é apenas isso, pois, mesmo trabalhando aspectos profissionais, os efeitos positivos do *coaching* sempre são repercutidos na vida pessoal do cliente.

Coaching no desenvolvimento de *coaches* internos

A partir do ponto de vista organizacional, a implantação da cultura de *coaching* é extremamente benéfica, uma vez que os benefícios se mostram de forma sistêmica, fomentando de maneira extraordinária a excelência nos resultados por meio de investimentos e do desenvolvimento contínuo do capital humano.

A razão para a popularidade crescente do *coaching* no ambiente organizacional pode ser justificada com base em seu efeito ganha-ganha. O estudo do Institute of Leadership and Management (ILM) identificou que 95% das empresas que usaram o *coaching* atestaram que tanto o indivíduo que passou pelo processo como a organização têm se beneficiado do processo.

Ao treinar pessoas, esse investimento, ano após ano, será revertido na melhoria no desempenho e na perfomance profissional e pessoal dos indivíduos.

Podemos afirmar que o *coaching*, sem dúvida, também traz uma contribuição social, uma vez que oferece a oportunidade de a pessoa tornar-se o melhor que ela puder ser, ao desenvolver comportamentos mais positivos e construir relacionamentos mais sadios na vida como um todo.

Com isso, você terá *coaches* internos, cidadãos e profissionais preparados, mais engajados, motivados, trabalhando e contribuindo continuamente para ajudar os outros a ter um melhor desempenho também.

A implantação da cultura de *coaching* vai ser uma das características mais importantes e um dos principais diferenciais das organizações de sucesso.

Coaching executivo e seus benefícios na liderança

Empresas de sucesso são resultados de pessoas e, para que os colaboradores deem o melhor de si, é necessário que haja lideranças efetivas e um ambiente de trabalho favorável ao desenvolvimento dos profissionais. É aí que entra o *coaching* executivo.

Os benefícios do *coaching* executivo já são conhecidos na Europa e nos Estados Unidos, onde as empresas usam com frequência esse tipo de *coaching* para potencializar o desempenho de seus profissionais.

Pesquisa feita pela Pontifícia Universidade Católica de Campinas com 10 executivos que passaram por um processo de *coaching* apontou que 100% deles aperfeiçoaram a capacidade de ouvir, 80% melhoraram a flexibilidade, 90% melhoraram a produtividade, 80% se mostraram mais abertos às mudanças organizacionais e 70% conseguiram melhorar o ambiente e os relacionamentos no trabalho.

Os resultados para as empresas vão ainda muito além, uma vez que o processo instaura nos colaboradores o fortalecimento de suas crenças motivadoras, elimina as crenças limitantes, aumenta a autoestima, fortalece as relações e o respeito entre os liderados e seus superiores e os motiva ao trabalho de forma contínua, em um processo que visa ao equilíbrio entre o desenvolvimento das pessoas e as ambições da empresa.

Os objetivos do *coaching* executivo compreendem ainda o desenvolvimento de lideranças, competências de gestão, melhoria nas relações interpessoais, motivação, foco e desenvolvimento de equipes, preparação para promoção, além, é claro, da aceleração dos resultados e do alinhamento sistêmico dos colaboradores com a cultura organizacional.

Esse tipo de *coaching*, voltado ao desenvolvimento de executivos com habilidades diferenciadas e de alta *performance*, tem sido cada vez mais contratado pelas empresas que precisam desses profissionais de alto nível para alcançar resultados extraordinários. Nesse sentido, com certeza, o *coaching* executivo é o mais eficaz.

Gestão de pessoas com *coaching* e seus diferenciais

Liderar, motivar, reter talentos e manter equipes estimuladas, produzindo, e os resultados em alta – essas tarefas permeiam o dia a dia dos gestores e líderes e demandam capacidade de liderança e habilidades de comunicação, especialmente para lidar com pessoas.

No ambiente corporativo, estar preparado para liderar os colaboradores de forma efetiva torna-se cada vez mais um diferencial competitivo. Tanto para profissionais experientes como para os aspirantes a líderes, investir em treinamentos focados na melhoria da gestão de pessoas é fundamental para conhecer e saber lidar com o novo perfil de profissionais que o mercado busca e ser o líder que esses profissionais estão buscando como fonte de inspiração e aprendizados para sua carreira.

Esse é o grande diferencial das grandes empresas: o investimento em gestores, líderes e executivos realmente preparados para ir além. Cobrar resultados não é tudo que um líder pode fazer e muito menos tudo aquilo de que uma empresa precisa. Fundamental é ter a capacidade de liderar, estimulando as competências, as habilidades e o aumento da *performance* de seu grupo de liderados.

Nesse sentido, treinamentos de gestão de pessoas que utilizam o *coaching* como metodologia de desenvolvimento têm sido ostensivamente procurados por gestores, líderes e empresas cuja meta é não apenas gerar resultados com suas equipes, mas também desenvolver colaboradores de forma sistêmica.

Por meio de suas técnicas e metodologias, advindas de diversas ciências que estudam o comportamento humano, o *coaching* é muito utilizado por empresas e lideranças para gerir pessoas e equipes, pois se apoia, entre outros, no autoconhecimento, no alinhamento com a cultura organizacional, na criação de um ambiente favorável, na melhoria do desempenho, no aumento da motivação e na retenção dos liderados.

Benefícios do *coaching* na gestão de pessoas

Para a organização

- ▶ união do *coaching* à cultura organizacional por meio da melhoria das estratégias de lideranças;

- melhoria nas relações interpessoais e aumento da produtividade;
- melhoria da qualidade de vida no trabalho;
- maior comprometimento por parte de líderes e colaboradores;
- melhoria da retenção e recrutamento dos talentos;
- melhoria nos relacionamentos empresa/cliente/*stakeholders;*
- planejamentos efetivos para promoção, aposentadoria e sucessão;
- desenvolvimento de executivos-chave;
- maior respeito e reconhecimento do mercado pelo investimento no desenvolvimento humano; e
- crescimento contínuo combinado a resultados extraordinários.

Para o gestor de pessoas
- desenvolvimento da liderança *coaching;*
- aprimoramento de habilidades e competências técnicas e comportamentais;
- táticas para lidar com a resistência de equipes e executivos de alto escalão;
- conhecimentos atuais e aprofundados sobre comportamento humano nas organizações;
- ferramentas para a identificação assertiva do perfil comportamental de líderes e colaboradores;
- maior eficácia de seus processos de *coaching* com equipes e líderes;
- desenvolvimento de técnicas comprovadas para aplicação no cenário organizacional; e
- aprendizado sobre como alavancar resultados positivos em ambientes competitivos.

Os profissionais de gestão de pessoas que aplicam o *coaching* alcançam melhores resultados em seu trabalho por encontrar nesse processo não apenas ferramentas para desenvolver seus liderados, mas também autodesenvolvimento, autoconhecimento, melhoria na comunicação interpessoal, desenvolvimento de sua inteligência emocional e capacidade de tomar decisões com mais assertividade.

Com esses atributos bem desenvolvidos, o profissional torna-se mais bem preparado para lidar com situações adversas, pressões e o estresse do dia a dia de uma empresa, pois tem plena confiança em suas atribuições, mas também sabe ser flexível, uma vez que conhece as qualidades de seus liderados e sabe delegar tarefas e dar os *feedbacks* necessários para o crescimento de cada um e da empresa.

Desse modo, em todo o mundo, o *coaching* realmente se configura como uma metodologia fantástica no que tange ao desenvolvimento humano e à implantação de uma nova cultura organizacional, na qual o foco são os resultados combinados ao desenvolvimento efetivo do capital humano.

Por isso, é importante lembrar-se de que "empresas são resultados de pessoas" e, como tais, devem dar a importância necessária e investir continuamente na melhoria da gestão de pessoas. Para isso, as organizações podem contar com o apoio extraordinário do processo de *coaching*.

Referências

ABREU, V. Sem sair da agenda: investimentos em formação e capacitação continuarão em alta em 2012. *Revista Melhor Gestão de Pessoas*. Disponível em: http://www.revistamelhor.com.br/textos/289/sem-sair-da-agenda-243156-1.asp. Acesso em: 13 abr. 2013.

ABDALA, V. *Empregos com carteira assinada continuam crescendo, mas em ritmo menor*, diz IBGE. Disponível em: http://memoria.ebc.com.br/agenciabrasil/noticia/2012-12-21/empregos-com-carteira-assinada-continuam-crescendo-mas-em-ritmo-menor-diz-ibge. Acesso em: out. 2019.

ACADEMIA PEARSON. *Administração de recursos humanos*. São Paulo: Longman do Brasil, 2010.

ADMINISTRADORES.COM. *Metalfrio banca ensino superior dos funcionários*. Disponível em: https://administradores.com.br/noticias/metalfrio-banca-ensino-superior-dos-funcionarios. Acesso em: out. 2019.

AGRAWAL, V.; FARRELL, D. Who wins in offshoring. *The McKinsey Quarterly*, n. 4, 2003 apud COSTA, R. F.; FARIA, M. D. Efeitos de *outsourcing* e *offshoring* nas relações de trabalho em uma organização transnacional. In: SEGET, 2008. Anais... [on-line]. Disponível em: http://www.aedb.br/seget/artigos08/354_354_CostaFaria_SEGeT2008.pdf. Acesso em: 9 jul. 2013.

AKTOUF, O. *O indivíduo na organização*. São Paulo: Atlas, 1993.

ALMEIDA, D. Quer ser líder? Aprenda a servir: aos chefes aos subordinados e aos pares. *Época Negócios* [on-line], 18 fev. 2013. Disponível em: http://epocanegocios.globo.com/Inspiracao/Carreira/noticia/2013/02/quer-ser-lider-aprenda-servir-ao-chefe-ao-subordinado-e-aos-pares.html. Acesso em: 30 jun. 2013

AMATTI, V. Quanto pesa um bom funcionário? *Super Varejo*, abr. 2005.

ARCHER, E. R. Mito da motivação. In: BERGAMINI, C. W. *Psicodinâmica da vida organizacional*. São Paulo: Atlas, 1998.

ASSAD, A. Alinhando meio, mensagem e resultados. *Mundo Marketing*, 2009. Disponível em: https://www.mundodomarketing.com.br/blogs/relacionamento-digital/24351/alinhando-meio-mensagem-e-resultados.html. Acesso em: set. 2019.

ASSOCIAÇÃO NACIONAL DE MEDICINA DO TRABALHO (ANAMT). Disponível em: https://www.anamt.org.br/portal/2017/08/08/ministerio-do-trabalho-como-prevenir-as-doencas-ocupacionais/. Acesso em: dez. 2019.

ATKINSON, W. When stress won't go away. *HR Magazine*, dez. 2000 apud IVANCEVICH, J. M. *Gestão de recursos humanos*. São Paulo: McGraw-Hill, 2008.

BARKER, A. *Técnicas de comunicação*. São Paulo: Clio, 2007.

BARTH, P.; MARTINS, R. *Aprendizagem vivencial em treinamento e educação*. Rio de Janeiro: Intercultural, 1996.

_____ et al. *Coleção de exercícios estruturados para treinamento e educação*. v. 1. Rio de Janeiro: Intercultural, 1980.

BARTLETT, C.; GOSHAL, S. The myth of the generic manager: new personal competences for new management roles. *California Management Review*, v. 40. n. 1, 1997 *apud* BATEMAN, T. S.; SNELL, S. A. *Administração*. Porto Alegre: AMGH, 2012.

BATEMAN, T. S.; SNELL, S. A. *Administração*. Porto Alegre: AMGH, 2012.

BAYOT, P. C. P. Avaliação por competência no mundo globalizado. In: VII Congresso Nacional de Excelência em Gestão, 12-13 ago. 2011. *Anais*. Disponível em: http://www.inovarse.org/node/2869. Acesso em: out. 2019.

BEER, M.; WALTON, R. Sistema de recompensa e o papel da remuneração. In: *Gestão de pessoas, não de pessoal* [Nota da Harvard Business School]. São Paulo: Campus, 1997.

BENNIS, W. *A formação do líder*. Tradução de Marcelo Levy. São Paulo: Atlas, 1996.

BERGAMINI, C. W. *Avaliação de desempenho humano na empresa*. 3. ed. São Paulo: Atlas, 1986.

BERNARDINHO. *Transformando suor em ouro*. Rio de Janeiro: Sextante, 2006.

BISCARO, A. W. *Métodos e técnicas em T&D*. São Paulo: Makron Books, 1994.

BLECHER, N. Estou totalmente por fora. *Exame.com*, 7 out. 1998. Disponível em: http://exame.abril.com.br/revista-exame/edicoes/0672/noticias/estou-totalmente-por-fora-m0049024. Acesso em: 18 ago. 2013.

BLESSING WHITE. The state of employee engagement, 2008. North American Overview, 2008. Disponível em: http://www.blessingwhite.com/research *apud* BATEMAN, T. S.; SNELL; S. A. *Administração*. Porto Alegre: AMGH, 2012.

BOARDPLACE. *Governança corporativa e compliance*: você entende as diferenças? Disponível em: http://www.boardplace.com.br/artigos-boardplace/governanca-corporativa-e-compliance-voce-entende-as-diferencas/. Acesso em: ago. 2019.

BOHLANDER, G.; SNELL, S. *Administração de recursos humanos*. 3. ed. São Paulo: Cengage Learning, 2014.

BOLLES, R.; BOLLES M. E. *The 2005 what color is your parachute?* Berkeley: CA Ten Speed, 2005, *apud* IVANCEVICH, J. M. *Gestão de recursos humanos*, São Paulo: McGraw-Hill, 2008.

BOSSIDY, L.; CHARAN, R. *Execução*: a disciplina para atingir resultados. Rio de Janeiro: Elsevier, 2005.

BOWDITCH, J; BUONO, A. *Elementos de comportamento organizacional*. São Paulo: Pioneira Thomson Learning, 2004.

BOXALL, P.; PURCELL, J. *Strategy and human resource management*. Londres: Palgrave Macmillan, 2011.

BRANCO, H. C. Saiu a nova edição do panorama do treinamento no Brasil. Disponível em: https://blog.integracao.com.br/blog--saiu-a-nova-edicao-do-panorama-do-treinamento-no-brasil. Acesso em: out. 2019.

BRANHAM, L. *Motivando as pessoas que fazem a diferença*. Rio de Janeiro: Campus, 2002.

BRASIL. Lesão por esforço repetitivo (LER), 2006. Disponível em: http://www.brasil.gov.br/sobre/saude/saude-do-trabalhador/lesao-por-esforco-repetitivo-ler. Acesso em: 21 abr. 2013.

BRASIL. Ministério da Saúde. Política Nacional de Saúde do Trabalhador do Ministério da Saúde, proposta para consulta pública. Brasília: MS, 2004. Disponível em: http://www.brasil.gov.br/sobre/saude/saude-do-trabalhador. Acesso em: 20 jul. 2013.

BRETAS, M. J. L. *Na cova dos leões*: o consultor como facilitador do processo decisório. Belo Horizonte: Ophicina de Arte & Prosa, 2002.

BUCKINGHAM, M.; CLIFTON, D. O. *Descubra seus pontos fortes*. Rio de Janeiro: GMT, 2008.

BUELL, B.; HOF, R. D.; McWILLIAMS, G. Hewlett-Packard itself. *Business Week*, 1 abr. 1991.

BUNCE, D.; WEST, M. A. Stress management and innovation interventions at work. *Human Relations*, p. 209-232, mar. 1996 apud IVANCEVICH, J. M. Gestão de recursos humanos, São Paulo: McGraw-Hill, 2008.

BURGER, A. A comunicação interna e o perfil dos comunicadores nas organizações em 2011. Disponível em: http://www.nosdacomunicacao.com.br/panorama_interna.asp?panorama=480&tipo=R. Acesso em: 10 jun. 2013.

CADERNO CIÊNCIAS, *Jornal Estado de Minas*, 12 out. 2010.

CANON, W. B. *The wisdom of the body*. Nova York: W.W. Norton Press, 1932 apud MARINUZZI, R.; FAJARDO, J. Ecologia empresarial. Belo Horizonte: Armazém de Ideias, 1999.

CARDOSO, J. C. As 5 fases da vida para construir uma carreira. *Revista HSM* [on-line]. Disponível em: http://www.intermanagers.com.br/artigos/5-fases-da-vida-para-construir-carreira. Acesso em: 22 jul. 2013.

CARVALHO, I. M. V. et al. *Cargos, carreiras e remuneração*. Rio de Janeiro: FGV, 2011.

CATHARINO, J. M. *Greve e lock-out*. Disponível em: http://biblio.juridicas.unam.mx/libros/1/139/16.pdf. Acesso em: 20 ago. 2013.

CHARAN, R. Mestres em talentos. *HSM*, jul./ago. 2010.

_____. *O líder criador de líderes*: a gestão de talentos para garantir o futuro e a sucessão. Rio de Janeiro: Elsevier, 2008.

CHARTLER, M. R. *Comunicação interpessoal eficaz*: cinco elementos críticos da comunicação. Baseado no inventário de comunicação de Millard J. Bienvenu, no *The Journal of Communication*, 1986.

COHEN, A. R.; FINK, S. L. *Comportamento organizacional*: conceitos e estudos de casos. Rio de Janeiro: Campus, 2003.

COHEN et al. *Effective behavior in organization*. Nova York: McGraw-Hill/Irvin, 1976.

COLOMBINI, L. Rádio corredor. *Você S.A.*, jul. 1999.

CONSELHO FEDERAL DE PSICOLOGIA. Problemas demais. *Revista Diálogos*, ano 4, n. 5, dez. 2007.

COOPER, G. L. Stress e qualidade de vida no trabalho. In: ROSSI, A. M.; PERREWÉ, P.L.; SAUTER, S. L. (orgs.). *A natureza mutante do trabalho*: o novo contrato psicológico e os estressores associados. São Paulo: Atlas, 2010.

CULP, L. M. Rumor important, say managers workwise syndicated column, 28 mar. 1999 apud DUBRIN, A. J. *Fundamentos do comportamento organizacional*. São Paulo: Pioneira Thomson Learning, 2006.

CUSINS, P. *Gerente de sucesso*: como liderar: liderança e eficácia. São Paulo: Clio, 2003.

DAVENPORT, T. H.; PRUZAK, L. *Conhecimento empresarial*: como as organizações gerenciam o seu capital intelectual. Rio de Janeiro: Campus, 1998.

DELGADO, M. C. S.; RIBEIRO, R. C. P. R.; SILVA, G. A. V. Assédio moral ou situação vexatória: um estudo exploratório sobre a percepção do fenômeno. *Revista de Administração da FEAD*, v. 4, out. 2007.

DELOITTE. *Aligned at the top*: how business and HR executives view today's most significant people challenges – and what they're doing about it. Deloitte Touche Tohmatsu, 2007.

DELORENZO, A.; FARIA, G. A democracia depende de um modelo sindical forte. *Revista Forum*, 27 jun. 2012. Disponível em: http://revistaforum.com.br/blog/2012/06/a-democracia-depende-de-um-modelo-sindical-forte/. Acesso em: 25 abr. 2013.

DIAS, A. Vista a camisa dos seus pontos fortes. *Revista Você S/A*, jun. 2005.

DINIZ, D. O peso da saúde nas empresas. *Você RH*, n. 5, dez. 2008-fev. 2009.

DOLEZALEC, H. Industry report 2004. *Training*, out. 2004 apud BATEMAN, T. S.; SNELL, S. A. *Administração*. Porto Alegre: AMGH, 2012.

DRUCKER, P. F. Eles não são empregados, são pessoas. *Edição Especial Exame: Harvard Business Review*, ed. 764, abr. 2002.

_____. *O melhor de Peter Drucker*: o homem. São Paulo: Nobel, 2002.

DUBRIN, A. J. *Fundamentos do comportamento organizacional*. São Paulo: Pioneira Thomson Learning, 2006.

EDWARDS, M. R.; EWEN, A. J. Feedback de 360°. *HSM Management*, n. 6, 1998 apud ROCHA, E. P. *Feedback 360°*: uma ferramenta para o desenvolvimento pessoal e profissional. São Paulo: Alinea, 2001.

ELTON, C.; GOSTICK, A. *O princípio do reconhecimento*: as táticas que os melhores gerentes adotam para valorizar suas equipes, reter talentos e aumentar as vendas. Rio de Janeiro: Elsevier, 2009.

ELTZ, F. *Sua comunicação*: como se comunicar para obter excelentes resultados. Salvador: Casa da Qualidade, 2005.

ESTRATÉGIAS DO AGRESSOR. Disponível em: http://www.assediomoral.org/spip.php?article3. Acesso em: 10 jul. 2013.

EXAME VOCÊ S/A. Edição Especial, 2008.

FAGUNDES, G.; ZANELLATO, A. *Silicose*: doença pulmonar ocupacional no trabalhador de mineração. Disponível em: http://patologiaufvjm.weebly.com/uploads/2/3/4/2/2342487/silicose_1.pdf. Acesso em: 21 jun. 2013.

FAISSAL, R. F. et al. *Atração e seleção de pessoas*. Rio de Janeiro: FGV, 2009.

FEIN, M. Work measurement and wage incentives. *Industrial Engineering*, set. 1996 apud ROBBINS, S. P. *Comportamento organizacional*. São Paulo: Pearson Prentice Hall, 1998.

FERNANDES, E. *Qualidade de vida no trabalho*. Salvador: Casa da Qualidade, 1996.

FITZ-ENZ, J. *Retorno do investimento em capital humano*. São Paulo: Makron Books, 2001.

FLANNERY, T. P; HOFRICHTER, D.; PLATTEN, P. E. *Pessoas, desempenho e salários*: as mudanças na forma de remuneração nas empresas. São Paulo: Futura, 1997.

FONTANA, A. 10 erros de contratação. *Você S.A.*, jun. 2000.

FREEDBERG, E. J. *Ativação*: a competência básica, convertendo o potencial individual e empresarial em desempenho excelente. São Paulo: Educador, 2000.

FRENCH JR., J. R. P.; RAVEN, B. The bases of social power. In: CARTWRIGHT, D. (ed.). *Studies in social power*. Ann Arbor: Institute For Social Research, University of Michigan, 1959 apud WAGNER III, J. A.; HOLLENBECK, J. R. *Comportamento organizacional*: criando vantagem competitiva. 4. ed. São Paulo: Saraiva, 2020.

FRIEDMAN, B.; HATCH, J.; WALKER, D. M. *Capital humano*: como atrair, gerenciar e manter funcionários eficientes. São Paulo: Futura, 2000.

G1. *Google é eleita a melhor empresa para se trabalhar nos EUA*, 8 jan. 2007. Disponível em: http://g1.globo.com/Noticias/Tecnologia/0,,AA1412622-6174,00.html. Acesso em: 6 jul. 2013.

GARMONSWAY, A.; WELLIN, M. Creating the right natural chemistry. *People Management*, v. 1, n. 19, 1995.

GIANINI, T. Uma chance para os párias. *Exame* [on-line], 3 set. 2009. Disponível em: http://exame.abril.com.br/revista-exame/edicoes/0951/noticias/chance-parias-496075. Acesso em: 23 mai. 2012.

GILLEN, T. *Avaliação de desempenho*. São Paulo: Nobel, 2000.

GREEN, P. C. *Desenvolvendo competências consistentes*. Rio de Janeiro: Qualitymark, 2000.

GUSMÃO, M. Aprenda a servir. James Hunter Training & Consulting. Disponível em: http://www.jameshunter.com.br/artigo7.html.

HAMEL, G.; PRAHALAD, C. K. *Competindo pelo futuro*: estratégias inovadoras para obter o controle. Rio de Janeiro: Campus, 1995.

HANASHIRO, D. M. M.; TEIXEIRA, M. L. M.; ZACARELLI, L. M. (Orgs.). *Gestão do fator humano*: uma visão baseada em stakeholders. 2. ed. São Paulo: Saraiva, 2008. p. 259-286.

HARTLEY, D. E. *Job analysis at the speed of reality*. Amherst: MA Press, 1999.

HEIN, R. Bernardinho sem bloqueio. *Revista Forbes Brasil*, maio 2013.

HERSEY, P.; BLANCHARD, K. H. *Psicologia para administradores*: a teoria e as técnicas da liderança situacional. São Paulo: EPU, 1986.

HERZBERG, F.; MAUSNER, B.; SNYDERMAN B. B. *The motivation to work*. Disponível em: http://www.businessballs.com/herzberg.htm. Acesso em: 5 jul. 2013.

HICKSON, D. J.; PUGH, D. S. *Management worldwide*. Londres: Penguin, 1995.

HIGUTHI, M. R.; GRACIOSO, A. *Antecedentes da fusão*. Disponível em: http://www.espm.br/Publicacoes/CentralDeCases/Documents/AMBEV.pdf. Acesso em: 23 jul. 2013.

HILL, L. New manager development for the 21st Century. *Academy of Management Executive*, v. 18, n. 3, ago. 2004 *apud* BATEMAN, T. S.; SNELL, S. A. *Administração*. Porto Alegre: AMGH, 2012.

HOF, R. D. Hewlett-Packard. *Business Week*, fev. 1995 *apud* WAGNER III, J. A.; HOLLENBECK, J. R. *Comportamento organizacional*: criando vantagem competitiva. 4. ed. São Paulo: Saraiva, 2020.

HOLLANDER, E. P. *Leadership dynamics*. Nova York: Free Press, 1978.

HUNTER, J. C. *O monge e o executivo*. Rio de Janeiro: Sextante, 2004.

HUTTON, A. Four rules for taking your message to Wall Street. *Harvard Business Review*, 2001 *apud* BATEMAN, T. S.; SNELL, T. A. *Administração*. Porto Alegre: AMGH, 2012.

IVANCEVICH, J. M. *Gestão de recursos humanos*. São Paulo: McGraw-Hill, 2008.

JONES, G. N. Criando organizações com espírito de liderança e uma missão educativa. In: HESSELBEIN, F., GOLDSMITH, M., BECKHARD, R. *A organização do futuro*. São Paulo: Futura, 1997.

KANTER, R. M. *The change masters*. Nova York: Unwin, 1984.

KATZ, D.; KAHN, R. L. *Psicologia social das organizações*. São Paulo: Atlas, 1978.

KELMAN, H. C. Compliance, identification and internalization: three processes of attitude change. *Journal of Conflict Resolution*, v. 2, 1958 *apud* WAGNER III, J. A.; HOLLENBECK, J. R. *Comportamento organizacional*: criando vantagem competitiva. 4. ed. São Paulo: Saraiva, 2020.

KIPNIS, D. et al. Patterns of managerial influence. *Organization Dynamics*, p. 58-67, 1984 *apud* ROBBINS, S. P. *Comportamento organizacional*. Rio de Janeiro: LTC, 1999.

KIRKPATRICK, D. L. Evaluation training programs: the four levels. São Francisco: Berret-Kehler, 1994 *apud* BOOG, G. *Manual de treinamento e desenvolvimento*. São Paulo: Makron Books, 2001.

KOTTER, J. P. The Psychological contract: managing the joining-up process. *California Management Review*, 1973.

LEITE, L. A. C. O novo (e velho) mundo do trabalho. *Revista Melhor*: gestão de pessoas, set. 2006.

LEITE, R. M. Diretor da Prime Grupo MRV. Palestra.

LÉVY, P. A. árvore das competências em RH. Disponível em: http://www.afgoms.com.br/artigos/competências.htm. Acesso em: 2 abr. 2013.

LONDON, M. Managing the training enterprise. São Francisco: Jossey-Bass, 1989, *apud* MILKOVICH, G. T.; BOUDREAU, J. W. *Administração de recursos humanos*. São Paulo: Atlas, 2000.

LOPES, B. F. No privado são menos de 9% os trabalhadores sindicalizados. *Jornal Online*, 18 dez. 2012. Disponível em: http://www.ionline.pt/dinheiro/sindicatos-representam-menos-9-dos-trabalhadores-conta-outrem-no-privado. Acesso em: 24 abr. 2013.

LOURENÇO, I.; LOURENÇO, L. Governo isenta Imposto de Renda sobre a participação nos lucros e resultados de até R$ 6 mil. Disponível em: http://memoria.ebc.com.br/agenciabrasil/noticia/2012-12-24/governo-isenta-imposto-de-renda-sobre-participacao-nos-lucros-e-resultados-de-ate-r6-mil. Acesso em: out. 2019.

LUCENA, M. D. S. *Avaliação de desempenho*. São Paulo: Atlas, 1992.

MACEDO, I. I. et al. *Aspectos comportamentais da gestão de pessoas*. Rio de Janeiro: FGV, 2012.

_____. et al. *Aspectos comportamentais da gestão de pessoas*. Rio de Janeiro: FGV, 2012.

MACIEL, W. *A influência da remuneração variável no aumento da produtividade*. 2. ed. Recife/Madri: Universidade de Pernambuco/Universidade Autônoma de Madrid, 2006 [2000].

MAGEX, D. Feedback 360°, eficiência ou modismo. *Revista T & D*, v. 7, n. 75, ano 0, mar. 1999.

MAITLAND, I. *Como motivar pessoas*. São Paulo: Nobel, 2001.

MANO, C. Quanto vale a competência? *Exame*, 26 fev. 2003.

_____; IKEDA, P. Como ganhar a guerra por talentos: o que o Brasil precisa fazer para estar entre os primeiros na disputa internacional pelos profissionais mais qualificados – e por que o crescimento do país nos próximos anos depende disso. *Exame*, 3 abr. 2013.

MARCONDES, R. C. *Desenvolvendo pessoas*: do treinamento e desenvolvimento à universidade corporativa. Disponível em: http://gabrielaadministracao.files.wordpress.com/2011/04/gestc3a30-do-fator-humano-cap-9.pdf. Acesso em: 19 abr. 2013.

MARINUZZI, R. *Ecologia empresarial*: entre o estresse e a qualidade total, você decide. Belo Horizonte: Armazém de Ideias, 1999.

_____; FAJARDO, J. *Ecologia empresarial*: entre o estresse e a qualidade total, você decide. Belo Horizonte: Armazém de Ideias, 1999.

MARTINS, H. T. *Gestão de carreiras na era do conhecimento*. Rio de Janeiro: Qualitymark, 2001.

MAZALLI,R; ERCOLIN, C. A. *Governança corporativa*. Rio de Janeiro: FGV, 2018.

McSHANE, S. L.; VON GLINOW, M. A. *Comportamento organizacional*. Porto Alegre: AMGH, 2013.

MEGGINSON L. C.; MOSLEY D. C.; PIETRI JR., P. H. *Administração*: conceitos e aplicações. São Paulo: Harbra, 1998.

MEISTER, J. C. A. *Educação corporativa*: a gestão do capital intelectual através das universidades corporativas. São Paulo: Makron Books, 1999.

MILIONI, B. A. Integrando o levantamento de necessidade de treinamento. In: BOOG, G. *Manual de treinamento e desenvolvimento*. São Paulo: Makron Books, 2001.

MILKOVICH, G. T.; BOUDREAU, J. W. *Administração de recursos humanos*. São Paulo: Atlas, 2000.

MINTZBERG, H. et al. *Safari de estratégia*: um roteiro pela selva do planejamento estratégico. Porto Alegre: Bookman, 2000.

MORGESON F. P.; CAMPION, M. A. Accuracy in job analysis: toward an inference-based model. *Journal of Organization Behavior*, v. 21, n. 7, 2000.

MOTTA, P. R. *Desempenho em equipes de saúde*. Rio de Janeiro: FGV, 2001.

_____. *Gestão contemporânea*: a ciência e a arte de ser dirigente. Rio de Janeiro: Record, 2007.

_____. *Transformação organizacional*: a teoria e a prática de inovar. Rio de Janeiro: Qualitymark, 1998.

MOUTON, J. S.; BLAKE, R. R. Sinergogy: a new strategy for education, training and development. São Francisco: Jossey-Bass, 1984 *apud* MILKOVICH, G. T.; BOUDREAU, J. W. *Administração de recursos humanos*. São Paulo: Atlas, 2000.

MSD. *Doenças pulmonares de origem ocupacional* [on-line]. Disponível em: http://mmspf.msdonline.com.br/pacientes/manual_merck/secao_04/cap_038.html. Acesso em: 21 jun. 2013.

NANUS, B. *Liderança visionária*. Rio de Janeiro: Campus, 2000.

NASCIMENTO, K. Comunicação interpessoal eficaz: verdade & amor. *Informação em Ciência Social Aplicada (Incisa)*, 1982.

NETO, A. S. *Avaliação de desempenho*: as propostas que exigem uma nova postura dos administradores. Rio de Janeiro: Book Express, 2000.

OBERG, W. Torne a avaliação de desempenho relevante [Harvard Business Review Book]. In: VROOM, V. H. *Gestão de pessoas, não de pessoal*. Rio de Janeiro: Campus, 1997.

ORGANIZAÇÃO INTERNACIONAL DO TRABALHO (OIT). Doenças profissionais são principais causas de mortes no trabalho. *Notícias OIT* [on-line], 23 abr. 2013. Disponível em: http://www.oit.org.br/content/doencas-profissionais-sao-principais-causas-de-mortes-no-trabalho. Acesso em: 18 jun. 2013.

OLIVEIRA, C.; GODOY, D. O fenômeno Magalu. *Exame*, n. 13, 10 jul. 2019.

PASCALE, R. The paradox of "corporate culture": reconciling ourselves to socialization. *California Management Review*, v. 27, n. 2, 1985.

PEREIRA, M. C. A cultura e sua influência na organização. Dissertação (mestrado em engenharia de produção). UFSC: Florianópolis, nov. 2000.

PEREIRA, M. C. B. *Gestão de pessoas*: uma competência essencial alicerçada no processo de educação continuada. Florianópolis: Universidade Federal de Santa Catarina, 2003.

_____. *Programa de formação de consultores*. Belo Horizonte: SIGA Consultoria, 2005.

PETTI, K. H. Bônus que beneficia todos. *Pequenas Empresas & Grandes Negócios*, jun. 2008.

PHRED, D. Simulation shows what it's like to be boss. *Wall Street Journal*, 31 mar. 2008 *apud* BATEMAN, T. S.; SNELL, S. A. *Administração*. Porto Alegre: AMGH, 2012.

PICHLER, W. A. Trajetória da sindicalização no Brasil entre 1992 e 2011. *DMT em debate*: democracia e o mundo do trabalho, 13 nov. 2012. Disponível em: http://www.dmtemdebate.com.br/abre_noticia_colunista.php?id=20. Acesso em: 25 abr. 2013.

PIMENTA, S. M.; BRASIL, E. R.; SARAIVA. L. A. S. Gestão e competências em organizações do terceiro setor. *Revista de Administração da FEAD-Minas*, Belo Horizonte, FEAD-Minas, v. 3, n. 1, jun. 2006.

PIQUETES E FURA GREVES. Como tudo funciona. Disponível em: http://pessoas.hsw.uol.com.br/greves1.htm. Acesso em: 20 jul. 2013.

PONTES, B. R. *Avaliação de desempenho*: métodos clássicos e contemporâneos, avaliação por objetivos e competências e equipes. São Paulo: LTR., 2010.

PRAHALAD, C. K. Competência essencial. *Cases de sucesso*. Disponível em: http://casesdesucesso.wordpress.com/entrevistas/competencia-essencial/. Acesso em: out. 2019.

QUICK, J. C.; NELSON, D. L.; QUICK, J. D. *Stress and challenge at the top*: the paradox of the successful executive. Chichester: Wiley, 1999, *apud* IVANCEVICH, J. M. *Gestão de recursos humanos*. São Paulo: McGraw-Hill, 2008.

QUINÁLIA, C. Depressão é a segunda causa de incapacidade no trabalho. Programa de exercícios ajuda a combatê-la. *Conversa Pessoal*, n. 90, 2008. Disponível em: http://www.senado.gov.br/senado/portaldoservidor/jornal/jornal90/comportamento_carreira.aspx. Acesso em: 18 jun. 2013.

REIS, A. C. et al. *Fusão Nestlé e Garoto*. 2010. 23 f. Trabalho de Disciplina (Controladoria e Gestão) – Instituto de Ciências Gerenciais e Econômicas, PUC Minas, Belo Horizonte, 2010. Disponível em: http://sinescontabil.com.br/monografias/trab_profissionais/flaviane.pdf. Acesso em: 23 jul. 2013.

REIS, G. G. A prática do Feedback 360. *Revista da ESPM*, set.-out. 1998. Disponível em: http://bibliotecasp.espm.br/index.php/espm/article/view/447. Acesso em: out. 2019.

REZENDE, E. *O livro das competências*. Rio de Janeiro: Qualitymark, 2000.

ROBBINS, S. P.; JUDGE, T A.; SOBRAL, F. *Comportamento organizacional*. São Paulo: Pearson Prentice Hall, 2010.

ROCHA, E. P. *Feedback 360°*: uma ferramenta para o desenvolvimento pessoal e profissional. São Paulo: Alínea, 2001.

RODRIGUES, L. C. A inclusão de pessoas portadoras de deficiências nas organizações como oportunidade para o desenvolvimento local. In: SIMPÓSIO DE EXCELÊNCIA EM GESTÃO E TECNOLOGIA, 23-25 out. 2013. *Anais...* Rio de Janeiro: AEDB, 2013. Disponível em: http://www.aedb.br/seget/artigos08/456_INCLUSAOeDESENVOVLIMENTO.pdf. Acesso em: 28 mai. 2013.

ROOSEVELT JR., R. T. Nota da Harvard Business School: como gerenciar o contrato psicológico. In: VROOM, V. H. *Gestão de pessoas, não de pessoal*. 9. ed. Rio de Janeiro: Campus, 1997.

ROSE, N. *Governing the soul*: the shaping of the private self. Londres: Routledge, 1989.

ROWE, W. G. Liderança, estratégia e criação de valor. *Revista de Administração de Empresas*, São Paulo, v. 42, n. 1, jan.-mar. 2002.

RUCH, W. V. *Corporate communication*. Westport: 1984 *apud* BATEMAN; T. S.; SNELL, S. A. *Administração*. Porto Alegre: AMGH, 2012.

SAFFOLD III, G. S. Culture traits, strength, and organizational performance: moving beyond strong culture. *Academy of Management Review*, v. 13, n. 4, 1988.

SALLES, M. T.; COUTO, T. Uma avaliação da eficiência do capital humano: Feedback 360°. In: SIMPÓSIO DE EXCELÊNCIA EM GESTÃO TECNOLÓGICA, 2005. *Anais...* [s.l.]: SEGET, 2005.

Disponível em: https://www.aedb.br/seget/arquivos/artigos05/25_feedback360graus-simgen.pdf. Acesso em: out. 2019.

SCHEIN, E. *Organizational culture and leadership*. São Francisco: Jossey Bass, 1985.

SEGURANÇA DO TRABALHO. Disponível em: http://www.jrsegurancadotrabalho.com.br/conceitos_10.html. Acesso em: 23 jul. 2013.

SELYE, H. *Stress without distress*. Nova York: JB Lippincott, 1975 *apud* MARINUZZI, R.; FAJARDO, J. *Ecologia empresarial*. Belo Horizonte: Armazém de Ideias, 1999.

_____. *The stress of life*. Nova York: McGraw Hill, 1956 *apud* Marinuzzi e Fajardo, J. *Ecologia empresarial*. Belo Horizonte: Armazém de Idéias, 1999.

SENGE, P. M. *A quinta disciplina*: arte, teoria e prática da organização de aprendizagem. São Paulo: Best Seller, 1990.

SHIGUNOV NETO, A. S. *Avaliação de desempenho*: as propostas que exigem uma nova postura dos administradores. Rio de Janeiro: Book Express, 2000.

SHIPPMANN, J. S. et al. Practice of competency modeling. *Personnel Psychology*, v. 53, n. 3, 2000 *apud* BATEMAN, T. S.; SNELL, S. A. *Administração*. Porto Alegre: AMGH, 2012.

SIKULA, A. F. *Personnel administration and human resources management*. Nova York: John Wiley & Sons, 1976.

SINCLAIR, R.; TETRICK, L. Social Exchange and union commitment: a comparison of instrumentality and union support perceptions. *Journal of Organizational Behavior*, v. 16, n. 6, nov. 1995, *apud* BATEMAN, T. S.; SNELL, S. A. *Administração*. Porto Alegre: AMGH, 2012.

SINDICATO NACIONAL DOS AUDITORES-FISCAIS DO TRABALHO (SINAIT). 30º Enafit. IV Jornada Iberoamericana faz balanço dos acidentes de trabalho no mundo. *Informes* [on-line], 21 nov. 2012. Disponível em: http://www.sinait.org.br/?r=site/noticiaView&id=6498. Acesso em: 18 jun. 2013.

SOUZA, V. L. et al. *Gestão de desempenho*. Rio de Janeiro: FGV, 2009.

SPECTOR, P. E. *Psicologia nas organizações*. 4. ed. São Paulo: Saraiva, 2012.

STUMPF, S. A.; LONDON, M. *Managing careers*. Nova York: Adison-Wesley, 1982.

SUSSMANN, M.; VECCHIO, R. P. A social influence interpretation of worker motivation. *Academy of Management Review*, v. 7, 1982 *apud* WAGNER III, J. A.; HOLLENBECK, J. R. *Comportamento organizacional*: criando vantagem competitiva. 4. ed. São Paulo: Saraiva, 2020.

TANURE, B. É preciso estar disposto a se desapegar de verdade. *Valor Econômico*, 8 out. 2018. Disponível em: https://valor.globo.com/carreira/recursos-humanos/coluna/e-preciso-estar-disposto-a-se-desapegar-de-verdade.ghtml. Acesso em: set. 2019.

TANURE, B.; DUARTE, R. G. Líder ou super-herói? *Revista Melhor Gestão de Pessoas*, n. 215, out. 2005.

TERKEL, S. *apud* MOTTA, P. R. *Gestão contemporânea*: a arte e ciência de ser dirigente. Rio de Janeiro: Record, 2007.

TOLFO, B. S., PICCININI, V. C. A qualidade de vida no trabalho nas melhores empresas para se trabalhar no Brasil: descompassos entre teoria e prática. In: SANT'ANNA, A. S.; KILIMNIK, Z. M. (Orgs.). *Qualidade de vida no trabalho*: abordagens e fundamentos. Rio de Janeiro/Belo Horizonte: Elsevier/Fundação Dom Cabral, 2011.

TRISTÃO, P.; ROGEL. T. S. O papel dos líderes no processo de educação corporativa. *Recape*, v. 2, n. 3, 2012.

TURNER, V. W. *O processo ritual*: estrutura e antiestrutura. Rio de Janeiro: Vozes, 1974.

UHLMANN, G. W. *Administração*: das teorias administrativas à administração aplicada e contemporânea. São Paulo: FTD, 1997.

ULRICH, D. *Os campeões de recursos humanos*: inovando para obter os melhores resultados. São Paulo: Futura, 1999.

_____. *Recursos humanos estratégicos*: novas perspectivas para os profissionais de RH. São Paulo: Futura, 2000.

VB. Meu mundo RH. *Reforma trabalhista: o que muda na gestão de benefícios?* Disponível em: https://blog.vb.com.br/reforma-trabalhista-o-que-muda-na-gestao-de-beneficios/. Acesso em: jan. 2020.

VIANNA, M. A. F. *Motivação, liderança e lucro*: a trilogia para uma empresa de sucesso. São Paulo: Gente, 1999.

VIVA MELHOR ON-LINE. Conheça as doenças ocupacionais mais comuns. *Viva Melhor On-Line*. 13 out. 2010. Disponível em: http://vivamelhoronline.com/2010/10/13/conheca-as-doencas-ocupacionais-mais-comuns/. Acesso: 18 jun. 2013.

VOCÊ RH. As campeãs compartilham suas políticas e práticas de RH, 23 jul. 2012. Disponível em: http://revistavocerh.abril.com.br/materia/130-encontro-das-melhores-empresas-para-voce-trabalhar#image=5008751a1f66f85668000292. Acesso em :10 jul. 2013.

VROOM, V. Disponível em: http://en.wikipedia.org/wiki/victor_vroom. Acesso em: 6 jul. 2013.

WAGNER III, J. A.; HOLLENBECK, J. R. *Comportamento organizacional*: criando vantagem competitiva. São Paulo: Saraiva, 2009.

WAGNER III, J. A.; HOLLENBECK, J. R. *Comportamento organizacional*: criando vantagem competitiva. 4. ed. São Paulo: Saraiva, 2020.

WALTON, R. Quality of working life: what is it? *Slow Management Review*, v. 15, n. 1, 1973.

WESLEY, W. A. Problems and solutions of working life. *The Human Relation*, v. 32, n. 2, 1979 *apud* SANT'ANNA, A. S.;KILIMNICK, Z. M. (Orgs.). *Qualidade de vida no trabalho*: abordagens e fundamentos. Rio de Janeiro/Belo Horizonte: Elsevier/Fundação Dom Cabral, 2011.

XERPA. *Benefícios.* Disponível em: https://www.xerpa.com.br/blog/beneficios/.

[S.A.] As piores empresas para se trabalhar. *Você S/A*, n. 63, set. 2007.

[S.A.] Brasileiros valorizam as boas relações de trabalho. *Valor Online*, 12 jan. 2011. Disponível em: http://www.valor.com.br/arquivo/866961/brasileiros-valorizam-boas-relacoes-de-trabalho. Acesso em: 10 jul. 2013.

[S.A] Estatística de assédio moral na Europa. Disponível em: http://www.assediomoral.org/spip.php?article3. Acesso em: 10 jul. 2013.

[S.A.] Muito além dos salários. *Você RH*, set.-nov. 2010. Disponível em: https://diariorh.wordpress.com/2010/11/24/muito-alem-dos-salarios/. Acesso em: out. 2019.

[S.A.] Nada menos que melhor. *Você S/A*, jan. 2003.

[S.A.] Qualidade de vida no trabalho: o exemplo da Google. Disponível em: http://blog.automatizando.com.br/2010/11/qualidade-de-vida-no-trabalho-o-exemplo.html. Acesso em: out. 2019.

[S.A.]. Você gestor: não há problema sem solução. *Você S/A*, jan. 2000.